外交学院国际关系研究所国际安全译丛

作为实践的安全：
话语分析与波斯尼亚战争

Security as Practice:
Discourse Analysis and the Bosnian War

[丹麦] 莱娜·汉森（Lene Hansen） ◎ 著

孙吉胜　梅　琼 ◎ 译

世界知识出版社

Security as Practice: Discourse Analysis and the Bosnian War 1st Edition/by Lene Hansen/ISBN: 0-415-33575-2
Copyright © 2006 Lene Hansen
All rights reserved. 版权所有，侵权必究。
Authorized translation from the English language edition published by Routledge, a member of the Taylor & Francis Group. 本书原版由Taylor & Francis出版集团旗下Routledge出版公司出版，并经其授权翻译出版。
World Affairs Press is authorized to publish and distribute exclusively the Chinese (Simplified Characters) language edition. This edition is authorized for sale throughout Mainland of China. No part of the publication may be reproduced or distributed by any means, or stored in a database or retrieval system, without the prior written permission of the publisher. 本书中文简体翻译版授权由世界知识出版社独家出版并限在中国大陆地区销售。未经出版者书面许可，不得以任何方式复制或发行本书的任何部分。
Copies of this book sold without a Taylor & Francis sticker on the cover are unauthorized and illegal. 本书封面贴有Taylor & Francis公司防伪标签，无标签者不得销售。

图书在版编目(CIP)数据

作为实践的安全：话语分析与波斯尼亚战争 /（丹）莱娜·汉森（Lene Hansen）著；孙吉胜，梅琼译. —北京：世界知识出版社，2016.6
（外交学院国际关系研究所国际安全译丛/王帆主编）
书名原文：Security as Practice: Discourse Analysis and the Bosnian War
ISBN 978-7-5012-5241-1

Ⅰ.①作… Ⅱ.①莱… ②孙… ③梅… Ⅲ.①波黑问题—研究 Ⅳ.①D815

中国版本图书馆CIP数据核字（2016）第136585号

图字：01-2013-5272号

责任编辑	汪　琴
责任出版	王勇刚
责任校对	陈可望
封面设计	李　辉

书　　名	**作为实践的安全：话语分析与波斯尼亚战争** Zuowei Shijian De Anquan: Huayu Fenxi Yu Bosiniya Zhanzheng
作　　者	[丹麦] 莱娜·汉森（Lene Hansen）
译　　者	孙吉胜　梅　琼
出版发行	世界知识出版社
地址邮编	北京市东城区干面胡同51号（100010）
网　　址	www.ishizhi.cn
电　　话	010-65265923（发行）　010-85119023（邮购）
经　　销	新华书店
印　　刷	北京京科印刷有限公司
开本印张	720×1020毫米　1/16　21印张
字　　数	344千字
版次印次	2016年6月第一版　2016年6月第一次印刷
标准书号	ISBN 978-7-5012-5241-1
原版书号	ISBN 0-415-33575-2
定　　价	55.00元

版权所有　　侵权必究

本译丛得到外交学院国际关系
国家级重点学科资助

总 序

自冷战结束以来，国际安全形势发生了巨大的变化。一方面，旧的力量平衡被打破，新的力量平衡尚未形成，世界继续向着不确定的方向变化发展。大国关系已出现变化。冷战式的大国政治对抗模式已不符合国家利益的基本需要，随着和平观念的深入人心，大国间相处日益重视协商、协调等和平方式，大国间竞争日益集中在制度建设、制度创新、文化传播等软权力领域。另一方面，随着全球化和信息化的迅猛发展，非传统安全问题日益突出。全球经济风险、气候变化、环境污染、恐怖主义和网络战等问题为人类带来的威胁并不亚于传统的安全威胁，因此也日益成为各国外交的重点议题，日益成为媒体和学术关注的焦点。

面对国际安全形势出现的新变化，需要研究新问题，探究新方法。在这方面国内的国际安全研究学界已有了大量的成果。一方面，学者们对中国与世界性大国、与地区组织和世界组织的关系进行了深入和全面的探讨，从不同的角度为我国外交战略规划建言献计。另一方面，非传统安全问题日益成为学术界关注的焦点。自20世纪90年代以来，学者们对能源安全、经济安全、恐怖主义、气候变化和网络空间安全等进行了广泛和深入的探讨，既有宏观的战略性判断，也有技术性的分析。1999年王逸舟教授主编的《全球化时代的国际安全》和2003年陆忠伟主编的《非传统安全论》都是该领域研究的突出成果。

然而，由于起步较晚，我国的国际安全研究总体而言仍存在以下问题：一是对现有国际安全研究的动态和前沿成果了解不足，这就导致盲从、跟风甚至是低水平重复研究现象时有发生。这一问题反映出我国学界研究自觉不够，研究水平还有限，前瞻性意识和学术独立性缺乏等弊病。因此，可以说我国当前的国际安全研究仍然处于相对滞后的位置，仍然需要进一步拓展、深化和提升。发展中国的国际安全研究，一方面可以形成以非传统安全为突破口的中国特色安全研究，另一方面也仍然需要大量有区别地借鉴西方国际安全研究的已有成果；另外，在国际关系领域，西方国际理论的译著已经较多，而在国际安全领域的译著仍有不足。这也是我们翻译这套丛书的原因之一。

国际安全研究一向是外交学院国际关系研究的重要方向之一，向国内介绍一批先进的国外国际安全研究成果，借以丰富我国学者对于国际安全研究的方法意识、提高学术水平也是我们国际安全研究的一个课题和职责。需要说明的是，向中国国内译介国外国际安全问题最新研究成果的想法其实已经由来已久了，但因涉及版权交易等事宜，迟迟未能实现。现在，"外交学院国际关系研究所国际安全译丛"终于在世界知识出版社的大力支持下得以出版，这对于国内学者、学生和对国际安全研究感兴趣的读者都是一件好事。

该丛书主要有三大特色：第一，所有著作都是围绕国际安全议题的、相当有影响的著作。第二，所有著作都是近十五年内新出版的作品，也即在冷战后国际安全新形势下的著作。第三，博采众家之长。本译丛通过选择不同流派、不同安全议题的国际安全研究成果，力图让读者对国际安全研究有全面而客观的了解。

本译丛可以分为两类。第一类属于基础类，通过阅读这类书可以丰富读者对国际安全研究的理解，强化对国际安全问题的研究能力。其中，《当代安全研究》和《安全与国际关系》是评介性的教材。《安全与国际关系》是一本对经典安全学派进行评介和分析的经典教材。书中，它对现实主义、新现实主义、自由制度主义、古典经济自由主义和马克思主义等进行了分析评估，以检验他们是否能够解释冷战的发展和结束。而同样作为教材的《当代安全研究》则将重点转向介绍国际安全领域涌现的新研究方法，讨论新的安全概念和安全领域的热点问题，是对冷战结束后国际安全领域的新理论、新视角和新方法的系统梳理和全面阐述。

《理性选择与安全研究》是一部国际安全问题领域中，探讨理性主义方法是否过时的辩论文集。该书起源于史蒂芬·沃尔特（Stephen Walt）

1999年在《国际安全》发表的一篇对理性主义的方法是否适宜于安全研究的质问性文章①，他认为理性主义方法的研究路径既没有导致新的、富有成效的理论解释，也缺乏经验现实的支持。该观点引起了对理性主义的广泛讨论，这些讨论被该书收录成集。阅读此书可以对理性主义研究方法有更加客观公正的认识。

第二类是对国际安全研究问题的分析性著作，阅读这类书有助于读者模仿和学习书中研究方法、培养思辨能力。因此，这里面既包括传统的理性主义研究方法，也包括建构主义研究方法；既包括实证主义研究方法，也包括后实证主义研究方法。但无论运用哪种研究方法，都是解决国际安全领域的重要问题并做出完美解答的佳作。

《不完美的联盟：时空维度的安全制度》所使用的研究方法是理性主义，目的在于将新自由制度主义应用于安全制度的研究领域，以丰富安全研究的视野。本书探讨了一系列安全制度，如北约、欧盟、联合国维和机制、东盟地区论坛以及欧洲安全与合作组织，通过观察这些制度的变化和效用，探究影响合作的条件，为国际制度的发展和完善问题提供了很好的解答。

《安全共同体》由阿德勒（Emanual Adler）等人编著，是一本建构主义安全研究著作。该书在某种程度上可以说是向卡尔·多伊奇（Karl Deutsch）的安全共同体理论致敬之作。一直以来，安全共同体理论一直因忽略权力、过于理想等而被现实主义者所批评，但是现在安全形势发生了新的变化，全球治理呼声不断高涨，阿德勒等人以建构主义的新方式重新构架了安全共同体的概念体系，以此说明一个分享共同价值和规范的国际社会并非是理想主义的空中楼阁，国际社会是能够存在的，国际社会中的国家受之影响会被导向合作与和平。

另一部建构主义著作是《核不扩散规范：国家为什么选择核克制》。面对全球95%的国家选择遵守《不扩散核武器条约》的国际现状，该书提出的研究问题是：有核能力与核意愿的国家为什么会选择核克制？对于这个问题，作者认为成本收益计算和偏好塑造是国家选择核克制的动力机制。而偏好塑造又包括身份认同与规范说服，后者是作者通过借鉴社会心

---

① Stephen Walt, "Rigor or Rigor Morits? Rational Choice and Security Studies", *International Security*, Vol.23, No. 4, pp. 5-48.

理学研究成果所发展出的创新性研究路径。通过分析利弊，作者认为规范说服的方式是驱动程度最高的。

最后一本是属于哥本哈根学派的《作为实践的安全》。通过话语分析方法分析波斯尼亚战争，本书使用的研究方法与以上所有书都有所不同，这不仅体现在其研究路径上，还体现在其后实证主义的认识论上：本书的目的在于探讨作者与政治家在寻求建立自身权威时，话语文本体裁如何成为一个重要因素，在分析过程中，作者解释了相互竞争的外交政策争论话语是如何影响国家身份的，由此可见，作者是站在质疑权威、怀疑话语公正性的后现代主义立场上的。阅读本书可以加强读者对新研究方法的认知与应用，以更为灵活和创新的方式分析国际安全问题。

希望这套国际安全译丛的出版会让读者对国际安全研究有更加全面和系统的认识，让国际安全研究领域出现更多的新方法和新视角。也希望这套译丛能成为国际关系安全研究的参考书，推动我国国际关系学的学科建设与学术发展。也希望同行、学界同仁能够多多批评指正。

王　帆

2014年5月

译者序
基于话语与身份的对外政策
——后结构主义国际关系理论议程与方法论探析

后结构主义国际关系理论是20世纪80年代末发展起来的。《作为实践的安全：话语分析与波斯尼亚战争》一书重点发展了后结构主义关于身份和对外政策的话语分析理论，将话语、身份与对外政策的关系理论化。在此基础上，该书系统阐述了如何利用话语分析这一方法来研究身份与对外政策。后结构主义国际关系理论持话语本体论和话语认识论观点，认为身份与对外政策之间并不是简单的因果关系，而是互构关系。一方面，身份影响对外政策，身份的表象对对外政策的形成和辩论过程具有重要的建构性意义，直接影响对外政策的权威性和合法性；另一方面，对外政策同时对身份产生影响，身份通过叙述不断被调整，最终达到政策与身份之间的平衡。正是基于这种本体认识，后结构主义认为可以通过话语对身份与对外政策进行系统研究。该书在进行了关于身份、对外政策和话语的系统理论探讨之后，提出了后结构主义对外政策研究的方法论，明确提出了进行话语分析的具体方法，如何选择文本，如何进行阅读等。该研究路径对以往国际关系研究中的理性主义因果认识论提出了质疑，提供了对身份、对外政策与话语的另一种理解，丰富了国际关系的研究议程，尤其是如何通过话语理论围绕身份对对外政策进行系统研究。

一、后结构主义与国际关系研究

后结构主义国际关系研究出现于20世纪80年代中期，主要研究者以理查德·阿什利（Richard Ashely）①、詹姆斯·德里安（James Der Drian）②、罗伯·沃尔克（R.J.B. Walker）③和迈克尔·夏皮罗（Michael Shapiro）④等为代表，他们吸收和借鉴了后结构主义哲学家，尤其是福柯和德里达等人的思想，关注话语权力在世界政治中的作用，突出话语对身份的建构以及身份与对外政策间的互构关系。从话语角度进行权力、身份和对外政策研究一直是后结构主义国际关系研究中的一项重要议程。后结构主义强调话语对身份和对外政策的本体意义，同时突出话语的认识论作用，认为可以通过话语来分析身份与对外政策，以显示对外政策的形成及演变过程。

1. 语言本体论与意义生成

在国际关系理论界，后结构主义是对语言比较关注的一个流派。与语言建构主义相比，后结构主义强调语言的结构性，认为语言直接导致意义的生成，具有完全的本体意义。任何一种理解国际关系的视角和方法都离不开抽象、表象和解释，即便是最"客观"的理论也只是最接近真实的一种模仿，而这种政治表象主要是以语言为载体。⑤因此，"话语"成为后结

---

① Richard Ashely, "The Geopolitics of Geopolitical Space: Towards a Critical Social Theory of International Politics", *Alternatives*, Vol. 12, No. 4, 1987, pp. 403–434.

② James Der Derian, *On Diplomacy: A Genealogy of Western Estrangement*, Oxford: Blackwell, 1987.

③ R. J. B. Walker, "Realism, Change and International Political Theory", *International Studies Quarterly*, 1987, Vol. 31, No.1, pp. 65–86.

④ Michael Shapiro, *The Politics of Representation: Writing Practices in Biography, Photography and Policy Analysis*, Madison: University of Wisconsin Press, 1988.

⑤ 此外，最新的研究指出，表象国际政治的语言形式除了文字之外，还有照片、漫画、海报、电影等图像视觉形式。详见 Lene Hansen, "Theorizing the Image for Security Studies: Visual Securitization and the Muhammad Cartoon Crisis", *European Journal of International Relations*, Vol. 17, No. 1, 2011, pp. 51-74.; "Performing Practices: A Poststructuralist Analysis of the Muhammad Cartoon Crisis", in Emanuel Adler and Vicent Pouliot, eds., *International Practices*, Cambridge: Cambridge University Press, 2011, pp. 280-309.; "Shopping and Insecurity: Visualizing the Aid/Other Nexus", *International Political Sociology*, Vol. 7, No. 1, 2013, pp. 93-96.; "How Images Make World Politics: International Icon and the Case of Abu Ghraib", *Review of International Studies*, First View Article, 2014, pp. 1-26. 辛穆的作品主要有：David Shim, *Visual Politics and North Korea: Seeing is Believing*, London & New York: Routledge, 2014；David Shim and Dirk Nabers, "Imagining North Korea: Exploring its Visual Representations in International Politics", *International Studies Perspective*, Vol. 14, No. 3, 2013, pp. 289-306。

构主义质疑和批判主流国际关系理论基本假设的切入点和理论分析工具。这种本体观点主要因为语言具有建构性、结构性、政治性和社会性特点。

后结构主义首先强调语言的建构性、政治性和社会性，这些特征直接决定了话语的本体意义。语言并不是如实证主义或是经验科学所认为的那样，只是透明的工具和记录媒介，而是具有建构功能，只有通过语言的建构，各类事物，也包括国家，才被赋予了意义和特殊身份，即语言建构身份和差异，产生意义。不存在人们所指的语言表象之外客观或是"真实的"意义。同时，语言本身也是内部不稳定的符号体系，语言的使用是一种社会和政治实践。语言的社会性则体现在个人通过社会化把特定的声音与物体联系起来，产生了物体的意义，这种联系也会扩大到更大的政治话语，如"国家安全"、"民主"和"法制"等。把语言理解为政治的是语言的使用本身也涉及权力，是权力的体现，是建构和重构特殊的主体性和身份以及排除其他主体性和身份的媒介和场所。政策话语依赖于问题和主体性的特殊建构，政策与身份在本体上相互关联。关于政策与身份的不同话语之间存在竞争，竞争的结果直接影响政策的选择。

语言本身具有关系性的结构特征，语言所体现出的差异性和相关性对建构特定的意义体系，尤其是身份起关键作用。德里达强调语言是由不同符号构成的体系，意义不是通过事物本身所建立的，而是由并列一起的系列事物通过对比而形成。例如，国家的身份建构只有把它与其他不同事物或是"他者"放在一起才可以实现，通过区分（differentiating）过程和关联（linking）过程而使身份清晰化。例如，"女性"的定义是通过把它与情感的、母性的、依赖的和简单的相关联的过程而确立。"恐怖主义"的意义和身份是通过和"自由的保卫者"的身份区分而形成的；"不发达国家"的意义是通过与"发达国家"的对比而形成的。这些身份通常通过语言的差异和相关性体现出来。除了这种结构性外，话语也是一个开放的体系，语言以及通过语言建构的身份是高度结构性的，同时内部会呈现出不稳定性，会随着叙述的变化而改变。语言的结构性以及内部不稳定性使人们广为关注政治施动性、话语的政治建构和政治重构以及话语内所建构的身份。政治家们通常会使用关联手段将具有相似语义的标签联系起来，实现某些话语的稳定化，同时逐渐排除其他话语。就政治而言，政策性的话语建构政策所涉及的主体、客体身份以及所针对的问题，同时也建构出相关政策，通过身份与政策的平衡最终建构政策的合法性和权威性。

2. 话语认识论与关系性身份

后结构主义，鉴于语言的本体作用，强调语言的认识论意义，认为可以通过话语来分析身份与对外政策，通过研究话语来认识身份与对外政策的形成及演变过程。这种认识论直接决定了方法论问题，如何提出问题、如何设计研究议程、如何来解决这些问题等。

语言在后结构主义关于身份和对外政策的理论和经验分析中具有认识论意义。在传统外交政策分析中，身份是固定的，是事先存在的，在此基础上，对外政策主要是用来维护国家利益，国家及其利益成为制定和实施外交政策时所关注的核心内容。而后结构主义认为身份并不是客观不变的，本身具有很大的不稳定性，对外政策的制定要随时与身份保持一致，否则就会失去权威性与合法性。在国家"自我"意义的生成和身份的建构中，外交政策话语起重要作用。一国的对外政策话语通过建构特定的"他者"身份（比如，威胁、危险和挑战等）来建构自己的国家身份。一国对他国的表象同时定义其自身的身份认同，而这种自我身份表象对特定对外政策的选择和实施发挥关键作用。

后结构主义认为身份本身具有行事性（performative）。行事性这一概念源自朱迪斯·巴特勒（Judith Butler）的理论，认为身份不是一种客观存在，而是依赖于话语建构而来。[①] 身份通过语言表述出来，依赖政治施动性来产生本体和认识论意义。国家不具备话语表述之外的身份。语言是一个指涉体系，身份总是通过区分和关联过程而被建构。后结构主义认为对外政策来源于身份的具体表象，叙述了什么样的身份自然就需要表述和采取什么样的政策。身份体现关系性、话语性、政治性和社会性，通过表象出不同程度的差异建构出一种"我他关系"（Self-other），[②] 突出自我的身份与他者的身份有何不同，有什么关联。也就是说，身份的建构主要通过叙述中的差异性和相关性来实现。"自我"的身份是通过对"他者"的描述建构而来的，而"他者"可以被表述为一种威胁，也可以是盟友、需要帮助的对象或与自己毫不相干的陌生者等。身份的表象对对外政策的辩论

[①] David Campbell, *Writing Security: United States Foreign Policy and the Politics of Identity*, Manchester: Manchester University Press, 1992.

[②] *Ibid.*, p. 12.

过程和政策的最终形成起重要作用。对外政策除了受身份影响之外，还取决于国家对所面临的具体问题的表象，需要定义所处的语境，进而在这种语境中赋予相关事物以意义。后结构主义关于语言的本体作用的观点直接影响到认识论问题，即身份是对外政策建构的，同时也建构对外政策。对认识论方面的一个直接影响是需要研究身份和政策是如何通过话语来阐述的，进而通过分析话语来研究和理解对外政策。

身份的具体内容主要沿着空间维度（spatial）、时间维度（temporal）和道义维度（ethical）而展开，并伴随不同的责任。空间维度通常会涉及边界、外空间的界定及国内社会和国际社会的差别等，主要强调国家安全的话语，如在一个国家范围内产生政府对国民的责任。体现在对外政策的话语中，重点是国家，并且通过建构其他国家、地区和民族等身份来建构自己国家的身份，并使相关的问题具体化。近年来出现的区域性身份很多是沿着空间维度来界定，如欧洲、非洲、西方文明世界、中东、东亚等。这些空间性内容有时也被赋予了政治色彩，比如布什政府在谈到恐怖分子时，经常会说他们对整个文明世界发起了进攻，把恐怖分子置于一种普世的对立面上。时间维度主要强调发展、变化、持续性、重复等，如现实主义经常提到的战争的重复，而其他理论会经常质疑这一点。[①] 在研究一些国际机制的发展、变化时，人们也会经常利用这种时间维度，如世界人权制度的发展和变化、欧洲的战争史及当前欧盟的演进、全球治理的渐进性发展等。道义维度主要强调一种责任感，在国际关系中经常是一种国际道德，一种责任。例如，把某件事描述为种族屠杀，这样"自我"的身份就可以进行人道主义干预。好的对外政策的话语经常是使三者相互利用、相互促进，在三者之间努力建立一种稳定、平衡的联系，使身份和安全政策之间能够相互支持。

二、话语、身份与对外政策

身份与对外政策的关系一直是后结构主义理论研究议程的核心，后结

---

① 现实主义认为战争是国际政治经常会重复出现的现象，是由国际体系的无政府状态决定的，世界总是处在和平与战争的交替之中；自由主义强调可以通过教育和制度等的约束来改变战争的频繁发生；建构主义则认为，国际体系是处于战争状态还是和平状态是由国家间的互动所造成的，互动所形成的身份造就一切。

构主义把对外政策理解为一个话语过程，对外政策依赖于身份的表象，同时身份也通过对外政策的叙述被不断建构和重构。因此，不存在一个先于对外政策，并且独立于对外政策的身份。后结构主义的核心假定是表象和身份相互建构，在话语上相互关联。本书从后结构主义的视角探讨话语、身份与对外政策之间的关系，认为身份与对外政策之间并非因果关系，而是相互建构的关系，话语在其中起媒介或载体的作用。这种研究路径开启了一个以身份和政策的互构以及二者在政治话语内如何相互联系的研究议程。

1. 理性主义：身份与对外政策的因果性

身份和对外政策之间的关系是国际关系学界一个历久弥新的话题。在国际关系研究中，对于身份和对外政策之间关系的探讨大多是在理性主义的因果关系框架内展开。

在反思主义出现之前，身份虽然也被关注，但不是研究重点。即使有些关于身份的研究也是以因果关系为主。古典现实主义在研究权力和利益等物质性因素的同时，也一直关注身份。爱德华·卡尔（E.H. Carr）、莱因霍尔德·尼布尔（Reinhold Niebuhr）、汉斯·摩根索（Hans Morgenthau）等人的著作都对国际关系中的身份有过阐述，他们普遍认为非物质性的身份也对国家行为产生一定的影响。他们缺乏较为科学的研究方法，主要是寻找身份与对外政策之间的客观因果关系规律。随着20世纪五六十年代行为主义的兴起，社会科学纷纷走向实证研究。20世纪70年代末，肯尼思·沃尔兹（Kenneth Waltz）在《国际政治理论》中对古典现实主义进行了扬弃，将人性、道德、国内政治、经济、社会等单位层次因素忽略不计，通过高度抽象、整合和理想化，建立了简约和科学的国际关系体系理论，开启了国际关系实证主义研究的潮流。罗伯特·基欧汉（Robert Keohane）和约瑟夫·奈（Joseph S. Nye Jr.）等人的新自由制度主义从经济相互依赖、相对收益和绝对收益、国际制度与合作等方面，对新现实主义提出了挑战，但是新自由制度主义依然在实证主义的框架内进行研究，并逐渐与新现实主义走向"新-新融合"。基欧汉将二者统称为"理性主义"，理性主义假定行为体是理性的，强调经验研究，认为社会科学理论应该建立关于自变量和因变量之间关系的可证伪假设，并通过经验观察进行验证。金（Gary King）、基欧汉和维尔巴（Sidney Verba）的经典著作《设计社会研究》进一步推动了实证主义和因果关系研究，使其成为国际关系方法论的主流标准。① 理性主义针对对外政策的研究主要围绕国际权力结构、国际制度等物质性因素展开，身份一度在国际关系研究中被边缘化。

反思主义认为身份是一种社会建构，而非事先存在，但是主流建构主义还是保留了身份与对外政策间的因果关系观点。20世纪80年代，国际关系学界出现了反对实证主义的思潮，主要体现在建构主义、批判主义和后现代主义等理论的研究中，基欧汉将它们统称为"反思主义"。反思主义反对理性主义假设和实证研究方法，认为社会事实并非客观实在，而是社会建构的，研究人员也无法做到价值无涉。随着反思主义的兴起，身份成为国际关系领域的一个重要研究内容，反思主义不再将身份视为给定的外生变量，而是社会建构而成。其中，建构主义尤其对身份与对外政策之间的关系产生了极大兴趣，指出了观念和身份等非物质因素在行为体行为选择中的重要性，而行为体的行为又会反过来影响国际体系的整体结构，因此"无政府状态是人们建构的"。② 主流建构主义学者为了融入主流国际关系学界的对话，在论述了建构主义的互构观点之后，却承认国家具有"前社会的内在身份"，即存在"本质国家"，试图在因果关系框架下探究身份与对外政策之间的关系。例如，卡赞斯坦（Peter J. Katzenstein）指出身份认同会影响国家安全③；伊曼纽尔·阿德勒（Emanuel Adler）和迈克尔·巴内特（Michael Barnett）指出积极的身份认同会让行为体之间不再诉诸武力解决争端，继而形成互为伙伴的安全共同体。④ 主流建构主义希望通过在认识论上依然接近理性主义，寻找一条中间道路，按照身份决定利益和利益决定行为的逻辑，运用因果关系假设和验证方式对身份和对外政策进行研究，亚历山大·温特（Alexander Wendt）就是一个典型例子，

---

① Gary King, Robert O. Keohane and Sydney Verba, *Designing Social Inquiry: Scientific Inference in Qualitative Research*, Princeton: Princeton University Press, 1994, p.15.

② Alexander Wendt, "Anarchy is What States Make of It: The Social Construction of Power Politics", *International Organization*, Vol.46, No.2, 1992.

③ Peter Katzenstein, *The Culture of National Security: Norms and Identity in World Politics*, New York: Columbia University Press, 1996.

④ Emanuel Adler and Michael Barnett, *Security Communities*, Cambridge: Cambridge University Press, 1988.

他明确承认自己是一个实证主义者。①

由此可见，古典现实主义、理性主义和主流建构主义国际关系理论都是在以一种因果关系来看待身份问题，思考身份对于国家行为是否起重要作用，以及身份对对外政策会产生怎样的影响。

2. 后结构主义：身份与对外政策的互构性

与建构主义相较，后结构主义试图超越理性主义的因果关系研究范式，将反思主义推进一步。后结构主义认为身份与对外政策都具有行事性，二者间不是因果关系，而是相互建构的关系。通过强化某种身份指明相关的对外政策是必要、合法的同时，身份还在对外政策的形成过程中被不断建构或重构，因此身份并非客观描述，而是在被不断协商、不断重述，不断调整。身份与对外政策是通过叙述的调整而相互建构，是互构性关系，而非因果关系。

一方面，后结构主义认为身份建构对外政策。后结构主义认为非物质性的身份不仅仅是国家对自我和他者的感知和认同，还会影响国家对外部环境的理解与政策选择。对外政策依赖于对身份的表象，身份为对外政策的必要性和合法性提供依据。在这一点上，后结构主义认同建构主义的观点，认为身份会影响行为体的行为。正如温特所说"500件英国核武器对美国的威胁还不如五件朝鲜核武器的威胁大"，国家对彼此的身份认同影响其对外政策的选择。② 后结构主义也认同安全化理论的"安全即言语行为"的观点，认同安全化施动者通过宣布某个威胁身份，将某些问题上升到安全领域，并为国家采取安全措施建构必要性和合法性。而对后结构主义而言，国家的安全感或不安全感，并非一种"现实"存在，而是国家对外部环境的一种感知，对国家安全的认识本身就是一种身份建构过程，与对自己身份的表象和与己对立身份的表象密切相连，因此，国家安全是一个建构"自我"和"他者"身份的话语实践过程。

另一方面，后结构主义认为对外政策也会反过来建构身份。主流建构主义将身份视为外生变量，不深入研究身份本身的形成过程，而后结构主

---

① [美]亚历山大·温特：《国际政治的社会理论》，秦亚青译，上海：上海人民出版社2001年版，第37页。

② [美]亚历山大·温特：《国际政治的社会理论》，秦亚青译，上海：上海人民出版社2001年版，第323页。

义则将身份作为研究议程的核心,认为身份具有话语性、政治性、关系性和社会性特点。身份的话语性是指只有通过语言建构,事物才被赋予意义,才会获得身份;身份的政治性是指身份建构是争夺意义的过程,充满权力斗争;身份的关系性是指身份的建构总是与建构"自我"与"他者"密切相关,如"男性"与"女性"、"奴隶主"与"奴隶"、"殖民者"与"被殖民者";身份的社会性是指身份不是个人的,而是社会的,要通过一系列主体间认可的符号建构而来。后结构主义试图将建构的观点进行得更为彻底,指出行为体并不存在"前社会的内在身份",身份是通过对外政策建构和巩固的,没有身份可以先于或独立于对外政策而存在。

理性主义批判反思主义缺乏严格的认识论和方法论,主流建构主义也指出反思主义是无方法或反方法(anti-method)的。对此,后结构主义认为理性主义的因果关系概念的界定本身就有狭隘之处,因为因果认识论只是一种特殊话语,是被社会建构而成的真理统治。知识本身就具有历史性和政治性,研究者无法价值无涉地追求因果规律,因此应该超越理性主义的因果研究。后结构主义认为身份与对外政策相互建构,无法将两者随意分开,身份不可能被定义为一个变量,也不可能用因果关系把身份和对外政策的关系理论化。后结构主义虽然在初期确实以解构主流国际关系研究为主,但是并不能说明后结构主义就完全没有严格的认识论和方法论,本书的目标就是为后结构主义建立一种在理论上富有活力和生机的研究方法和研究议程。

3. 后结构主义视域下的话语、身份与对外政策

后结构主义认为语言具有完全的本体地位和认识论意义,话语是一种建构社会现实的意义结构。在后结构主义视域下,身份和对外政策是通过话语以一种非因果的结合过程而相互联系在一起,二者相互建构,相互协调,总是力图保持二者间的平衡,以显示对外政策的权威性与合法性。

首先,表象身份的话语建构对外政策。对外政策需要身份话语,对外政策话语突出某种身份,以强化相关对外政策的必要性和合法性。一方面,身份话语对威胁、安全、自我和他者的表象赋予意义,并建构行为体对自身问题的理解和诠释,为对外政策的选择提供合理的说明,因此,决策者可以积极选取并利用各种文本来框定所期望的意义;另一方面,由于决策者处于一个更大的政治空间内,对外政策的选择和制定也依赖并受制

于社会中已有表象身份的话语。对外政策决策者的目标以及那些试图影响对外政策的其他行为体需要向观众呈现一个看上去合法并且可行的对外政策。因此，政治活动的中心是在政策和身份之间建构一种联系，使二者看上去一致。对外政策制定者通常不会把对身份的表象与政策的阐述分离开来，身份和政策的建构通常会相互调整。本书以波斯尼亚战争为例，说明西方对巴尔干地区的不同身份表象建构了不同的政策，例如"巴尔干话语"的身份表象建构了西方的不干涉政策，而"种族屠杀话语"的身份表象则建构了西方进行军事干涉的政策。

其次，对外政策话语同时也会建构身份认同。如果身份的表象总是被用于为对外政策提供合法性和必要性的话，那么这些表象本身从何而来？与建构主义不同的是，后结构主义强调语言的本体地位，认为物质和观念并非完全二元对立，二者只有通过话语才被赋予意义。身份使对外政策合法化，身份并不是一个简单的客观描述，它是在对外政策的形成过程中被同时建构和重构，不断被重新表述、协商。后结构主义因此将对外政策视为一种话语实践，对外政策话语试图将某种身份和政策选择合法化和制度化。后结构主义也认同结构主义关于语言结构性的观点，认为对外政策话语通过将本国与他国进行关联和区分的过程进行自我和他者的身份建构。身份具有多重性，他者也会有程度上的差异，不同的自我与他者身份也会产生不同的对外政策选择。

第三，对外政策话语可以被理论化为在身份和政策之间建立一种稳定的联系。后结构主义在认同结构主义语言观的同时，指出"能指"与"所指"之间关系的任意性也让语言所塑造的意义具有了开放性和不稳定性。正如德里达所说的所有文本都具有"不确定性"，身份和对外政策之间通过话语形成的互构关系也具有不稳定性，可能随时受到挑战而改变，因此，后结构主义认为对外政策和身份的表象之间是一个不断调整、不断平衡的过程。一方面，对外政策需要表象身份的话语来不断建构和重构，以维持政策的合法性，而另一方面行为体的身份也是需要通过对外政策话语的持续而保持下去，且无竞争性话语挑战而获得稳定性。

当二者之间的关系出现不稳定或二者间出现了不平衡，行为体或是改变政策以与身份匹配，或改变身份以适应政策，以维持身份与对外政策之间的平衡，重新确立二者间的稳定性。因此，身份和对外政策可以被视为一个平衡系统。由于话语本身就是不稳定的，话语达到绝对固定或是稳定是不可能的，因此任何政策和身份之间的联系或是对身份的表达也不会绝对稳定。话语的不稳定性也为改变身份或对外政策提供了施动性的空间，为解构既有事实、挑战霸权话语、引发变革提供了可能。但是，由于身份是通过区分和关联过程的很多符号来表述的，我们可以分析话语相对稳定的内容来体现身份的建构过程。而对外政策并不是像身份那样是一个封闭的体系，而是在一个社会和政治空间内形成的。这就意味着政策与身份建构的内部不稳定不可能独立于它所在的社会和政治大环境。

第四，后结构主义强调要从文本中解读基本话语。话语是理解身份与对外政策的关键，通过分析话语可以研究身份与政策之间的联系。一般来说，对外政策的辩论总是围绕几个小的话语而展开，因此在研究时首先要明确几个基本话语，主要包括几个不同差异程度的他者；表述时间、空间和道义身份的不同形式；身份与政策之间的竞争性联系等。基本话语通常是指向辩论内所争论的主要要点。基本话语是通过文本的阅读来确定的。在一个辩论中，基本话语并没有固定的数量，但一般不会太多，通常两到三个。通过基本话语，我们可以发现表述身份与政策的主要不同观点。关于身份与对外政策的话语要明确以下几点。第一是话语应该表明一个辩论内的主要结构性观点，是在阅读文本的基础上所得出，这些文本涵盖不同体裁，不同来源。第二是基本话语是基于对身份的主要表象的明确表述。第三是要关注所选择的表象的概念性历史，进行谱系性解读，以表明这个概念如何形成，如何使其他表象边缘化。第四是发现话语中所呈现的他者们和自我们的差异性和身份是如何建构的，哪一种被表述为是最重要的，与相关政策产生了怎样的关联。

综上所述，后结构主义从话语本体论和话语认识论出发思考国家行为的问题。一些后结构主义学者，例如詹妮弗·米丽肯（Jennifer Milliken）和贾妮思·马特恩（Janice Bially Mattern）也试图从后结构主义的角度探究话语、身份与对外政策之间的关系；[①] 夏洛特·艾伯斯坦（Charlotte Epstein）更是认为话语方法为身份研究提供了一种"理论上更简约，经验

[①] Jennifer Milliken, *The Social Construction of the Korean War: Conflict and its Possibilities*, Manchester: Manchester University Press, 2001; Janice Bially Mattern, *Ordering International Politics: Identity, Crisis, and Representational Force*, New York: Routledge, 2005.

上更可靠"的途径。① 本书的价值就在于将身份建构和对外政策都视为是一种话语实践，更加系统地论述了身份与外交政策是如何通过话语形成在本体上不可分割的关系，加深对国家对外政策选择的理解。

三、后结构主义话语分析的方法论：
研究设计、文本选择与文本阅读

本书明确提出了如何将对外政策话语中的身份建构理论化，展示了如何使用话语理论对对外政策进行系统研究。后结构主义传统上并没有进行针对方法论的明确讨论，也经常面对来自方法论方面的挑战和质疑，人们经常认为后结构主义与方法论无法契合，理性主义尤其认为后结构主义在认识论和方法论上都没有发展活力。而实际上后结构主义，如在本书中所展示的，同样可以提出自己的系统研究方法，这也驳斥了后结构主义是反方法或是无方法的观点。在方法论方面，后结构主义话语分析也首先需要解决其他学术研究所面对的问题，具体为如何明确研究问题，分析的核心是什么，研究设计如何围绕这个核心而展开，如何来选择材料、数据，使其定量分析和定性分析更加可靠，如何对所选取的文本进行阅读等。简言之，就是以身份的表象对对外政策的形成和辩论过程为核心进行系统研究，将相关的话语分析付诸实践。

1. 研究问题与研究设计

由于后结构主义重点关注以话语为媒介身份与对外政策之间的互构，那么研究问题与具体的研究设计也都是围绕以上问题以话语为分析对象而展开。后结构主义的话语分析通常是围绕身份、对外政策和相关的议题和事件而进行研究，进而揭示针对某一对外政策的辩论和政策最终的形成过程，显示该政策如何获得合法性与权威性。这些成为确认研究问题的依据。

第一类研究问题主要针对官方对外政策话语所表述的关联类型以及这些关联与反对话语、批判性文本以及作者产生了何种程度的关联。这类研

---

① Charlotte Epstein, "Who Speaks? Discourse, the Subject and the Study of Identity in International Politics", *European Journal of International Relations*, Vol.17, No.2, 2011, p.328.

究问题决定了官方话语在多大程度上有回击批评话语的必要性，以便更广泛地确定政府的回应以及政府的政治或媒体策略。研究官方对外政策话语的关联也表明要关注新闻界、学术界、流行文化领域以及非虚构文学领域的相关文本，同时也要关注政策类演讲以及政策文本利用其他体裁的权威和知识的形式。

第二类研究问题从官方话语内部建立的联系转到了特定互文模式的选取。本书提出了三种具有不同研究议程和分析目标的互文研究模式：第一种模式以对外政策话语为核心，第二种模式以更宽泛的反对党、媒体和公司组织为核心，第三种模式以通俗文化与边缘的政治话语为核心。可见，以互文性视角来研究官方话语，就意味着要参考其他文本进行证明和分析，要把不同体裁的文本包含进来，如各类报道、学术研究、游记、自传等，而所有文本和体裁都体现出作者的知识。由于本书提出的互文分析模式跨越范围较大，话语分析就不可避免地要分析围绕官方政策话语的争论与相关挑战。在此基础上，可以把互文模式与以下内容结合起来。一是重点研究哪一类话语？是只研究官方的对外政策话语还是把政治反对派、媒体以及边缘的话语也包含进来。二是关于"自我"的研究，是只研究一个还是研究多个自我的身份。第三是研究某个特定的时间段还是一个更长的历史发展阶段。第四是研究某一个事件或问题还是多个事件或问题。第五是基于以上选择来决定研究哪些具体的文本。本书认为只要研究某个对外政策议题的表述，而且表述涉及了几个自我，并持续了一段时间或是经历了一系列事件，在进行研究设计时就需要进行对比研究。这样整个话语分析的研究设计就基本涵盖了四个维度：自我的数量、时间视角、事件数量以及互文性模式（详见图5.1与图5.2）。

2. 互文性与文本选择

互文性涉及不同的文本体裁及其包含的权威与知识。把身份与对外政策之间的关系作为核心研究议程的后结构主义是通过把身份作为一种话语的、政治的、关系的、社会的产物这种概念理论化来直接研究对外政策。后结构主义分析研究是基于以下假定，即政策依赖于政策要解决的威胁、国家、安全问题以及危机的表象，而这种表象，从后结构主义角度来看，完全是话语的：是对意义的框定和理解，而并不是历史事实的客观呈现。如果身份的表象总是被用以使对外政策合法化的话，那么这些表象到底从何而来？官方的表象如何与那些反对党、反对群体、媒体、学界的观点联系在一起？通常来说，国家元首或外长对外宣布的对外政策具有明确的正式权威性，也一直是传统上对外政策分析的主体。本书认为除了这些分析主体之外，官方的对外政策还应该置于一个更加宽泛的话语范围之中。而一旦把官方的对外政策话语置于一个更宽泛的话语范围来理解，就开启了一个更加广泛的理论和经验研究的议程，就要研究对外政策的表象与反对派、媒体、学界与通俗文化的表象如何相互强化或相互竞争，最终形成主导表象，直接影响对外政策的选择。这个过程会涉及互文性、体裁、权威和知识等重要概念对对外政策决策的影响。

首先，互文性是研究身份与对外政策的重要方面。互文性主要强调任何本文都是对其他本文的吸收和转化，相关的文本相互参照，彼此关联，形成一个开放网络，文本之间是影响与被影响的关系，构成一种互文关系。互文性对对外政策研究同样重要。关于对外政策的话语，如第二章所述，也是一种建构，通过分析可以研究身份与政策之间的联系。所有文本，也包括对外政策文本，都如互文性所强调的，是存在于一个更大的文本网络之中。每个文本都直接或间接参考以前的文本，以此来确定自己的解读。任何文本都是由无数个引用语组成，都是对其他文本的吸收和修改。因此，一个文本的意义不是完全由文本自身所赋予，而总是阅读、诠释其他文本的产物。在借鉴以前文本的同时，又将以前的文本建构为一个全新的文本。也就是说，文本参考以前的文本，为自己的解读建构了合法性，但是也重构了以前文本的地位。从这个角度看，文本总是处于一种互动交流过程中。互文性对于对外政策的话语分析有重要的理论意义和方法论意义，它强调文本存在且并行于其他文本之中，通过借鉴其他文本以建构自己的身份和政策，通过阅读并引用其他文本来建立权威。如果从互文性角度来看，官方对外政策文本，如声明、讲话和采访，是存在于一个更大的文本网络之中，而非脱离广大社会话语而存在，这个网络不但包括其他政策文本，还涉及新闻报道、学术作品、流行的非虚构文学作品，甚至还包括一些虚构文学作品。这些文本是我们在分析对外政策文本时所不能忽视的，只有这样才可以从谱系的角度来厘清身份或是政策的合法性和权威是如何演变而来的。

其次，进行互文性研究需要关注不同的体裁。要理解对外政策文本与各种媒体与文体之间存在的互文性关联，就要求对这种关联进行经验分析，并用理论充分解释文本如何确立针对特定问题的权威和事例。把对外政策解释为通过大量文本的互文性建构而成，也显示了体裁的重要性。不同的体裁会遵循不同的惯例，关注点也不尽相同。通过考察不同体裁的文本以及文本之间的关联，可以发现对于重要体裁，如政策文本、新闻报道、史学或非虚构文学作品，如回忆录和游记等，其文本权威的产生或稳定程度都各不相同。具体而言，对外政策文本可以包括政策文件、新闻、学术论文和非虚构文学作品①等几类主要体裁。这些分类大致指出了文本如何建立身份和对外政策以及如何建构权威并运用各种形式的知识的差异。不同体裁采用不同的权威模式来解释该文体如何利用知识、权力和叙事技巧，这不仅对理解文体本身很重要，对理解文体间产生关联的过程及其政治运用的过程也很重要。在本书中，作者在分析西方对波斯尼亚战争的政策辩论时，主要关注政策文本、新闻、学术分析以及两类非虚构文学，即游记和回忆录。通过本书的政策辩论过程，我们可以看到，即使是游记和回忆录中的一些观点也影响了美国的相关政策，成为阐述政策的一个依据。

第三，引入互文性可以更好地理解对外政策话语对权威与知识的建构。引入互文性概念可以展示文本如何相互利用来确立身份和对外政策的合法性和权威性。对外政策文本之间可能有分歧，但它们都会努力确立自己在针对特定对外政策问题方面发表见解的权威。不同体裁采用不同的权威模式，对于某个对外政策问题所拥有的知识可以通过不同方式来建构，如选用某些客观事实、通过主体的个人经历、通过解读历史或是引用他人等。如果我们把知识理解为是在对外政策辩论与文本中由话语建构而成，并不断运用的话，那么知识的范围就远比社会科学家们所倡导的因果实证主义产生的知识更广泛。如果能够这样理解的话，我们就可以明白为什么有些文本看似缺乏学术可信度，也经不起因果推理，但是在对外政策辩论中却具有较大的影响力。也就是说，非科学的、主观的叙述形式也会产生知识和权威。这也是为什么本书提出了三种具有不同研究议程和分析目标的互文研究模式。如果以互文性视角来研究官方话语，就意味着要参考其他文本进行证明和分析，要把不同体裁的文本包含进来，如各类报道、学术研究、游记、自传等，而所有文本和体裁都体现出作者的知识。一般来

---

① 主要指非虚构文学，但运用一系列文学或叙述技巧。

说，知识是通过客观的第三人称来实现，旨在突出客观性。而对于叙述性和主观性的知识形式则主要通过作者的个人阅历和经历，并且通过第一人称的"我"明确写入文本中而构建权威。对于人们经常会忽略的非虚构文学作品，权威同样可以通过文学、诗歌和叙述技巧及方法来建构，如回忆录、游记等。这些在对外政策的形成过程中都会产生影响。

互文性概念为文本选择提供了依据。选择文本需要遵循一定的标准。根据方法论的一般规范，话语材料的选取应该基于两个考虑。第一，应该涵盖所研究时段内的大多数文本，包括那些可以追溯主导表象谱系的历史材料；第二，应该包括那些经常被引用的在一个辩论的互文网络中起连接作用的关键文本以及为确定主导话语提供更充分数量依据的一般性文本。

后结构主义话语分析首先关注对首要文本（primary texts）的研究。针对官方的对外政策，首要文本是总统的声明、演讲和访谈；针对政治辩论，首要文本是议会的辩论；此外，还要研究更广泛的媒体话语，如报道和社论等。但是，这并不意味着那些通常被视为次要材料（secondary sources）的文本在后结构主义文本分析中不重要。这些次要文本主要指那些针对首要文本的讨论以及更广泛地阐述对外政策议题的文本。首先，概念史或谱系文献可以为形成当前的表象提供重要的知识积淀以及批判手段，对一些所谓客观与自然的内容提出挑战。其次，次要材料如果被官方话语或是公共辩论反复引用也可能变为首要材料，有时首要材料和次要材料的划分并非绝对。第三，对首要文本进行有说服力的话语分析需要有关案例本身的知识。研究文本的译本有时也可以是一种重要选择，这样可以把分析焦点转移到那些面向国际观众的英语文本。此外，在选取文本材料时，历史材料可以作为概念史或批判性谱系脉络文本，它们对于当前辩论内历史建构的争议以及基础研究内基本话语的确定起重要作用。就方法论而言，虽然依赖次要材料的话语会存在一些问题，但是我们可以通过两个方面来增强研究的可靠性：一是通过尽可能选用不止一种概念史；二是通过选取最重要的关键文本，先做基础性阅读，然后将此阅读与概念史的阅读进行比对。在阅读时，重点关注那些有关空间、时间以及道义身份的争议性表述、他者的建构以及他者与自我的关系。

关键文本的选取可以通过阅读政策演讲稿、媒体报道、评论以及时效稍滞后的学术分析来实现。重要而明显的互文文本可以通过电子搜索引擎来收集[①]，这些数据库可以检索出针对某个作者在杂志、期刊、报纸中被参考的次数。一般资料的选取以及那些没有概念史的历史话语的选取应满足以下三个标准：应该有清晰的身份和政策表述；读者众多，受到广泛关注；有正式权威来明确政治立场。针对一般性材料，其构成应该由不同的语境来决定。比较可取的办法是整合几种类型的不同文本，以确保满足正式权威高、身份与政策表述明确等条件最终被用于分析之中。

3. 文本阅读

在确定了应该选择哪些文本之后，关键的问题就是如何来阅读。

首先，后结构主义话语分析的互文性阅读应该分析以下三个方面：第一，在首要文本中是如何表达身份和政策的；第二，首要文本中的身份与政策建构在后面的二次阅读中是如何再现的；第三，如何比较首要文本与二次阅读。这三步阅读的目的不仅在于分析二次阅读是否曲解了首要文本，还在于明确首要文本与二次解读之间可能存在的差距，探究其他二次解读的可能性，解释当代话语为什么及如何影响旧文本或非政策文本的解读。

其次，由于话语分析所持的是话语认识论，其方法论就体现在话语明确的表达上。从方法论上看，阅读应该从那些明确对他者进行建构的词语开始，如"邪恶的"、"独裁者"、"杀人犯"、"恐怖分子"等，或是从那些对自我身份建构的词语开始，如"好的"、"文明的"、"正义的"以及"受到进攻的"。但是，身份的建构不是通过对他者和自我采用一个特殊的符号就能完成，而是要通过将其置于一个更大的系统中才能实现。这个过程可以被理论化为进行关联和区分的双重过程：意义与身份是通过一系列相互关联的符号来建构的，通过相互关联建构相似性，同时也通过把一系列其他符号放在一起建构二者的差异。例如，把"巴尔干"建构为与"欧洲"不同，这种意义只有把这些符号置于一个能把这些符号关联起来，并产生差异的话语中才可以实现。从分析方面看，因为话语分析的方法坚持认为阅读应该基于符号和身份的明确表述，因此分析的重点必须放在这些符号如何关联在一起，如何并列在一起，它们如何建构了自我和他者，如何使特殊的政策合法化方面。因此，如果分析忽视了重要的符号，如果错误理

[①] 如使用 LexisNexis 与 ProQuest 等。

解了被关联和并列的符号之间的稳定性,如果夸大或是缩小了自我与他者之间的差异程度,或是没有明确身份和政策之间的联系,这样的阅读就是弱的阅读。具体而言,对于身份的研究应该重点研究哪些符号是被一个特殊的话语或是文本表达出来,它们如何被关联在一起以实现一种话语稳定性,哪些地方会出现一些不稳定性和一些小错误,其他竞争话语是如何把同样的符号建构出不同的结果。当然,话语分析并不意味着只存在一种阅读,而把所有的其他阅读都排除,有时也需要多样、互补性的阅读。

第三,在阅读过程中,可以重点关注以下方面的问题。话语分析方法的起点是在一个符号网络中对身份的明确表达,那么,我们就需要关注话语如何寻求建立稳定性,话语在哪些地方变得不稳定,话语如何能被解构,话语的变化过程如何等。如果把身份理解为是通过关联与区分过程而建构的,也提出了关于话语分析可靠性的方法论问题:不同的分析者关于同样的文本会得出同样的分析结果吗?在不同的阅读之间人们会认为某些话语分析要好于其他的分析吗?一般来说,因为身份是通过一系列符号的关联与区分过程而建构的,人们通常只关注某一个特殊主线。而其他符号,则取决于相应的研究问题,也可能被建构为一种特权身份,这就需要分析与其相关联的符号网络;或者人们也可以进行双重阅读,这样可以追溯两个身份的表达与话语关联。①

在本书的研究案例西方对波斯尼亚战争的辩论中,作者认为这是一场建构非激进他者与激进他者而进行的战争,表明了历史话语与当前的表象对于当前辩论的重要性,提出了政策建构与身份建构的变化,指明了西方关于自我的话语分裂与政治分裂。通过分析,也进一步指明了新闻报道、游记和回忆录对于对外政策辩论的重要性。案例以"西方"和后来变为"西欧"和"美国"为自我,分析的焦点是西方对波斯尼亚战争的建构,主要针对两个基本话语,即巴尔干话语和种族灭绝话语。所选取的文本主要包括美国和英国的官方话语、美国国会和英国议会反对党的话语、三家美国报纸和三家英国报纸以及涉及新现实主义、古典现实主义、女权主义、后结构主义等的学术话语。通过更广泛的媒体话语内部与官方对外政策话语内部的互文连接,确定了来自新闻媒体、流行的学术研究、游记和回忆录

---

① Lene Hansen, "Past as Preface: Civilizational Politics and the 'Third' Balkan War", Journal of Peace Research, Vol.37, No. 3, 2000, pp. 345-362.

的关键文本。通过该案例研究，我们可以看到，西欧话语重申了巴尔干话语，建构了西方的"人道主义责任"，而美国却是在巴尔干话语和种族灭绝话语之间转变，种族灭绝话语就需要西方进行积极干预。

结　语

本书明确提出了关于身份与对外政策的后结构主义理论及具体分析方法。语言和话语在后结构主义国际关系理论中具有核心地位。正如菲尔克（K.M. Fierke）所言，国际关系是一项"社会"研究，语言是我们所处的社会特性的核心特征，所以，在一定层面上，必须重视语言在社会知识生产中的作用。① 在后结构主义看来，语言对于身份和对外政策而言，具有本体意义和认识论意义。在对外政策的话语中，身份与对外政策通过叙述过程相互影响，相互塑造，形成互构关系，而非如理性主义所认为的因果关系。关于对外政策的文本可以作为分析对外政策的一个重要依据，它们能够展示对外政策的辩论和形成过程，也体现了语言的认识论意义。在此基础上，本书开启了一个更宽广的国际关系后结构主义的研究议程，更多的关于对外政策的文本被纳入到人们的研究视野中，除了传统的官方报道、演讲、媒体报道、学术分析外，尤其重要的是把那些非虚构文学作品，如游记、自传等也包含进来，揭示了身份与对外政策的形成过程及相互影响。书中所明确展示的研究方法更是为从事该领域的具体研究提供了明确指导，在这个过程中，也使我们对互文性、权威、知识等有了新的认识。在这些理论与方法论的指导下，人们对于身份、对外政策、安全的研究一定会继续深入，而国际关系后结构主义研究议程也会不断拓宽。

孙吉胜
2016年1月

---

① K.M. Fierke, "Wittgenstein and International Relations Theory", in Cerwyn Moore and Chris Farrand, eds., International Relations Theory and Philosophy, Routledge, 2010, p. 92.

序　言[*]

该书应该引起那些怀疑后结构主义是国际关系的一种研究方法的人们的注意。莱娜·汉森（Lene Hansen）以清晰、易懂的形式首次全面详细阐述了如何使用话语分析来研究对外政策决策。这是一个非常有价值，也是人们期待已久的贡献，使后结构主义的批评者们更好地明白他们一直在批判什么，也为那些对后结构主义持有热情的人针对如何继续相关的研究提供了指导。我认为，那些批评者们会发现自己将面临更多的挑战，而热衷于后结构主义的人们则会发现他们的任务变得更容易（这并不表示是说着容易）。尽管该书本身是详细分析波斯尼亚战争本身，但是它可以作为一个解决很多方法论问题的有益研究之作。

汉森所面对的是批评者们对话语分析的批评，即话语分析由于表明身份和对外政策的表象相互建构，无法以原因与结果的语言来解释，因此不能揭示因果关系。她具体解释了什么是话语以及话语作为社会与政治世界的重要组成部分如何被系统地使用和分析。该书详细说明了话语如何框定并赋予事实以意义以及赋予给定事实的不同立场如何构成了相互竞争的政治观点。它表明话语如何变化和发展，选择性记忆如何使过去的话语被遗忘或是在适当的时候被记起。对于那些非专业的人来说，该书清晰解释了

---

[*] 该书是巴里·布赞（Barry Buzan）和理查德·利特尔（Richard Little）主编的"新国际关系"系列丛书之一，该丛书由劳特利奇出版社（Routledge）出版。《作为实践的安全》为该丛书的第24本，布赞为本书写了该序言。布赞为伦敦政治经济学院教授，英国学派的领军学者、哥本哈根学派的创始人之一；利特尔为英国布里斯托大学教授。（译者注）

那些令人生畏的术语的真正意义（以及它们实际上并不那么令人生畏的原因），如互文性（intertextuality）。汉森还清楚地解释了如何选择话语分析的文本，为我们解决了很多难题，如选多少文本、从何处选取文本才是相关的，并解释了为何需要这样做的原因。

  之后，汉森向读者展示了一个精心研究的案例：西方关于波斯尼亚战争的话语研究，主要以此来说明身份的表象与对外政策相互建构的特点。该视角展示出关于波斯尼亚战争的政治围绕关于种族屠杀、古老仇恨、人权以及西方责任等相互竞争的话语是如何构成的，揭示出欧盟内部与美国关于波斯尼亚以及它们本身之间的紧张关系，也显示出政治家们以及其他人如何把事件和政策的变化纳入到话语之中。通过这种方法，汉森为我们提供了一系列关于波斯尼亚危机的各种文献以及对政治观点的认识，尖锐而深刻。她的判断冷静、公正，展示出不同话语对于波斯尼亚战争这一恶劣事件的有意或是无意的解释导向。汉森成功地显示出相互竞争的话语如何使对方失去稳定性，自我相对于他者如何胜出，实际上是建构对外政策的决策过程。这是一本为未来很长一段时间设立标准的里程碑之作。我们非常欢迎这本书进入"新国际关系"系列丛书。

巴里·布赞（Barry Buzan）
伦敦政治经济学院

前　言

　　该书重点研究身份对对外政策的重要性，主要努力完成三件事情：发展一个关于身份与对外政策的话语分析理论，提供一个如何使用该理论的方法，在此基础上全面分析西方对波斯尼亚战争的反应。

　　我认为基于福柯（Foucault）、德里达（Derrida）、克里斯蒂娃（Kristeva）、拉克洛（Laclau）以及穆夫（Mouffe）的后结构主义话语分析可以被用来将身份表象与国家元首、政府、反对派、媒体以及学界所建议的对外政策的互构关系理论化。对外政策需要或是对正在解决的疑问或问题进行说明，或是讲述一个故事：如果没有对所干预地点或是卷入冲突的人的描述，就不会有干预发生。没有对谁是不发达国家，它们与发达的西方有何不同以及它们如何改变身份的描述，就无法理解发展政策。通过提及或是参考身份，对外政策就如在国家利益或是对人权政策的辩护中那样，是必要的，也是被合法化的。但是，身份也同时在对外政策的形成过程中被同时建构或是重塑。政策需要身份，但是身份并不是作为对人或地点"究竟是什么"的一个客观描述，而是不断被重述、协商，不断被重塑的主体和客体。把作为话语的对外政策理论化就是认为身份与政策通过叙述的调整过程而相互建构，身份与对外政策用社会科学的术语来说是建构性关系，而非因果性关系。

　　身份、政治、话语——这些关键词表明本书是基于多样的文献，该书的读者也是几类。对外政策的话语使本书属于国际关系学科，采纳了后结构主义视角。但是对外政策只是政治的一种，关于身份建构的重要观点也与更广泛的政策辩论相关。例如，欧洲和北美关于移民与文化多元主义的辩论不仅仅涉及多少人被允许进入欧盟国家或是美国，还涉及"欧洲"以及"美国"的身份，因此也表明什么被建构为是"外国的"。关于同性恋者的婚姻以及领养权的辩论实际是对异常与正常的建构，是对"正常家庭"相对"颠覆性的非核心家庭"的身份建构，同时也是关于公开和隐私界限的建构。简言之，身份不仅在国家间的关系建构中发挥作用，而且在任何重要的政治决策中都非常重要——什么是不同的，什么是外国的建构不仅仅是局限于我们传统所理解的对外政策之中。

国家元首或是外长对外宣布的对外政策具有明确的正式权威性，因此一直是传统上对外政策分析的主体。本书中所发展的话语分析认为这种视角可以继续保留，但是官方的对外政策应该置于一个更加宽泛的话语范围之中。官方的声明对于当时的事件所呈现出的内容具有不可反驳性，因此所选择的政策也是符合逻辑性和必要性。但是，这样做的同时，政治家们需要对一个更宽泛的政治领域来讲这些话，也许会有那些来自反对派的政治家或是媒体的竞争话语。因此，只有通过一个有力的概念性历史而进行的身份动员才会达成共识。例如，谈论伊斯兰世界的狂妄和非理性实际是借助具有历史特点的西方关于东方的话语，把前南斯拉夫战争描述为"巴尔干"实际是从可追溯到20世纪20年代的巴尔干身份概念中来汲取话语力量。

官方的对外政策总是以当代或是历史话语为话语对象，或是从当代或历史话语谈起，这也体现出我们在本书发展的话语分析与从其他一些领域所进行的关于身份和话语研究的相同之处，这些领域中比较突出的有比较文学、概念史、媒体研究以及文化研究。该书把分析重点放在言语者如何把自己建构为对于所面对的政策问题具有权威性知识，更使这种相同点得到了加强。该书表明政治家们使他们的立场合法化，不仅仅通过参考"严肃"的政治分析和"客观"报告，还参考那些个人经历以及非科学形式的文本，如游记等。通过采纳互文性这个概念，把对外政策的辩论中采用多种体裁（genre）理论化，尤其重点关注知识的主体性和叙述形式如何成为那些看上去是理性和客观的西方对外政策制定者所争论的重要组成部分。

如果没有以下学者的观点和研究，该书对于国际关系学科中关于身份与对外政策理论的贡献是不可能实现的，主要有德里达的解构，克里斯蒂娃的互文性，福柯关于知识和权力的论述，拉克洛和穆夫关于话语与霸权的观点，玛丽·路易丝·普拉特（Marie Louise Pratt）关于游记的论著，埃金（Eakin）对于自传体裁的演绎；还有那些国际关系后结构主义的代表，主要包括理查德·阿什利（Richard Ashley）、罗伯特·沃克（Robert Walker）、詹姆斯·德尔·德里安（James Der Derian）、迈克尔·夏皮罗（Michael Shapiro）、戴维·坎佩尔（David Campell）、辛西娅·韦伯（Cynthia Weber）、伊韦·B. 诺伊曼（Iver B. Neumann）以及奥利·维夫（Ole Wæver）。在本书的第一章中，我所想象的最明确的话语对象是国际关系理论家，同时我也想与那些在社会科学以及人文学科中研究话语与身份的人进行对话。对于这部分读者来说，需要澄清的一点是：在本书中所使用的"后结构主义话语分析"术语与传统的国际关系术语相一致，主要是使用来自于福柯、德里达和克里斯蒂娃等人的理论视角。但是，其他领域也许会采纳其他传统。同时需要指出的是，我把我的理论框架称为后结构主义话语分析，但这并不是说后结构主义与话语分析是完全相同的。例如，后结构主义包括心理分析以及拉康的相关研究，但在本书中并未包含。话语分析作为一个一般性的研究领域涵盖了多种研究视角，如内容分析、民俗方法学、功能语言学以及由诺曼·费尔克拉夫（Norman Fairclough）、露丝·沃达克（Ruth Wodak）、拉克洛和穆夫等人发展的批判话语分析。本书所采纳的话语分析视角是基于福柯、德里达和克里斯蒂娃的传统，因此与费尔克拉夫的话语分析相比更接近于拉克洛和穆夫的话语分析。但是，本书将要讨论的话语分析与批判话语分析之间也存在一些重要的相同点，尤其是在关于批判话语分析的话语表象方面。

　　那些熟悉后结构主义理论的人也许会问：德里达和福柯的观点如何用于一个理论框架中或是后结构主义理论与批判话语分析之间究竟有什么区别。我应该在此表达清楚，本书的目标是针对如何将对外政策话语中的身份建构理论化这样一个主题，理论间的辩论以及区别因此被置于了次要位置。当然，很显然这些是值得争论的。但是，我做这样的选择是由于我希望把话语分析理论与一个完全的方法论结合在一起，既解决阅读方法和具体的研究设计问题，同时也涉及对文本的选择。

　　关于后结构主义方法论的问题主要是它与国际关系理论中的有些观点相悖，即后结构主义与方法论无法契合。从斯蒂芬·沃尔特（Stephen Walt）对于后结构主义的现实主义警示到卡赞斯坦（Katzenstein）、克拉斯纳（Krasner）以及基欧汉（Keohane）所说的后结构主义否定对证据的使用，理性主义一致认为后结构主义的一个特点是在认识论和方法论上都没有发展活力。一些说服力更弱的建构主义者们把"后现代主义"建构为在理论和方法论上兜圈子，这更强化了把后结构主义视为反方法（anti-method）的看法。但是，通过国际关系后结构主义的纲领来指责新认识论者和建构主义者对于一个研究而言过于简单，这表明对于方法论的关注目前还未得到应有重视。后结构主义在方法论上的沉默给人们的印象是后结构主义多年来是从福柯—德里达—尼采—克里斯蒂娃的研究发展而来，不需要讨论阅读方法论以及如何选择文本材料。①

公平地讲，当后结构主义理论刚开始发展时，它主要关注抽象理论以及对国际关系学科和国际关系史进行解构性阅读，这是有充分理由的，即挑战人们所赋予现实主义和自由主义的特权，尤其是新现实主义和新自由主义的发展。人们要求理论要展示出本体论和认识论基础，方法论永远不可能成为做到这一点的途径。但是，作为一个长远的大战略，只由理性主义者和建构主义者讨论方法论也一直是一个问题。或者用建构主义的语言来说，现在需要后结构主义理论来重新研究方法论了。

后结构主义理论的方法论转向有两个优势：它可以向后结构主义理论的批评者表明支持后结构主义分析的很多非常具有活力的内容。例如，阅读诸如福柯的《事物的秩序》（The Order of Things）或是詹姆斯·德尔·德里安的《外交》（On Diplomacy）这样的书，没有人会质疑这些著作通过一个复杂的视角对大量的材料所进行的分析。但是，强调后结构主义理论方法论的问题并不仅仅是一个辩解的行动，而是促进后结构主义理论本身内部的研究。什么是方法论呢？它本身就是一个存在争议的问题。德里达认为方法论与西方理性主义与实证主义所称的真理紧密相连，因此解构主义是无方法的（non method）。尽管这是一个站得住脚的哲学观点，但是它也重申了一个两分的选择，一方面是理性主义和方法论，另一方面是后结构主义理论方法的空洞性。而我认为把方法论视为一种交流选择和策略

---

① 最近出版的系列著作都是关于话语分析的方法论（Titscher et al. 2000；Wetherell et al. 2001；Wodak and Meyer 2001）。尽管，它们的这些概述非常有价值，但是它们并不是专门针对政治话语，它们也没有提出针对如何设计一个研究项目和如何选择数据的原则。北欧出版了一些书，指出了话语分析方法的重要性，但它们也都没有把理论与方法论统一起来或是提供一个明确的方法论的指导（Hjort 1997；Dyrberg et al. 2000；Jorgensen and Phillips 1999；Neumann 2001）。

方式更有效，这也是所有的研究，包括结构主义和后结构主义都必须要做的。理性主义不能说自己是方法论的唯一拥有者，而德里达的解构概念也不能创造出一个没有策略、没有包含与排除的空间。但是，这并不是说方法论应该取代理论，也不是说方法论是一个所有理论家们表明他们本体论和认识论差异的平台，而是把方法论置于这样一些宽泛的术语中，创造出一个可以进行后结构主义分析和辩论的平台，以更好地理解不同的分析可以怎样相互竞争，相互补充，也可以为身份在对外政策中的使用提供一个更加有力的解释。

本书的第一部分所提出的理论框架和方法指导都是用一些短小的例子来说明。第二部分全面分析西方对波斯尼亚战争的反应。该战争1992年开始，历时三年半多。该研究一方面是说明理论应用的一个案例；另一方面也是一个"案例加研究"，目的是全面分析西方关于波斯尼亚的辩论。"案例加研究"有三个目的：一是表明前五章中的复杂理论和方法论如何用于特殊的情景和材料中；同时也指出了进一步研究所需要的新的研究议程。正如在结论中所总结的，该案例也对西方针对波斯尼亚战争的辩论进行了全面、广泛的分析。分析涵盖了美国和西欧对波斯尼亚问题所采取的政策、英国和美国的主要报纸、游记、备忘录等对波斯尼亚的记录和报道，同时也涵盖了国际关系新现实主义、女权主义和后结构主义理论之间的辩论。分析指出了历史的重要性，并不仅仅是作为对冲突本身的解释，而是对现有身份的一种话语建构，也涉及了围绕西方冷战后安全以及关于"巴尔干"和"西方"而进行的概念性、文学以及文化研究，尤其重要的是玛利亚·托多罗娃（Maria Todorova）的《想象巴尔干》（Imagining the Balkans）和韦斯娜·戈兹沃西（Vesna Goldsworthy）的《发明鲁里坦尼亚》（Inventing Ruritania）。

谈及身份的政治性就是承认对"他者"的建构与关于"自我"的"我们的"理解之间的联系。"他者"经常是以来自东方的形式出现，如来自匈奴、俄罗斯、东方、土耳其、恐怖分子、中国，在本书中还包括巴尔干。这个"他者"和任何一个"他者"一样，实际上任何一个"他者"都是以"自我"为参照，但是不完全相同，就如佩多·卢扬（Pedo Lujian）所描述的"东方"那样，它出现在这本书的封面上。愿它成为书中后面内容的一个美丽的政治序曲。

致　谢

　　写一本书的经历确实会真正令人相信家人、朋友和同事的重要性。在过去几年写书的过程中，我发现自己非常幸运地处于一个充满支持的专业和社会网络中。作为一个研究助理和一名研究生，我从我所在的哥本哈根和平研究所（Copenhagen Peace Research Institute，COPRI）的环境中受益良多。在这里，巴里·布赞（Barry Buzan）与奥利·维夫（Ole Wæver）成为欧洲安全（European Security）研究小组的核心，"EUR"后来被称为哥本哈根学派。欧洲安全研究小组（EUR）每月一次的讨论为正在进行中的研究，有时是在遇到困难时的研究，提供了一个坦诚的支持环境，巴里和奥利在以创造性和开放的心态对待学科融合方面为大家树立了典范。在这些年里，无数人加入了这个讨论，尤其是以下几位，他们为2002年到2003年的书稿提供了很多建议和意见，他们是克里斯托弗·布朗宁（Christopher Browning）、斯特凡诺·古奇尼（Stefano Guzzini）、乌拉·霍尔姆（Ulla Holm）、佩尔蒂·约恩涅米（Pertti Joenniemi）、安娜·莱安德（Anna Leander）、诺埃尔·帕克（Noel Parker）、韦贝克·斯库·佩德森（Verbeke Schou Pederson）以及亚普·德维尔德（Jaap de Wilde）。我非常感谢他们积极的批评及建议，同时也感谢他们对另一个巴尔干话语的耐心。

　　1996年我在耶鲁大学接受亚历山大·温特（Alexander Wendt）的指导也是我研究生学习的重要阶段。他和我的看法一样，认为我的初稿非常糟糕，他教导我说我需要活力、理性、关注文本，尤其是在涉及一些复杂的哲学和方法论问题时。尽管我和他对于话语和后结构主义的理解不同,即使现在也不一样,但他总是非常支持我,在时间方面非常慷慨。我从他那里学到了很多,这要远远多于在后面的书中所体现出来的。

时间对于一个人的学术生涯来说或许是最宝贵的,我感谢所有那些在过去的几年中为我付出时间的人。在此,我尤其要感谢汤姆·比尔斯泰克(Tom Biersteker)、詹姆斯·德尔·德里安(James Der Derian)、耶尔·弗格森(Yale Ferguson)、耶夫·海斯曼斯(Jef Huysmans)、利斯·霍伊戈德(Lis Højgaard)、吉罗伊德·O. 图阿泰尔(Gearóid Ó Tuathail)、迈克尔·皮尤(Michael Pugh)、伊韦·B·诺伊曼(Iver B. Neumann)、迈克尔·夏皮罗(Michael Shapiro)、安德斯·维瓦尔(Anders Wivel)以及在我讲述相关内容时的听众,主要有南加州大学、布朗大学、2003年2月和3月在蒙特利尔召开的国际关系协会年会和哥本哈根大学政治学系的国际关系小组。同样需要感谢的还有我在哥本哈根大学所指导的硕士研究生以及在我关于话语分析和国际关系课上的学生。他们让我坚信需要专门写一本书,把关于话语分析和后结构主义理论的讨论带入到具体方法选择的领域中来。一小部分研究生在为期一天的一个专题讨论会中为我2004年10月的书稿提出了很多实质性和教学法方面的建议,很多讨论都被吸收到了本书当中。

到2004年初时,我已经完成了一系列的草稿,但是需要从第一页开始,一直继续下去。我的一个研究假期让我可以完全把精力放在该书上。丹麦社会科学研究协会(Danish Social Science Research Council)的一个资助使我能够到纽约进行专门研究。纽约大学文化与交流系主任泰德·梅格尔(Ted Madger)非常慷慨、热情地接待了我。我非常感谢泰德(Ted)、海伦·尼森鲍姆(Helen Nissenbaum)以及朱迪·史蒂文斯(Judi Stevens),他们使我有机会在纽约大学度过了一段时间,非常有成效,也非常愉快。巴里·布赞和理查德·利特尔(Richard Little)作为"新国际关系"丛书系列的主编从一开始就非常支持我写这本书。巴里对本书的终稿提供了大量详细的建议。还要感谢迈克尔·C. 威廉姆斯(Michael C. Williams),我们之间这些年的友谊对我的职业和我个人都产生了非同寻常的影响。在劳特利奇出版社(Routledge),我的编辑海迪·巴格塔松(Heidi Bagtazo)以及格雷丝·麦金尼斯(Grace McInnes)和哈丽雅特·布林顿(Harriet Brinton)都对我提供了很多支持。最后,我要感谢我们系的一个研究资助，使我可以请克里斯托弗·阿斯楚普（Kristoffer Astrup）作为我的研究助理。毫无疑问，没有克里斯托弗的付出、独立工作以及工作的可靠性，完成本书需要的时间会更长，过程也会更加艰难。

在过去的这些年里，我得到了来自朋友和家人的大力支持。我的父母2003年夏天在郎厄兰岛（Langeland）专门为我安排了休假，我在那里度过了六个星期，思考如何为本书所有内容提供一个完整的框架。在纽约，约翰·菲利普斯·桑托斯（John Phillips Santos）对我大力支持，把游记、备忘录以及其他非学术体裁引了进来，他对身份的政治性观点为后面的章节产生了深刻影响。另外一位非常不寻常的纽约朋友是佩德罗·卢汉（Pedro Lujan），他允许我使用他的作品《东方》（East）作为本书的封面，非常感谢他以及利娅·吉特（Leah Gitter）在我在纽约期间的热情和好客。在哥本哈根，马库斯·冯·赫德曼（Markus von Hedemann）对本书最终稿的支持甚至超出了我的想象。我的弟弟彼得（Peter）、妹妹安妮（Anne）以及我的朋友斯蒂娜·克勒耶（Stine Krøyer）、托马斯·奥普斯特拉普（Thomas Opstrup）、卡伦·伦·彼得森（Karen Lund Peterson）、赫勒·约翰森（Helle Johansen）、利萨·里奇（Lisa Richey）以及安雅·贝塞尔·施米尔（Anja Besser Schmuhl）为我提供食品、葡萄酒和耐心，尤其是当我一直承诺我就还需要一个月就可以写完书稿时。我也把这本书献给我的老朋友赫勒·文佐（Helle Venzo），感谢她这些年慷慨和孜孜不倦的鼓励和洞察力。没有她的话，这本书以及我自己的生活都会截然不同。

第六章、第八章和第九章的少部分内容是由我写的以下文章改编而来：一篇是《作为语言的过去：文化政治与"第三次"巴尔干战争》[发表于《和平研究》2000年第三期，37卷，第345至362页，版权属于国际和平研究所（奥斯陆），2000]，修改和再用获得了赛奇出版公司（Sage Publicatio Ltd.）的同意。另外一篇是《性别、国家、强奸：波斯尼亚与战争的建构》[发表于《国际政治女性研究》2001年第一期，第三卷，第55至75页，杂志的网址是www.tandf.co.uk，经过泰勒·弗朗西斯公司（Taylor Francis）的同意后得以使用。]我感谢各位编辑与杂志允许我在本书中使用相关内容。

目　录

第一章　绪　论 1
　　后结构主义与国际关系领域 3
　　作为"现实世界"表象的研究问题 6
　　对外政策分析的范围：官方话语的位置 8
　　认识论挑战 11
　　方法论与"案例加研究"的地位 13
　　本书的内容 14

第一部分　话语分析的理论与方法

第二章　话语分析、身份与对外政策 20
　　语言建构的本体论 21
　　话语认识论和关系性身份 27
　　因果关系的不可能性 29
　　一个结合的理论模式 33
　　挑战、变化与事实 36
　　作为话语的安全 38

第三章　他者之外：身份复杂性分析 42
　　他者特征、差异与自我建构 43

　　　　关联与区分：阅读方法论 47
　　　　阅读政治身份：空间、时间和道义建构 52
　　　　从文本到基本话语 57

第四章　对外政策的互文性分析：体裁、权威、知识 60
　　　　政治互文性 61
　　　　三种互文模式及研究议程 64
　　　　建构权威：权力、知识和叙述 70
　　　　客观性之外：叙述性知识和非虚构文学 73

第五章　研究设计：提出问题与选取文本 79
　　　　研究设计 80
　　　　选择文本：关键文本与一般性材料 89
　　　　西方关于波斯尼亚战争的辩论：详细的研究设计 95

第二部分　西方关于波斯尼亚战争辩论的话语分析

第六章　西方关于波斯尼亚战争辩论的基本话语 102
　　　　19世纪和20世纪初的"巴尔干" 104
　　　　巴尔干话语 115
　　　　种族灭绝话语 120

第七章　人道主义责任与"解除禁运和空袭"：追溯跨大西洋政策话语 ... 126
　　　　关键事件时间表：当地事态的发展和西方的政策回应 127
　　　　西欧的人道主义 135
　　　　差异中的统一：美国关于"解除禁运和空袭"的辩论 144
　　　　西方政策话语和分析结论 157

第八章　记录过去，预测未来：旅游者、现实主义和文明政治 161
　　　　《巴尔干幽灵》和互文性建构的影响力 164
　　　　解读丽贝卡·韦斯特：重新评价亲塞尔维亚主义 170
　　　　概念的互文性："文明"和"古老仇恨" 180

　　　　　互文性结论和巴尔干话语变体.................................... 193

第九章　西方的失败？种族灭绝话语的演变与不行动政策的道义标准...195
　　　　　种族灭绝见证者：从报道事实到倡导政策........................ 197
　　　　　种族灭绝话语的变体：欧洲、塞尔维亚和性别.................... 200
　　　　　后结构主义和戴维·坎贝尔的《民族解构》...................... 210
　　　　　对谈判的回忆.. 215
　　　　　结论：种族灭绝话语的变体、政策、体裁........................ 228

第十章　结论... 230
　　　　　话语政治.. 230
　　　　　身份与对外政策辩论.. 232
　　　　　话语的互文性.. 234
　　　　　话语的范围和方法论.. 237

参考文献... 240
索　　引... 268

图表目录

图 2.1　关联过程 23
图 2.2　关联与区分 23
图 3.1　"巴尔干人"和"欧洲"的关联和区分 48
图 3.2　印第安"野人"的竞争建构 49
图 4.1　作为三步阅读过程的互文性 65
图 5.1　话语分析的研究设计 81
图 5.2　详细的话语分析研究设计 87
图 5.3　戴维·坎贝尔《书写安全》的研究设计 88
图 5.4　辛西娅·韦伯《刺激主权》的研究设计 89
图 5.5　西方对波斯尼亚战争辩论的研究设计 96
图 6.1　巴尔干话语 120
图 6.2　种族灭绝话语 125
图 7.1　人道主义责任话语 139
图 7.2　美国版的种族灭绝以及"解除禁运和空袭"话语 155
图 8.1　巴尔干话语中"文明"这一概念的互文性 181
图 8.2　巴尔干话语中"古老仇恨"这一概念的互文性 182

表 3.1　时间性身份 55
表 4.1　互文性形式 62
表 4.2　互文性研究 69

表5.1	文本选择模式	90
表5.2	选择标准与一般材料的通用类型	94
表5.3	西方关于波斯尼亚战争辩论分析的文本材料	100
表6.1	历史上的"巴尔干"话语	115
表8.1	巴尔干话语变体	194
表9.1	种族灭绝话语的变体	210

第一章 绪论

身份与对外政策的关系是后结构主义理论研究议程的核心：对外政策依赖于对身份的表象。同时，也是通过对外政策的形成使身份得以产生并不断被重新建构。后结构主义理论把对外政策理解为一个话语过程，认为对外政策话语表达物质因素，并与物质因素以及观念相互交织在一起，二者无法相互区别开来。后结构主义理论也认为政策话语本身是社会性的，因为政策制定者需要解决政治对立问题以及更广泛的公共问题，把对身份以及存在风险的政策选择的理解制度化。

这种视角把后结构主义理论与自由主义和建构主义把观念作为对外政策分析中的一个变量区别开来，认为身份并不是国家或其他集体独立于在展现和执行对外政策时所动员的独立话语实践（Goldstein and Keohane 1993；Laffey and Weldes 1997；Katzenstein 1996）。因此，身份不可能被定义为一个变量，与对外政策随意分开，或是把它与其他非话语性的物质因素相互比较来衡量其解释价值。后结构主义以及话语分析的批评者们经常把这种因果认识论方面的缺失作为理论、方法论以及政治无政府性的途径。但是，本书将表明后结构主义话语分析能够产生一种在理论上富有活力和生机的研究议程，能够分析相关的政治问题。它也是一个可以针对对外政策传统问题的研究议程，如国家如何应对所面对的问题？政治家们如何为他们的行动寻求支持？同时，它也是理解媒体以及政治反对派如何展开政治辩论的重要性桥梁。

如果没有理论的话，那就只能描述；如果没有方法论，就不能把理论转化为分析。后结构主义传统上并没有进行明确的方法论的讨论，因此我们必须解决后结构主义理论所面对的方法论方面的挑战。很多国际关系后结构主义理论学者吸收德里达的观点，而德里达则认为方法论是与科学的实证主义形式密切联系，他自己主张的解构是不讲究方法的，这些学者们还经常吸收文学、哲学和社会学的一些传统，它们通常不像国际关系和政治学那样强调根据性和可靠性。但是，如果方法论与实证主义认识论的联系是松散的，方法论被视为是理论变为分析的步骤和选择，那么后结构主义方法论不但是可能的，也是我们所期待的。很多后结构主义话语分析所面临的问题是所有的学术研究都需要面对的：什么应该成为分析的核心？一个研究设计如何围绕它而展开？如何来选择材料和数据，使其定量分析和定性分析更加可靠？后结构主义把书面或是口头表达的话语作为核心就要求人们对阅读方法（在对外政策的文本中身份如何辨别，针对相对立的话语如何进行研究）以及文本选择的方法（应该选择哪些形式和哪些类型的文本）给予特殊的关注。

　　本章的目标是把后结构主义话语分析置于国际关系领域之中，来更详细讨论理性主义对"现实世界的研究问题"和对因果认识论的要求。第一部分把后结构主义对身份的关注与国际关系的历史联系在一起，追溯理性主义、建构主义以及后结构主义理论的发展。第二部分认为后结构主义可以通过把身份作为一种话语的、政治的、关系的以及社会产物的概念理论化来直接面对"现实世界"的对外政策问题。第三部分通过把由媒体、反对派、评论家以及流行文化挑战或重塑的官方对外政策话语理论化来继续讨论与现实世界的相关性。本章的第四部分重新回到对因果理论化的要求，该理论是通过政治学最全面的对定性因果研究设计的介绍来阐述，即由金（King）、基欧汉（Keohane）和维尔巴（Verba）1994年所著的《设计社会研究：定性分析中的科学推理》。人们一般认为后结构主义无法形成一个因果理论，因为身份与政策之间的关系相互建构，是具有行事性的。随之产生的对方法论的要求将在第五部分进行讨论，该部分同时也会呈现出本书第二部分的案例研究，即西方关于波斯尼亚战争辩论的研究方法。最后会简单介绍一下本书的结构以及各章的内容。

后结构主义与国际关系领域

关于身份的问题在过去15年里一直处于国际关系学科辩论的中心，可能甚至是从国际关系开始之初就是这样。难道国际关系抽象的本质不是可以被最好地视为一个持续的关于国家身份（本体）、国内政治和国际关系的差别以及改变国际关系范围的政治和规范辩论吗？这些问题，虽然没有用这些术语准确地表达出来，但是它们是国际关系一些经典著作的重要内容，如卡尔（E. H. Carr）、莱因霍尔德·尼布尔（Reinhold Niebuhr）、诺曼·安格尔（Norman Angel）、汉斯·摩根索（Hans Morgenthau）、约翰·赫茨（John Herz）、阿诺德·沃尔弗斯（Arnold Wolfers）以及肯尼思·华尔兹（Kenneth Waltz）的作品。这些内容被20世纪五六十年代美国社会科学领域不断发展的行为主义和实证主义的认识论而掩盖了。

20世纪70年代末，华尔兹的《国际政治理论》（1979）十分推崇实证主义和因果认识论，并把它们与抽象、超越历史的结构主义结合在一起。但是，当《国际政治理论》成为随后十年的主要著作时，它也为人们去发掘国际关系作为一门学科和一种政治实践哲学和政治根基提供了一个新的起点。理查德·阿什利（Richard Ashley）非常赞赏约翰·赫茨的古典现实主义，并且创造了"新现实主义"这个术语，它被批判贬低历史、颂扬结构决定论（Ashley 1981，1984，1987）；罗伯特·沃克（Robert Walker）追溯了国家主权对国际关系学科而言的本体和政治重要性（Walker 1987，1993）。弗里德里希·克劳托奇维尔（Friedrich Kratochwil）、尼古拉斯·奥努夫（Nicholas Onuf）和约翰·鲁杰（John Ruggie）指出了规范、机制和法律推理的重要性（Kratochwil 1989；Onuf 1989；Ruggie 1992；Kratochwil and Ruggie 1986）。亚历山大·温特（Alexander Wendt）把结构-施动性的辩论带到国际关系中，认为华尔兹的结构主义是矛盾性地依赖于对于一个个体国家的特殊建构（Wendt 1987）；詹姆斯·德尔·德里安（James Der Derian）表明外交并不是简单地处理国家间关系的一种惯例，而是一种文化实践，通过这种实践，外国以及陌生的被不断调节（Der Derian 1987）；迈克尔·夏皮罗（Michael J. Shapiro）认为对外政策并不是发生在抽象的脱离现实的新现实主义空间内，而是通过动员特殊的文化、种族以及政治身份而进行的（Shapiro 1988）。

罗伯特·基欧汉（Robert Keohane）在1988年发表了著名的就职演讲后，这个群体开始被称为"反思主义"（reflectivist），同时也获得了合法性。基欧汉认为"反思主义"为国际政治中制度的重要性提供了深刻认识，这种认识并没有得到现实主义和自由主义理论的充分认可，他把这两种视角一起称为"理性主义"（Keohane 1988）。但是，非常重要的是反思主义采取了一种使其有能力进行理性主义研究的认识论和方法论（Keohane 1988：389-393；Katzenstein，Keohane and Kranser 1998：677；Walt 1991）。基欧汉承认反思主义在指明身份、文化、规范、规制以及观念的重要性方面是正确的，但是认为它们需要形成一种因果假设，使其能够经受更加严格的评价其应用性的检验。① 这种理性-反思主义研究议程的建构对于自然科学和微观经济学领域的研究模式更加关注，而对于依赖于哲学、历史学以及重视理解的人文传统方面的知识形式则不然。

反思主义这一内部混乱的群体很快开始沿着建构主义和后结构主义而分开，到20世纪90年代末，建构主义又继续分为"传统"或是"弱"（thin）建构主义和"批判"或是"强"建构主义（Katzenstein 1996；Adler 1997；Price and Reus-Smit 1998；Wendt 1999，Zehfuss 2001）。但是，我们不能过于高估基欧汉这种区分的影响：这种区分成功地把认识论置于本体论之上，从认识论方面看需要讨论非物质性因素的重要性，而在认识论方面的差别继续成为反思主义阵营内建构不同观点的一个重要因素。正如亚历山大·温特在其久违的《国际政治的社会理论》中所说的："当涉及到社会研究的认识论时，我是一个坚定的科学信仰者——虽然一定存在多元的科学，在这之中'理解'发挥重要的作用。但是，科学也是同样的。我是一个'实证主义者'。"（Wendt 1999：39）

建构主义一直愿意接受一个学科的标签，或许这甚至被认为是建构主义的一个策略性优势，但在过去这些年中，很少有研究说自己是后现代或是后结构主义者。当这样做时，人们经常是选择后结构主义，认为"后结构主义"指出了结构主义语言学（不是反结构主义）、哲学、社会理论以及文学理论（更具体是指向尼采、克里斯蒂娃、福柯、德里达等作者）的理论根基，而"后现代"主要指一种特定的历史秩序（Hansen

---

① 在女权主义研究领域也发生了同样的变化，基欧汉支持理性主义研究议程的观点（Keohane 1989, 1998; Tickner 1997, 1998; Weber 1994）。

1997；Wæver 2002）。这种自我认可的缺失表明把后结构主义作为一种连贯的视角来呈现，大部分是由其批判者来进行的（例外的情况，参见 Der Derian and Shapiro 1989；Ashley and Walker 1990；George 1994）。理性主义批判"后现代"是在迷惑国际关系研究（Walt 1991），后现代"自我参照，脱离世界"，否定"使用证据来判断所说的真理"（Katzenstein, Keohane and Kranser 1998：678）。但是，尽管存在这些不足，在《国际组织》50周年对国际关系的调查中，卡赞斯坦（Katzenstein）、基欧汉和克拉斯纳（Krasner）警告说"非常容易低估这股学术思潮的直接重要性和间接影响"。后现代在美国和欧洲更广义的国际关系研究中有很多支持者，美国和欧洲的一些主要刊物和丛书也都致力于出版和发表后现代的研究成果（Katzenstein, Keohane and Kranser 1998：678）。到20世纪中期，建构主义开始表示他们与"一些外来的（猜想是巴黎的）社会理论"分开（Jepperson et al. 1936：34；也可参见 Adler 1997，Wendt 1999；Wæver 1998；Price and Reut-Smit 1998）。① 即使理查德·普利斯（Richard Price）和克里斯蒂安·列乌特-斯密特（Chirstian Reut-Smit）说自己是探索建构主义和后现代主义之间的领域，也批判后现代主义，认为后现代主义"忽视了理论阐释和经验分析"，没能解释或预测冷战的结束，也不能解释一种话语的形成胜出于其他话语的原因（Price and Reut-Smit 1998：264-265，279）②。因此，建构主义称要通过使20世纪80年代后结构主义的最佳内容与理性主义的认识论相结合来修正这些不足也就不足为奇了（Price and Reut-Smit 1998：283-284）。

对于不同的思想学派和学术视角使用不同的标签对于学科辩论的开展十分重要（Wæver 1998）。标签对于读者来说起到了代码作用，而对于理论建设和研究项目则起到了汇合点的作用。后结构主义缺乏一个清晰的纲领，这使非后结构主义的人们很难去评价这些评判（对于一些反应，参见 Walker 1993：81-86；Der Derian 1992：8-11；Campell 1998b：207-227）。实际上，从本书可以看到，人们对后结构主义的很多评价是起误导作用

---

① 但是，需要注意的是温特在他1992年的文章中（Wendt 1992：934）指出了阿什利与沃克的研究对他的影响。

② 人们认为考克斯、德里安、蒂克纳（Tickner）以及坎贝尔的研究对20世纪80年代和90年代初作出了非常有价值的贡献，但是"第三次论战的很多先锋似乎是安于重申他们对国际关系长期所坚持的认识论与方法论方面的批判"（Price and Reus-Smit 1998：285）。

的。① 或者我们表达得更具建构性一点：通过利用国际关系之内和国际关系之外的后结构主义理论成果，但是与理性主义与传统的建构主义所想象的完全不同，发展一个关于身份和对外政策的理论是可能的，也是很有价值的。后结构主义理论如同其他所有理论一样有其自身的优势和不足，实际上没有哪个理论可以同时解决所有研究问题，但是我们可以利用后结构主义理论不但来表明身份对对外政策十分重要，而且表明可以通过采用话语理论对它们进行系统研究。这么做主要可以围绕以身份的表象对对外政策的形成和辩论的建构性意义为核心进行一系列研究，**认为采用一种非因果的认识论并不意味着要放弃理论框架、"现实世界的相关性"的经验分析或是对数据和方法论的系统评价**。

作为"现实世界"表象的研究问题

人们如何来决定一个研究项目的研究范围呢？在金、基欧汉和维尔巴（1994）的权威著作《设计社会研究》中，他们指出没有什么规则可以决定是研究民族冲突还是教育政策，是研究北约还是研究欧盟，是研究贫困还是研究战争。人们可以确立的唯一标准是**"提出对现实世界来说'重要的'问题"**。也就是说，它"应该会影响政治、社会或是经济生活；或是对人们理解影响很多人生活的事物产生影响；或是对于理解和预测可能是有害或是有益的事件产生影响"（King et. al. 1994：15，强调和引用是原文标出的）。这就表明人们的研究内容可以非常宽泛，实际上我们很难想象一个研究国际政治的人说自己不与"现实世界的内容"相一致。当人们批判后结构主义脱离了对现实世界的研究时，其危险因此在于更具体的争论，即研究有意义的事件和结果到底意味着什么：后结构主义关注哲学和文本，偏离了对通常意义上人们所认识和所做的对"现实对外政策"的

---

① 对后结构主义的表象是有误导性的，对于批判建构主义以及它们之间的界限也是如此。一边是受德里达、福柯、拉克洛、穆夫（Campbell 1992, 1993, 1998; Neumann 1996a, 1999; Wæver 2002; Hansen and Wæver 2002）影响的后结构主义话语分析，另一边是受维特格斯坦语言游戏的影响，就如菲尔克（Karin Fierke）（1996，1998，1999）的研究所展示的那样，还有像珍妮弗·米利肯（Jennifer Milliken：2001）或贾妮思·马特恩（Janice Bially Mattern：2001）所采用的结构语言学或是叙事视角，它们之间存在差异，但是理性建构主义或是传统建构主义并没有把这些差异表达出来。

关注。

但是，即使是针对狭义的"现实世界相关性"的定义，后结构主义分析具有一个与对外政策的实施直接相关的研究方案。这个研究方案是基于以下假定，即政策依赖于政策要解决的威胁、国家、安全问题以及危机的表象。对外政策需要赋予环境和场景以意义，并且在这种环境中来建构事物。这样做时需要使用其他国家、地区、人民和制度的身份，同时也要利用国家、地区和制度的"自我"身份。例如，克林顿政府经常把波斯尼亚战争表述为"巴尔干战争"。按照这种表象，该战争就是在一些具有"巴尔干身份"的野蛮和暴力的人之间进行的战争，他们相互间的憎恨至少持续了500年。这就反过来使该战争成为如同时任美国国务卿沃伦·克里斯托弗（Warren Christopher）所说的一个非常棘手的"来自地域的问题"，西方没有解决该问题的手段（Friedman 1993）。作为一个结果，西方的干预就只能一个非常危险的行动，应该尽量避免，除非它影响到西方的安全。

后结构主义关于对外政策依赖于身份表象的假定与对身份的认同相关，即身份是话语的、政治的、关系的和社会的。我们说身份是话语的和政治的是认为身份的表象是把对外政策置于一个特殊的理解的视域下，在这个视域下，其结果是对外政策的形成是对对外政策的表象所做的相对应的反应。把身份理论化为通过话语建构，政策依赖于身份的话语建构，是认为不存在话语领域之外的客观身份，因此身份不可能作为一个变量，被用来衡量行为和非话语因素。这也表明身份概念化的前提是只有现在的身份不断被表述，而且没有来自竞争话语的竞争（Anderson 1983）。后结构主义强调身份的政治内容，把它与人类学关于结婚仪式或是对文化艺术品的美学分析，如建筑、音乐、文学等中作为"文化"的身份概念化区别开来。① 冲突也无法通过"一个民族的文化"来解释。后结构主义关于身份是关系的观点表明身份总是通过与它不是的内容的对比而产生。谈及"美国"、"欧洲"、"野蛮人"或是"不发达的"总是在建构一种非美国的、非欧洲的、文明的或是发达的身份。把身份理论化为社会的是要通过一系列集体表达的编码（codes），而不是把它作为个人的一种私有财产或是心理

---

① 这并不是说这些实践和手工艺品不能被赋予政治意义，就如人们围绕纽约所建的"9·11"纪念碑的设计而展开的辩论一样。

条件：并不是说个人不理解拥有身份的自己，而是个人身份是在一个集体的范围内，通过集体建构而来。

把身份概念化为话语的、政治的、关系的和社会的表明对外政策话语总是表达"自我"（Self）和系列的"他者"（Other）。身份话语传统上来说都是建构一个本国的"自我"和一个或多个威胁的"他者"，这些"他者"身份与"自我"身份完全不同。但是，身份的建构并不一定总是通过把完全不同的和威胁的"他者"放在一起来建构（Campell 1992）。身份的建构可以通过表达他者不同程度的差异，可以是"自我"与"他者"之间的基本区别，也可以是不那么激进的差异建构。"他者"的表述可以通过地理的表象，也可以通过诸如"文明"、"国家"、"部落"、"恐怖分子"、"女人"、"平民"、"人类"等政治表象来构建。身份的地理和政治建构通常是对某个主题的重复、进步、变化、落后、发展等的表述，以一个特殊的时间性身份表象出来。时间性的表象通常是把当前的对外政策问题置于一个历史的话语中，但是它们从后结构主义的角度看完全是话语：是意义的框定和理解的范围，而不是客观的历史事实。

对外政策分析的范围：官方话语的位置

如果身份的表象总是被用以使对外政策合法化的话，那么这些表象到底从何而来？官方的表象如何与那些反对党和反对群体、媒体、知识分子的观点联系在一起？后结构主义话语分析认为对外政策的决策者们是处于一个更大的政治和公共范围内，他们的表象作为一种结果是利用大量的个人、机构和媒体等的表象而形成的。高层的政治家们对于他们面前的问题很少有详细的了解，因此主要是依赖其顾问、媒体报道，有些时候是依赖于一些背景材料来框定对所要采取的政策的表象。当"再谈到"他们对对外政策的表象时，政治家们反过来又会影响在一个特定的对外政策问题上被认为是恰当的表象。这并不是说对外政策话语与其他来源的表象一定是完全一致的：政治家们并不总是（甚至很少）重塑媒体和专家的表象，官方话语也决定不了其他渠道或是其他人的表象，至少在民主社会是这样。但是，政治家们在表达对外政策时，当努力向选民表示其政策的合法性时，不考虑更大的公共范围内的相关表象是完全不可能的，在政治上也是不实际的。

把官方的对外政策话语置于一个更宽的话语领域来理解开启了一个理论和经验研究的议程，来研究对外政策的表象与反对派、媒体、学界与通俗文化的表象如何相互加强和相互竞争（Hansen and Wæver 2002；Holm 1993，1997；Shapiro 1988，1997；Der Derian 1992；Hansen 1996；Neumann 1996a）。一些对外政策的问题与其他问题相比可能没有那么多争议，这样从表象的角度看就没有那么多样。因此，人们就更可能把分析的重心放在官方的政策和话语之上，因为在这种情况下包含更大范围的行为体和媒体也不会有太多新的内容。① 但是，这种霸权情况可以被视为对非政府来源的话语的一个有价值的扩展研究，这可以体现出政府的表象是如何被传播和再现，这也是一个重要的知识积累。② 通过研究对外政策在官方话语、反对党、媒体以及书面的流行形式中的再现形式与竞争来研究对外政策也会表明体裁（genre）的重要性。官方对外政策的决策者们努力把自己建构为阐述对外政策问题的权威：他们正式的权威性是来自相关的制度和机构，但是权威同时也是建立对于一个特定问题的了解。因此，知识成为建立权威的一个重要方面，这反过来又为对外政策的话语分析产生了一个新的分析角度，因为不同的体裁，例如政策性演讲、记者报道、学术分析，可以建构被接受知识的内容和形式。文本如何建构了知识成为一个需要分析的经验性问题，而不是一个决定是否是如同在理性主义、建构主义和后结构主义之间的辩论中所体现的恰当的社会科学认识论问题。对外政策不同的书面体裁采用了不同形式的知识，在我们认为对外政策的话语之间存在互文性联系时变得尤为突出。对对外政策的互文性理解认为文本通过参考其他文本来树立其自身的观点和权威性；或是通过引用或是采纳

---

① 这种评价要求精心挑选初步研究或是更宽泛记载官方话语霸权地位的次要文献（secondary literature）。

② 官方话语的地位应该如在第三章和第四章所讨论的，要求表明这种话语如何利用具有特殊概念和政治历史的表象。后结构主义的官方话语分析，正如在坎贝尔的《书写安全》中所显示的，经常表明官方话语的表达经常是与一些不被认为是对外政策的领域一起，如吸毒、同性恋等（Campbell 1992）。

一些主要的概念和标语。① 通过与原有文本的联系，新的文本依赖于旧的文本的地位，但是这个阅读和关联的过程同时也产生新的意义：参考永远不会再现完全等同的意义，而是把它们融入新的语境与观点之中。

对外政策决策者们通过参考媒体报道以及学术分析来支持他们的话语，但是令人惊讶的是他们也会经常引用一些通常被认为是不科学或是明显不属于政治领域的文本。西方关于波斯尼亚战争的辩论表明，各类不同的文本和体裁不仅对宽泛的辩论产生了影响，同时也影响了那些重要的对外政策的决策者们。克林顿在阅读了罗伯特·D.卡普兰（Robert D. Kaplan）（Kaplan 1993a；Drew 1994）的游记《巴尔干幽灵》（Balkan Ghost）之后，放弃了万斯—欧文（Vance-Owen）和平计划和"取消禁运和空袭"政策：即解除对波斯尼亚穆斯林的武器禁运和轰炸波黑塞族的观点。而卡普兰的主要写作依据是另外一部游记，即丽贝卡·韦斯特（Rebecca West）在二战前所著的《黑色羔羊与灰色猎鹰》（Black Lamb and Grey Falcon），人们认为该书影响了两代读者、政策决策者以及外交官们支持塞尔维亚人的态度（Holbrooke 1998：22；Simms 2001：179）。这些刚开始我们可能会认为是一些特殊的例子，但是在第四章中的进一步分析表明不仅仅是游记，一些备忘录等从探索到形成当代外交辩论的过程中对西方国际政治的观点发挥了重要作用。备忘录和游记被认为是一种"非虚构文学"（literary non-fiction）体裁，它们主要使用知识的事实性学术形式，尤其是在表达一些史学观点时，但同时也依赖知识的主观形式以及文学技巧和主题。②

---

① 理性主义批评后结构主义只关注文本似乎是基于以下（隐含的）观点：后结构主义致力于研究深奥或是奇特的内容——侦探小说、运动与战争和电影之间的联系——这些对"真正的对外政策决策并没有影响"（参见 Der Derian and Shapiro 1989 和 Ashley and Walker 1990 早期对互文性研究的例子）。第四章对这种批评进行了回应，把对通俗文化的研究置于与官方对外政策话语的物质联系内来考虑。

② 流行文化、电影、电视、计算机游戏以及喜剧与对外政策的辩论也存在很强的相关性（Der Derian 1992; Shapiro 1997; Wæver 2001; Weldes 2003）。但是，尽管我的研究框架可以把它们包含进来，但是我并不想努力发展一个通俗文化与对外政策的关系的完整理论，因为至少这需要全面思考视觉与互动认识论。

认识论挑战

决定研究范围和研究问题是确立一个研究议程的核心，但是界定提出什么样的问题以及应该如何提出就与认识论问题联系在一起。金、基欧汉和维尔巴认为研究主题除了要与"现实世界"相联系之外，应该"**通过提升我们建构为世界某方面可以证实的科学解释的集体能力，对已明确的学术研究文献做出特定贡献**"，因此认为因果认识研究优于那些使用和需要知识的其他形式的研究（King et al. 1994：15；原文的强调）。

关于什么构成了因果认识论的概念以及国际关系研究应该如何完全按照因果认识论来进行研究辩论广泛，且包罗万象。理性主义，如金、基欧汉和维尔巴所全面阐述的那样，认为社会科学理论应该产生关于自变量和因变量之间关系的可证伪假设。这就给那些用于启发的"描述"和建构理论的数据留下了空间，但是描述"除非与一些因果关系有关联，否则人们就会对其失去大部分的兴趣"（King et al. 1994：34）。在存在"多种因果"的情况下，即同样的结果可以是由不同自变量的结合而导致的，明确变量间的因果关系可能是非常困难的。但是，人们并不会因此放弃因果性，而是要界定"准确产生构成每个因果效果的反事实条件"（King et al. 1994：87，89）。简言之，在理性主义认识论的研究中，没有不用因果认识论而被理论化的研究范围。

建构主义对此的反应认为描述与因果理论之间的区分会起误导作用：对外政策的构成性理论可能不会做出一些因果论断，但是把结构与施动者之间以及身份与对外政策之间的建构关系理论化使建构主义成为一种理论而不仅仅是简单的描述（Wendt 1999：87）。而且，从知识的社会学角度看，"纯的描述"所描述的对象是否存在令人怀疑，如何描述取决于针对某个现象特殊方面的选择。我们还应该区分对收集"原数据"（raw data）或是数字的描述，例如，武器的水平以及与关注系列现象间关系的描述性理论。但是，传统建构主义接受把非因果理论作为其研究议程的一部分，使其研究议程包含了更多关于认识论方面的研究理想（Katzenstein 1996）。他们还使用了因果概念来评价理论的有效性。用温特的话来说，构建理论"表明可以验证也应该验证的世界的假设"（Wendt 1999：87）。普利斯（Price）与列乌特-斯密特（Reut-Smit）认为建构主义应该"回答那些传统学者一定会问的较难解答和好的问题——向我们表明你们的话语重要，表明有多重要"，衡量因果性和变化性对考量话语与身份的重要性是必需的（Price and Reut-Smit 1998：279，282；Wendt 1999：55-56；Wight 1999；Campbell 1999）。①

金、基欧汉和维尔巴强调进行好的因果研究设计经常是一个复杂的任务，但是应该注意因果概念本身的定义是非常严密和狭窄的，因为社会生活与可控的自然科学的实验室所能允许的内容相比，会涉及更多方面，影响模式也是相互交织。②但是，一些因果性更加模糊的概念也是常见的，如身份与话语对政策和国家行为的"影响"和产生的"后果"，还有那些来自于日常使用的"因果"概念。但是，如果从金、基欧汉和维尔的严谨概念转向日常较模糊的概念的话是存在问题的，因为这会使因果概念太宽泛，以致于几乎失去了意义：几乎没有什么可以被认为不是因果关系的，人类以及人类所运行的制度，他们的行动几乎都被描述为是由原因驱使。也就是说，行为体使用"话语的因果性"来解释他们的行动，但是它们从认识论角度只是一种单一的观察，而不属于具有因果关联范畴的现象。

但是，这并不是说关于因果概念不存在概念争议，任何时候人们都会遵从这个概念，也不是说在理性主义概念和日常使用概念之间不存在重要的概念性问题。因果关系概念有其自己的历史，金、基欧汉和维尔所提出的休谟式的经验论并不是人们所揭示的唯一的一种（Kurki，即将出版）。即便如此，这个概念已经成为社会科学研究的理想，它成为建构主义和后结构主义学术研究不得不把自己置于之中的模式。

与传统建构主义所接受的因果认识论相比，对后结构主义来说，什么构成"恰当的知识"不是体现一个理论揭示因果真理的能力，因为知识总是在一定的历史和政治背景之下产生。因果认识论因此是知识的一种特殊话语，在它所处的历史和政治环境之外就无法维持其作为知识的特权

---

① 普利斯（Price）和列乌特-斯密特（Reus-Smit）对此进行了修正，增加了"我们并不建议所有的研究必须都要考虑这些问题"，但是他们指出了德里安、戴维·坎贝尔以及巴拉德利·克莱因（Bradley Klein）等人没有评价因果性的研究缺陷，削弱了这种观点。

② 但是，因果理论是否总是与该定义符合并不是很明确。举个明显的例子：温特强调他在《国际政治的社会理论》中阐述的建构主义是实证主义，但是在什么样的条件下他提出的无政府状态的三种文化，即霍布斯文化、洛克文化与康德文化，以及这三种文化的内化程度，即强迫、自我利益与合法性，可以证伪（Wendt 1999）。

（Foucault 1970：1974）。理性主义和建构主义批判后结构主义不愿进行因果的理论研究。本书认为身份与对外政策的表象是通过话语联系在一起，但是二者之间并不是因果关系，因为身份的表象既是政策表述的前提条件，同时又通过政策的表述被重构。理性主义和建构主义与因果认识论的联系使其具有理论和方法论上的活力，因此在学术方面也并不孤立，后结构主义与它们不同。本书的第一部分将形成一个一般性的理论框架，来研究身份与政策的互构过程或是在行为方面的相互影响过程，同时认为这个框架需要在历史和语境的基础之上来进行应用。

方法论与"案例加研究"的地位

　　本书的第一部分将呈现出一个全面的后结构主义话语分析框架，同时提出一个阅读方法和进行研究设计以及选取文本的方法。这些章节会不断地使用一些例子和图表。本书的第二部分将转入对西方关于波斯尼亚战争的详细研究。该研究将利用第一部分所提出的理论框架和方法论。整个分析是一个案例研究，主要是展现第一部分所提出的理论和方法的应用。但是它并不是一个验证，因为后结构主义话语分析的基本观点是其建构性，而不是因果性。如果"案例研究"只是意味着把理论用于某个特殊现象，而没有继续进行理论阐释的话，第二部分关于波斯尼亚战争的研究也不仅仅是一个案例研究。它将被用作一个媒介，继续进行理论和方法论的探讨。第十章对将来的研究议程提出一系列建议。

　　选择西方关于波斯尼亚战争的辩论主要是因为它可以表明理论框架的广度和深度，因此可以最大限度地展示出理论的经验范围：关于波斯尼亚战争存在相互竞争的不同表象，同时也存在相互竞争的政策；对"他者"的建构有激进的，也有非激进的；表象和政策随着时间变化在演变；作为身份建构组成部分的历史上所孕育的概念的表述；有政治分歧，也有政治霸权；有媒体对对外政策话语的影响，也有非虚构文学作品对对外政策话语的影响；正是一个对外政策问题被建构的在政治方面如此重要而使它引起了西方大国和机构的反应。西方针对波斯尼亚战争的辩论并不是一个代表性案例，也就是说并不是所有的外交辩论都是以同样模式展开。是否会达成一致而不是相互竞争？是否是完全不同还是只存在程度上的差异？随着时间的持续是否会继续还是会发生变化？是否媒体和文学作品的影响不是那么明确？这些都是理论应该探讨的。① 人们也许会问为什么选择这样一个宏大的研究而不是几个小的研究？答案是虽然后结构主义话语分析可以用于分析很多不同的内容，但是这种分析形式要求对研究的问题具有非常宽厚的知识，因此进行案例研究的数量不宜过多。

本书的内容

本书将分为两个部分。第一部分是话语分析的理论和方法；第二部分是西方关于波斯尼亚战争辩论的话语分析。第一部分是从第二章"话语分析、身份和对外政策"开始，阐述了后结构主义话语分析的语言本体论和话语认识论。该章认为政策与身份都具有行事性，二者相互联系，不能以因果关系来描述它们之间的关系。我们应该关注在对外政策的辩论范围内身份与政策的结合，同时关注这些结合涵盖话语建构的"事实"和"事件"的能力。

第三章的标题是"他者之外：身份复杂性分析"。本章对身份的概念进行进一步讨论。通过利用戴维·坎贝尔（David Campbell）和威廉·康诺利（William Connolly）的研究，本章认为身份是关系的、话语的、政治的和社会的。一个国家的"自我"身份通过不同程度的差异表述出来，从完全不同到相似，同时也建构了"他者"。"自我"与"他者"的建构可以通过两个同时发生的逻辑而理论化，即差异（differentiation）逻辑和关联（linking）逻辑。同时，该建构过程也通过空间、时间和道义内容把身份呈现出来。对外政策的辩论围绕大量的文本而展开，本章的最后部分认为这些可以被视为是由几个小的基本话语而产生的结构，表现出"自我"与"他者"之间完全不同的关系。

第四章的标题是"对外政策的互文性分析：体裁、权威和知识"。本章继续讨论如何勾画话语以及它们之间的关系，引入互文性概念以展示文本如何相互利用来为身份和对外政策树立合法性和权威性。话语分析可以被用于多个对外政策行为体和多个领域中。本章提出了三种具有不同研究议程和分析目标的互文研究模式。一种模式以对外政策话语为核心，第二

---

① 关注西方政策与辩论表明研究是"从外部讲述"而不是从"南斯拉夫解体内部来讲述"。把话语分析用于非西方的语境下将在针对理论与方法论的章节中来讨论。

种模式以更宽泛的反对党、媒体和公司组织为核心，第三种模式以通俗文化与边缘的政治话语为核心。以互文性视角来研究官方话语意味着要参考其他文本进行证明和分析，这样就把不同体裁的文本包含进来，如各类报道、学术研究、游记、自传等。所有文本和体裁都体现出作者的知识，但是知识的构成在政策演讲、调研报道以及游记中则不同。写作包含事实性的内容，也包含虚构的内容，尤其是回忆录和游记，它们对于对外政策辩论的重要性尤其值得我们关注。但是，针对这些问题缺乏理论性研究，因此在本章的最后部分将进行详细讨论。

阅读方法论在第二章到第四章中都很重要。第五章的标题是"研究设计：提出问题与选择文本"，本章转向后结构主义研究设计问题。第一部分提出了一个研究设计模式，通过选择四个纬度进行具体研究：互文模式、"自我"的数量与类型、时间视角、事件的数量及类型。讨论的第二个方法论问题涉及文本的选择。本章认为应该选择所选研究事件当时的材料以及可以追溯重要表象谱系的历史材料，应该包括那些具有明显的互文意义的主要文本和能够显示出主流话语的一般材料。本章的第二部分把研究设计的选择与文本的选择相结合，展示出本书第二部分所研究的案例，即西方关于波斯尼亚战争的辩论。

第二部分的第六章是"西方关于波斯尼亚战争辩论的基本话语"。本章认为"巴尔干人"是西方论战内的两个主要表象之一，分析它是何时以及如何被概念化的。历史谱系体现出三种话语：浪漫的、文明的和巴尔干化。这些都把"巴尔干人"表现得与西方不同。巴尔干化话语是在20世纪90年代由两个话语形成的。一个是"巴尔干话语"，把在波斯尼亚的战争建构为古老巴尔干仇恨的产物，是西方不能也无法解决的冲突。与其对立的另一个基本话语是"种族灭绝话语"，对"巴尔干话语"这种表象提出了挑战，指出战争是塞族的政治与军事领导人所进行的种族屠杀，西方具有道德义务来拯救波斯尼亚。

第七章是"人道主义责任与'解除禁运和空袭'：追溯跨大西洋政策话语"。本章在针对英国政府和美国政府的官方政策的分析中主要利用了两个基本话语，看这些话语是受国会的反对党与媒体的支持还是挑战。本章指出了大西洋两岸非常重要的差异：英国保守政府通过把波斯尼亚领导人和无辜的平民区分开而建构了前者对后者的责任。该话语得到工党的支持，在面对波斯尼亚所发生的系列事件时也非常有适应力。与此不同的是，美国话语是由两任总统而形成。当克林顿总统在1993年初就职后，他的话语不是很稳定，基本是巴尔干话语和种族屠杀话语的结合，最后采纳的是巴尔干话语。尽管在1995年中期之前该话语一直不是很完整，但是一直受到来自美国参议院的挑战，美国参议院的种族屠杀话语认为西方对波斯尼亚政府具有责任，应该采取"解除禁运和空袭"政策。

　　第八章和第九章从面对波斯尼亚的系列实践和国内的批评，从政策话语层面以及它的时间性重构转向两种基本话语之间更详细联系的互文性研究和对主要文本的研究。第八章"记录过去，预测未来：旅游者、现实主义和文明政治"，主要研究通过两个主要文本所建立的巴尔干话语的互文性网络，这两个主要文本一个是卡普兰的《巴尔干幽灵》，该游记影响克林顿总统在1993年春做出了放弃万斯—欧文（Vance-Owen）和平计划以及"解除禁运和空袭"的计划。另一个是韦斯特的《黑色羔羊与灰色猎鹰》，它是卡普兰作品的主要来源，该书完成于1941年，在辩论过程中被广泛引用。卡普兰和韦斯特的作品都被认为是关于巴尔干话语的代表，都被广泛阅读。但是，分析表明他们的作品突出使用了浪漫主义话语，对政策的影响也是有争议的。把这些作品置于一个更加宽泛的辩论之中，作为两个参考的互文性要点的概念凸显出来，即文明与古老仇恨。文明的概念首先要追溯到萨缪尔·P.亨廷顿（Samuel P. Huntington）关于"文明的冲突"的文章和书，同时还可以追溯到乔治·F.凯南（George F. Kennan）为1993年再版的《国际委员会对巴尔干战争起因和行为的调查报告》(1914)。古老仇恨的概念是来自于新现实主义的作品以及对约翰·米尔海斯默（John Mearsheimer）和巴里·波森（Barry Posen）作品的批评。除了凯南之外，所有这些作者都表达出对巴尔干话语的一种改变，表明了各类具体政策建议都与"巴尔干人"的身份相联系。

　　第九章"西方的失败？种族灭绝话语的演变与不行动政策的道义标准"转向另一种基本的话语，即种族灭绝话语以及对西方政策的批评。本章第一部分主要思考该话语内的主要文本：罗伊·伽特曼（Roy Gutman）的报告，后来被收集在《种族灭绝的见证者》(A Witness to Genocide)中，揭示了1992年夏天在波斯尼亚的北部集中营发生的一切。本章的第二部分审视了该种族灭绝话语的三种变体："种族灭绝话语的欧洲责任"、"巴尔干化塞族话语"以及在讨论种族灭绝话语与巴尔干话语之间话语稳定性和话语界限时的"性别种族灭绝话语"。值得注意的是坎贝尔在他的《民族解构》中对西方的批评，这也是对西方辩论的后结构主义分析，既是对《作为实践的安全》的补充也是挑战。本章的第三部分把《民族解构》在该论战中作为一个文本来阅读，认为坎贝尔虽然批判种族灭绝话语，但是还是倾向于种族灭绝话语。种族灭绝话语对西方的批评性阅读最后与两个最重要的调停者戴维·欧文（David Owen）和理查德·霍尔布鲁克（Richard Holbrooke）的回忆录并列在一起。

第十章结论部分总结了最重要的理论分析观点，通过讨论坎贝尔的《民族解构》解决了"什么构成了好的话语分析"这个问题，并且对后结构主义话语分析的进一步研究议程提出若干建议性研究问题。

第一部分
话语分析的理论与方法
The Theory and Methodology of Discourse Analysis

第二章
话语分析、身份与对外政策

17　　对外政策理论主要是由人们关注国家如何理解和应对所面临的世界而统一在一起。但是，在这个宽泛的核心之外，关于应该如何提出问题，如何进行分析存在多个不同的角度，这也意味着理论依赖于一系列本体假设，从认识论角度可以做出一系列选择。理解对外政策理论更深的基础以及针对它们的研究议程，理解它们之间的差异以及差异原因就要求我们全面思考本体论和认识论问题。

　　后结构主义话语本体论将在本章的第一部分展开。这与我们对语言的建构性理解密切联系。语言具有政治性和社会性，它是内部不稳定的符号体系，语言同时建构身份和差异，并产生意义。语言的生成性特征表明政策话语是依赖于问题和主体性的特殊建构，当然也是通过话语，这些问题和主体性才首先被建构。政策与身份因此从本体上看在理论上相互关联。为了有助于把后结构主义本体论置于当前的国际关系学科辩论中，我们需要指出的是"话语"的概念不等同于"观念"的概念，话语既包含物质因素也包含观念因素。

　　后结构主义认为语言具有关系性的结构特点，在本体上具有生成性，它与"话语认识论"并列在一起。如在第二部分"话语认识论与关系性身份"中所解释的，"话语认识论"形成了身份关系建构的分析核心。这反过来就提供了一个关于身份的不同概念，这个身份概念与最有影响的传统建构主义者亚历山大·温特（Alexander Wendt）所持的身份概念不同，温特认为可能存在一个社会之前的内部国家身份。在定义了身份是关系的和话语的之后，本章的第三部分"因果关系的不可能性"重新回到因果关系这个问题，认为用因果关系把身份和对外政策的关系概念化是不可能的，因此我们无法对话语的（相对）解释力相对于物质的解释力形成一个假设。由于拒绝因果认识论打破了传统理性主义的假定，该部分指出后结构主义可以扩展对因果关系的研究，同时也可以进行质疑因果关系的研究。

对外政策与身份的关系以非因果的关系被理论化，但是因果性的缺失并不意味着缺少结构。第四部分"结合的理论模式"认为人们应该系统地检验身份与政策如何以一个非因果的结合过程关联在一起。它提出了以以下假定为核心的理论模式：对外政策话语的目标是在身份的表象与提议的政策之间形成一种稳定的关联。产生这种关联需要身份与政策之间的内部话语稳定性以及解决强加在话语本身的外部限制。把结合关系置于一个动态的语境之中进一步显示出结合的稳定性和对竞争的反应以及"事实"在稳定或是破坏已经建立的身份与政策建构方面的重要性。

本章的最后一部分"挑战、变化与事实"转向安全，传统而言在该领域内，非话语视角集合了对客观的、非话语概念化过程的最有力的辩护。通过利用哥本哈根学派以及戴维·坎贝尔的研究，该部分认为安全可以被视为是历史形成的话语，以民族国家为中心，安全作为身份建构的一种特殊激进形式具有独特的政治力量，赋予政治领导人以特殊的权力和责任。

语言建构的本体论

对后结构主义来说，语言是具有本体意义：只有通过语言的建构，各类事物，如客观事物、主观事物、国家、生物以及物质结构等，才被赋予了意义和特殊身份。语言并不是像实证主义和经验科学所认为的那样，只是透明的工具和作为记录数据的媒介，而是一个社会和政治实践的领域。因此，不存在人们所指的语言表象之外客观或"真实的"意义（Shapiro 1981：218）。把语言理解为社会的，是认为语言不是个人属性，而是每个个人为了使自己能够被他人理解所需要和使用的集体编码和惯例。如果一个人到一个外国的文化中，在这种文化中的人们不讲他的语言，当地人也没有人会讲他的语言，这种经历说明了语言的集体特征，就如同人们可能使用姿势和手势语言来作为共同的非言语（non-verbal language）语言一样。语言的社会特征表明个人通过社会化把特定的声音与物体联系起来——人们学到"椅子"的声音指的是人们可以坐在上面的物质——也学到更大的系列政治话语,如"国家安全"、"民主"和"法治"等。

把语言理解为政治的是把政治视为特殊的主体性和身份建构和重构的场所,同时其他主体性和身份被排除在外。例如,在19世纪,人们普遍认为欧洲妇女具有与男人身份(一定的年龄和收入)完全不同的政治身份。她们被定义为母性的、抚育的、不能理解复杂的政治、财政问题和情感问题,这种身份使妇女不适合产生政治影响,甚至这种影响是危险的(Pateman 1983;Elshtain 1981)。这种观点被视为是对女性天性的一个客观描述,而不是身份的特殊建构,这种身份通过不断赋予男性政治特权的语言实践被不断地重构。相关的语言实践通过阻止妇女获得政治、经济、法律和文化权利的政治和经济实践而得到强化。这些实践的政治特征——也是竞争性的和主体性的——只有受到女权运动和妇女权力的攻击时才显示出来。一直以来,"女性本性的客观描述"从一个被广泛接受的或是霸权性的建构变为一个政治的和竞争性的建构。

福柯强调语言的集体和结构性特征,即话语的形成可以被定义为"物体、陈述类型、概念或是主题选择之间的一个任何时候都发生的传播**体系**",它会形成"**规律性(regularity)**(一个秩序、相关性、观点与功能、变化)"(Foucault 1974:38;强调是附加的)。德里达认为语言是由不同符号构成的体系,意义不是通过事物本身所建立的,而是通过并列一起的系列事物而建立的,这样一个因素的价值是通过与之相对的事物而形成的(Derrida 1976,1978)。例如,国家的身份建构只有把它与其他不同事物或是"他者"放在一起才可以实现(Campbell 1992;Neumann 1996b);"恐怖分子"的身份只能通过区分合法的"自由斗士"或是"国家正式士兵"的身份才能够建构出来(Der Derian 1992:92-126),"不发达世界"如果不与超"发达"世界并列在一起就不会产生什么意义(Doty 1996)。

如果说意义是通过一个被赋予特权的符号和一个价值被贬低的符号的话语并列在一起而产生的话,它实际是通过描述关系使身份沿着两个维度而概念化(Laclau and Mouffe 1985)。19世纪的女性话语与男性话语不同,与男性相比处于劣势,是通过一系列符号并列在一起来完成的,女性是感性而不是理性的,是慈母般的而不是睿智的,是依赖的而不是独立的,总是关注简单的而不是复杂的事。

"女性"的定义是通过情感的、母性的、依赖的和简单的关联过程

（process of linking）而实现的（图 2.1）。但是，女性的关联过程同时通过否定的区分过程（process of differentiation）与男性的系列关联过程并列在

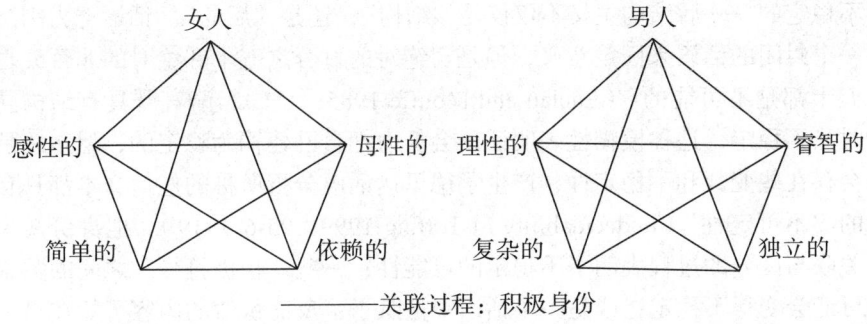

图2.1 关联过程

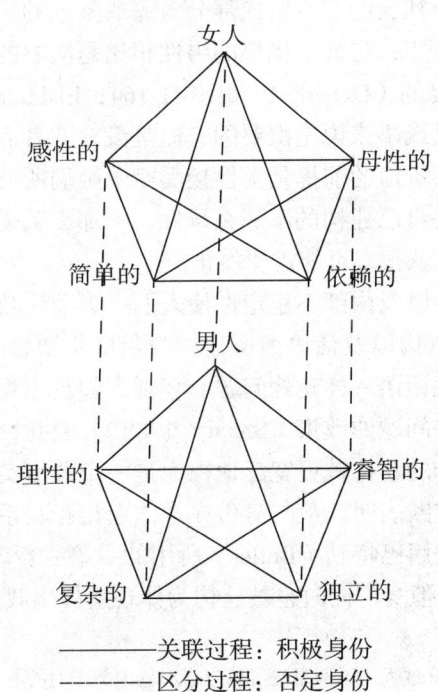

图2.2 关联与区分

一起。① 尽管两个过程在分析方面是分开的，但它们都是身份建构过程中的重要部分，二者同时发生。强调这一点十分重要（图2.2）。

语言以及在语言中发生的身份建构是高度结构性的，但是同时也是极不稳定的——后结构主义不仅仅是"结构"，还是"后的"。话语努力围绕一个封闭的话语来固定意义，但是"绝对的百分之五十和绝对的非百分之五十都是不可能的"（Laclau and Mouffe 1985：111）。语言既具有结构同时又不稳定，这种模糊性表明话语会努力把自己建构为稳定的，但是总是会存在些变数和不稳定性，产生了德里达话语分析所称的任何文本都具有的"不可定性"（undecidability）（Torfing 1999：95-6，119）。把身份视为关联与区分的过程表明了不稳定的可能性：一些"积极符号"之间的关联可能会变得不稳定；或是一个话语中被赋予了反面价值的内容可能在另一个话语中被建构为积极的内容，使表达低劣的或上等的这些价值特点的符号变得更加复杂。例如，在19世纪中对女性的话语建构不仅仅是负面的。妇女被建构为一个社会的基本组成部分，完成基础的工作。用德里达的话说，她们起补充作用，与处于优势的男性相比是次要的，但同时对社会的完整与生存是必要的（Derrida 1976：141-164；Elshtain 1987）。其补充作用与处于优势的人或事来说是次要的，但是没有前者后者也无法完成。然而，赋予"女性"价值的前提是女性接受赋予她们所处的地位。如果"女性"被建构的或是自己建构的不那么母性、不那么关爱、不那么被动，她们的补充性优势也就很有可能需要停止。

语言的结构性以及内部不稳定性使人们广为关注政治施动性、话语的政治建构和政治重构以及话语内所建构身份的重要性（Foucault 1977）。政策话语如一般性话语一样建构问题、客观事物及主观事物，但它们同时也表述出解决这些问题的政策（Shapiro 1988）。因此，政策为行动提供方向，而话语中身份的建构被更宽泛地视为是一个政治实践。把对外政策理论概念化为话语实践表明政策与身份在本体上相互联系，只有通过对外政策的话语实施或是用巴特勒（Butler）所用的术语"行动"（performance），身份才得以形成，但身份同时也被建构为体现所提出政策的合法性（Butler

---

① 关于关联与区分过程的说明是受了拉克洛和穆夫关于对等与差异的逻辑的概念启发（Laclau and Mouffe 1985：128-130），但是拉克洛和穆夫因为他者被激进化的程度而颠覆了关于关联与差异的问题，而我出于分析、方法论以及教学法的原因认为应该把二者分开（参见第3章）。

1990：25；Campbell 1992：8-9；Weber 1998）。身份因此被表述为实施政策的原因，同时身份也通过这些政策话语被建构（或重构）：它们既是（话语的）基础，也是话语的产物。

应该强调的是后结构主义本体转向话语并不等同于理想主义的观点；埃内斯特·拉克洛（Erneste Laclau）和尚塔尔·穆夫（Chantal Mouffe）作为两位杰出的话语分析家指出后结构主义者"肯定了每个话语结构的物质特征。持相反的观点就是接受传统的两分法，即在任何一个话语干预之外所建构的客观领域和由纯粹的思想表达所构成的话语之间的区别"（Laclau and Mouffe 1985：108）。物质与观念之间的区别是西方科学哲学的基石之一，因此它成为最近在理性主义、传统建构主义和后结构主义之间辩论的中心不足为奇。理性主义和建构主义在一个研究中出现了汇合点，都寻求与物质力量相对的观念因素的解释力。观念因素在此处主要指理念、理想、规范、身份或是文化，但是它们都与解释的物质方面分离开来，在有些情况下甚至是相对（参见例如 Moravcsik 1999a，1999h；Wendt 1999；Katzenstein 1996）。这些视角在研究设计和经验结论方面都不同，但是它们的共同点在于接受观念因素和物质因素之间的差别，也都认为后结构主义更重视前者。①

但是，对后结构主义来说，观念和物质并不是完全区分的。例如，一个坦克并不是金属和橡胶简单的组合，而是用于战争——或是维和的一个物体——它的物质和社会意义的产生是在一个国家安全的抽象话语（国家应该具有自己的武装来保卫自己）和一个特殊的地方话语之内（"在过去我们一直受到苏联的威胁，我们没有理由相信他们改变了他们的军事原则和对自己是一个扩张大国的认识"）。对对外政策采纳话语视角因此不像有时人们所说的"物质不重要"或是说重力规律只是一个理念，人们感觉不到打过来的一拳的力量（Wendt 1999：55-56）。要点在于牛顿定律可以被视为一个数学和物理话语，对降落物体的意义提供了一个非常不同的建构，与以前表述的非常不同。这个话语同样也可以被置于实证主义、数

---

① 例如安德鲁·莫劳夫奇克（Andrew Moravcsik）认为哥本哈根学派提出的欧洲一体化理论假定一体化是"民族主义与欧洲理想之间的竞争"，忽略了国家利益与财政利益的重要性（Moravcsik 1999b：374；关于哥本哈根学派，参见 Wæver 1990，2002；Holm 1993，1997；Larsen 1997；以及 Hansen and Wæver 2002）。关于根本哈根学派的安全研究与欧洲一体化的差异以及后者与莫劳夫奇克关于欧洲一体化的不同视角，参见 Hansen 2002a。

学、实验知识的特殊形式中，使它有别于更早期的宗教和哲学话语，这种话语也会促进这种特殊形式的知识的发展。

强调后结构主义话语概念的物质方面的意义并不是忽视物质事实，而是要研究它们是如何产生的，如何成为人们优先考虑的内容。我们区分一下排在第一位的事实性问题和排在第二位的事实性问题，这可能会对我们有帮助，前者关注事实性框架本身的建构。例如，当分析美国布什（George H.W. Bush）政府的"毒品战"时，坎贝尔提出了这样的问题：为什么选择种族作为一个重要范畴来引证和讲述吸毒问题，为什么有些毒品被认为是"有害的"和"犯罪的"，而有些则被认为是"可以接受的"，甚至还鼓励人们使用？"种族"和"危险毒品"的选择作为表象范畴不是依赖于"事实"本身，而是依赖于一个更广的社会话语（Campbell 1992：197-198）。

话语分析的一个主要目标是表明这些第一位的事实性问题如何依赖于对所讨论问题的特殊话语框定，同时也表明这种框定具有政治效果。在这个案例中，一系列激进的政策都是以黑人和拉美裔人为目标。也就是说，一旦这些"种族"和"危险的毒品"的"事实"数据被稳定化之后，人们可以在数据的准确性方面提出质疑，同时提出第二位的事实性问题："这些其他数据在何种程度上支持或是质疑原有的声明？"坎贝尔发现"与上述讨论的叙述相反：认为郊区的白人所消费的可卡因水平和最高消费要大大高于城市中的黑人和拉美裔人，实际上在美国是少数族裔成为'毒品战'的目标"（Campbell 1992：206）。因此，话语分析的战略是要把物质和观念因素都"包含"进来，而不是认为哪一个比另一个更重要。把某些毒品建构为危险的，而其他毒品可以接受，某些族群更容易受到不法行为的影响，是利用了观念建构，但是这些都是利用一系列的物质结构，通过利用这些结构而重新建构，例如警察策略、金融交易体系等。分析内容不是衡量观念和物质的相对重要性，而是把它们理解为通过利用一定的身份建构而赋予物质意义的话语建构而来。分析的意图不是衡量观念和物质的相对重要性，而是理解通过利用特殊的身份建构来赋予物质内容意义的话语建构过程。

话语认识论和关系性身份

　　作为对外政策的前提条件以及通过对外政策而建构的身份的本体概念具有认识论意义，决定如何设计研究议程、如何提出方法论问题以及如何解决这些问题。采纳话语认识论表明后结构主义分析的核心是身份的话语建构，既是身份对外政策建构的结果也是对外政策的产物。与在本体上对语言的强调相同，实践认识论的焦点是身份与政策是如何表述的。

　　大多数话语分析在认识论和方法论上都把重心放在所写和所说的语言上，但是从原则上看，语言不一定是言语的（verbal）（Fairclough 2001：122）。对个人来说，非言语（non-verbal）的语言可以是符号语言也可以是肢体语言，而对于像国家这样的集体来说，"肢体语言"可以是军队的调动或是军事演习。人们也可以"阅读"物质的物体，比如战争纪念碑，它是表达对国家身份的特殊建构和战争的文本（Edkins 2003）。即便如此，我们需要注意的是政治集体，尤其是国家，是具有言语的实体。国家通常交流广泛，无论是在国内还是国际上，几乎很少有对外行动是完全非言语的。这反过来又与国家所处的社会与政治空间相关：如果一个国家在没有任何先前言语协商的情况下就把部队调遣到与邻国的边境，就可能导致对方言语以及非言语的反应，这样非言语的对外政策就成为言语的范畴。

　　如果我们专门转向后结构主义中身份的认识论概念化过程，那么身份就需要通过语言表述出来，体现出政治方面和分析方面的存在。因此，它们依赖于政治施动性来产生本体和认识论意义。国家不具备话语表述之下运作的身份，因为语言是一个指涉体系，身份总是通过区分过程与关联过程而被建构（Wæver 2002）。身份的话语和关系概念使后结构主义与最著名的传统建构主义者亚历山大·温特（Alexander Wendt）区别开来，温特认为身份不必建构为一种关系的差异。首先，因为国家具有社会（集体的）前身份和社会身份，因为社会前身份是自我组织的，"没有一个与**自我**相联系的特殊**他者**身份"（Wendt 1999：225）。其次，因为人们总是可以区分角色身份（role identity）与类型身份（type identity），比如"民主国家"，这属于个体行为体的内在问题（Wendt 1999：224-228；关于温特对身份概念的讨论，参见 Zehfuss 2001 and Rumelili 2004）。在本体论层面，这样的概念与后结构主义关系建构的身份的概念存在差异，但是本体层面的问题在经验分析方面无法解决，因为人们无法证明身份是客观关系的或是内在的，因为这样的"证据"与所选择的认识论相互联系在一起。采纳话语认识论使社会前的、集体的和内在的身份成为不可能之事，反之一样：如果身份被假定为本体上内在的，那么通过话语认识论就无法识别，分析家们必须赋予其外在特征。

如果详细审视一下温特对身份的概念，我们可以从以下假定开始，即身份是社会前的。社会前的集体身份最强的例子是在一个封闭的社会里，没有关于其他人类的任何知识。但是，人们也许会认为这样的群体仍然可以由个体组成，因此，涉及个体与这个群体的关系的建构，如这个个体作为群体中的成员意味着什么，由此在群体的集体身份中它意味着什么。其次，在集体身份层面，"非我们"（no-we）的关系并不一定意味着另一个集体——例如，可以是动物或是复活岛的神灵——它可以不是围绕一个特殊空间描述来建构，而是围绕时间来建构身份（Wæver 1996；Wendt 2003：527-528）。① 身份在这种情况下是通过叙述该群体的神化起源、其发展与生存以及与神灵和自然力量的关系而来。尽管这种话语使用了与21世纪西方国家不同形式的表象，我们还是可以以关系的术语来解读。

从一个孤立的群体到民族国家的社会实体以及内部身份的可能性，温特所用的一个国家通过自己本身的民主而产生的民主身份的例子是不可能的，因为它是国家话语身份建构的一部分。"民主"可以通过一位政治家的观察而赋予，但是它不应该是国家的自我理解和话语的一部分。② 对于温特的内部身份与后结构主义关于身份关系概念的对立的解决办法可以强调身份建构涉及关联过程。因此，后结构主义观点是没有积极的身份建构——这看上去可能是内在的——身份是通过一个区分过程而建构。以温特的内部身份为例，"民主"是作为一个其他国家能够也应该接受的特权身份而建构的。这体现出"所有国家"之间通过强调它们的"民主潜力"，同时把这种身份置于空间和时间的差异之中的身份关系，因为并不是所有

---

① 关于精神力量在建构南非身份的重要性的例子，参见 Ashforth 2000。时间和空间身份建构的进一步讨论可参见第3章。

② 某些特殊的身份丧失它的显著性是有可能的。君主制相对于大众统治的建构是19世纪欧洲协约的核心问题，但是与当代欧洲政治话语的构成又不完全对等（Kissinger 1957）。因此，在一个完全自由的世界里，"民主"从目前的地位消逝也是可能的。

国家都是完全的民主国家。①

因果关系的不可能性

采纳一种僵化的因果关系的定义——就如同在第一章所阐释的——需要假设理论是针对因果关系；对于话语分析而言，挑战在于要表明对于国家行动来说，"话语起多大作用"，这首先要表明话语与物质相比的解释力，其次也要表明身份对对外政策产生的因果关系（Katzenstein 1996；Adler 1997；Price and Reus-Smit 1998）。后结构主义的第一个挑战是如同上文所述，不存在人们可以建构相互竞争的解释话语的额外或是非话语领域，不存在使自身独立于话语表象的"话语外"物质——需要重申的是，这并不是说物质不重要，而是说它总是被话语调解。②

认为物质是话语建构的观点意味着后结构主义把理性主义研究所没有探讨的问题带到了研究前沿。例如，切莱斯特·沃兰德（Celeste Wallander）的自由主义理性分析认为冷战后北约能够继续存在，主要因为它不仅解决了外部威胁，同时也解决了"各式安全问题，包括不稳定性、不确定性以及同盟之间的关系"（Wallander 2000：706）。但是，他的分析并没有探讨"威胁"和"不稳定"首先是如何被建构的——它们被假定为独立于北约在其中的建构而客观存在的事物。但是，后结构主义要表明这些"威胁"和"不稳定性"如何不是简单的客观存在，而是通过北约自己对后冷战期间的同盟（变化的）关系的话语表述而来。例如，认为冷战后科索沃的局势是"不稳定的"确保了北约的干预，也使同盟的存在合法化，这就需要对冲突各方进行特殊的建构，同时采纳人道主义干预的话语

---

① 温特最近更倾向于对身份进行关系性的理解，把个人与集体认可联系起来。他认为"首先是通过他者对自己的认可而建构了自我的身份"（Wendt 2003：511）。但是，他是以行为体为核心，行为体在进行认可的过程中已经具有了一个身份，但是后结构主义关于身份的理论并不是两个已有身份的汇合，而是以过程为核心，通过过程产生了主体间性。

② 传统建构主义采纳了一个把话语视为观念的弱性概念，而不是将物质性话语表象包含其中（Wendt 1999）。费尔克拉夫的批判话语分析也对话语和物质性进行了区分（Chouliaraki and Fairclough 1999：28）。

(Hansen 1999; Williams and Neumann 2000; Huysmans 2002)。① 后结构主义把以下三点视为核心：北约话语建构其"新的周边环境"、"目的"以及"威胁"的方式如何由该组织本身以及主要官员（如沃兰德所采访的那些官员）所实施？这种话语建构如何使北约有理由存在并使其合法化？这些反过来又如何重建北约的组织身份？

我们认为不存在话语分析不能检验的超话语物质，那么第二个挑战是身份是否对政策产生因果影响。如果要假定一种因果关系的话，就需要明确自变量和因变量。如果认为政治话语可以总结为"话语的因果关系"的话，这似乎也是可能的。也就是说，政治家们经常把采纳某种政策表述为是由身份的某种特殊表象所导致的。但是，因为话语因果关系需要考虑真正的因果效应，如果采纳一个严格的因果概念就需要区别两个变量，并视二者相互独立存在。但是，这显然是后结构主义所坚持的话语实践的本体意义所不能接受的：身份由对外政策的话语建构和重构，因此不存在一个先于对外政策，并且独立于对外政策的身份。后结构主义对身份的行事性理解的分析意义可以通过与托马斯·里赛-卡彭（Thomas Risse-Kappen）的自由建构主义的对比来说明，他认为苏联解体后北约还可以存在是因为一系列共同的民主和自由的价值观。但是，对后结构主义而言，是北约从20世纪90年代早期开始自己建构的"共同的自由身份"为北约的继续存在提供了解释②（Risse-Kappen 1996）。这样，解释的焦点就在建构主义和后结构主义之间变化，因为后者突出了对北约的"旧"身份的积极话语动员力量，重新建构了北约对西方安全的重要性。③

但是，如果身份是通过对外政策的话语产生的话，也许我们也可以说

---

① 沃兰德的方法论也指出了把"现实"与"话语"分开存在的困难：她对冷战后北约变化的分析是以北约的基本材料为基础，采访了美国国防部、国务院、国家安全委员会的15位官员，他们都介入了北约的调整，还有一位"深入介入北约政策"的分析家（Wallander 2000：717）。她所指的物质或是指北约自己的话语，或是参与建构的话语，但是一个更加注重方法论的分析应该明确那些来自于北约之外的材料的威胁和不稳定性。

② 如果把里赛-卡彭的分析变为一个联盟稳定理论的话，就需要考虑其他案例。但是，从方法论上看，这一点十分困难，因为北约为一个（大多数）由民主国家组成的军事联盟。

③ 后冷战理论强调北约是一个文化与价值观的共同体，1991年秘书长维尔纳（Wörner）就提出了这样的观点："1949年的《华盛顿条约》（Washington Treaty）尽管提到了苏联，但是强调需建立一个西方民主的永久共同体，并通过合作使彼此更加强大，使国际关系更加和平"（Wörner 1991：5）。这种观点在表明1999年北约干预科索沃的合法性时反复被表述。

政策导致了身份？如果不存在独立于人和政治施动性的身份的话，这看上去也可能是有说服力的。如果对于"美国人"、"德国人"或是"俄国人"不存在重构的话，这些身份就将消失。如果假定有档案的话，在恢复这些身份时就可以再次利用这些档案。但是，最可能的是对国家相关叙述的延续。如果更笼统地说，我们可以说政策导致身份就要求从身份到政策的表述没有反馈。正如上文所说，身份既是对外政策的产物，同时又为对外政策提供合理的解释。对外政策问题并不是重新来应对，因为对这些问题的解决是被写入到一个话语领域中，已经通过先前表述和制度化的身份被部分地结构化了。这些结构性的话语从一般到抽象，从"国家身份""国家利益""战略利益"，到特殊的"丹麦身份""文明""发达的"以及"欧洲人"。认为政策与这些建构完全脱离不是不可能的，但是这是一项非常艰巨的任务，尤其是当政治上的反对派能够动员这些历史性建构或是对其重构时[①]（Hansen and Wæver 2002）。

  理性主义、后结构主义和建构主义把它们各自的分析建于不同的系列相关研究之上：后结构主义把身份与政策的关系概念化，认为从理论上讲二者在本体上是不可分的，这种不可分性是通过话语来实施的，因此不可能采用一种使用身份影响对外政策的因果认识论。理性主义与建构主义把身份视为对外政策的一个潜在因果影响，并且（部分）是非话语建构的。

  这些差别导致了不同的研究议程，一个突出例子是关于民主和平论：民主、自由的国家不会向其他自由民主国家发动战争。理性主义解释首先会把分析放在国内层面：认为制衡原则以及公民不愿意承担战争付出的代价使民主国家采纳非进攻性的对外政策。这种解释通过把国际规范包含进来而被扩展到解释"单独的民主和平"，即自由国家对外政策的和平特点在与那些非民主国家互动时体现不出来（MacMillan 2003）。布鲁斯·拉西特（Bruce Russet）认为"国家把它们用于解决国内冲突的规范用到国际关系中来，同时也认为其他国家也同样会这样做"（MacMillan 2003：237）。这种观点把规范作为观念的组成部分引入，但是在认识论方面保持了特定政权类型的因果影响以及相关规范对对外政策的因果影响。自由主义理论

  [①] 认为关于身份与对外政策关系的后结构主义观点表明身份是很容易改变的或者历史并不重要是具有误导性的（Kaufmann 1996：152-4）。后结构主义非常关注身份的重塑，这表明布赞和维夫所认为的建构主义与后结构主义分析身份的方面，而新现实主义是分析结果，他们都没有考虑身份的重塑问题（Buzan and Wæver 1997）。

通过引入国家基于对其他国家政权类型的认识来决定自己的对外行为，把对国家的认可作为一个过程，通过这个过程国家之间相互认识到对方是民主的（Williams 2001：527-531）。但是，伊多·奥伦（Ido Oren）认为该过程并不是如民主和平论所假定的那样不存在问题：不仅仅"民主"的建构是来自于特殊的美国传统，"美国精英们所赋予'民主'的'规范与经验内容'在过去两百多年来发生了很多变化"（Oren 1995：151）。直到1917年后，"民主"才与社会主义产生了联系，也成为"对美国的主要描述"（Oren 1995：152）。因此，"民主"是历史、规范性建构的概念（Laclau and Mouffe 1985），而非对政治形式的跨历史、跨文化的客观描述。一旦被确立为一种被渴望建立的政府形式，"美国民主"的特殊建构就成为"美国与其敌人相似的客观内容就被消除，而美国与其敌人不同的内容就被赋予了优越性"（Oren 1995：153）。奥伦认为对外政策过去的模式导致了"民主的特殊建构"，这些模式是民主和平论难以解释的，这也不足为奇。把"民主"作为一种对外政策话语而不是一个独立变量来理解就要求研究它是如何被阐述的，从克林顿总统采纳（Oren 1995：147）北约1999年干预科索沃是"自由的责任"到美国"9·11"后把"恐怖分子"建构为憎恨美国的民主和自由。这些对身份的政治动员也指出民主身份是以与那些正在成为民主国家、非民主国家和反民主国家相比的一种关系建构。

采纳话语认识论并不是要使后结构主义假定国家总是遵循它们所公开宣布的政策。正如无数的例子所表明的，政治家们非常有可能宣布一项对外政策，但是并不执行或是将该政策作为其他秘密行动的陪衬。对外政策的制定过程并不一定是一个公开过程，话语分析从原则上看是适用于欺骗和假信息的。从方法论看，分析将利用分类的文献和随意的对话或是非公开的会议；但是问题是要获得这些不同类型的文献经常受到限制（Weldes 1999）。

对理性主义而言，在变量之间确立一个非因果关系将会是一个不可接受的条件，要通过反事实推理才能够解决（King et al. 1994：89）。但是，对后结构主义来说，理论以及本体的核心假定是表象与身份相互建构，在话语上相互联系。理性主义认为因果认识论是无可匹敌的方法，通过这个方法可以产生知识，许多建构主义者也至少部分认可这一点。但是，因果认识论却无法通过参考任何一个客观的真理作为自己的标准来确立自己的特权，因为真理是在一个历史背景下的知识的话语中所确立的，而不是跨越历史、跨越话语的普世客观现实。后结构主义与因果性的脱离不是它研究设计的问题，而是本体论和认识论的选择问题。但是，采纳非因果关系的话语认识论并不意味着它的分析没有任何认识论或是方法的原则，而是开启了一个以身份和政策的建构以及二者在政治话语内相互联系的话语研究议程。

一个结合的理论模式

对外政策决策者的目标以及那些试图影响对外政策的其他行为体是要向相关的观众呈现一个看上去合法且可行的对外政策。因此，政治活动的中心是在政策和身份之间建构一种联系，使二者看上去保持一致。例如，2003年4月初在攻陷巴格达之前，布什总统把"伊拉克"建构为两个分裂的身份：一边是萨达姆·侯赛因的"政权"、"专制者"以及那些实施暴行的"暴徒"们；另一边是渴望美国部分提供"自由"和"解放"的"被压迫的伊拉克人民"。伊拉克政权对"自由的国家"构成了"严重威胁"，它是"邪恶的"，由那些拥有"大规模杀伤性武器"的"大肆杀戮者们"组成，它是有能力策划另一个"9·11"的"敌人"。这种表象为布什实施军事干预政策提供了一个稳定的基础："大肆杀戮者"所拥有的核武器的物质与攻击"自由世界"的恐怖主义在话语上联系起来，为"保护我们自己的安全"提供了理由。但是，进行战争并不是仅仅为了保护美国安全，还是为"保护世界"和"伊拉克人民"，因此，它不仅是一个"传统的"国家安全问题，还是在道义上被认可的一个"伟大和正义的事业"（Bush 2003）。

身份和政策在分析时的分离会促进关于对外政策话语如何产生稳定的分析。但是，同样我们也需要注意到二者的分离并不必然甚至是经常反映政治家们进行决策的具体过程，这一点非常重要。从经验角度看，对外政策制定通常不会把对身份的表象与政策的阐述分离开来，身份和政策的建构通常会相互调整。政治家们很少坐下来进行一个与思考应该采取何种政策相分离的"身份讨论"，而政策也很少在没有考虑身份的情况下制定出来。即使是涉及"国家利益""军事能力"以及"安全利益"的抽象概念时，也是在利用国家身份建构的"国家安全"话语内表述出来的。

从理论上看，对外政策话语可以被理论化为一种以在身份和政策之间建立一种稳定的联系为核心的简单模式。人们也许会认为这是一个平衡系统。例如，身份就是一个必须维持的盐和水的系统：如果一个人食用了过量的盐，身体就需要重新补水以重新建立平衡。同样，对对外政策话语来说，如果身份和政策建构之间出现了不平衡，那么就需要通过调整或是身份的建构或是政策的建构来重新建立二者之间的稳定性。如上文所述，话语达到一种绝对固定或是稳定是不可能的，因此，没有任何政策与身份之间的联系或是对身份的表达是完全稳定的。但是，因为身份是通过区分和关联过程的很多符号来表述的，我们有可能来分析话语的相对稳定以表现出身份的建构，这种身份在内部不是（不被认为是）高度不稳定的。如果身份的表述在内部是不一致的，那么话语也会不那么稳定。例如，如果话语把"巴尔干身份"建构为野蛮的和暴力的，而"欧洲身份"建构为文明与和平的，但同时又认为"巴尔干人"和"欧洲"没有边界的区分就有问题。

但是，对外政策并不是像身份那样是一个封闭的体系，而是在一个社会和政治空间内形成的。这就意味着政策与身份建构的内部稳定不可能独立于它所在的社会和政治大环境。话语是否表述了身份与政策之间的稳定关系不仅仅是一个内部稳定的问题，同样也是一个该话语是否受到其他话语支持或是批判的问题。用更程序性的话来说，政治语境的话语分析把文本如何寻求建立稳定的话语分析与这些建构在政治和公共领域是被接受还是受到其他话语建构的竞争结合在一起。① 例如，布什对"萨达姆·侯赛因"、"伊拉克人民"以及"自由世界"的建构被认为是支持伊拉克战争，主要是分析对身份的文本建构以及身份与政策的联系，同时分析对布什的政策和话语的更广泛的反应。系列的政策-身份是通过受环境影响以及相互调整的特征进一步表明它们之间的关联既不是功能性的，也不是最基础的：稳定的联系是通过话语实践建构的，同时也是对话语实践的反应；话语实践是不断变化的，并依赖于人的施动性，而不是抽象的功能。

身份与政策之间关联的建构尤其要面临一系列外部限制，这些限制将直接影响对对外政策和身份的考量。从身份的建构开始，对外政策问题总是在一个部分结构性的话语领域中表述出来，这一事实正如前文所述，即使对外政策的建构成为可能，同时也对其造成了限制。这并不是说已经确

---

① 这并不是说对官方话语进行文本和结构分析不重要，而是如在第四章与第五章所详细讨论的，一个更加全面的话语分析是把官方的话语置于一个更大的辩论语境中。

立的身份就不会面临竞争，而是说这样的竞争需要与已经确立的主导身份建构相一致（Wæver 1995：45）。不仅如此，一旦已经确立的话语被重新动员，它们会强化或是可能改变以该话语为中心而确立的身份。例如，"巴尔干人"在20世纪90年代西方的辩论中作为在波斯尼亚战争中的一个表象被有力地使用，主要利用了19世纪末以来所创造和发展的"巴尔干人"的概念（Todorova 1997；Goldsworthy 1998）。但是，通过使用"巴尔干人"概念，表面上跨历史的概念本身被进行了略微调整。

  如果转向对政策的外部限制，对外政策的决策者们通常会面对一系列推广自己政策和身份表象方面的限制。这些限制可能来自军事能力、官僚制度或是军队的制度压力，也可能来自媒体或是最近的屈辱或是失败经历。但是，这些外部限制不是来自话语外所建构的客观物质因素，而是来自原来相互竞争的话语内部或是这些话语所建构的内容本身。

  对外政策的制定所涉及的环境限制和创造性表明话语分析在方法论上必须从经验方面在一个特定的辩论内研究身份的建构与政策的形成。我们不能假定一个特殊身份的表象总是能产生某个特殊政策；也不能认为一个特殊政策就一定会影响一个特定身份的建构。对于政策与身份联系非常敏感的特殊性和灵活性的详细经验研究，其重要性在后结构主义和批判建构主义关于西方针对波斯尼亚战争的辩论中被凸显出来。该研究假定在表象和政策之间存在一个准因果关联。这些研究认为人们关于波斯尼亚战争确立了两种关联，一个是把波斯尼亚战争建构为一个"巴尔干现象"，主要是由于古老仇恨和西方不采取行动而造成的；另一个是战争被表象为"种族屠杀"，它支持西方干预的政策。这两类身份和政策在辩论内都存在，都非常重要，但它们并不是唯一的，因为身份表象和政策的结合过程更加复杂，同时也是开放和不确定的（Ó Tuathail 1996a；Crawford and Lipschutz 1997；Campbell 1996b；Fierke 1996）。首先，关于"波斯尼亚现实"两种表象的统一性被夸大了；实际上我们发现了这两种表象的几种变体（如第7章和第9章所示）。其次，即使对于那些确实是在"巴尔干身份"的基础上建构政策的人们，在这种表象和西方不采取行动的政策之间也没有完全对应。尽管政策与身份相互关联，但是它们的关联程度要远比那些简单模式要复杂得多。

挑战、变化与事实

把政策-身份结合的理论模式置于一个动态的政治环境中，很显然政策-身份的联系依赖于行为体的施动性，其他竞争性话语可能会攻击主导模式的不同部分。持对立对外政策的总体目标是产生一个不同的政策，但是在大多数情况下，这会涉及攻击或是重新阐述身份的建构。批判话语分析可能从挑战影响的对外政策的重要表象开始。例如，约翰·米尔斯海默（John J. Mearsheimer）和斯蒂芬·沃尔特（Stephen M. Walt）通过指出布什总统关于萨达姆身份的建构是"非理性的和易导致严重判断错误的"，是经不起历史事实的检验的，从而挑战了布什的伊拉克话语（Mearsheimer and Walt 2003：52）。他们认为对于萨达姆身份的错误建构使伊拉克战争成为一场"不必要的战争"，美国政府应当对伊拉克采取"威慑和遏制"政策（Mearsheimer and Walt 2003：59）。人们也可能会发现那些开始质疑针对政策一面的话语，认为该政策是无法执行或是无效的。例如，关于波斯尼亚战争，在美国的辩论中也有人认为美国没有参与战争的资源，如果要采取行动也应该是欧洲人采取行动。但是，这种话语并没有停留在物质限制层面，而是把"波斯尼亚"身份作为一个"欧洲责任"，就如同欧洲的"后院"，认为战争是"内部的"或是"民族的"，对美国来说没有道义责任。

话语通过挑战政策、身份以及把它们联系在一起的逻辑而相互作用，相互竞争。这样，关于事实和事件不同的话语会产生不同的解读——尤其是当话语随着时间而发展的时候。当分析关于对外政策的辩论是如何展开时，检验事实如何被聚合在一起构成一个事件是非常有用的方法。"主要事件"是指那些"重要的事实"在政治或是媒体议程中表现出来，并影响官方的一系列政策-身份，或是强迫官方话语与政治反对派以及（或是）媒体批评进行接触的情况。围绕一些主要事件展开辩论可以为追溯官方话语的稳定性提供一个方法方面的技巧，因为它们可以被用来建构一个时间表，这个时间表反过来在需要选择经验材料时又可以被使用。

后结构主义的观点，正如上文所指出的，不是认为物质事实不存在，而是认为它们通过对外政策的话语产生，并且被嵌入对外政策话语。对于要成为政治上突出，影响对外政策话语的产生和重构的事实必须要有人和话语的施动性以及收集、引用和扩散它们的个人、媒体和机构。例如，1995年在斯雷布雷尼察（Srebrenica）死于波黑塞族手下的几千名穆斯林很快被情报部门和目击者记录下来，被作为事实接受，但是（正如在第七章进一步讨论的），在英国政府和美国政府之间关于这是否构成"大屠杀"、"种族灭绝"或是"战争的一部分"以及对此应该采取怎样的对应政策并没有立刻达成一致（United Nations Security Council 1995；Secratory General of the UN 1999）。事实由于依赖施动性和话语来对其进行重构，本身并不会带来自动的政治反应，它们需要被置于一个话语之中来解读，这样才会对政策以及身份表象产生特殊的影响。

因此，后结构主义的目标是以经验上严密和结构化的方式来研究事实形成的方式以及它们如何影响对外政策的辩论。事实如何与身份以及特殊的政策表象联系在一起？反对话语在试图破坏官方政策话语的稳定性时如何来呈现批判性的证据？官方的话语如何回应？当以一个动态的研究视角来研究时，当新的事实无论是被媒体、政府机构或是非政府机构呈现出来时，它们都对官方话语以及反对话语展示了可能性和挑战。反对话语会利用新的事实来破坏身份建构或是所提政策的稳定性，因此也会破坏官方系列政策—身份的其他部分的稳定性。

面临批判的话语，政府可能会减少自己的回应来应对。首先，政府可能会明显改变自己的政策-身份建构。尽管完全的改变比较少见，但是并不是不可能的，通过斯雷布雷尼察案就可以体现出这一点。该案是美国的官方政策从被动的主张"解除禁运和空袭"政策到积极政策，该积极政策在《代顿协议》和美国部署两万地面部队时达到最高点。该政策的变化也是伴随着对战争和官方政策表象的调整而进行的。身份结合因此被改变，这样更主张积极的波斯尼亚政策的反对话语如果不是全部被接受的话，也是在很大程度上被接受。

其次，官方话语会承认某些事实，但是把它们置于已有的话语框架内来解释，这也非常正常。例如，布什证实了2004年4月在伊拉克对"联军"的"暴力"，这看上去会破坏他对一个"解放的伊拉克"和满怀感激的伊拉克人的建构。但是，布什的应对话语战略是建构那些攻击美国军队的人与"伊拉克人民"没有关系：他们是"萨达姆政权的残余势力"、"伊斯兰武装分子"、支持"恐怖分子"的"非法武装"，同时对美国军队的进攻是全球"文明世界的敌人考验文明世界人们意志"的战争的一部分。如果布什把这些事件表象为反对美国军队的"大众暴动"的话，这就会严重破坏他把美国干预建构为解放"伊拉克人民"的话语的稳定性，并且会引发一系列对美国军队在伊拉克的目的以及行为的质疑。

尽管在媒体大量报道和严厉的批评之中很难做到，但是第三个选择是对于一些事实保持沉默。当很难将面临的新事实置于当前的话语之中，同时也不可能涉及新的政策时，就可以采纳该战略。在伊拉克没有找到大规模杀伤性武器成为部分美国媒体突出的一个事实，但是布什政府对此的反应是说大规模杀伤性武器一定会找到，同时通过把话语重点转向萨达姆统治下的伊拉克是"恐怖分子的天堂"以及与"解放伊拉克人民"的目标之间的联系上来。

作为话语的安全

到目前为止关于话语的讨论主要集中在一般意义的对外政策话语如何利用身份的表象。本章的结论转为以安全的名义建构的那些特殊的政策。理性主义，尤其是现实主义，经常表示尽管一些观念因素对对外政策的某些领域来说非常重要，但是，当涉及安全时，物质因素、军事能力以及对客观威胁的应对的逻辑必须处于中心位置（Walt 1991）。正如前文所述，对于后结构主义来说，不存在物质因素以及客观事实表现自己的话语外领域。对于那些成为安全问题的问题或是事实来说，它们需要在政治话语中被成功地建构成这样。很显然，这并不是说安全在政治方面不重要，而是说我们需要理解安全的话语和历史特定性。加强"国家安全"的概念是身份建构的一种特殊形式，这种建构要与主权国家相关联，表达出身份的一种激进形式，同时也是一种独特的赋予在该身份之内说话的人以权力和责任的言辞和话语力量（Campbell 1992；Wæver 1995）。

安全的传统概念或是清晰地被定义为国家安全或是隐含地利用与国家之间的联系；不是因为国家是一个永恒的实体或是因为安全是由国家客观提供的，而是因为"安全的意义与政治社会特定的历史形式联系在一起"（Walker 1990：5）。因为在过去的400多年里所发展的特定的社会是主权国家，国家安全作为一种安全概念成为一个特权（Walker 1990：7）。国家主权的现实主义建构主张通过禁止使用个人之间的暴力以保证安全的国内生活；正如霍布斯所认为的，"国家安全"并不仅仅是一个前提条件，而是"个人安全"的前提条件。但是,为了获得安全,个人必须放弃自己定义安全的权威(Campbell 1992: 63-64;Williams 1998)。①

主权国家通过把国内领域与国际领域区别开来以组织权威、空间、时间和身份。在国家"内部",进步、秩序、民主、道德、身份以及普世价值得以保证;在国家"外部"是无政府、权力、差别以及重复性(Ashley 1987;Walker 1993)。国内的和国际的因此不是简单的两个政治领域,而是作为彼此对立面的"他者"在被建构。国内的和国际之间这种激进划分导致"安全话语"需要建构一个需要保护的"自我"免受"他者"威胁的国家身份(Campbell 1992)。戴维·坎贝尔(David Campbell)写道:"确保一个有秩序的自我和一个有秩序的世界涉及定义那些阻碍秩序形成的'他者因素'的形式,尤其是当该过程的运作领域与国家一样宽泛时。"(Campbell 1992: 55)从这个角度看,安全对国家来说是一种本体需要,不是因为国家必须保护自己不受外部威胁的干扰,而是因为国家的身份依赖于国家安全。威胁与不安全不仅仅是需要消除的对国家产生潜在破坏的事物,它们同样建构了国家:国家只有通过与激进的和威胁的他者并列在一起才清楚自己是谁、是什么。国家保护自己不受外部他者的威胁经常与内部的他者联系在一起,如20世纪50年代在美国的共产主义、移民和同性恋(Campbell 1992: 71;Todorov 1992: 50)。②

建构对安全的威胁通常涉及在话语方面非常重要的"次级-安全概念"(sub-security),如"战略利益""国家利益"的动员(Weldes 1999)。国家安全话语的力量在于当它利用国内社会在政治上非常有力的身份的同时,也通过把安全建构为一个客观的和去历史化的需求而掩盖了其特定的历史性特点,因此有时它也是有争议的。当某事或是某人被建构为对"国家安全"的威胁或是"符合我们的战略利益"时,它们通常会带有客观色彩,并表现出言辞和政治上的紧迫性。把某物建构为对安全的威胁,用奥利·维夫(Ole Wæver)的话说,就是使其安全化,把它们表象为"对指定物体(传统上是国家,包括政府、领土和社会,但也不必是)的存在性威胁"(Buzan et al. 1998: 21)。把它们建构为存在的意味着安全话语建构

---

① 如坎贝尔所指出的,霍布斯更加关注可能会退回到自然状态,而不是关注自然状态开始的情况(Campbell 1992: 63-4)。

② 第三章认为身份对国家来说是必要的,但是并不一定需要通过他者的激进话语来建构。

了一种高度的优先性和对这些问题的关注度，认为如果一个"安全问题"不解决将会产生致命后果（Buzan et al. 1998：25）。安全问题因此具有了政治显著性；它不仅会成为集中的政策活动的主体，而且当资源分配时也会被积极对待。

　　安全话语对某些问题赋予了优先权，同时也赋予处理这些相关问题的人们以特殊的合法性。安全问题允许政府和政治领导人"打破通常会束缚他们的程序或规则，"例如终止民权或是政治透明度，或是在没有告知议员或是与他们协商的情况下制定政策（Buzan et al. 1998：25）。但是，这并不是说当某事被建构为安全问题时，对政府所做的事没有任何限制，哪些限制可以继续保留成为一个值得研究的经验性问题。安全话语因此被认为具有双重政治动态的特征：它们赋予了那些政策合法的权力来采取果断的行动，否则这些行动将被视为是异常的，在其他情况下不可能采取。同时，它们也把这样做的行为体建构为具有特殊的责任。对权力和责任的动员是紧密联系在一起的：把某些事物建构为威胁的以确保果断的行动，紧接着就是应对这些威胁的责任。一旦进入政治议程，政治家们就不能对针对国家安全的威胁置之不理，除非对所面临的情况重新表述，使它不再被认为是安全问题，用维夫（Wæver）的话说就是"去安全化"。

　　由于人们认为安全是赋予责任、使权力的运用合法化的政治话语，那么为什么一些施动者寻求利用一些传统的安全话语并使它们超越于国家传统的现实主义军事安全就显而易见。国家保留了传统安全话语的模式，但是将其用于传统的军事领域之外，如在冷战后的美国安全话语中，对"使用毒品"以及"日本经济实力"对美国国家安全威胁的建构（Campbell 1992）。更激进地看，国家、非政府团体以及学界认为安全的政治紧迫性应该保留，但是主权国家的特权应该受到质疑。违反人权、内战、饥饿、艾滋病以及贫困问题，当它们对国家自身构成了威胁，都可以被包含在国家安全的话语中，这些问题被表述为"国际安全问题"，整个国际社会具有共同应对它们的责任（Booth 1991：319；Krause and Williams 1996：229-230）。从概念角度讲，这就使人们利用传统的紧迫性、权力以及国家安全的责任来形成新的安全概念，同时又通过使用"共同安全"（Väyrynen 1989）、"人类安全"（Paris 2001：89）、"世界安全"（Walker 1990）或是"全面安全"（OSCE 1996）等术语与国家安全拉开了距离。这些概念都具有不同的制度、政治和学术路径，但是它们都是努力阐述国家安全不容置疑的特权，需要国家采取行动，履行责任。一些分析家和政治积极分子认为应支持以个人名义阐述安全的概念。但是，在理解话语是社会的同时，指出以下问题非常重要，既关键问题不是"某事"是个人还是国家的问题，而是某些威胁如何被赋予了集体意义，而其他的则"只"被认为是个人的（Booth 1991）。即使人们以个人的名义来谈论安全，对权利、威胁或是个人关切的声明建构了与公共和政治领域的结合，"个人安全"从这个角度看总是集体的和政治的。因此，安全的概念不应该沿着集体和个人的两分来进行，应该把重点放在政治实践如何把某些威胁个人化，从而使它们位于公共和政治领域之外，而其他威胁如何作为一种集体的关切被关注（Hansen 2001a）。

第三章
他者之外：身份复杂性分析

37　　身份是后结构主义话语分析本体论和认识论的核心。正如在第二章中所讨论的，身份是通过对外政策产生，同时又建构对外政策，因此它是通过关系性对比和话语建构的。由于身份的特殊建构影响政策，并使政策具有合法性，在政治和道义方面更大的目标就是表明这些建构是如何强加一些特殊限制，这样一些主体可以获得合法性，一些对外政策反过来可能被禁止。因此，与此相关的是提出一个分析视角，通过该视角来体现身份建构的复杂性，不但可以分析国家的自我建构以及一个激进、与自我不同的威胁"他者"的建构，同时也可以分析二者的差异程度和他者特征。正如本章所认为的，即使对激进的他者特征建构构成了对外政策和安全政策的重要组成部分，这也只是对外政策的一部分。在这样的对外政策中，类似的激进政策，甚至是激进的他者，经常会被置于一个更加复杂的系列身份之中。

　　本章继续发展了关于理解身份政治建构的理论框架。该框架建议采取四个步骤来系统分析身份建构的丰富性，同时解决一系列相关的方法论问题。第一部分认为应该修正戴维·坎贝尔（David Campbell）关于把国家身份作为一个激进他者的理论概念，以使它能够体现他者的差异程度。第二部分认为身份建构不仅仅涉及单一的自我与他者的两分对立，同时也涉及一些相关的但是略微不同的并列身份，可以把它们理论化为建构关联与差异的过程。把身份理解为通过关联与差异过程建构而来提供了一个理论和方法论上的解释，表明话语如何寻求建立稳定性，这种稳定性如何总是可以被解构。第三部分建议对外政策话语中的身份建构可以通过以下方法来分析，即看身份总是如何在空间、时间和道义维度展开。划定界限的方式以及被这些界限所建构的主体如何被赋予了时间性身份以及责任都是对外政策话语的核心。分析身份建构的三个维度相互联系在一起的方式不仅可以更好地解释关于政治主体性是如何建构的，同时也使我们可能分析话语之间的差异以及话语随着时间而发生的变化。第四部分以前三部分为基础，转向讨论话语是如何在一个辩论领域被组织起来。一方面，人们可以认为每一个单一文本都是对身份和政策的独特建构，因此建构了不同的单个话语。但是，另一方面，政治辩论如在第一章所认为的，由于共同的关切把一系列问题聚集在一起，因此人们可以界定出一小部分基础话语来构架整个辩论。

他者特征、差异与自我建构

如上文所述，传统的国家安全话语建构国内社会与国际无政府状态之间的激进差异。坎贝尔认为国家需要表述威胁以及一个激进的他者来建构自己的身份，因此，在国家身份的本体论内，需要把差异建构转为他者特征建构。用威廉·康诺利（William Conolly）的话来说，"建构一系列诸如本身邪恶的、非理性的、不正常的、疯狂的、病态的、原始的、怪物般的、危险的以及无政府状态的作为他者特征"（Conolly 1991：65；Campbell 1992：55；Neumann 1996b）。从历史上看，政治领导人通过建构其他国家、移民、同性恋以及共产主义作为威胁本国的安全和社会的基本结构来使自己的安全政策合法化，因此可以利用"身份受到威胁的人们由于差异、偶然性以及危险而产生的愤恨"（Conolly 1991：209-210；Clein 1994）。回顾基督徒们对圣·奥古斯丁（Saint Augustine）的思维，康诺利认为这是努力在两个邪恶的问题方面把身份建构为一个极端的他者。他认为第一个问题是来源于人类不公正的经历、生活的苦难以及无法避免的死亡；会产生愤恨的苦难和必须有人要为之负责的愿望。这就产生了对施动者和施动性的需求，这些是"责任所归属的地方"。关于邪恶的第二个问题是通过"把他者的身份定义为暴露出邪恶的和非理性的"来解决这种需求（Conolly 1991：8）。康诺利把第二种邪恶问题描述为结构性的或是本体性的，因为它被构建入了施动性、责任以及奥古斯丁后来所阐述的身份之中（Conolly 1991：8）。对奥古斯丁来说，上帝是万能的和仁慈的观点需要受到保护，以免受到诸如摩尼教徒那样的"异端分子"的攻击，他们认为世界上存在好的力量和邪恶力量之间的战斗（后者通常被认为是实力强的一方），这种观点使对基督教对上帝的建构出现了问题。摩尼教徒们被建构为一个他者，一个派别，被暴力地迫害。使中世纪晚期的基督语境摆脱责任问题（以及生命、死亡和愤恨的悲剧），那么保护无任何缺点的万能上帝的需要就可能消失，而需要对他者赋予责任已经在个人层面和国家集体层面被制度化了。

坎贝尔与康诺利都认为身份可以不通过激进的他者特征来建构：康诺利认为这"具有吸引力，但不必要"，在奥古斯丁的话语中含有去除把摩尼教徒建构为他者的因素，而自我身份是通过一系列包括补充性身份、竞争性身份、反面身份和身份的非自我因素建构的（Conolly 1991：8，64-65）；① 而坎贝尔也指出了对外政策不一定会受"他者特征吸引"的可能性（Campbell 1992：78）。但是，在坎贝尔的《书写安全》中，他把研究重心放在精英和政府话语对他者的建构上，这自然使其成为一个关于他者特征建构的研究，而不是研究身份的多种模糊表述。因此，《书写安全》表明在美国对外政策和安全政策中有很多对他者特征的建构，但是它并没有证明，也没有试图去证明，**所有的**对外政策以及身份政策总是通过激进的他者特征关系来建构。② 如果以此为目标的话，就应该有一个不同的研究设计，设计要包括反对派的话语，以及选择那些不激进身份建构过程的对外政策实例。

抛开坎贝尔所分析的美国对外政策的实例，我们会发现很多利用更模糊和更复杂的差异建构的例子。例如，"北欧身份"是通过冷战期间的瑞典、丹麦、挪威的政治家们建构的，该身份超越了与核大国对抗的核对手身份，"北欧"保持中立、裁军、发展援助以及维和的政策比美苏之间危

---

① 康诺利的解决办法是用一种场景差异代替"他者"逻辑，"在这个场景差异中，在尊重对手的同时，每一个都与他者（以及他者的假想信仰）相对，这种做法从认识论基础方面看也是不稳固的"（Connolly 1991：178）。戴维·坎贝尔后来转向德里达（Derrida）和莱维纳斯（Levinas）来解释他者的道德。

② 如批评家们所指出的，如果把《书写安全》作为对外政策话语与身份的一般性理论，而不是对一个国家的政策与话语的选择性研究，国家的安全政治具有了几乎整体的特征。把国家和边缘群体建构为激进的他者不具有任何竞争性，安全政治可说是国家身份的一个功能或是原因（Hansen 1994；Neumann 1996a）。

险的地缘对抗与核对抗更加重要（Joenniemi 1990）。从冷战结束一直到20世纪90年代波罗的海地区所发展的文化、政治和金融项目，同样也是一种通过把以前分散的国家联系在一起而建构的一种身份的典型例子；该身份与苏联、西欧的身份不同，但是又综合了来自二者的身份因素（Wæver 1997；Browning 2002）。国家也可以在地缘与文化的边界地带来为自己建构一个所期望的位置。例如，斯洛文尼亚在20世纪90年代的话语在"欧洲"和"巴尔干"之间划分了明显的界限，斯洛文尼亚被建构为属于前者，它1991年的独立是合法"回归欧洲"的证明。同时，它又被建构为与巴尔干人有很多相似之处，可以作为二者之间的桥梁（Hansen 1996）。

重返"欧洲"或"西方"的话语说明自我的建构可以通过表述与自我完全相同的身份或是优于自我的身份来实现。对需要效仿的更好"欧洲"的建构在1989年共产主义出现问题之后一直是中欧国家的主导政治话语，但是这种话语同时也指出了证明存在争议国家的"欧洲特征"的很多事实，因此使这些国家与欧洲有很多相同之处，但是又暂时与欧洲分离。那些涉及把他者建构为一个完全优于自我建构的话语不是非常常见，但是确实存在。伊韦·B. 诺伊曼（Iver B. Neuman）对俄罗斯关于欧洲观念史的研究表明"西方人"如何把欧洲描述为优等的，而把俄罗斯描述为次等的，俄罗斯发展的道路是抄袭欧洲的（Neumann 1996a：13，47，167，2000）。如果我们把视野放大到更广阔的，社会的、文学的以及学术范围内，殖民地的他者被建构为异国情调，与西方不同，但是又是神秘和吸引人的（Said 1978）。享受不受任何限制性欲的女性也把这些提供给了着迷的西方男性，这是在18世纪和19世纪大部分后殖民作品中的一种描述（Pratt 1992：86-107）。拜伦传统的浪漫主义把他者建构为令人钦佩、充满活力和热情的客体，这些在工业化和无活力的西方丧失殆尽（Goldsworthy 1998）。

把话语拓宽于传统的安全话语之外，威胁、危险和威慑并不仅仅是国家与世界互动的唯一模式，他者也不一定是另外一个国家或是另外一个界限分明的政治主体。奥利·维夫（Ole Wæver）认为欧盟并不是以一个外部和地理意义上的他者而建构的，而是依靠一个时间顺序，即对重返过去的暴力欧洲的恐惧（Wæver 1996）。尽管可能存在一个他者，它还是基本上与欧洲的自我建构联系在一起。冷战后的北约把自己重构为一个基于保卫自由价值观的联盟，而不是来威慑对领土的威胁；这种身份呈现出一个普世的承诺，即所有国家能够也应该成为自由民主国家，这些赋予了西方国家保卫这种普世性的特权（Hansen 1999；Williams and Neumann 2000）。与此类似的是发展话语，它在发达的与不发达的之间建构了一个时间距离，但同时这个距离通过他者选择西方政策选择和建议是可以跨越的，即使不能被完全消除（Doty 1996）。我们需要清楚的是在发展的话语内对不那么激进的他者的建构是通过一个拥有特权的西方主体来实现，西方所进行的主体建构不仅仅是他者的身份，还有具体应该采取的政策，这样就可以与被禁止的身份相一致（Todorov 1992；Doty 1996）。

在对外政策内对不那么激进的他者的表达也可以通过他者是如何被置于一个身份的网络中而不是以简单的自我与他者的对立而表现出来。我们可以再回到在第二章所讨论的布什政府对伊拉克战争的建构。该话语不仅仅涉及对"美国"和"伊拉克"的建构，同时也涉及把伊拉克人分为两类的建构，一类是屈服于"萨达姆"及其政权，一类是"伊拉克人民"。这种区分把伊拉克战争从反对全部的伊拉克国家和社会重新建构为反对压迫性的伊拉克政权，而萨达姆则被建构为一个激进的他者，而"伊拉克人民"和"美国"之间的关系变得更加模糊（Weber 1995）。一方面，伊拉克人民被赋予了对原初民主和自由的渴望，使他们与美国的身份关联起来，同时他们又受控于萨达姆，也表明这些愿望只有通过被"解放"后才能够得以实现。从理论上讲，即使一个极端的他者——萨达姆——是在安全话语的中心，这个他者也是通过对不那么激进以及更加模糊的几个其他身份建构而得以稳定的。内战以及一般意义上的违反人权需要面对国际社会，在国际社会中，多个他者正努力获得政治、军事和话语支持，迫使政治家们在一系列主体问题上来决定自己的身份。理论的要点不是衡量激进的或是非激进的身份建构形式——如果是可以衡量的话——而是要采取一种针对在具体对外政策中人们可能会遇到的身份建构形式的灵活身份本体论。如果这样来定义先前的认识，即身份建构的激进形式在对外政策话语中是身份建构的唯一形式，将会导致一种不必要的理论和经验限制，它会阻止人们对当代对外政策中的重要内容进行研究。同时，也会产生一种对外政策话语不能改变的静态观点，事实上这种观点与政治和话语实践是脱节的。

关联与区分：阅读方法论

在提出了本体灵活性会促进对激进化的差异程度的经验研究的身份理论后，下一步就是要提出一个分析框架和分析方法，通过它们来具体研究身份的建构。话语分析，如在第二章所展示的，所持的是话语认识论，因此其方法论是在明确的表达上。从第二章对布什总统的演讲所进行的分析中，我们可以看出那些诸如"邪恶的"、"被压迫的人民"、"严重的危险"的符号表达渗透于整个话语分析，而不是把身份的文本外特征作为研究案例。例如，话语分析不会在"邪恶的"没有被话语清楚地表达时就来研究布什话语的"邪恶"建构。从方法论上看，我们因此应该或者是从那些明确对他者进行建构的词语开始，如"邪恶的""独裁者""杀人犯""恐怖分子"等，或者是从那些对自我身份建构的词语开始，如"好的""文明的""正义的"以及"受到进攻的"。但是，身份的建构不仅仅只是通过对他者和自我使用一个特殊的符号而完成的，而是要通过把它们置于一个更大的系统中来实现。第二章认为这个过程可以被理论化为进行关联和区分的双重过程：意义与身份是通过一系列相互关联的符号来建构的，这些符号相互关联来建构相同性，同时也通过把系列其他符号放在一起建构二者的差异。例如，把"巴尔干"建构为与"欧洲"不同，这种意义只有把这些符号置于一个能把这些符号联系起来，并产生差异的话语中才可以实现。一种话语可能性就是把暴力的、非理性的、欠发达的、野蛮的、落后的、部落的、原始的和野人的"巴尔干人"与克制的、理性的、发达的、文明的、有组织的、民族主义的、有序的、成熟的"欧洲"身份联系起来（图3.1）（Todorova 1997）。

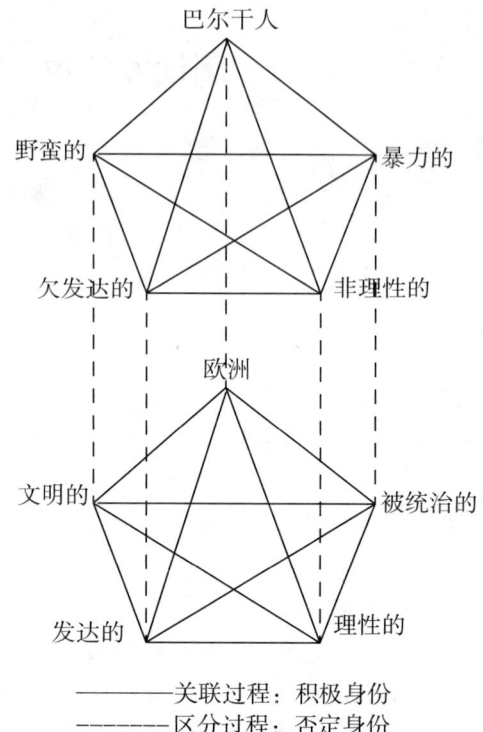

图3.1 "巴尔干人"和"欧洲"的关联和区分

从分析方面看,身份的建构应该被置于一个严谨的研究之内,研究哪些符号是被一个特殊的话语或是文本表达出来,它们如何被连接在一起以实现一种话语稳定性,哪些地方会出现一些不稳定性和一些小错误,其他竞争话语是如何把同样的符号建构出不同的结果。作为后面的一个例子,托洛多夫(Torodov)在针对西班牙征服美洲的研究中表明:在西班牙的征服者中存在两种话语,它们都把印第安人建构为"野人"(图3.2)。一方面,科尔特斯(Cortes)的话语把野人的观点继续深入建构为印第安人是非人类的和不能改变的,因此是基督徒们所无法拯救的。牧师拉斯·卡萨斯(Las Casas)则把印第安人的"野人"建构为也是人类的,不过是不信上帝的人,但是具有改变的能力,可以被拯救(Todorov 1992:165)。尽管二者都是把印第安人建构为"野人",但是在本体和时间身份对他者的建构方面完全不同,因此,所应该和可能采取的政策也完全不同。科尔特斯的话语使灭绝印第安人的政策合法化，而拉斯·卡萨斯的基督教平等主义话语则赋予西班牙人把印第安人转化为基督教世界的责任。因此，如果只分析"野人"这个词本身，而不分析它与其他符号是如何关联的，就会忽视两种话语在如何建构身份和政策方面的重要差异。

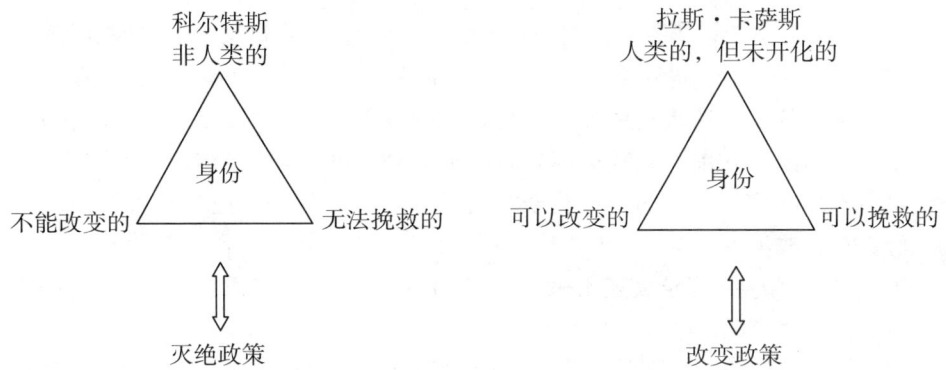

图3.2 印第安"野人"的竞争建构

但是，科尔特斯和拉斯·卡萨斯的话语在重要的一点上具有共性：印第安人作为"野人"是应该被改变的他者，或是通过被灭绝或是通过转变成基督徒的自我身份。其他话语可能或通过把不同的价值赋予同样的符号而更加不同。第六章进一步详细表明从19世纪初开始，"热情"是西方建构"巴尔干人"的一个主要因素，但是在关联方面存在重要差异。例如，在一战后成为主导的"野蛮的巴尔干化"话语中，与暴力的、世仇的、野蛮的、原始的、非理性的、背叛的和东方的联系在19世纪浪漫的"拜伦式巴尔干话语"中与自发的、情感的、快乐的、敏感的、富有诗意的、欢乐的、神秘的以及英雄的联系，二者完全不同。尽管二者都把"热情"作为建构巴尔干人身份的一个核心要素，但是通过与其他符号的联系产生了完全不同的价值。

我们认为话语分析方法的起点是在一个符号网络中对身份的明确表达，这种观点应该包含三个重要的方面。第一，尽管身份是关系建构的，自我总是通过与他者的系列差异表达出来，我们会发现不一定在所有的文本中，身份的建构总是通过把自我和他者并列在一起。当布什把萨达姆建构为"邪恶的"时，他不必清楚地表达出他自己是"不邪恶的"；当伊拉克人被定义为"被压迫的"时,他也不必立刻说"美国人是不被压迫的"。这样的重复列举不仅会使演讲累赘冗长,而且他的言语对象也会被假定为不会质疑所列举的关于美国人的特点。但是对"美国人"的这种隐性建构不仅仅被认为会引起共鸣,同时也通过对萨达姆统治下的伊拉克的表述得到加强。

第二,由于话语是通过对外政策的辩论过程而展开的,某个特殊话语被确立后在达到一定程度时,相关的文本就不必再像"问题"被首次在政治和媒体议程中所表达的那样进行详细的身份建构。例如,在20世纪90年代,当战争在前南斯拉夫爆发时,他们被不断地建构为"巴尔干人",政治家们和媒体都通过一系列长长的符号表达来说明"巴尔干人"的身份。随着战争的继续,"巴尔干人"这个说法得以确立,因此就没有必要再把这些详细的符号表述出来。"巴尔干人"对读者来说已经非常熟悉,他们自己就会把这些符号填进去。

第三,把明确的表达作为方法论的重点同时提出了关于"话语消失"的问题:在一段时间被表述的身份可能不再重要了。例如,关于君主和共和政体的区分对建构18世纪和19世纪欧洲和美国的身份非常重要。但是目前这个表象在建构西方国际身份方面已经不再那么显著。尽管现在欧洲还有"君主制"国家,但是"君主制"在对国家区分时已经不再具有重要的政治和表象意义。[①] 或者,我们可以看一下反面的例子,之前没有表述的身份现在可能成为重要的身份,例如在面对外星人、机器人或是动物的入侵时,"人类身份"的表述就变得尤为重要。这是在流行文化中所展示的主题,在这种文化中人类具有非常显著的结盟能力,但是却不能把外星人/机器人/动物都吸引到人类的权力平衡体系中(Hansen 2001b)。

关联与区分过程为进行经验分析提供了理论概念和方法论指导,使人们可以进行结构化和系统的分析:话语如何寻求建立稳定?话语在哪些地方变得不稳定?话语如何能被解构?话语的变化过程如何?由于每个符号的意义是通过关联与区分而建立的,在它们之间总是会存在一些鸿沟:它们彼此相互关联,但是并不总是完全联系在一起。如果他者被建构得非常

---

① 这并不是说共和党的传统对当代美国政治身份不重要,或英国皇家不是媒体专门报道的固定内容,或者如丹麦关于1990年代的欧洲一体化的辩论那样,君主制不会在浪漫的民族主义话语中被动员起来(Hansen 2002b)。关键点在于建构西方国家之间的差异已经不再有意义。

不同，但是又是自我的一部分，不稳定性就被清晰地表述出来。但是，一般大的话语通常会努力避免这种明显的矛盾，因此找出不稳定性通常需要对话语的关联与并列进行仔细分析。例如，在西方话语中，作为把"巴尔干人"建构为非常不同的话语的一部分，好斗的"巴尔干人"的男子被表述出来。但是，这不仅仅把"巴尔干人"建构为他者，同时也把巴尔干人分为两个性别："巴尔干女性"被建构为好斗的男性的牺牲品，因此需要西方的保护。对巴尔干人的这种性别区分破坏了对统一激进的巴尔干身份建构的稳定性，同时也解构了西方对于战争进程与伤亡的责任。如果采用一种动态视角，人们也可以看到有些事件会在一个话语之内对联系产生特殊的压力。例如，布什政府在面对广泛传播的阿布格莱布监狱虐囚丑闻时，对"美国"是伊拉克道德高尚的解放者的建构就造成了很大压力。布什针对"美国"与"自由人权"联系的应对是把违背人权建构为"非美国的"，这种应对又进一步产生了需要解释在"美国人"的军队中存在"非美国的"话语压力。

  把身份理解为是通过关联与区分过程而建构的，也提出了关于话语分析可靠性的方法论问题：不同的分析者关于同样的文本会得出同样的分析结果吗？在不同的阅读之间人们可能判断并且认为一些话语分析要好于其他的吗？有时，后结构主义的批评者们认为后结构主义把任何解读都视为是同样有效的，"任何解释都是正确的"。但是，这种观点会产生误导作用，因为话语分析的方法坚持认为阅读应该基于符号和身份的明确表述，人们必须把分析的重点放在这些符号如何关联在一起，如何并列在一起，它们如何建构了自我和他者，如何使特殊的政策合法化方面。因此，如果分析忽视了重要的符号，如果错误理解了被关联和并列的符号之间的稳定性，如果夸大或是缩小了自我与他者之间的差异程度，或是没有明确身份和政策之间的联系，这样的阅读就是弱的阅读。但是，我们说可以对好的话语分析确立标准并不是说只存在一种阅读，排除了所有其他阅读，或是文本不可能面对多种研究问题，需要多样的和互补性阅读。身份是通过一系列符号的关联与区分过程而建构的，因此人们通常只关注某一个特殊主线，例如"巴尔干人"或是"伊拉克"，分析这种特殊身份是如何通过关联与并列而建构的。其他符号，取决于研究问题，也可能被建构为一种特权身份，这就需要分析与其相关联的符号网络。例如，如果人们对冷战后西方话语中"文明"一词的使用感兴趣，在阅读关于波斯尼亚战争的文本时就会发现有很多文本清晰地表达了文明的概念，会把文明作为一个特殊身份，而不是把"巴尔干人"作为特殊身份。或者人们也可以进行双重阅读，这样可以追溯这两个身份的表达与话语关联（Hansen 2000b）。① 文本的多重可读性产生了一系列问题，这些问题与研究课题或者人们通常选择的话语框架都有联系，这些问题在第五章将进行详细讨论。

阅读政治身份：空间、时间和道义建构

  本章的第一部分已经暗示了空间身份、时间身份和道义身份对身份建构和对外政策话语差异的重要性，这里还需要详细说明。在最大的哲学范围，空间、时间和责任都是人们思考和辩论政治社会的重要概念，如政治社会的边界、内部构成以及与外界的关系等。② 即使抽象的话语也通过把主体置于一个特殊的范围之内，通过使它们具有了变化或是重复的可能性，或是通过建构道义关系来对其进行建构。如果转向对外政策与安全政策，国家安全话语可以被视为一个特殊的空间、时间和道义的具体体现：国内社会与无政府的国际社会完全不同；在国内，当顺应外部世界时就会取得进步；责任是在本国的政府与公民之间，而"国际责任"则是缺失的，甚至是危险的（Walker 1993；Der Derian 1987）。从方法论看，空间、时间和道义建构是通过对关联与区分的分析来实现的，但是我们不能期望对外政策话语非常清晰地使用空间、时间和道义概念，如"文明是恰当的空间建构，通过该建构过程我们可以更好地理解后冷战安全"，或者"巴尔干人的时间性是不断发生暴力的时间性"。空间性、时间性和道义性是一种分析透镜，可以产生对话语建构的重要政治内容，而不是明确表述的符号。

  空间性、时间性和道义性具有平等的理论和本体地位，没有哪个可以比其他两个更基础，也没有哪一个决定了其他二者。特殊的文本可能会更清晰地关注它们之中的某一个，如时间性身份对理解地区冲突或是（欠）发达的重要性，但是对外政策话语最重要的目标是把三者表述为相互利

---

  ① 拉克洛和穆夫创造了"节点"（nodal point）来表示在一个话语之内的特权符号。我认为根据自己的研究问题我们总是可以找到几个节点（Laclau and Mouffe1985：112-113）。
  ② 例如以沃尔克的《内 / 外：作为政治理论的国际关系》为例，我们可以看到关于"历史性"、"空间性"、"政治社区"、"时间性"、"排斥道德"以及"合作道德"的部分。

用，相互加强，在有些情况下避免使用"国际责任"的可能性。尽管话语会努力表达出空间、时间和道义方面的稳定联系，但是却不存在在逻辑和经验方面都可能的三个维度的身份集合。我们再回到对印第安人"野人"的建构，科尔特斯和拉斯·卡萨斯都利用了身份的空间建构，把印第安人建构为野蛮人，但是在时间上却采取了不同的建构方法。科尔特斯把印第安人建构为不可能成为基督徒那样的人类，而拉斯·卡萨斯却恰恰把这种变化作为建构的核心。再比如，如在第六章所展示的，西方对"巴尔干人"的话语建构采纳了一种空间身份，是在三个不同的话语内对其建构的：一种是拜伦式的浪漫主义，把"巴尔干人"建构为与西方人不同，但是人们赞赏的对象，不应该被改变，在其独立的斗争过程中受到了西方的支持；另一种是文明的启蒙话语，把"巴尔干人"建构为与西方人不同，并且有能力进行自由的经济与政治变革，西方对这种变革负有道义责任，同时具有经济与地缘利益；最后一种是巴尔干化的话语，把巴尔干人建构为与西方人完全不同，会给西方带来混乱与战争，同时也没有能力产生变革，应该对其孤立和威慑而不是支持。

如果依次理解这三种身份的建构的话，把身份理解为空间建构的实际是再次强调了身份是一种关系性的建构，总是涉及到边界的建构以及空间的划定。在对外政策的话语中，这种划定在历史上是以民族国家为中心，通常会抽象地赋予国家安全的话语以特殊地位，主要是通过其他国家、地区以及人民的特殊身份的建构来实现的。身份的空间建构在其他国家的建构中非常容易辨别，如"俄罗斯""以色列""黎巴嫩"等，但是对外政策的表象通常会涉及更加复杂的空间身份，通常要利用地区建构，如"非洲""欧洲""东方""巴尔干""中东"（Said 1978；Wolff 1994；Todorova 1997；Goldsworthy 1998）。这些地区限定的身份都被赋予了政治内容，但是，空间身份也可以被表述为抽象的政治空间、界限和主体性。我们也可以看到围绕政治主体而建构的话语，如"恐怖分子""野蛮人""部落""异教徒""野人""同性恋者""女人""文明""国际社会""人类""人民"；身份也经常围绕领土的界限与抽象的政治而建构。例如，在美国关于移民与同化的辩论中，"美籍拉美后裔"表明了在地理上与拉丁美洲的联系，但它本身也是一个政治概念（Huntington 2004）。

把对外政策的话语理解为围绕一系列空间身份所建构的阐明了普世话语的重要性。那么对于身份的关系的理解如何建构了普世的身份？对于

"国际社会""普世人权""人类""普世文明"的表达与身份是关系性和空间建构的,没有一个与"他者"并列的身份相矛盾吗?答案是普世的话语确实表达一个没有界限的政治主体,但是该主体总是在与一系列特殊身份的关系中在话语方面被调动起来。对于保护普世人权政策的建构是针对违反人权的情况以及特殊的不符合"普世需求"的政治主体而制定的。普世话语对普世原则以及是否遵守这些原则的人进行了区分,由此建构了空间与时间身份。

正如我们的讨论所展示的,对外政策话语不仅仅围绕空间建构而演进,同时也通过时间身份得以表述。时间性的内容包括发展、转化、持续、变化、重复或是停滞,这些对理解和分析在对外政策话语内对身份的建构都非常关键。人们可能会对宗教、文明、政治以及其他进步形式的话语与永久或重复性话语进行区分。

从关于国家主权与国家安全的抽象话语开始,国家空间与国际空间的建构性区分一直是伴随着时间身份的建构,把进步的可能性,如政治的、金融的和文化的,置于国家的范围之内,而国际关系则总是与冲突与战争相关,总是与重复的时间性有关(Walker 1993)。很显然,很多政治与哲学话语对空间身份与时间身份的这种简单化的现实主义理解提出了挑战,但是这些挑战也强调了把政治空间与主体理解为在时间上建构的,同时也指明了不同的时间概念对被认为政治上可行的和道义是必要的。如果转向更加广义的对外政策话语,把他者建构为在时间上是向自我靠近是发展话语的一个核心组成部分,也是关于民主化与人权的话语。更具体来说,人们可能会问,他者的时间性是如何相对于自我的时间性而建构的:他者是被建构为一个与自我相似的时间身份,还是被表述为在时间上与自我所处的时间不同(Fabian 1983)。如果是后者,那么它是被建构为"落后的""部落的""野人的""原始的"。换句话说,从时间角度讲没有什么发展;还是它被建构为在时间上优越于自我,成为一个在追寻进步与繁荣的过程中被效仿的对象?如果他者可能被改变(表3.1),就像拉斯·卡萨斯所描述的无宗教信仰的印第安"野人"那样,那么即使是激进的他者也可能被超越,而成为像自我那样,因此会表明他者现在的身份与未来身份的差异。但是,其他一些话语,如西方关于暴力的、野蛮的、部落式的巴尔干人他者的话语,是把他者表述为无法摆脱其落后的身份。因此,在这种情况下,他者在时间概念上是被错位的:它被建构为落后的,并且永远处于暴力和原始的落后状态中。

奥利·维夫已经明确表示身份建构不必涉及针对空间他者的描述，而是可以以时间的自我建构为基础。维夫认为欧盟被建构得并非与一个外部的他者不同，而是被建构为一个与自己的过去相比完全不同的他者（Buzan et. al. 1990；Wæver 1996）。把范围扩大到当代欧洲的欧盟之外，对国家的、地区的、文明的以及宗教的自我建构是以时间为线而讲述的故事，无论是来自于埃及沙漠的《旧约》的宗教故事，该故事是中世纪部落起源的一种国家叙事，或是新世界移民，或是文明进步的普世话语。这些都是斗争、失败和征服如何建构为自我的叙述，通常把自我建构为一个不断完善的当代自我。但是，在偶尔情况下，例如在希腊，也会用过去的辉煌来作为模糊的实例（Herzfeld 1987：41-42）。很显然，时间性对建构对外政策身份与话语非常重要，但是这并不意味着时间性是身份建构的唯一维度，身份因此不需要被置于一个空间范围（Wendt 2003：527）。如果看一下维夫的研究，过去对于理解欧洲一体化与欧洲身份的话语非常重要，但是过去并不是身份的唯一重要建构，也不是与空间建构没有任何联系。把欧盟建构为克服了过去的暴力同时建构一个没有做到这一点的（空间）他者，一系列东欧、地中海、中东和北非的"邻居"们。

表3.1 时间性身份

变化能力[a]	他者	
	高级的	低级的
是	20世纪80年代东欧对欧洲的建构	西方对"发展中国家"的建构
否	"绝望话语"，在国家层面是不可能的	1920年后西方对"巴尔干人"的建构

注：[a] 变化能力是指在低级的身份中的变化

如果转向道义身份建构的话，人们一定会认为这一维度很难概念化，因为国家安全话语是把责任置于国内，就没有什么空间留给国际道德（Walker 1993：64）。但是，后结构主义话语分析的中心并不是要在话语之外来定义国际道德应该如何发展和应用，而是认为对外政策话语总是涉及责任的建构，即使只是对国内的人们适用。对于政府来说，把它们的对外政策在"国家利益"中合法化就是要表达对国家政治的责任，这种责任，如第二章所述，赋予了政治领导人进行权威和长远决策的权力。同时，也表达了它有效超越任何"国际责任"的权力。道义身份的话语分析的中心因此显示了对道义和责任的话语建构以及对某种特殊表象的道义力量的关注，例如把战争表述为"种族灭绝"，把干预表述为"人道主义的"，同时也表述了对自我对于他者具有责任或是不具有责任的关注。

在国家主权和现实主义安全话语之外，对道义身份与责任的建构并非如人们所认为的那样特殊。拉斯·卡萨斯对把印第安"野人"基督化的责任的建构，19世纪欧洲启蒙哲学家们用文明的普世概念来表明西方国家对科学与理性的传播，20世纪通过发展的话语来表明对对抗饥饿与自然灾害的责任，冷战结束后"人权"与"人类安全"话语的凸显都显示出对外政策话语中对道义身份的使用。

当对外政策话语明确地表述国际责任时，无论是停止"种族灭绝"，对抗"自然灾害"，还是阻止违反"人权"，都要采取有力的话语行动，即该问题已经不是在"自私的国家"或是战略范围之内，而是被置于道德高尚的"更高领域"内。与此类似，非常明显的一点是当非政府组织基于道义原因支持一些对外政策，如认为西方对于援助那些无防御能力、饥饿、贫穷和受迫害的人具有"人道主义责任"。所有对外政策话语都要表达对道义身份的建构，但是对于一些身份的表象，如把战争表述为"种族灭绝"会引发一种特殊的道义影响，呼吁必须采取行动，这样就建构了那些相关的人以及被呼吁进行干预的人的特殊时间与空间身份。

通过结合对差异程度、他者特征以及身份建构的三个维度，就产生了两个方面的理论问题：在对外话语中，哪个自我和他者被建构？他们之间具有哪些差异？他们之间的差别是如何沿着时间、空间和道义身份来建构的？这些问题不仅提供了对外政策话语内关于身份建构的重要知识，同时也为我们研究话语差异、相似点以及话语变化提供了一个角度，也可以进一步加强对身份与政策的理论理解。我们不仅仅是指出把身份建构为"差异"的，同时也需要关注这些差异是如何被置于空间、时间以及（或是）道义维度之下。当我们研究话语变化时，可以系统地指出这些变化是在一个维度之内，还是在所有的三个维度内，分析一个维度之内的变化如何为其他两个维度造成压力，政策如何进行相应的调整。

从文本到基本话语

本章重点提出研究身份的话语建构的分析框架，还有一个问题是人们如何确定某一种话语。具体而言，人们如何在理论和方法论上从单独的文本转向话语。对外政策的话语，如第二章所述，是分析性的建构，而不是经验性的事物，通过分析可以研究身份与政策的建构和联系。它们是通过阅读文本来明确的，无论是书面的文本还是口头的文本。人们可能会认为每一个文本通过关联和区分的特殊过程建构身份，没有两个文本是完全相同的，有多少个文本就有多少种话语。这种观点从解构主义角度看是完全站得住脚的，因为解构主义认为每个文本都有自己的特性。但是，把它作为分析对外政策话语的理论和方法原则就低估了语言所具有的社会性和结构性特征，也忽视了对外政策话语是处于一个更大的话语和政治场内。对外政策辩论是通过单独的文本建构的，但是这些文本都是围绕共同的主题、身份的某种建构以及被认为是可行、人们所希望的，也是必要的系列政策。对外政策的辩论因此是由几个小的话语而被联系在一起的。

对外政策辩论是通过几个小的话语而建构的。这就提出了这些特殊的话语是如何被确定的问题。既然话语是分析性的建构，而不是经验上可以观察的物体，我们就有必要把对小的话语进行结构化所遵从的选择和原则理论化。一个经验研究案例只由一种具有霸权地位的话语主导，或者人们只选择一种官方话语作为重点都是可能的。但是，比较恰当的是提出一个理论框架，以便对多个话语进行分析，因为我们的研究焦点是一个更大的政治和媒体辩论，我们是在一个历史的和比较的视角下来分析当代话语，也因为要明确否则会是霸权话语的挑战。以下是人们需要明确几个结构性基本话语的情况，主要包括建构几个具有不同差异程度的他者，表述时间、空间和道义身份的不同形式；在身份与政策之间建构竞争性的联系。从分析角度看，基本话语指向了辩论之内所争论的主要要点，促进了不同话语之间、它们的共同点以及主要对立方面关系的结构化解释；话语针对新的事件、事实以及批评如何随着时间的变化而发展；话语的变化如何演进。

基本话语是通过对文本的阅读来确定的，但是应该强调的是"基本话语"是理想类型的一种分析特点。这表明基本话语应该具有一些经验方面的普遍性，但是并不意味着它们必须总是那些经常争议的话语，尤其是在考察一些延续较长的辩论时；基本话语也不一定必须是政府或是国际机构的话语。基本话语的分析价值在于它提供了一个视角，通过它我们可以看到多种不同的表象和身份可以被系统地联系在一起，这些可以明确显示出在一个辩论内结构性分歧的要点。基本话语的理想性特点进一步表明它们经常会随着时间的变化而改变，出现不同的变体。

在一个辩论中关于人们必须明确的基本话语没有一个固定的数量。但是，一般来说明确一个小的数量的基本话语总是非常有帮助，如两到三个。目标是确定表述身份与政策不同建构的话语，因此可以明确它们之间的政治分野。具体而言，以下几点可以作为相关理论和方法论的指导原则。

第一点是由于话语应该表明一个辩论内的主要结构性观点，因此它们必须是在阅读大量文本的基础上得出，尤其是具有不同来源与不同体裁的文本（第五章会详细讨论如何选择文本）。在广泛阅读的基础上确立了基本话语之后，人们会再回到文本来详细研究在特殊的文本、媒体或是体裁内对身份与政策的表述。由于没有两个文本是完全相同的，对一系列文本的分析比仅仅阅读某些特殊的文本要更具有概括性，但是我们还是要利用话语分析的原则来明确哪些是最经常表述的符号，自我与他者之间的关系，与此对应的政策以及对特殊的空间、时间和道义身份的表述。需要注意的是，当对外政策的话语被确定为建构身份、政策以及二者之间的联系时，并不是所有文本都需要清晰地把身份与政策都表述出来。例如，有些类型的政策文本、法律文件以及官方的公报是宣布性的，不需要对所涉及身份的建构进行说明。这些文本与政治话语是脱离的，但是也是更大的文本与话语语料库的一部分。由于并不是所有文本都清晰地表述对身份的建构，也不是所有文本都明确地阐明政策，第四章会讨论当这样的文本被置于一个政策讨论中时如何成为对外政策决策与公共辩论的一部分。

关于方法论的第二点是基本话语应该是基于对身份的主要表象的明确表述。例如，在西方关于波斯尼亚的辩论中的"巴尔干人"与"种族灭绝"；关于后冷战冲突中宗教与文化的重要性的辩论中的"文明"；对北欧的延续与变化的研究中的"安全"；美国关于伊拉克战争辩论中的"泥潭"与"越南"；在分析布什（George W. Bush）对外政策中福音派宗教重要性时的"邪恶"。主要的表象可能是地理身份、历史类比、令人印象深刻的隐喻或是政治概念，但是我们不可能把所有的可能表象都列举出来，因为语言本身也在发展。

一旦我们选好了主要的表象之后，我们就可以进行方法论中的第三点，即利用所选择的表象概念性历史。当前的表象可能不会大量地重复历史的表述，但是必须有些联系。历史的重要性不仅仅在于可以提供一个与过去的比较，用福柯的话说是可以进行一个谱系性的解读，可以把对当前概念的建构追溯到历史，来理解这个概念是在何时如何形成的，又是如何把其他的表象边缘化（Foucault 1984）。

概念史与谱系经常是由历史学家、语言学家或是历史社会学家撰写的，在经验方面丰富多样，可以进行更加结构性的解读，以在一个历史的物质环境中发现三种身份表述的关联与区分过程。对概念历史的结构性解读，在可以应用的地方，为我们提供关于身份在过去是如何建构知识，因此可以很好地显示出哪些重要的话语在现在的话语中还可以看到。如第六章所显示的，西方对"巴尔干人"建构的概念历史是围绕三个不同的历史话语而架构的，对20世纪90年代辩论的分析指出哪一种话语是政府、媒体以及文学领域所认可的。

关于方法论的下一个指导原则是利用第三章所提出的理论框架。第四点是基本话语主要是通过以下方式建构的，即不同的话语所表述的他者们与自我们在差异性的建构以及空间、时间与道义身份的建构是不同的；哪种（哪些）他者被表述为是最重要的。第五点是由于基本话语表述了非常不同的自我们和他者们，由于身份与政策相互联系，我们可能会期望不同的基本话语会提倡非常不同的对外政策。第六点和最后一点是如何以一个动态的视角来审视，至少有一种话语会相对较快地在对外政策议程中表现出来，其他基本话语则会作为一种回应或是对此观点的批评而显现出来。

第四章
对外政策的互文性分析：
体裁、权威、知识

55 　　文本既具有独特性，同时也具有统一性：每个文本都建构各自独特的身份，产生一系列并列和差异，将它们整合为具有特定空间、时间和道义空间的对外政策。但是，每个文本的不可模仿性往往却存在于一个共享文本空间中；所有文本都直接或间接地参考以前的文本，由此确立自己的解读，并成为理解其他文本意义和地位的媒介。因此，一个文本的意义绝不会完全由文本自身所赋予，而总是阅读和诠释其他文本的产物。朱莉娅·克里斯蒂娃（Julia Kristeva）用互文性（intertextuality）这个概念来表示这一过程（Kristeva 1980），该概念对于对外政策的话语分析有重要的理论和方法论意义。它强调文本存在且并行于其他文本之中，借鉴其他文本建构自己的身份和政策，利用并修改过去，通过阅读并引用其他文本来建立威信。互文性从分析、政治和经验的角度，认为官方对外政策文本，如声明、讲话和采访，是存在于一个大的文本网络之中，而非脱离于广大社会话语而存在；这个网络包括其他政策文本，还涉及新闻、学术作品、流行非虚构文学作品，甚至包括虚构文学作品，当然文本还不仅仅限于这些。

　　理解对外政策文本与各种媒体和文体之间存在的互文性关联，就要求对这种关联是如何产生的进行经验分析，并用理论充分解释文本如何建立阐述特定问题的权威和能力。当考察不同体裁的文本以及文本之间的关联时，可以发现对于重要体裁，如政策文本、新闻报道、史学、定量分析或非虚构文学作品（如回忆录和游记），其文本权威的产生或稳定都各不相同。所有文本都将自己建构为有知识的，但是它们的知识形式以及与其他权威联系的方式都不尽相同：政治领导人在某种程度上是以行使权力的权利和能力建构自己的权威；调查新闻的权威来自揭露重要的政治事实；非虚构文学作品通过把历史和事实知识与个人经历及轶事等经验知识相融合来建立权威。

不同体裁采用不同的权威模式来解释它们如何利用知识、权力和叙事技巧，这不仅对于理解文体自身的内部机制很重要，对于理解不同体裁间产生关联的过程以及在政治上的运用过程也很重要。如果将一种权威和知识模式建构的文本置于另一种模式建构的政策文本中，会出现什么情况？最显著的例子也许是非虚构文学作品，甚至虚构文学作品，与官方对外政策存在互文性关联：例如，克林顿在读了一本根本没有涉及美国对外政策问题的游记后，就改变了他对波斯尼亚的政策。再如，福音派畅销书《末世迷踪》（*Left Behind*）系列的善恶话语与布什政府（George W. Bush）的对外政策话语交织在一起（Kirkpatrick 2004）。

本章的第一节对这些问题进行了思考，提出了互文性概念，通过这个概念可以把文本影响及辩论的重要性理论化，尤其是在对外政策领域。第二节提出了文本和体裁如何更加系统地与官方对外政策话语产生关联的三种模式。这些模式提出了不同的研究内容，强调把对官方话语和非官方材料之间的联系进行选择、研究和理论化的不同方式。第三节转而讨论权威的重要性以及各种体裁的政策文本、新闻、学术和非虚构文学对权力、知识和叙述的建构和运用。非虚构文学最能体现主观性和叙述性知识形式的重要性，第四节对该问题进行了深入讨论。

政治互文性

所有文本，也包括对外政策文本，都存在于一个大的文本网络之中：克里斯蒂娃在阐述她的互文性概念时说，"任何文本都是由无数个引用语组成的；任何文本都是对其他文本的吸收和更改"（Kristeva 1980：66）。克里斯蒂娃的意义互文性生成理论详细指出，没有哪个文本中完全看不出以前文本的痕迹，文本在借鉴以前文本的同时，又将以前的文本建构成一个全新的文本（Der Derian and Shapiro 1989）。当文本明确参考以前的文本时，特别是有些文本以某种权威来建构某个文本，或建构成必须面对评价和批判的经典作品时，这一过程最为明显。我们可以思考一下华尔兹《国际政治理论》(Theory of International Politics)，这部20世纪80年代国际关系理论领域的经典，是其他国际关系文本必须提到的文本。再从一个更抽象的层次看，像霍布斯的《利维坦》(Leviatan)这样的作品是政治理论中的经典，并且一直是人们关于主权和国家权力的意义及理解的论战主题。第八章中将会详细讨论另一个更具体的例子：罗伯特·D.卡普兰（Robert D. Kaplan）的《巴尔干幽灵》参考了丽贝卡·韦斯特（Rebecca West）的《黑色羔羊与灰色猎鹰》，并且通过这本书，卡普兰建构了自己的南斯拉夫旅程、经历和作品（West 1941；Kaplan 1993a）。但是，互文性也可能比较隐蔽，通过二手资料来建立。例如，布里安·霍尔（Brian Hall）曾指出韦斯特的《黑色羔羊与灰色猎鹰》是20世纪90年代采访巴尔干战争的记者最广泛使用的资料，但是他们并不一定在报道里直接引用她的书（Hall，1996）。

互文性也可以是概念互文性，如采用"巴尔干人"、"安全"和"民主"等概念，依赖于对同一个主题的大量之前的文本进行隐性参考。概念互文性也可能通过纲领性的标语形成，如亨廷顿的"文明的冲突"成为西方政治和新闻中一个常见的引用语，虽然这些文本并非总是明确引用亨廷顿（Huntington 1993，1996）。① 表4.1总结了互文性的不同形式。

表4.1 互文性形式

互文性	互文性关联
明确	引用
	参考
不明确	二手资料
	概念
	标语

---

① 举一个例子：法国总统希拉克2004年6月反对北约参加在伊拉克的行动，认为"北约对伊拉克的任何干预都似乎会带来巨大风险，包括信仰基督教的西方与信仰伊斯兰教的东方之间的冲突风险"（Stevenson and Sanger，2004）。

第四章 对外政策的互文性分析：体裁、权威、知识 | 63

　　文本参考以前的文本，为自己的解读建构了合法性，但是也重新建构并重塑了以前文本的经典地位。因此，我们不应该认为只有新文本依赖于旧文本，而应将两者看成是在互动交流，其中一个文本通过引用另一个文本而获得合法性，而另一个文本通过被引用也获得合法性。互文性联系的建立让双方都产生合法性，促进双方在意义层面进行交流。任何对原文的引用或演绎都无法将原文完全再现，因此原文的意义总会通过新的文本进行解读或重新解读。即使是直接引用，也是在一个新的文本语境中来引用，原文被新文本重构，而意义也永远不会完整或是完全从一个文本转移到另一个文本。

　　这一点表明互文性关注的不仅是什么文本被引用，或其他文本与它建立了什么联系，还关注文本是如何被解读并阐释的：事实和知识是如何从一个文本转移到另一个文本，并被置于特定的对外政策话语之中。在抽象的理论层面，任何原文都会受到重新阅读的影响，但是此类文本被挪用的过程在历史文本中尤为显著。对历史文本的阅读常常是根据当时辩论的主导类别进行的，而不是根据写作时所通行的类别。例如，韦斯特在《黑色羔羊与灰色猎鹰》（从1940-1）中大量使用"斯拉夫人"一词，这个词在当时有重要的政治影响，但是到了20世纪90年代关于波斯尼亚战争辩论，很少有人提及这个词，因此当代对她这本书的理解中也没有提及这个词。阅读是读者通过所处时期的中心文本完成的，将具有表象相似性的部分从旧文本中选出来，会忽略或压制其他部分。以阅读时的话语阅读旧文本，意味着文本可能是处于一个全新的对外政策话语之中。例如，乔治·凯南（George F. Kennan）在为1993年再版的第一次和第二次巴尔干战争报告（第一版于1914年由卡耐基委员会出版）作序时，将报告置于持续的巴尔干暴力和西方不干预的巴尔干化话语中。然而，原来的那篇报告是深嵌于巴尔干文明进步和西方责任的启蒙话语之中的（详见第六章和第八章）。

　　以上这个例子表明历史文本的对外政策话语通过后来的解读被重构。但是，即使文本没有明确提出政策，也有可能被挪用作为对外政策的文本。通过给文本加上政策，或从文本中推断出政策，这些文本被其他文本置于一个适合的对外政策话语中。非政策文本用在政治上的一个显著例子就是卡普兰的《巴尔干幽灵》，第八章将加以讨论：书中并未提出对外政策，但是据说书中对巴尔干身份的建构让克林顿放弃了美国对波斯尼亚"解除禁运和空袭"政策。而卡普兰后来说他认为不应该采取这种政策。

没有明确形成的对外政策为融入政策话语开启了文本，但是是否可以说某种身份建构一定会自动产生一种特定政策呢？原则上不是这样。正如第六章到第九章的分析所指出的，经验事实表明，围绕同一个身份建构可以制定出多种政策。然而，虽然一个文本可能没有提出或在逻辑上意指某个特定政策，但是它在经验事实上却处于一个大的互文性和话语域之中，这会影响身份建构如何被解读。如果一个文本表达某种身份建构，并且这一身份经常通过其他文本与某种特定政策相联系，这很可能会影响对该文本政策意义的解读。《巴尔干幽灵》中的身份建构确实与西方不干预政策的话语相对应，虽然作者意非如此，但它还是加强了支持这种政策的话语。并且，一旦大家相信该书对克林顿的对外政策产生了影响，它本身就产生了自身的文本重要性；文本的这种声誉也使其地位稳定，使把波斯尼亚建构成"古老巴尔干仇恨"以及应该采取的相应政策合法化。

　　这个案例主要指出经典文本如何产生自己的互文性生命力。利用的并不是文本本身，而是文本所讲述的故事；《黑色羔羊与灰色猎鹰》被建构成亲塞尔维亚的，人们将对韦斯特的政治倾向解读用于现在，认为她的书支持20世纪90年代西方在波斯尼亚采取的不行动政策，尽管这是（如第八章所示）对原书非常有限的解读。这些解读之所以出现，并非简单地因为人们没有阅读原著，而是因为解读是通过已经存在的话语建构和对该书已经有的理解完成的。尽管在元理论层次，任何互文性联系或重新阅读都永远不会完全重现原意，总有可能产生多种解读，但是我们还是可以说，在更加具体的分析层次，并非所有解读都同样有效。正如第三章所认为的，在一个文本中，我们总是可以明确表达关于身份与政策的建构。因此，互文性阅读应该分析以下几个方面：第一，在最初文本中是如何表达身份和政策的；第二，在最初的文本中的身份与政策建构在后面的重新阅读中是如何再现的；第三，如何比较最初的文本与重新阅读（图4.1）。这三步的阅读的目的不仅在于分析重新阅读是否曲解了最初的文本，还在于明确最初文本与再次解读之间可能存在的差距，探究其他重新解读的可能性，解释当代话语为什么及如何影响旧文本或非政策文本的解读。

三种互文模式及研究议程

　　对外政策分析一般是利用制定官方政策或记录议会或机构产生和执行

政策的政策文本,但是互文性方法则涉及更广泛的文本。官方对外政策话语赋予国家行动以合法性,因此在任何情况下都对于理解国内以及国际政治与社会关系非常关键。以官方话语作为分析起点在话语分析与传统的对外政策分析之间提供了一个有用的连接点,对于如何界定一个研究的分析、经验和方法重新提供了一个结构化叙述的界定标准。但是,官方话语应该置于一个更大的互文性网络中,在这个网络中可以看到文本间的相互参考,因此可以引入被建构为起支持作用的文本来源或是需要被拒绝的文本来源。这一点意味着虽然官方话语的组织出发点可能似乎相当保守,却涉及大量文本和不同的体裁,包括新闻报道、学术分析、游记、自传,甚至小说和通俗文化。将研究重点从官方话语扩大至更广泛的行为体和媒体,就会有更多潜在的资料和体裁。互文性分析可以运用三种研究模式,从官方对外政策逐渐扩展到更广泛的公共辩论。

1)原始文本的政治与身份解读

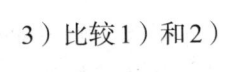

3)比较1)和2)

2)原始文本读物解读

图 4.1　作为三步阅读过程的互文性

第一种模式(模式1)直接建立在官方对外政策话语上,着重分析有批准对外政策官方权威的政治领导人以及在执行这些政策中发挥重要作用的领导人,如高级军官、资深公务员(包括外交官和调停人)和国际机构领导人。该模式找出这些行为体产生的文本,包括讲话、政治辩论、访谈、文章和书,以及对他们的话语产生互文性影响的文本。模式1研究的目标在于仔细研究官方话语中的身份建构,分析互文性关联是如何稳定话语,官方话语如何应对批评。该模式还提出三个更为具体的方法论准则:首先,官方政策文本可以由一个作者写成,如演讲、文章和书籍,也可以是与政治反对派或记者进行的对话;第二,互文性参考可以是支持某一政策提议,也可以是应对某关键事件或官方政策的争论;第三,可以明确互文性联系,因为它们是由政治领导人明确确定的或是因为是由二手资料所认为的，从而建构一个互文性影响的叙事，这也由此进一步提高了被引用文本的互文显著性。

采纳这些准则就要求关注各种体裁：从与通俗文化的直接联系，如汤姆·克兰西（Tom Clancy）的小说对副总统奎尔（Quayle）和国防部长温伯格（Weinberger）产生的影响（德里安，1992：195），到产生影响的二手资料，如据说肯尼迪在古巴导弹危机中深受芭芭拉·塔奇曼（Barbara Tuchman）在《八月枪声》（Guns of August）中关于一战爆发的影响（Der Derian 1992：174），或是流行的学术作品，如有报道说塞缪尔·亨廷顿（Samuel Huntington）的《文明的冲突》（Clash of Civilaizations）在"美国的对外政策制定中非常流行"（Walker 1997c）。宗教文本也可以产生互文性影响，如布什（Georege W. Bush）总是引用《圣经》里的话，而媒体文本如果得到政治领导人的回应，也可以产生互文性联系，如罗伊·古特曼（Roy Gutman）1992年在《纽约日报》上对波斯尼亚的报道，再如哥伦比亚广播公司（CBS）新闻"60分钟Ⅱ"发布的照片引发的2004年阿布格莱布监狱丑闻。

重要的政治家、外交官、顾问和军人所写的对外政策回忆录为政策领导人正面建构自身及其政策提供了一个独特的平台；回忆录显然很适合建构政治遗产，同时对于解读现在和未来也十分重要。回忆录可以被视为是为未来冲突提供指导，如人们认为理查德·霍尔布鲁克（Richard Holbrooke）的《为了结束一场战争》（To End a War）（关于《波斯尼亚合约》）为1999年的科索沃如何与米洛舍维奇接触提供了一个教训；或者把白宫反恐负责人理查德·A. 克拉克（Richard A. Clarke）所著的《反对所有敌人：美国反恐战争内幕》（Against All Enemies: Inside America's War on Terror）看成是对外政策激烈辩论的一部分，该书对2004年的布什政府提出了很多批评，并在布什政府内部产生了强烈反应。有时回忆录也试图"为未来扫清过去"，如希拉里·克林顿的《书写历史》（Writing History）（Clinton H.R. 2003）受到了媒体的广泛关注，人们认为这本回忆录是希拉里为2008年民主党总统提名所做的铺垫。有时回忆录可能是竞选的重要部分，如在2004年的美国总统选举中，人们认为克林顿的回忆录（Clinton W.J. 2004）对当时他与约翰·克里（John Kerry）之间的竞选起了关键作用（Rutenberg and Kirkpatrick 2004）。

第二种互文研究模式（模式2）将分析范围扩大到官方话语及其互文

性联系之外，在一个更广的对外政策辩论中来审视主要行为体和主要领域。最重要的话语是那些政治反对派、媒体和企业机构的话语。该模式促进了对政府人员所享有的话语和政治霸权及由此产生的运作空间的分析。它也可以很好地反映出官方话语如何通过当前政府的话语调整或政府自身的变革而发生变化。研究反对派政治话语可以通过研究反对党及其重要领导人的政策声明以及他们对公共辩论的参与来进行。然而，研究反对派话语的一个非常有用的场所就是议会辩论，因为议会辩论可以在公共争论的环境中进行长篇的说明。将媒体纳入研究则进一步深化了对官方话语霸权的评价以及针对更广泛的政治与媒体关系的研究。如果官方话语没有涵盖或是对潜在批评报道做出反应时，这一点更加重要。媒体文本根据其官方和明确的政治立场分为不同类别。我们可以把它们分为社论/官方声明、现场观点报道、由外部人士书面或口头表达的辩论。这些媒体文本不同类别之间的关系也是值得分析的一个话题：现场报道与社论政策不同还是相符？主要媒体给哪些批评意见留了空间？把观点和辩论材料纳入意味着如果著名学者的文本被反复引用并讨论，就可以将其包含在模式2之中。当公司机构，如雇主协会、工会、大公司、强大的非政府组织甚至部队成为对外政策辩论中的主要声音时，如在经贸一体化领域里，那么它们也可以包含在模式2中。有一种文本尤其值得关注，即机构为了影响政府或者竞选或公投结果而采取的公共活动。与模式1一样，模式2的研究也可以在互文性层面扩大，明确并分析那些反复成为重要来源的文本。

我们认为模式2的行为体和机构都是广义政治辩论中的主要参与者，他们都明确关注对外政策。进入模式3后，范围又扩大至未明确参与对外政策话语的材料（模式3A）或者关注政策的边缘话语（模式3B）。模式3A引入"高雅"和"通俗文化"分析对外政策问题的表象，并将其与官方对外政策话语联系起来。[①] 主要研究通俗表象是再现还是挑战官方话语的表象以及表象如何在娱乐界和政治界传播（Shapiro 1990，1997）。对通俗文化的研究包括电影、虚构文学作品、电视节目、电脑游戏、摄影和漫画书。例如，可以分析电影如何表象特定地区、国家或人（Iordanova 2001），或者通俗文学作品如何呈现间谍活动（Der Derian 1992）。将通俗文化与官方对外政策联系起来，可以比较美国电影和电视剧中对"墨西哥

---

① 高级文化和低级文化之间的区别事实上更多地受到历史与社会的限制，而非物质限制。

人"的建构与美国对外政策中对"墨西哥人"的建构以及对墨西哥移民、非法越境、融入美国问题等的看法。关键的一点是，从政治的视角来看，通俗文化将"墨西哥人"建构成不同于"英美人"，且比"英美人"低等，由此建立一系列广为传播的身份，而反对移民政策可以围绕这个身份获得合法性。再比如，也可以在解释大众媒体如何建构同性恋中来分析美国官方对军队中的同性恋政策。①

后结构主义分析往往注重通俗文化，但分析"高雅文化"可能也同样有用（"通俗"的定义也应具有广泛性和历史性）。例如，展现音乐、诗歌、绘画、建筑和文学是如何被用来建构国家和文明身份的。特别需要关注的是游记，游记自18世纪以来一直是向西方公众传播对"外国和外国人"建构的一种重要体裁，并被各种职业的人所运用：商人或使节、海盗或强盗、传教士、战士和西班牙征服者、大使、科学家（植物学家、地质学家）和工程师；还有从17世纪"欧洲大旅行"到今天的背包客（Adams 1983；Pratt 1992）。回到现在，正规军人的旅行记录和回忆录也讨论对外政策问题，但不是进行明确分析，也成为一种很受商业欢迎的体裁（Turnipseed 2003；Swofford 2003）。

模式3A指出了广为流行的表象的重要性，但是不那么广为传播的话语对于模式3B也可能有分析价值，因为这些文本可能与主导表象有交叉，也会对主导表象产生一些微妙的影响，因此对未来也很重要。例如，伊韦·B. 诺伊曼（Iver B. Neumann）追溯了俄罗斯关于欧洲的辩论，指出新观念如何常常先出现在边缘出版物上，然后进入辩论的中心和国家词汇库（Neumann 1996a：195）。缺乏与模式2中相关联的话语权的非政府组织也可以纳入到模式3B中。开启一个政治空间的对身份的较早的重述可能出现在文化领域，因此可以将模式3A和模式3B结合起来，正如20世纪80年代的斯洛文尼亚案例那样，当时关于共产主义南斯拉夫计划的首次争论是由音乐、表演和视觉艺术界的"解构主义者"展开的（Hansen 1996）。人们也可以看到一些讽刺性电视和电台节目经常关注一些争议性政治问题（Rutenberg 2004）。

---

① 这并不是表明通俗文化总是与官方话语串通的，也不是很容易确定是否是流行文化塑造了传统的表象或是与之竞争，美国2003年—2004年展示同性恋特点的节目，如《粉雄救兵》、《拉字至上》、《男人猜猜猜》以及《威尔和格蕾丝》非常流行，就体现了这一点。

表 4.2　互文性研究

	模式 1	模式 2	模式 3A	模式 3B
分析重点	官方话语： 　国家领导人 　政府 　高级公务员 　高级军人 　国际机构领导人 　国际机构官方声明	广泛对外政策辩论： 　政治反对派 　媒体 　企业机构	文化表象： 　通俗文化 　高雅文化	边缘政治话语： 　社会运动 　非法结社 　学术界 　非政府组织
分析对象	官方文本 直接和次级 　互文性联系 　支持性文本 　批判性文本	政治文本 　议会辩论 　演讲、声明 媒体文本 　社论 　现场报道 　观点—辩论 企业机构 　公关活动 重复的互文性联系	电影、小说、电视、电脑游戏、摄影、漫画、音乐、诗歌、绘画、建筑、游记、自传	边缘报纸、网站、书籍、宣传册 学术分析
分析目标	通过互文性联系稳 　定官方话语 官方话语应对批评 　话语	官方话语的霸权 官方话语的可能 　转变 媒体话语的内在稳 　定性	文化表象中身份的沉淀或再现	非民主政府中的抵制 模式 1 和模式 2 霸权中的异议 学术辩论

　　保持开放的空间，把一些边缘的行为体和话语包含进来，这一点对于分析哪里会出现抵制以及未来哪些地方会出现重述非常重要，尤其是当独裁政府禁止模式 2 中的公众辩论时，或者当政府话语在模式 2 中的政治和媒体话语中成功形成霸权时，这一点尤其重要。但是，模式 3B 中文本的边缘地位让人们很难明确应该在哪里寻找此类文本，这一点在非民主社会尤其困难，因此模式 3B 研究需要拥有对案例详实的知识。国际关系的学生和学者可能对官方话语、宽泛的政治辩论与学术分析之间的关系更感兴

趣，而学术分析也可以包括在边缘话语中，是模式3B的研究对象。

　　这三种互文研究模式（表4.2）是根据与官方对外政策话语的递减关系确定的。这是否意味着模式1比其他两个模式更重要？模式1和模式2是否应该总是比模式3更具优越性？其实不然。话语分析的目标不仅在于理解官方话语以及直接影响官方话语的文本和表象，还在于分析这一话语是如何向广大公众展现为具有合法性的，并且如何在模式2和模式3反映的各种政治场合和体裁中再现或争论。

建构权威：权力、知识和叙述

　　将对外政策解释成通过大量文本的互文性建构而成，就指明了体裁的重要性；文本在修辞结构上不尽相同，但"在塑造话语的图示结构方面具有各自的特点，它们会影响和限制内容和风格的选择"（Swales 1990：58）。当作者在某种体裁内写作时，通常会遵循一些特点和惯例。例如：学术性的科学分析会尽可能忠实地研究问题，而作者的情感则不能成为分析的一部分；政治家会将自己建构成强大的领导者和对社会负责任的人；新闻建立在可证实的信息来源上，而不是建立在虚构的叙述上。但是，对于如何在话语分析或是语言学内来定义体裁，人们还没有达成一致。有些人，如诺曼·费尔克拉夫（Norman Fairclough），将体裁界定于社会实践之中，例如广告和采访；还有些人，如朱莉娅·克里斯蒂娃（Julia Kristeva），通过文本的形式来界定体裁，例如短故事、信件或演讲（Fairclough 1995：56；Kristeva 1980：83）。对于我们来说，最有用的分类是既基于特定活动，又基于对某种知识产生的特定形式。具体而言，对外政策文本可以包括政策文件、新闻、学术论文和非虚构文学作品（主要指非虚构文学，但运用一系列文学或叙述技巧）等几类主要体裁。这些分类，尽管粗浅，还是指出了文本如何建立身份和对外政策，以及如何建构权威并运用知识的各种形式的重要差异。[①]

　　将体裁引入对外政策话语分析，并不是想界定基于体裁的话语。一些话语分析，例如诺曼·费尔克拉夫的话语分析，是根据体裁分类而组织

[①] 这些体裁之间的差别，如政策演讲与采访之间、报纸的社论与现场报道之间、历史学家与定量的社会学家之间，这些差别将在第五章进行说明。

的，如"政治话语""媒体话语"或"电影话语"；但是对于一个关注政治的话语分析，将话语概念界定为对身份和政策的实质性表述则更加有用（Fairclough 1995，2001；Chouliaraki and Fairclough 1999）。这促进了对话语在主要政治问题上如何与其他话语接触的研究，因为对外政策辩论关注的是不同体裁间的相似问题。从分析层面来说，辩论的基本话语确定了政治立场和具体的观点和分歧，而互文模式明确了不同话语相对于官方话语和其他观点和辩论的不同位置。

本书主要关注政策文本、新闻、学术分析以及两种形式的非虚构文学：游记和回忆录。① 关注这几种体裁也是因为考虑篇幅的因素：要全面分析小说和通俗文化就需要充分考虑视觉和互动表象形式，而这超出了本书的范围。本书的案例分析：西方关于波斯尼亚的辩论，也有力显示出游记和回忆录对于对外政策辩论所具有的潜在重要性，而小说和通俗文化对于官方对外政策话语的互文性影响没有那么大。这就提出了两个问题。首先，波斯尼亚辩论是显示非虚构文学作品重要性的特殊案例吗？答案是人们应该完全有理由认为还有类似波斯尼亚的案例。游记和自传都是在商业方面非常成功的体裁，产生了广泛的关注和很好的销量，尽管这些作品的学术地位有待考察。② 追溯回忆录和游记的历史，可以看出它们与国际政治领域的渊源由来已久。其次，是否还有其他文体或次要的文体应该被纳入未来的对外政策辩论研究中？可以加上传记，或者也可以更加关注通俗科学，通俗科学是指那些通常把自己建构成具有学术权威的大众书籍和杂志。但是，也许最具挑战性的是宗教文本这种体裁，近年来宗教文本一直在政治方面被有力运用，也对将事实与虚构、证实与信仰进行区分的传统

---

① 自传与回忆录之间的标准区别是前者更加具有内省性，会更关注事件与经历对自我的影响，后者则会更关注于外部事件和更多的记录，会更倾向于"可参考的历史领域"（Bjorklund 1998：168；Eakin 1992：142，179）。由于政治回忆录与自传都是本书特别关注的，会更关注外部事件，本书会选择备忘录而不是自传来代表这种写作形式。但是，正如比约克隆所补充的，自传与回忆录之间的区别在实践中很难明确，因为写回忆录的人也"经常会讨论他们的思想与感觉"（Bjorklund 1998：212）。

② 作为一个案例，参见库珀在《斯拉夫评论》(*Slavic Review*)中对《巴尔干幽灵》的评论，《斯拉夫评论》是在卡普兰的写作领域最被认可的一个杂志（Cooper 1993）。库珀的评论包括"巴尔干的幽灵是具有欺骗性的，因为它基于历史和一手的经历把自己描述为是对当代巴尔干人的生动展现。事实上，它是把各种陈词滥调、没有经过消化或是非正确的历史事实以及各人的偏见混杂在一起。要让读者意识到这一点"（Cooper 1993：593）。《巴尔干幽灵》到2002年已经销售30万册！（Ringle 2002）。

认识论提出了挑战。

将身份与政策分别强调到何种程度，对外政策文本之间可能有分歧；在与制定对外政策的正式机构的联系上，显然也各有不同。然而，重要的是，它们都会努力确立自己在特定对外政策问题方面发表见解的权威。但是，不同体裁采用不同的权威模式：进行对外政策讲话的国家总统的权威与接受黄金时段新闻采访的学术专家的权威有所不同，他们与记录一个地方及当地人的政治文化的游记作家也会不一样。所有体裁都会将知识建构为对文本、作者和对外政策话语的权威具有重要性，但是对于某个对外政策问题拥有知识的立场可以通过不同方式来建构。知识可能通过对客观事实的追求而建构，通过主体和个人经历建构；通过对长期的文明结构或者对均势的抽象模式的历史解读来建构；通过明确引用一位作者的声音和情感，或保持距离的观察者的客观性而建构；通过赋予文化艺术品和传统以重要性而建构；或者通过一种普遍的功利主体性而建构。知识如果被视为在对外政策辩论与文本中由话语构成并运用的模式，那么它比社会科学家倡导的因果实证主义更广泛。要想理解为什么有些文本从学术角度看缺乏事实内容、因果推理和历史准确性，却在对外政策辩论中具有影响力，就需要考虑写作的非科学和主观形式以及叙述形式。

下文将详细分析知识的主观和叙述形式，但是首先需要说明，虽然权威模式与不同形式的知识有关，但是权威并非只有通过知识来建构。政治家要获得权威，并不能仅仅声称有知识，如拥有关于冲突、国家利益或战略能力的知识，他们还必须有能力承担责任和运用权力。正如第二章所述，一般的政策演讲，尤其是安全话语，通过权力和责任的双重逻辑建构话语的发起者或言说者。政治领导人拥有制定对外政策的制度性权力，当遇到敌人和盟友时，他们运用权力的能力就通过话语被调动起来。但是，政治家也有对于政治实体的责任，尤其是面临"迫在眉睫的危险"时，即使这意味着为了国家集体要做出牺牲。当面临一些极为关键的对外政策问题时，政治家会经常强调他们的领导能力，可以"提供领导力"，并以"力量和决心"来行动，他们也会强调被赋予的保卫国家和社会利益的"义务"。专制体制和自由民主体制都可能进行"义务"建构，强调领导人的教育背景和卓越技能：他们不仅掌握更广泛和有可能是秘密的信息，还拥有公众所不具备的对公共利益和长期利益的远见卓识。

新闻和学术写作体裁之间及它们内部本身千差万别，但是确实都（在更大程度上与政策文本和非虚构文学体裁相比）只是在提供知识方面建构权威。对外政策新闻和学术文章的权威模式，至少在自由民主体制下，在于为那些不涉及或不关注拥有政治和经济权力的人提供信息和知识。当然，这并不是说这一点充分表现出媒体或学术界是如何运行的；而是表明通过这种话语，各种体裁建构它们的权威性，这种话语也把知识与权力的分离建构为非常重要的，如果违反这种分离原则，则必须通过极端安全化以及对存在的威胁和危险的建构来获得合法性。

转到非虚构文学，权威不仅可以通过对外国或秘密会议的了解来建构，还可以通过文学、诗歌以及叙述技巧和方法建构。一个好的回忆录或游记不仅在于作者的亲身经历，并由此拥有了相关的可证知识，还在于作者由此能给读者带来娱乐的能力：将异国他乡描绘得栩栩如生，将个人经历刻画得富有异域风情或者具有普遍意义。从"自己"出发，游记和回忆录不同于大多数学术文章，当然也不同于科学类文章，因为它将人这一主体置于最前面，在作者与读者之间形成一种更为亲密的关系。生动的旅行叙述旨在描绘喜马拉雅山脉的严寒和撒哈拉沙漠的太阳，让读者足不出户也能产生旅行的感觉。回忆录给重要的"人生经历"编织一个故事，夸大作者的非凡成绩，讲述作者的经历，在读者心中产生共鸣。正如约翰·霍克斯沃斯（Johan Hawkesworth）在18世纪末所写的，第一人称"我""通过拉近探险者和读者的距离……会激起更强烈的兴趣，并因此带来更大的欢乐"（引自 Pratt 1992：235-236）。① 它可以在（准确性高或准确性低的）信息的掩盖下，产生娱乐性、认同感和亲密感，同时摒弃传统学术分析所需的文献和统计的可靠性（Shapiro 1988：55）。

客观性之外：叙述性知识和非虚构文学

科学性和事实性知识与叙述性和主观性知识之间最显著的区别在于作者在文本中的位置。科学性和事实性知识源于文本表现相关事实存在的能力，或源于实证主义模式用大量数据解释因果关系的能力，或源于对档案

---

① 对于那些也在同一个时间写作的小说环球图书馆（Bibliotbeque Universelle des Romans）的编辑们来说，"对于旅行的品味总会唤起读者的好奇心……我们实际上从阿贝·普雷沃（abbé Prévost）和库克船长（Captin Cook）那儿获得了更多乐趣，而不是从本书最具吸引力的道义方面获得乐趣"（引自 Adams 1983：75）。

材料的历史分析。抽象的查找经验性事实的因果社会科学与知识的历史形式之间存在许多重要差异，差异不仅表现在理性社会科学和语境化的历史分析的不同目标，它们也有共同点，即展现的知识都是可证实的和具有代表性的，并且别人也可以用同样材料进行复制。因此，知识一般是通过客观的第三人称展现的，"旨在表明客观性，将研究与科学性和可由知识证实联系起来"（Shapiro 1998：66）。与之相反，叙述性和主观性的知识形式通过作者的个人际遇和经历，并且通过将第一人称的"我"明确写进文本中而建构权威。它的知识与作者的主观轨迹紧密相连，并且"将表达的内容固定在人的感官体验、判断、施动性或愿望之中。"（Pratt 1992：76）。与陌生路人的偶遇，虽然不知道姓名，但是被赋予了叙述和文化意义，这些经历成为许多游记的主要内容；回忆录描述的是过去的经历，私人对话和个人反思，它们无法被证实、无法再现，无法表象超越作者本人的意思。这些观察无法构成一个合适的数据库，也无法成为因果性和科学性分析的基础。

个人和主观知识形式的重要性在游记和回忆录之中是存在的，这些文体是非虚构性的，因为它们是关于"真实旅行"和"真实生活"，不是虚构的，但是它们还是运用了一系列文学手法，强调写作的叙述性和想象力的一面，以及"对'自我'与'他者'的书写"。首先，这两种体裁的区别可能在于游记主要"描写'他者'"，而回忆录则主要"描写'自我'"，但是两者之间也有相同之处，在对外政策中尤其如此。游记一般是用第一人称，用来反映"自我"的发展，而对外政策回忆录一般涉及很多旅行，可以是政治家、外交官，也可以是军人的旅行。大多数对外政策非虚构文学借鉴游记和回忆录来描写个人与集体身份。

将游记和回忆录作为非虚构文学对待，强调了它们介于科学知识和"纯虚构"内容之间的模糊位置。游记写作的历史显示旅游和探险与现代科学的诞生密切相关，从"知道所有地中海地区（尤其是埃及），采访了其他旅行者，查询了来源和相关轶事（包括神话）"的希罗多德（Herodotus），到18、19世纪的植物学家和殖民游记作家（Adams 1982：46；Pratt 1992）都是如此。但是，自从14世纪初《马可·波罗游记》（Book of Marvels）的现代游记开始，游记开始将超自然存在和虚构人物的内容与"事实"融合在一起（Todorov 1995：61-2）。因此，游记这种体裁介于科学和自传之间（Todorov 1995：68），介于事实和虚构之间，尽管常常将虚构写成事实（Holland & Huggan 1998：xi）。不同作者会将这两种因素以不同的方式结合，不同时代也会更注重不同的结合形式，但是正是将事实知识的经验叙述与"主观探究"及"轶事和分析"叙述的艺术享受相结合，这种体裁才赢得了知识形式和叙述吸引力（Holland & Huggan 1998：9-11）。甚至那些呈现写实特点的20世纪游记也常常运用文学自由的元素，例如将几个旅行融合成一个，改变特定经历的时间和地点，以超过任何人类记忆能力的方式一字一句地重述对话。

说到回忆录，初看确实像一种事实性体裁，"大多数读者依然期待自传作者忠实地讲述他们亲眼所见的事实"（Bjorklund 1998：27）。阅读政治回忆录的读者认为只要是作者没有故意提供虚假信息，并且提到了相关材料，即使违背了作者意愿，故事也应该是真实的。读者期待可以进入密闭谈判、私人会议和秘密讨论，或者听到"沙场上"关于战争的"原汁原味的真实"故事。但是，回忆录不仅是个人化的和主观性的叙述，事实中还夹杂着"作者关于他人的坦诚看法"（Bjorklund 1998：31）。但是，任何回忆录的作者或游记的作者都不可能完全记录下一生或一次旅行的所有事情，因此非虚构文学不仅依赖于作者的忠实和记忆，还依赖于作者对于最重要事情的选择。比约克隆（Bjorklund）认为自传"从作者生活中选择'事件'和'事实'，把它们融入一段全面的叙述之中"（Bjorklund 1998：17），用菲利普·罗思（Philip Roth）的话来说，这使自传成为"可能是所有文学形式中最容易被操纵的"（Bjorklund 1998：159）。因此，回忆录和作为一门学科的历史之间的关键区别不仅在于是否真实，还在于人为选择个人事实作为回忆录的认识论基础；在于青睐轶事，而非系统性叙述；在于一个以明确"自我"的知识模式为基础对这些事实进行话语建构。①

埃金（Eakin）认为选择的重要性意味着需要运用叙述结构（Eakin 1992：193-194）。叙述结构不仅有助于选择故事，还可以叙述并建构自传作者的"我"。因此，自传领域的学者对"正在回忆的自我"和"回忆里的自我"以及"作者"和"写作对象"进行了分析性区分（Eakin 1992：183）。在回忆录中，建构"自我"往往运用两种叙述手法：形成经

---

① 正如肯尼思·巴尔金（Kenneth D. Barkin）所认为的，历史这个领域传统上一直不愿意把自传包含进来，因为认为"有意撰写的记录，尤其是自传，从本质上说令人怀疑，应该以质疑的态度来对待"（引自 Eakin 1992：143）。

历（formative experience）和回忆（retrospection）。回忆记叙的生活，作者会突出形成"自我"的特定时刻和经历：改变作者及其对命运、身份、意义和人生目标的顿悟时刻或一些重大事件。一段形成性经历可能被同时建构成具有改变性，但是回过头来看，又可能被写成具有形成性；形成性经历可以写在回忆录的开篇，作为引出后面一个关键事件的序曲。例如，霍尔布鲁克（Holbrooke）在回忆录中以一位青年在萨拉热窝背包旅行为开头；也可以写在作者顿悟的最后一段的叙述中。这一点如同丽贝卡·韦斯特（Rebecca West）的《黑色羔羊与灰色猎鹰》，让读者对前面的所有故事豁然开朗。① 这两个例子中的形成经历都是作者在写作时运用的一种叙述和结构工具；作者知道早期的经历会产生什么影响，也知道如何将后来的经历写成前面故事的满意结果。换句话说，即使回忆录用现在时和时间顺序来叙述，形成经历也总是以反思的形式来叙述（Eakin 1992：179）。此外，当作者评价之前的经历时，回忆可能被明确用作一种叙述手法，例如说"如果当时我知道，我就不会这样做"，或"这时我才开始意识到可能出问题了"。

运用形成性经历和对"自我"的回忆一般需要努力符合一些（由话语构成的）特质。比约克隆认为一般情况下希望"通过叙述内容，或者更加隐晦地通过叙述的建构，说服读者相信他们拥有某些所期望的特点"（Bjorklund 1998：21）。那么这些特点到底是什么？这取决于作者所处的社会历史环境。但是，通过对过去200年间美国自传的研究，比约克隆发现六种品质最为突出：谦虚、诚实、有趣的人生、希望表现出受过良好教育、幽默感和讽刺感、表现出"可贵的情感，如爱和同情"（Bjorklund 1998：22-37）。19世纪的自传中也通过两大典型的"自我"叙述方式运用这些品质：宗教皈依的主导性叙述和自我发展的竞争性叙述（Bjorklund 1998）。从这两个模式推断出一个更普遍的情况，对于我们研究政治回忆录很有帮助，可以发现转变性叙述（narrative of conversion）中的"自我"从宗教、精神或文化的堕落、贫瘠、邪恶转变成一个更真实、更善良、更深刻的人；埃金说这是"自传写作最古老的传统"（Eakin 1992：78）。另一方面，自我发展叙述（narrative of self-development）往往记述一个白手起家的商人的发家史。这种叙述情节并不是将会犯错的"自我"听命于更高的

---

① 建构作者身份以及他者身份的形成经历的重要性表明人们需要全面、仔细地阅读文本。

神圣权力；而是遵从科学和进化理论，展现智力或道德品质的进步，其中教育和纪律尤为重要（Bjorklund 1998：66-88；Eakin，1992：78）。这种叙述中的"自我"经历了发展，可能经历了所谓的"转折点"，但没有经历"自我转变"这样的彻底改变，因此描述的是一种进步或成功（Bjorklund 1998：77）。① 如果具体看对外政策回忆录这种体裁，有趣的不仅在于回忆录可能揭露出什么新信息，还在于如何运用回忆录来建构"自我"，将过去的对外政策合法化，并因此赋予未来特定身份建构和政策以合法性，② 还有一种可能是如何把对采取的政策进行反思性修改，并置于转变性叙述之中。

将"自我"叙述置于主观知识形式中则需要强调个人经历。通过"自我"的旅行和回忆，才会遇见"他者"，遇见他者的个人身份和集体身份。个人经历是从一系列可能性中选择出来的，虽然经常表现成轶事或者巧合，这些个人经历成为更概括性身份建构的标志；如"典型的波斯尼亚塞族人"，或"土耳其人"，或"斯堪底纳维亚人"。遇到的人并非独立的个体，而是被置于并被建构于一个更大的集体身份话语之中。不同的叙述技巧可以用来撰写这种集体身份：文本开篇可能就描述了"斯堪底纳维亚人是什么样的"，而后面就根据这一身份对"斯堪底纳维亚人"的"斯堪底纳维亚特征"进行评价，或者作者也可以选出特定元素，通过反复展现遇见当地人，如"醉醺醺的巴尔干男人"，赋予这一特定元素以范式地位，实际上就建立了一个醉醺醺的巴尔干男性的集体身份。

非虚构文学中对个人经历的建构总是同时处于对集体身份的建构之中，但是集体身份也可能是通过文化诠释产生的明确认识论问题。"自我"不仅遇见个人，还会遇见一系列表述成一个地方或一个民族的物体和习惯，可能选择建筑、食物、风景、文学、音乐、绘画、教堂、室内设计和服装；这些并非只是观察到的现象，还是政治身份和文化的表达。例如，文化艺术品和风景可以被看作是深层次身份的表象。人们可以通过了解一个国家的建筑、文学传统或食物来了解一个国家；反过来，身份又通过这

---

① 比约克隆（Bjorklund）与埃金（Eakin）在转入20世纪的自传时指出了心理分析理论以及转向政治文化，通常是少数民族的政治文化的重要性（Eakin 1992：117-137）。

② 关于回忆录的学术讨论的大部分是在文学研究领域，不太涉及政治问题。社会学家比约克隆甚至指出她并没有"研究自传如何作为一种意识形态或是现状的合法性等这一政治问题"（Bjorklund 1998：171）。

些艺术品和颇具人性的风景得以重塑。

在认识论方面更加重视个人经历和文化诠释是非虚构文学和其他写作形式之间的重要区别。但是也应该强调,当讨论结构和历史因素、哲学原则和一般性政治、文化和宗教问题,甚至讨论国际关系理论时,个人知识的主观形式常常与其他知识形式相结合(Eakin 1992:120)。因此,游记和回忆录会了解一个地方的历史、克劳塞维茨的战争理论或者东正教内部的分裂,正是由于游记与回忆录介于运用这些认识论权威的传统学术形式与亲身经历和叙述出来的个人权威之间,才使它们会在商业上和政治上广受欢迎。非虚构文学作品往往结合几种知识形式,其他文体也可以运用主观性和叙述性的知识形式。新闻和游记常常相互合作,因为杂志和报纸可以给文章提供一个平台,帮助日后出版成书。现场报道可以用个人经历作为一种认识和叙述策略,如迈克尔·赫尔(Michael Herr)的划时代印象派作品《快件》(*Dispatches*)记述了越南战争中的"抱怨者",一个平凡士兵的一生。政治家们常常运用"自传体",如讲述他们的"生活故事"以表现他们的政治正义感和信任。比如布什总统讲述他皈依福音基督教的故事;2004年总统候选人约翰·克里将他在越南战争中服役的往事建构成形成性经历(Hansen 2005)。政治家们也可能强调与一些象征性人物的个人经历影响了他们对某一特定政策的理解。①

综上所述,应该强调一点,叙述性和主观性知识形式本身并不比其他形式的知识和写作形式更加保守,更加激进或更加女权主义(Stec 1997:140)。主观性知识形式可以用来打破已有的集体身份建构的稳定性,但也可能用来重塑约束与疏远"他者"的集体叙述。当被用于一定政治环境中时,它们就与其他写作形式一样具有了独特的可能性和危险性,但是进行分析和政治实践的关键在于理解它们的独特形式、权威和吸引力。

---

① 例如,可以在布什第一次关于以信仰为基础和社会倡议的国家会议中看四个个人故事的使用情况,其中两个是难民:"没有更好的办法向我们的同胞们明确以信仰为基础的项目和实例的力量,来讲述那些生活被改变的人们的故事。"(Bush 2004b)

第五章
研究设计：提出问题与选取文本

对外政策研究关键是要与相关的政治议题相结合；但是，"现实"总是要大于关于"现实"可以提出的问题的数量。因此，设计研究必然意味着要做出一系列选择。从后结构主义话语分析的角度来说，关键的选择包括：是只研究官方的对外政策话语还是要把政治反对派、媒体及边缘群体的话语也包括进来？是应该审视单个"自我"的对外政策话语还是要审视多个"自我"的？是要选择某个特定的时间段还是要选择一个更长的历史发展阶段？是要研究某一事件或问题还是要研究多个事件或问题？最后，选择什么话语材料来作为分析的基础和对象？这些选择有时似乎是由案例自身决定的。假如针对案例存在激烈的争辩，分析有争议的不同话语就是合理的做法；假如是媒体造成政府的话语发生了变化，习惯的做法就是分析这两者的话语；假如某个国家或者某个机构经历了剧烈变化，通过分析其转折点前后的不同话语来追踪这种转变就比较符合逻辑。当然，有的案例"完全无法进行合理的选择"，这种情况即便有，也不多见。因此，总是存在可以利用的话语语料及话语行为体可供选择。即使是官方的对外政策话语，其来源也是多种多样，包括官方演说、媒体声明、议会辩论和访谈以及官方之外的话语，甚至一些相关的互文性参考文本也可以包括在内；如果这样，可以选择的文本数量就会大幅增加。

本章借助前四章的理论框架，将讨论方法论问题，主要讨论研究问题的选择和如何进行研究设计。简而言之，就是要讨论如何将话语分析"付诸实践"。本章第一部分首先讨论如何提出研究问题，依据的是第四章提出的三种互文模式，然后再将这三类模式沿着三个具体的维度与决策相结合：首先是关注"单个自我"还是"多个自我"；其次是研究某个特定的时间段还是一个更长的历史发展阶段；第三是研究某个对外政策事件还是通过大量事件进行相关对外政策的话语对比。第二部分讨论文本材料的选择，认为要把历史的与当代的文本以及能够构建互文性参照关联的关键文本和那些能够明确最普通的话语建构的一般性文本都包括在内（这里的"当代"仅指某个特定研究正在发生的那个时间点）。第三部分是前两部分的综合，展现的是本书第二部分要讨论的案例，即对西方关于波斯尼亚战争的辩论所进行的研究设计和文本材料选择。

研究设计

本书第四章围绕官方对外政策话语提出了三种互文模式（参见图4.2）。第一种（模式1）将官方话语以及官方话语内所建构的互文性关联作为分析重点，第二种（模式2）将分析的范围扩展至更广的媒体辩论、反对党和企业机构，第三种进一步将分析范围拓展到了针对流行文化的研究（模式3A）和针对边缘政治话语的研究（模式3B）。整体而言，这些互文模式提供了一个有组织的视角，可以用来审视政治辩论的不同场合、不同类别的行为体和不同的文本体裁，从而产生了两类研究问题。第一种涉及官方对外政策文本中所表述的互文联系种类，主要研究与反对派话语、批判文本以及它们的作者在多大程度上存在关联。提出该问题的目的在于确认官方话语在多大程度上有回击批判话语的必要性，以便更宽泛地确定政府的回应以及政府的政治或媒体策略。研究官方对外政策话语的关联也暗示了对来自于新闻界、学术界、流行文化领域及非虚构文学领域有关政治文本的关注；政策演讲以及政策文本利用其他体裁的权威和知识形式的方式也需要关注。

第二种研究问题从官方话语内部建立的联系转移到了特定互文模式的选取。这种从模式1到模式2、模式3A和模式3B所跨越的范围越大，话语分析就更有可能分析到对官方政策话语的争论与挑战。基于模式1建立起来的研究设计只会发现那些被官方话语明确回应过的反对性话语；因此，该类研究将无法全面评估官方话语在更大的政治和公共领域的稳定程度。因此，互文模式的选取会对话语稳定性的结论产生影响：选取的模式越多，评价官方话语霸权地位的基础就越牢固。

从三种互文模式可以提出一类重要的研究问题，能够保证分析焦点的选取，但是不能确定哪些重要问题值得研究，或者说不能全面勾画出所需要的完整研究设计。因此，要做到这一点就需要将互文模式与其他三个附加维度的选取结合起来：首先是关注"单个自我"还是"多个自我"；其次是研究某个特定的时间段还是一个更长的历史发展阶段；第三是研究某个事件还是多个事件。从方法论角度来看，如图5.1所示，互文模式和三个附加维度的结合构成了话语分析研究设计的基本框架。该研究设计表明，只要是研究某个对外政策议题的表述，而且表述又涉及几个自我，并持续了一段时间或历经了一系列事件，这样的话语分析就需要做对比研究。后结构主义通常因为缺乏对比研究而备受批评。事实上，真正的非对比研究项目是只涉及一个自我，往往只在官方话语内部考察针对一个事件的表述（Katzenstein et. al. 1998：676-677）。有些情况需要进行此类非对比研究，但多数研究设计需要进行对比。当然，想要一个研究设计涵盖所有互文模式，通过考察长期历史发展过程中的大量事件来研究多个自我，这样的研究设计本身就是难以想象。总之，必须要加以选择，而且选择要在四个方面进行。

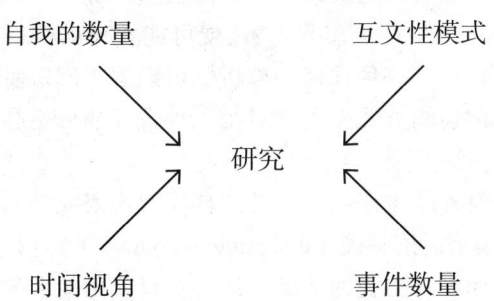

图5.1　话语分析的研究设计

纵观诸如自我、时间视角和事件等各方面，有关多个自我的选择——或是人们希望要考察多少个国家、民族或其他的对外政策主体——最后的结果可能是只选取一个。例如，戴维·坎贝尔（David Campbell）关于美国对外政策的研究，或艾弗·B. 诺依曼（Iver B. Neumann）关于俄罗斯围绕欧洲进行辩论的分析（Campbell 1992；Neumann 1996a）。要扩大自我的数量，一种可能是围绕同一个事件或政策问题设计一个对比研究，来看不同的自我对事件的反应。例如，针对欧洲一体化可做对比研究，比较不同国家针对"欧洲"和欧洲一体化发表的不同看法，或对比2003年伊拉克战争所引发的不同反应（Hansen and Wæver 2002；Jachtenfuchs, Diez and Jung 1998；Marcussen et.al., 1999；Wæver 1990）。当然，多个自我的话语不必是全部针对同一时间点的议题。例如，研究欧盟扩大，可对比欧盟不同的扩大轮次的成员的话语，以便研究欧盟自20世纪80年代以来的内部变化是否产生了话语影响。

　　选择可供对比的自我有时会比较复杂。一种做法是要包括所有的自我；但这样做在实际中不可行，因为话语分析不仅需要有关自我的一般常识，还需要相关的语言知识。在这种情况下，设计对比的核心并不是选择是否正确的问题，而是是否能孕育政治意义、能否蕴藏分析潜力的问题。能否产生政治意义与能否产生深远影响的问题（由话语构建的）有关。例如，针对北约转型的研究就很难把美国话语排除在外，而要分析欧洲一体化的未来自然要包括法国和德国。研究可以基于那些最常见的话语或基于那些最激进的话语来选择自我，潜在的政治意义和关联就会更紧密。再比如，针对欧盟内部堕胎话语的研究，可能会选择那些采取了最通行政策的国家，而这些政策也最接近总平均数，或可能选择那些最支持堕胎和最反对堕胎的国家。针对第一种选择的分析，可以展现国家身份、宗教身份和性别身份最常见的建构方式，而针对第二种选择的分析会发现欧盟内部话语的政治差距和话语差距。

　　涉及同一个对外政策议题或事件的自我对比研究是一个"多个自我选择"。另一种做法是话语碰撞（disursive encounter）。这种做法不是对"自我"进行对比，而是将自我的话语与他者对自我与他者的"反建构"进行对比。回到本书第三章对国家身份的讨论，自我的建构是通过确定他者而实现的；与自我相比，他者可以被设定为地位更高，地位更低或地位相等。他者可以被建构成自我的威胁，也可以是盟友、陌生人或是需要帮助的落后者。国际关系领域内部及这个领域之外的多数话语，通常考察的是西方或欧洲国家或地区的自我建构；因此，如果涉及西方，就必须要考察他者所关注的话语（Said 1978；Campbell 1992；Wolff 1994）。不过，这些研究都没有涉及他者的话语。也就是说，他者是如何建构自身及如何建构对立的"西方"的。一旦从他者的内部着手,研究自我和他者的话语就变成了多个自我;这样的研究之所以重要,是因为它能够提供有关操纵对外政策议题的话语和政治空间的知识。例如,了解了欧盟建构"土耳其"的方式以及"土耳其的"欧洲身份遭遇了土耳其有关欧洲的话语,"土耳其"和"伊斯兰教"就可以帮助我们来理解欧盟话语如何可能被土耳其政界和媒体所接受,因此,也就可以理解它对欧盟扩张过程可能产生的影响(Oguzlu 2003;Rumelili 2004:44-45;Buzan and Diez 1999;Neumann and Welsh 1991;Neumann 1999)。

话语碰撞必然会沿着高级的或是低劣的建构而演进,因此,就会出现涉及话语以及政治权利的分配。例如,欧盟和土耳其的交锋不可能发生在两个权力相当的集团之间。欧盟不仅要确定土耳其需要采纳的政治财政举措,还要建构土耳其需要回应的话语结构。不过,这并非意味着土耳其没有驾驭的可能。土耳其的政治领导人使用了欧盟的"政治价值观"话语,只要土耳其达到了欧盟的政治和经济要求,这些话语就能建构土耳其的成员身份。这样,他们就将土耳其建构成了联系中东和欧洲的桥梁,"成为欧盟内部及外部文明对话与和谐的主要贡献力量"(土耳其外交部,2004)。

以上讨论或许表明研究一定要包括话语碰撞;不过,事实并非总能如此。一方面是要有话语碰撞,一方面是单一自我或多个自我对比研究,要在其中进行选择,要受到语言实际应用能力的影响,因为研究者既需要了解发生话语碰撞的他者的语言,又需要了解自我的语言,还要受能否找到记录他者话语材料的影响。[①] 具体而言,一旦不足以发生话语碰撞,一旦没有身份明确的他者,没有可供研究的反对方话语,或一旦自我展示话语的能力与针对他者的政策之间的差距足以中和他者的回应能力,研究某个单一自我就是一个更佳选择。

相对于单一自我研究而言,多个自我的研究似乎更加复杂,更加有趣,目标也更加远大。不过,事实并非总是如此,因为单一自我研究中的自我未必如其名称所表述的那样"单一"。回到本书第二章和第三章,自我的话语是为了稳定自我的身份,因为自我的身份自身有时会不稳定,也

[①] 如果分析的焦点是话语碰撞,这些话语碰撞会在国际领域慢慢展现出来。而如果这时"他者"被译的语言是英语、法语、西班牙语等语言的话,也可能会摒弃语言要求。

经常有争议，主要是由对外政策话语不断建构和重构所导致。接受"不那么单一的自我"，将其放置到图5.1所示的其他三种不同的话语分析的研究设计层面，自我内部的转变和争论会更加突显。从官方话语到模式2和模式3的对比话语，可能会发现官方国家对"自我"的重新表述。一旦自我不是国家层面的，而是地区话语层面的或文化层面的，比如"西方"或"巴尔干半岛"，通常这些话语被重新表述的可能性，无论从数量还是从强度方面都会增大。针对波斯尼亚辩论中的"西方"这一自我，欧洲话语和美国话语中的表述是不同的，差别主要表现在支持干预和反对干预的不同立场上。对此，本书第二部分将进行详细论述。从更长的历史阶段来看自我的建构，被当代话语所边缘化的那些原本重要的表述通常被揭示出来，这会使自我的单一性问题进一步复杂化。

现在，我们再看时间角度这个层面。也就是说，研究对外政策可以只关注某个特定时间段的事件，也可以通过对更长一段时间的历史进程来研究。我们可以先从研究单一的时间段来看。选取的时间段应该特点鲜明，是一个能引起高度政治关切的阶段。多数后结构主义的话语分析关注针对诸如冲突和战争这样的重要时间段的政策话语。当然，话语分析也可以围绕那些政治性不是特别显著的事件而进行，如那些展现关于重塑或是转变的日常事件。例如，话语分析可以用来分析国际机构和当地人如何"使用"身份，把它用于具体的谈判实践中。再比如，西方的男性维和人员也可以被视为是被置于一系列不同的话语要求中——这些要求有来自军队的，来自政治家和媒体话语的，还有来自流行文化的——这就构成了"军人男性特质"、"公正和保卫"及"相适的性别操守"（Higate and Henry 2004）。这样，研究问题就转变为驻守的维和人员如何建构和"贯彻"他们自己的话语以及如何将其置于他们所面对的话语要求网络中。单一时间段研究如果沿着研究设计的其他维度扩展的话也会变得复杂：也可以通过涉及多个自我或将其置于互文模式2和模式3中来分析。

针对不同时间段的研究可以对比几个事件，也可以通过追踪几个世纪以来身份的变化进行历史分析。"对比时间段"的研究将沿着清晰划定的少量几个特定时间点展开，这些时间点必须要与特定的对外政策事件相关。例如，可对比1991年和2003年海湾战争期间美国对伊拉克发表的话语。这样选择的时间段就包含了自我（美国）和他者（萨达姆·侯赛因的伊拉克）这样的共同因素。相反，要研究1992—1995年英国针对波斯尼亚

第五章　研究设计：提出问题与选取文本

的话语和2003—2004年美国关于伊拉克的话语就缺乏比较的基础，尽管这样的研究本身或许有价值，但是不会产生额外的新知识。

　　有人或许认为，像海湾战争这些自身性质决定其具有重要政治影响力的战争，对其进行研究应该是不辩自明的。再比如，因对丹麦的对外政策极其重要，围绕丹麦加入欧盟的公民投票辩论就是值得对比的重要时段。不过，并非所有的对外政策事件都有这样的政治显著性，因此，时段的选择应该着眼于那些可引发分析的重要的政治结构性或制度性变革。就两次海湾战争而言，与20世纪90年代初的第一次相比，21世纪初的第二次有两个重要的"变量"发生了变化，即国际体系结构和美国的安全话语。1990—1991年期间，全球结构尚处于苏联解体的后续影响中，美国的安全话语还没有预见针对美国的恐怖威胁。然而，到了2003年，美国已经崛起为无以匹敌的世界唯一单极霸主，而且2001年的"9·11"事件将恐怖主义与非国界化的主体入侵美国本土这样的话语写入了美国的安全政策。再比如，要调查在波斯尼亚战争和科索沃战争期间英国从梅杰政府到布莱尔政府变化的潜在影响以及从科索沃战争到伊拉克战争"9·11"事件的潜在影响，就要研究英国政府针对波斯尼亚、科索沃和伊拉克所发表的不同话语表述。

　　全面的时段研究该选取多少个时段，并没有明确的规定。不过，各时段的时间间隔不能过长，因为过长的间隔会增加对比难度，可以依赖的信息量会过少。如对比1850年至2005年各国针对欧洲的话语可能会给人们一个较好的初步印象，不过这并不能回答这期间话语是如何演变的。

　　关注时段的对比研究设计对于创造贯穿于某个时间段的话语变化或重复的新知识是有价值的，当然，通常要求这些时段间隔较近。但是，研究设计也可以基于更长的历史分析，来追踪话语和身份在一系列联系密切的时段中的演进。一方面，因为是要研究时间跨度中的变化，该设计包含了比较的成分；另一方面，会更加关注对身份的理解，而不是比较本身。典型的例证是坎贝尔的研究。他对美国的研究从哥伦布的"发现"开始，跨越了大量的时间段、事件和重要问题（Campbell 1992）。历史研究的分析价值和政治价值在于能为目前的民族身份和文明身份的结构提供详细的解释，从而揭示出目前身份的某些特性是如何根深蒂固。历史研究还有更深刻的谱系学潜力和批判潜力，它可以追踪那些从前重要的表达是如何被压制而日渐失语，直至完全从现在的话语中消失。例如，在1920年之后的西方话语中，巴尔干半岛就被描述成一个完全不同的极端他者。然而，历史话语分析表明，19世纪和20世纪早期描述巴尔干半岛的话语却没有如此极端。历史谱系研究有效地说明，实际上目前所谓的"客观"身份是存在争议的，也是可以争论的，最终主要取决于政治需要。

鉴于分析历史进展可能涉及几百年的时间，就需要按重要程度选择事件和实践时间段；因此，也涉及历史研究的对比方面，尽管较分析时段的对比而言，这里的对比分析不是重点。同样，对单一时段的分析通常也要分出"次级时段"或将时段分成不同时期。例如，本书第二部分在研究西方针对波斯尼亚战争的辩论中，就将其看做单一时段，但是整个分析却是按七个不同时期展开。划分的依据是不断升级的政治、军事和媒体动态。联系到第三章，研究单一事件和对比不同时段的研究也涉及历史研究的层面，因为这些研究应该确认那些需要研究的有关对外政策争论的基本话语；而且一般认为这些基本话语经常围绕那些带有特定概念历史的身份表达而展开。

就最后一个维度"事件数量"而言，"事件"这个术语本身的界定就非常宽泛。它既包括政策议题，如《马斯特里赫特条约》之后的欧洲一体化，又包括人们通常对事件的理解，如战争。我们应该注意的是，针对事件的研究往往是通过分析"事件中的事件"来进行。如西方针对波斯尼亚战争的辩论就可以被视为研究设计中的一个事件，而对该事件的分析则要追踪诸如"斯雷布雷尼察大屠杀事件"之类的话语建构过程。

在讨论时间维度时，实际上涉及有关事件数量选择的问题：假如选取了单一事件，按逻辑而言，就该是一个单一时段下的研究。若是多事件研究，研究就应该在两个维度上展开。第一，事件可以有时间跨度，但问题要单一。例如，可以比较英国在1992—1995年波斯尼亚战争与1998—1999年科索沃战争中的不同反应，两个事件都发生在前南斯拉夫和"巴尔干地区"。第二，在对比同一时间段多个事件的话语建构时，事件之间可以用时间来贯穿。比如，坎贝尔对冷战后美国安全话语的研究就确定了同一时期的两个事件：毒品战和将日本建构为美国的安全威胁。或者又比如，要调查有关"欧洲他者"和"移民他者"的话语联系，就可以分析丹麦在欧洲一体化和移民问题上的不同建构；这样就会产生更多有关国家身份话语的知识。① 尽管同一时间内进行不同议题的研究产生的是政治相关领域与自我相关的知识，多事件研究的分析优势则是跨越时间的比较研究会为明确变革和重塑模式的研究提供研究空间。

后结构主义研究设计的四个研究维度如图5.2所示。图中标注了每个维度的主要研究选项。一般的研究都是所有这四个维度不同选项的综合运用。为了说明该模式的实际应用，下面简要讨论两个后结构主义的分析案例。

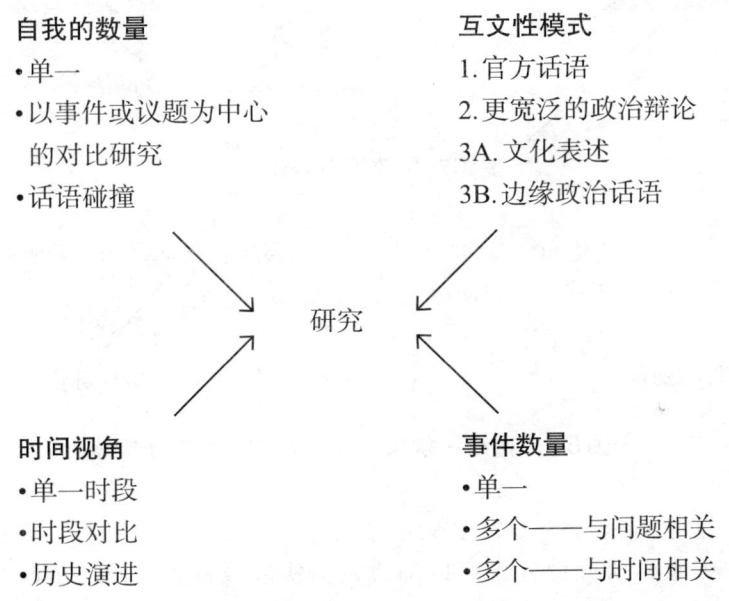

图5.2　详细的话语分析研究设计

研究设计的生成往往始自"自我数量"的选择或"事件数量"的选择这两个维度，因为这两个维度与重要政治议题的直接相关性最大。1992年坎贝尔分析了美国的对外政策和安全政策。在《书写安全》（Campell 1992）中，坎贝尔认为该研究是一项单一自我的研究，是研究官方的话语，

---

① 在抽象层面，所有事件与问题当然都是有联系的，它们都与自我的政治话语相关。但是从实际操作层面把事件与问题分开是有益的。

是互文模式1（参见图5.3）。但是，与这两种选择相结合的是沿着时间维度更加宏大的选择范围，因为美国对外政策话语的历史根基要从哥伦布开始追溯到20世纪90年代早期。相关事件的数目也相当引人注目，因为宗教的、激进的、性别的、政治的等等不同他者的建构不但要跨越时段，而且相同的事件会产生不同的他者，这些使他的研究不但"围绕同一议题，选择多个事件"，而且"围绕同一时间，选择多个事件"。

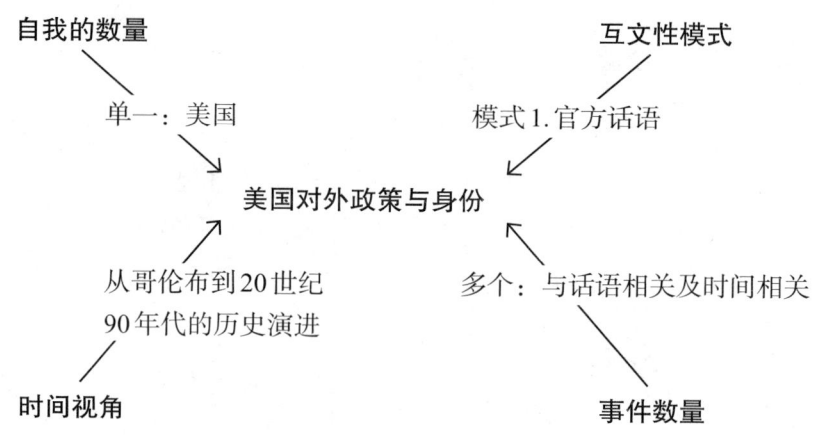

图5.3 戴维·坎贝尔《书写安全》的研究设计

这样看来，后结构主义话语分析似乎总是关注自我或特定的事件。其实，研究设计也可以围绕政治实践或概念进行。辛西娅·韦伯（Cynthia Weber）关于干预国家主权原则的重要性的研究成果《刺激主权》（*Stimulating Sovereignty*）（Weber 1995）就是一个典型的例子。韦伯的研究设计将干预作为主要的研究内容，定性为"由议题关联的多事件研究"，而中心议题就是干预行为（参见图5.4）。选择的六个事件分别是：欧洲协调（Concert of Europe）的两起干预事件，威尔逊政府参与的两起干预事件和美国/里根-布什政府参与的两起干预事件。研究的互文维度是模式1官方话语。就"时间维度"而言，该设计的内容应该是三个时段的对比研究；"自我数量"维度是围绕三个自我，如果把美国不同的执政政府视为美国一个单一个体的话，也可以看作是围绕两个自我，都是针对同一个议题的事件，即干预。但是，无论是三个自我还是两个自我，有一点是共通的：从19世纪早期到20世纪末为止，要理解西方主权独立国家呼吁的干预政策，这些自我都与干预政策密切相关。因此，可以这样认为，韦伯的对比研究无非只有一个西方的自我，这个单一的自我使以议题为中心的对比分析在分析角度和政治角度都比较深刻。

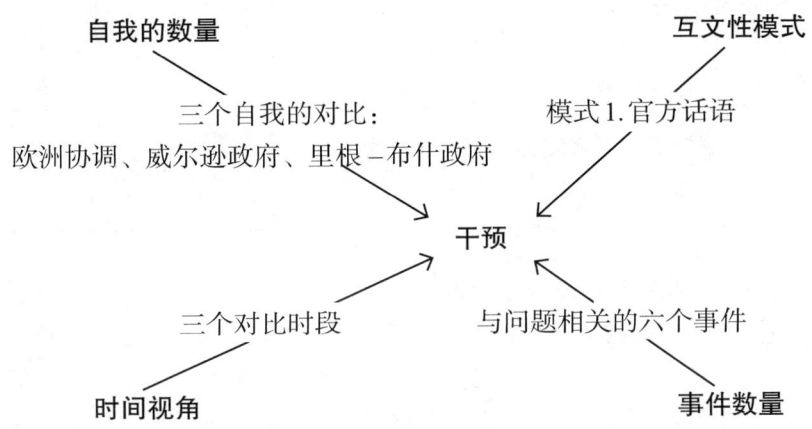

图5.4　辛西娅·韦伯《刺激主权》的研究设计

选择文本：关键文本与一般性材料

研究设计是通过从互文性、自我、时间和事件这几个维度做选择来确定研究的重心；那么，选择用于话语分析的具体文本材料的标准是什么？简言之，应该读些什么？

作为一般的方法论规范，话语材料的选取应该基于两类考虑。第一是应该涵盖所研究时段内的大多数文本；当然还应该包括那些可以追溯主导表象谱系的历史材料。第二是这些文本中应该包括那些经常被引用的在一个辩论的互文网络中起连接作用的关键文本以及为确定那些主导话语提供更充分数量依据的大量一般性文本。将它们组合在一起，就产生了一个2×2的选择模式（参见表5.1）。

表5.1 文本选择模式

话语材料	时间位置	
	研究时间	历史材料
一般材料	三个标准 • 清晰表达 • 广泛阅读，广泛关注 • 正式权威	• 概念史
关键文本	• 对更广泛来源文本的基础阅读 • 数字搜索引擎	• 概念史 • 被当代辩论引用 • 再版

在讨论如何选择四类文本之前，应该强调的是无论是从认识论还是从方法论角度，后结构主义话语分析都优先关注对首要文本（primary texts）的研究。比如说，针对官方的对外政策，首要文本就是总统的声明、演讲和访谈；针对政治辩论的首要文本是议会的辩论；此外还要研究更广泛的媒体话语，如报道和社论。但是，这并非意味着那些通常被认定是次要材料（secondary sources）在后结构主义文本分析中不重要，这里次要文本主要指针对首要文本的讨论以及更广泛地阐述对外政策议题的文本。首先，概念史或谱系文献在可以获得时可以为当前的表象形成提供重要知识积淀以及批判手段，通过它们可以挑战这些话语在这些表象方面所谓客观与自然的内容。其次，次要材料通过被官方话语或更广泛意义上的公共辩论作为关键文本被反复引用或是作为学术话语的例子存在于互文3B模式中时，也能变成首要材料。反过来说，这也意味着文本的地位在某些情况下可能是首要的，而在其他情况下也可能是次要的。比如，就分析西方对巴尔干的政策而言，萨缪尔·亨廷顿（Samuel Huntington）的《文明的冲突》就是次要文本，而针对"文明的冲突"的讨论，其突出的互文地位就使它成为研究的首要文本（Huntington 1993，1996）。第三，同样重要的是，对首要文本进行有说服力的话语分析，也要拥有关于案例本身的知识。而且，相关知识部分来自于阅读与该政策相关的历史、过程、事件及辩论。缺少了这方面的认识论基础，话语分析就完全有可能得出一些不言自明的结论，比如"北约是通过苏联这个他者来建构其冷战身份的"。并且，使

用次要文本会导致它们在研究过程后期同样会被用于话语分析中。

　　强调语言在话语分析中的重要性，了解某种特定语言及其语码就极为重要。研究文本的译本有时也可以是一种重要选择，但是我们需要意识到它们是翻译的文本，这一点很重要。或者我们需将分析焦点转移到那些面向国际观众的文本，通常他们都说英语。例如，那些为国际机构、外国政府和英语媒体撰写的文本。语言不仅只是语言能力，还是由一系列相关联语码构成的社会认识论。这意味着某个特定的概念，比如"人民"，在不同语境中不一定表达同样的内容。因此，不了解主要政治词汇和它的概念史，自然不可能正确理解由具体语境所建构的意义。所以，不了解其语码和认知码，就不能轻易对其进行话语分析。尤其是有的独裁体制还限制言论自由，其官方话语体系是必须执行的。

　　如表5.1所示，针对文本材料的选取，历史材料可能是概念史或批判性谱系脉络文本。例如，通过阅读主要文本和大量的一般性材料，萨义德（Said）的《东方主义》就追溯了不同时期的主导话语和边缘话语（Said 1978）。阅读这些作品需要借用第三章的理论视角，在阅读有关空间、时间以及道义身份的争议性表述、他者的建构以及他者与自我的关系的基础上明确数量较少的历史话语。历史话语对于当前辩论内历史建构的争议以及基础研究内基本话语的确定都很重要。

　　就方法论而言，依赖次要来源话语是有问题的。不过，通常对可能已经发展了几个世纪的某个概念或身份进行全面完整的基础研究也是一件极其困难的事情。当然，可以从两个方面来增强研究的可靠性。一是通过尽可能选用不止一种概念史。二是通过选取最重要的关键文本，先做基础性阅读（primary reading），然后将此阅读与概念史的阅读进行比对。这样就把基础性分析纳入到了研究中来，可以表明分析视角，同时保证所使用的概念史的质量。从历史方面的关键文本来看，通常历史论著的这些特征表现明显，而且它们常被广泛地引用在当前的讨论中，并不断再版。① 把一些主要的历史文本用于当前的辩论中，使我们可以确定那些标准的历史论著不去参考的文本，因为这些文本更着眼于文学来源，较少关注与对外政策辩论相关的政策文件，或是因为文本和概念的历史一直在被不断地重新

---

① 艾弗·诺依曼建议用先导文本（pioneer texts）这个术语来替代历史的关键文本（Neumann 2001：54）。

撰写。因此，尽管在最初发表时，它们的地位并不显眼，但有些历史文本可能会变成目前值得关注和讨论的内容。

现在，我们将话题从历史文本转到要进行研究时需要选取的文本材料上来。关键文本的选取可以较容易地通过阅读政策演讲、媒体报道、评论以及时效稍滞后的学术分析来实现。重要而明显的互文文本可以通过电子搜索引擎来收集，比如使用LexisNexis与ProQuest，这些数据库可以检索出针对某个作者在（大多数西方的）杂志、期刊、报纸中被参考的次数。

文本选取遇到的最大困难是互文模式1和模式2中当代一般资料的选取以及那些没有概念史的历史话语的选取。文本的选取应满足以下三个标准：应该有清晰的身份和政策表述；读者众多，受到广泛关注；有正式权威来明确政治立场。这个标准在分析意义和方法论方面各有所长：清晰的表述可以使人们很容易地使用第二、三章的话语分析框架；读者众多这一标准确保了文本在定义主导话语时的中心作用；正式权威表明了地位和权力的重要性。按定义来看，关键文本已经满足了第二个要求，即读者众多，受到广泛关注；因此，也可能满足其他两个或其中一个要求。不过，从关键文本转到一般材料意味着需要从考虑单一文本的地位转向文本类型。

下面，详细说明一下这三个标准。某些文本类型，比如美国总统的国情咨文，满足了所有三个标准：清晰的身份和政策构建；受到全世界政治家、公众和政府的关注；由正式的政治权威发布。其他类型的文本可能会达到其中的一或两个标准，但很少能全部满足。例如，议会针对对外政策进行的辩论，如在英国和美国就波斯尼亚问题的辩论那样，会清晰地表明身份和政策主张，演说者通常是当选的政治家们，他们通常具有一个政党、一个选举平台或是选区所赋予的正式权威，但这些辩论可能被广泛地读到和关注到，也可能不会。另外一些政策文本有一个标准可以完全达到，另外两个标准比较勉强，主要是国际组织的立法和官方权威文本，比如决议、声明和联合公报。这些文本无疑可以满足正式权威的标准，某些或许也能受到广泛关注，比如欧盟的宪法条约。但是，由于这些文件通常是不同行为体和它们各自（社会建构的）不同利益经过谈判而妥协的结果，因此不会清晰地表述身份。法律文件和决议缺乏明确身份建构的事实表明此类文本应该与身份表述更清晰的文本相结合才会产生"全面的话语"（full discourse）。例如，针对采取的法律、决议的意义与重要性要与发表意见的议会辩论、国际机构内部辩论、国家元首和政要的声明相结合。通常，一般政策文本的正式程度会与其清晰程度成反比，而身份就由这种反比关系建构而成：文本与其制度归属越正式，身份的建构可能越含糊、越受限制。① 尽管后结构主义话语分析中个人采访不是一种典型的文本形式，但也可以把它包含进来（Der Derian 2001）。我们需要意识到采访的特定文本形式以及话语分析者在产生话语中的作用，采访的特定文本应该是通过互动和对话，而不是通过独白产生（Chouliaraki 2000）。

对于互文模式2中的媒体文本而言，依据定义，除了官方媒体，第三个标准，即正式的政治权威，自然与之不相关。不过，就其本身而言，现场报道和撰写社论这两种主要的媒体文本形式之间还存在重要区别，因为社论往往会构成权威的政治观点；而且通常不会含糊其辞，会明确表达身份和政策。相反，来自国外冲突地区的现场报道或来自大国首都的现场报道，在表明身份时往往不那么清晰明了（Fairclough 1995；Chouliaraki and Fairclough 1999）。被公众普遍阅读和积极反应的媒体文本还可以包括一类特殊的新闻报道，比如战地报道或来自特定的新闻来源，如全国发行的报纸或是特定的栏目，美国哥伦比亚广播公司（CBS）的"60分钟"或美国广播公司（ABC）的"夜线"就属于这一类。除报道和社论外，媒体还可能为一些作者提供发表观点和评论的版面，也包括学者。在观点性文本中，身份和政策比较清晰；但由于媒体发行机构通常与版面作者的观点本身分离，这些观点的正式权威性甚至不如现场报道。

一般性材料的构成应该由不同的语境来决定。在某个国家、地区或是地方被认为重要的材料，在其他地方不一定也重要；原来非常突出的机构或媒体，可能在其他论坛和机构变得重要时，其中心地位就可能下降。比如，美国参议院外交委员会就失去了其20世纪60年代晚期影响公共辩论的实力（Rosenbaum 2004）。比较可取的办法是整合几种类型的不同文本，以确保满足以下条件的文本存在，即正式权威高，身份与政策表述明确。这就进一步涉及不同类型文本的比较。比如，报纸社论的观点有没有在来自冲突地区的现场报道中被重申，或它们就相同身份的表述有没有微妙差异。

---

① 并不是所有的政治领导人都自己撰写他们的演讲，但是他们在演讲时就如同是自己写的，通过发出文本的声音，他们把演讲变为"他们自己的演讲"，而把"演讲的撰写人"去除了。

表5.2总结的是文本选取的标准，适用于研究当时一般材料的通用类型。

表5.2　选择标准与一般材料的通用类型

文本类型	标准		
	清晰表述	广泛阅读，广泛关注	正式权威
总统演讲	是	是	是
议会辩论	是	不一定	是
立法、联合公报	否	不一定	是
现场报道	否	不一定	否
社论	是	不一定	否[a]
观点	是	不一定	否

注：[a] 媒体话语内的正式权威。

在决定以哪些文本类型作为研究基础以后，剩下的问题就是需要的阅读量。显然，这是后结构主义话语分析的一个难点：因为不是定量研究，因此不能依赖统计数据来决定应该选取多少个文本。但是，必须强调的是一定要在特定的互文模式下确定并分析那些主导话语。要确定一个准确数目作为一般标准是不可能的；一方面，硕士论文、博士论文、专著和学术论文是有区别的，人们的预期也因此不同。更重要的是，也可以将文本的选择与时间主线相结合，时间主线可以明确划分为较高层次政治和媒体活动的不同时间段。因此，围绕这样的时间主线进行文本选择就容易操作，而且同时还提供了分析变化的框架；或者反过来说，当面对批评、出现新的发展和新的"事实证据"时，话语如何重塑自身的结构。一旦时间主线和相关政策与媒体的类型确定后，就可以使用诸如LexisNexis与ProQuest等数据库来搜索媒体文本。通过多数国际机构、政府、议会和总统图书馆的网站，就可以获得这些不同类型的政策文本。

尽管一般材料的讨论是围绕互文模式1和模式2展开的，但是其基本原则同样适用于针对模式3A中流行文化的研究。当然，关键文本应该是那些受到广泛阅读或观看并影响了某种流行文化的文本。比如，描写越战的电影《现代启示录》（*Apocalypse Now*）。在选择一般文本时，不仅要看其被批判接受的程度，还要考虑其在商业上是否成功。至于互文模式3B，边缘话语的特性就注定了寻找这些文本的难度，尤其是有些相关社会活动和非法组织的话语文本，只能尽可能查找。在模型3B中还包括学术分析，主要关注那些与某个对外政策议题最关联的作者和理论视角。

西方关于波斯尼亚战争的辩论：详细的研究设计

如第一章所述，本书第二部分之所以选取西方对波斯尼亚战争的反应作为研究个案，是因为它可以进一步说明和深入探讨第二章到第四章提出的主要理论观点：这是一场通过建构非激进他者与激进他者而进行的战争，表明了历史话语与当前的表象对于当前辩论的重要性，提出了政策建构与身份建构的变化，指明了西方关于自我的内部话语与政治分裂，阐明了新闻写作、游记和回忆录对于对外政策辩论的重要性。

按照图5.2来进行研究设计，本研究选取了波斯尼亚战争作为研究事件，分析从1992年初战争爆发一直到1995年秋签署《代顿协议》后战争最终结束的全过程。由于此次战争的长期性加上其间的复杂变化，我们把时间表划分为七个阶段，每个阶段都有大事件。至于自我的选择，最开始是西方整体作为一个单一自我，之后随着西方内部的争议又演变出了作为不同自我的西欧与美国。因此，研究的最后是"多个自我"。分析焦点是西方对战争的建构，因此在研究中不涉及西方与"巴尔干地区"的话语碰撞。这些重要的选择是在互文模式1、2和3B的框架内做出的。我们主要研究美国与英国的官方话语，同时也研究美国国会与英国议会内反对党的话语。针对媒体辩论的研究主要在互文模式2内进行，涵盖三家美国报纸和三家英国报纸的综合报道。模式3B内的学术话语包括新现实主义、古典现实主义、女权主义和后结构主义。通过更广泛的媒体话语内部与官方对外政策话语内部的互文连接，确定了来自新闻媒体、流行的学术研究、游记和回忆录的关键文本。该研究设计总结如图5.5所示。

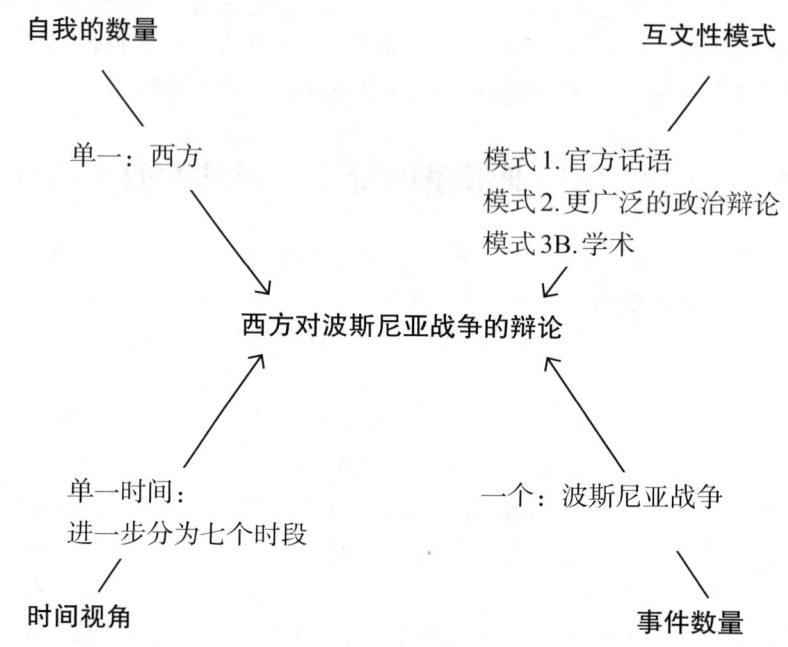

图5.5 西方对波斯尼亚战争辩论的研究设计

以下对研究设计的具体实施进行总结。首先要做的是建构基本话语（本书第六章）；基本话语会勾画出第七章到第九章的结构。通过运用第三章描述的方法，从第七章到第九章要阅读大量话语材料，可以确定两个基本话语：一个是巴尔干话语，一个是种族灭绝话语。① 巴尔干话语沿着空间和时间维度对战争进行表象，认为战争是"巴尔干人"的产物；因此需要追溯该核心概念的政治历史与文学历史。分析表明，20世纪90年代建构的"巴尔干古老仇恨"实际上只是一个20世纪才特有的概念；之前是另外两个话语：浪漫主义话语与文明话语，由这两种话语建构的"巴尔干人"并没有出现非常低劣的表达。因此，我们通过阅读这三个历史话语

---

① 真正的研究过程和研究过程最后成形的呈现方式是不同的。分析是从对两个基本话语的描述开始，但是这一点只有在阅读了大量文献，包括关键文本和一般性材料之后，才可以确定。

第五章 研究设计：提出问题与选取文本

与这两个当代话语，通过对关于空间、时间、道义身份的表述来解读他们作为他者被表述的激进程度以及身份与政策之间的关系。结论是尽管巴尔干话语与1920年之后的巴尔干化话语之间存在谱系联系，种族灭绝话语与浪漫主义话语、文明话语之间的关系更复杂，在时间和道义概念上与对犹太人进行的大屠杀中的"种族灭绝"联系在一起。用以确认历史话语的文本材料集合了大量的次要材料（secondary source）和首要材料（primary source）。玛利亚·V. 托多罗娃（Maria Todorova）的《巴尔干半岛意象》（*Imaging the Balkans*）和威斯纳·戈兹沃西（Vesna Goldsworhty）的《创造鲁里坦尼亚王国》（*Inventing Ruritania*）为研究巴尔干这个概念的历史演变提供了很好的可以相互支撑的材料。前者展示了巴尔干化话语，后者对19世纪的浪漫主义建构进行了相关分析（Todorova 1997；Goldsworhty 1998）。但是，这两部作品都没能关注第三类关于"巴尔干文明"可以转变的话语，该话语是通过对首要材料，尤其是卡耐基委员会的《国际委员会关于巴尔干半岛战争原因与行为的调查报告》（卡耐基国际和平基金会，1914），以及其他关于启蒙文明思想对西方介入周边国家的重要性的研究来进行追溯的。

确定了当代争论所依存的基本话语和历史话语之后，本书第七章关注那些旨在追踪事件、事件转变以及辩论焦点的政府话语及反对派话语。其间，主要的政治分歧出现在西欧国家和美国之间：西欧国家向该地区派遣了地面维和部队，而美国没有派遣地面部队。因此，本章主要围绕这两种话语的对比展开。一方面，西欧话语重申了巴尔干话语，建构了"人道主义责任"，但是把战争置于三个"巴尔干派别"之间战争的建构之下。另一方面，布什政府和克林顿政府却在巴尔干话语和重申种族灭绝话语之间不断转换，种族灭绝话语认为西方应该代表波斯尼亚政府进行更加积极的干预。就西欧内部而言，因为英国派遣的地面维和部队数量居第二，而且是最不愿意脱离巴尔干话语的国家，因此与美国在政治和话语上差距最大；本研究主要关注英国的话语。鉴于官方话语的形成离不开国内政治反对派和媒体批评这样的大背景，因此，那些最相关的批评话语也是分析的重点。

就分析而言，第七章分析的是一般话语，目的在于通过对大量政策媒体文本的系统阅读来确定主要政治和媒体表象。这些大量的政策文本包括英国下议院与美国参议院就波斯尼亚战争进行的主要辩论。就英国而言，政府采取的立场通过结合以下辩论和媒体的观点而体现出来：发表官方政策的主要政治家有国防部长、外交与联邦事务大臣，而首相梅杰对波斯尼亚战争发表的看法相对较少。美国是总统制的政治体系，因此，参议院的辩论需要与布什（George W. Bush）和克林顿总统就波斯尼亚战争发表的主要声明结合起来进行分析，民主党人在参议院严厉抨击了克林顿的政策。鉴于克林顿上台后的前几个月对于美国建构对波斯尼亚战争的立场非常重要，因此，需要阅读他从1993年2月到6月发表的所有声明。对于战争的其他时间段，只关注那些在克林顿政策受到特别严厉抨击时才发表的回应声明即可；当然，这些声明必须是针对波斯尼亚战争做出的回应，可以从《美国总统公开文件》（Public Papers of the Presidents of the United States）中获取。

关于媒体的系统研究主要来自挑选的三家美国报纸和三家英国报纸，分别是《纽约时报》（The New York Times）、《华盛顿邮报》（Washington Post）、《洛杉矶时报》（LA Times）以及《泰晤士报》（The Times）、《卫报》（The Guardian）和《独立报》（The Independent）。要想阅读整个三年半时间内所有关于波斯尼亚战争的文章是一件极其耗时的工作，因此，需要按提前划定的时间段来进行选择，而七个时间段的划定是以政治媒体的活动激烈程度为标准的。每个时间段选取英国的20篇文章和美国的20篇文章，这些文章题目当中一定要包含"波斯尼亚"。选取的文章主要是新闻报道，也包括一些观点性文章，也可以把最长的文章包含进来，同时也要平衡来自现场的报道和来自国内的报道。除这280篇文章之外，还要收入整个战争期间发表的与波斯尼亚战争相关的社论。①

第八章和第九章会将这种分析策略从关注一般政策和媒体话语转而关注特定的关键文本。这同时意味着要涉及回忆录和游记之类的体裁，而且

---

① 不过，针对报道和社论中身份与政策的建构以及不同报纸之间立场的建构这二者之间的潜在差异，本研究并没有进行系统比较。

更边缘化的文本也要被包含进来。① 为了研究巴尔干话语与种族灭绝话语这两个基本话语的变体，就要对这两章的结构做进一步调整，这样就可以关注到辩论内部的政治差异。但是需要注意的是也可以选择其他组织策略：例如，分析可以围绕体裁和围绕欧洲与美国的分野而展开，也可以围绕时间的七个不同时间段按时间顺序而展开。

第八章研究的是巴尔干话语。首先阅读罗伯特·D.卡普兰（Robert D. Kaplan）的《巴尔干幽灵》（*Balkan Ghosts*），它是一部游记和在美国辩论内的一个关键文本。本章分析了该书具有特殊政策影响的原因以及解读这些影响的方法。然后，转向卡普兰作品的主要互文文献，丽贝卡·韦斯特（*Rebecca West*）的《黑色羔羊与灰色猎鹰》（*Black Lamb and Grey Falcon*）。作为支持亲塞尔维亚政策的一部作品，该书在20世纪90年代的辩论中被广泛引用。本章第三部分旨在从波斯尼亚战争辩论的内部寻找一条重要的概念互文性关联，也就是有关"文明"的互文脉络，这一点在卡普兰和韦斯特的书中都有重点论述；当然还包括另一个关键文本，萨缪尔·亨廷顿的《文明的冲突》。另一位有影响的古典现实主义者乔治·F.凯南（George F. Kennan）为1993年再版的卡耐基委员会的《国际委员会关于巴尔干半岛战争原因与行为的调查报告》撰写的序言，读者众多，其中强调了"文明"这个概念的政治影响（Kennan 1993）。最后，本章将亨廷顿、凯南的现实主义—文明—巴尔干话语与国际关系中的中心话语进行对比研究，主要包括新现实主义者米尔斯海默（Mearsheimer）、坡森（Posen）和范·埃弗拉（van Evera）。

第九章从巴尔干话语及其修正与变体转而研究在种族灭绝话语内进行的批评。本章首先全面分析该话语内的第一个关键文本，该文是罗伊·伽

---

① 小说和电影的影响力其实不同。最重要的证据就是埃米尔·库斯图里卡(Emir Kusturica)的电影《地下》(Underground)招致的激烈辩论，尤其是在法国；还有米切夫斯基（Manchevski）的电影《雨前》(*Before the Rain*)引发的评判性赞誉（Iordanova 2001; Handke 1997）。后来，更主流的电影，如《欢迎来萨拉热窝》和《和平使者》受到了一些关注，但是无论是从商业角度来看，还是从引发的争议来看，都算不上是大获成功。《欢迎来萨拉热窝》描述的是一位伦敦记者在萨拉热窝的经历。他拯救并收养了一名萨拉热窝女孩，伍迪·哈里森(Woody Harrelson)和玛丽萨·托梅(Marisa Tomei)饰演了其中的角色；《和平使者》描述的是一位波斯尼亚塞族人，他的全家在萨拉热窝的一次炮袭中遇害，这个人试图炸掉纽约的联合国总部，遭到乔治·克鲁尼(George Clooney)和尼古拉·基德曼(Nicole Kidman)的追捕。福克斯拍摄的《24小时》第一季里的波斯尼亚塞尔维亚人就被塑造成了恶棍。

特曼（Roy Gutman）1992年以来的调查报告，收集在伽特曼的《种族灭绝的见证者》（A Witness to Genocide）中。接下来的一部分转而关注有关种族灭绝的三种话语变体，说明了关于基本话语身份构建的三个主要变体："对种族灭绝的欧洲责任"将"西方"分化为迥异的"欧洲"和"美国"两派；巴尔干化塞尔维亚话语将塞尔维亚的建构激进化；通过阐明"巴尔干父权制"的存在，性别化种族灭绝话语将身份建构由民族层面转向性别视角。这些话语都出现在美国媒体和学术圈内，因此，一部分可以放到互文模式2有关更广泛的媒体辩论这一类别之下，一部分可以作为边缘话语放在模式3B下。接下来要继续就学术分析进行讨论。戴维·坎贝尔就西方针对波斯尼亚战争的不同回应所做的后结构主义解读被作为阅读的基本话语。本章的最后转向戴维·欧文（David Owen）和理查德·霍尔布鲁克（Richard Holbrooke）这两位著名谈判家的回忆录和关键文本，以及他们对种族灭绝话语批评所做的回应。

92

表5.3 西方关于波斯尼亚战争辩论分析的文本材料

话语材料	时间位置	
	研究时间	历史材料
一般材料	美国总统声明 美国国会辩论 英国议会辩论 来自六家英美报纸的280篇文章 1992—1995年间题目中含有"波斯尼亚"字样的所有社论 学术分析： 　新现实主义、古典现实主义、 　女权主义、后结构主义	概念史： 　戈兹沃西、托多罗娃 文明话语
关键文本	罗伯特·卡普兰：《巴尔干幽灵》 萨缪尔·亨廷顿：《文明的冲突》 罗伊·伽特曼：《种族灭绝的见证者》 戴维·欧文：《巴尔干历程》 理查德·霍尔布鲁克：《为了结束一场战争》	丽贝卡·韦斯特： 《黑色羔羊与灰色猎鹰》 卡耐基国际和平基金会： 《国际委员会报告》 （1914）

表5.3对分析西方关于波斯尼亚战争的辩论所需要的文本材料进行了归纳，选择的依据是表5.1中的文本选择模式。

第二部分

西方关于波斯尼亚战争辩论的话语分析

A Discourse Analysis of the Western Debate on the Bosnian War

第六章
西方关于波斯尼亚战争辩论的基本话语

95 分析西方关于波斯尼亚战争的辩论首先要分析该辩论的基本话语。如第三章所述,基本话语提供了一个分析视角,有助于对外交政策辩论中话语的形成和相互作用进行结构性分析。基本话语探究相互竞争的话语如何通过使用空间、时间和道义的身份表述"自我"和"他者"之间的关系以及这些话语如何将身份和政策结合起来。基本话语是基于对大量文本的阅读。这些文本最好是涵盖包含政策演说和采访、新闻报道、社论、学术分析、纪实文学在内的多种体裁,从而保证所明确的话语分散在广泛的辩论中。但是,需要注意的是第三章中提到的观点,即基本话语是一种**分析性**建构,在构建一个基本话语时所参考的文本或许与理想类型的基本话语不完全一致。例如,在表述一个基本话语对"西方"的建构时所使用的某个文本也可以用来建构"美国",从而使"西方"复杂化,成为话语变体。这就凸显出基本话语存在于辩论的一般层面。对话语变体的详细解读,如"西方"这一话语内的分裂,是下一步分析的内容,将在后面的章节中论述。

如第三章所述,基本话语沿着空间、时间、道义这三个维度对身份进行"理想类型"的建构,并对他者及差异性程度进行表述。第三章提出我们围绕身份的主要表象的明确表述来明确基本话语,并运用以下的方法论标准建构基本话语:基本话语应该建构截然不同的他者和自我,并从空间、时间和道义维度对身份进行表述;基本话语中所讨论的政策应有很大的差异，至少某一基本话语中的政策被作为最初的立场，其他的基本话语是对这一立场的回应或批判；过去对身份主要表象的建构可能会影响目前对身份建构的表述，对相关的概念历史进行结构性阅读或许能明确这些早期的建构。

按照这些指导原则探究针对波斯尼亚战争的辩论，首先会发现波斯尼亚战争在空间方面被频繁地建构为"巴尔干"。大量出版的书籍在书名上都采用了"巴尔干"。《巴尔干幽灵》(*Balkan Ghosts*)指出了"巴尔干人"由来已久的激情和难以消除的仇恨的回归（Kaplan 1993a；1994年版本的封底）。《巴尔干历程》(*Balkan Odyssey*)讲述了波斯尼亚各方以及戴维·欧文（David Owen）本人所走过的令人疲惫不堪的漫长道路（Owen 1995）。《巴尔干巴别塔》(*Balkan Babel*)影射了为接纳南斯拉夫各民族、各种族以及他们各自的语言所做出的徒然尝试（Ramet 1996）。《巴尔干悲剧》(*Balkan Tragedy*)强调了战争中的丧失与毁灭（Woodward 1995）。有些书则把波斯尼亚战争置于过去巴尔干战争的背景之中，将其称为第三次巴尔干战争，如《南斯拉夫的灭亡——第三次巴尔干战争》(*The Fall of Yugoslavia：The Third Balkan War*) [Glenny 1996 (1992)]；或是把第一次和第二次巴尔干战争称为"其他的"巴尔干战争，如卡耐基基金会1914年调查报告再版的《其他的巴尔干战争》(Carnegie Endowment for International Peace 1993)。"巴尔干"被用来把战争与欧洲在地理位置上挂钩，如《欧洲后院的战争——巴尔干战争》(*Europe's Backyard War: The War in the Balkans*)（Almond 1994）；或是被部分用作反对西方的解构策略，如《西方的巴尔干化——后现代主义和后共产主义的汇集》(*The Balkanization of the West：The Confluence of Postmodernism and Postcommunism*)（Mestrovic 1994）和《情感之后的大屠杀——后情感化的巴尔干战争》(*Genocide After Emotion: The Postemotional Balkan War*)（Mestrovic 1996）。

从这一空间界定中产生了一个基本话语：巴尔干话语。"巴尔干"被建构为暴力的、部落主义的、充满仇恨的和落后的；若不是数千年来，至少数百年来一直体现他者的特征。这种空间与时间身份的交汇表明"巴尔干"不可能打破这些模式，向更加文明的西方行为模式进步，因此西方既没有现实的能力也没有道义上的责任来介入和中止战争。

然而，当西方媒体开始报道波斯尼亚塞族的残暴行为时，一个相对立的话语开始形成。这一基本话语的核心是把战争构建为"种族灭绝"，从而挑战巴尔干话语的空间、时间和道义维度以及"不行动"政策。巴尔干话语通过空间维度来解读时间和道义的维度，而种族灭绝话语则通过"种族灭绝"的表述所带来的绝对的道义责任建构身份，将多元文化的、民主的"波斯尼亚受害者"与"塞族侵略者"区分开来，从而对巴尔干话语中由毫无差别的"三个派别"所构成的巴尔干进行再表述。

因此，"巴尔干"的概念和身份对这两个基本话语来说很重要。对巴尔干话语而言，战争正是通过空间和时间维度来建构的，而这一建构正是种族灭绝话语所驳斥的。"巴尔干"也是一个有着概念历史的表象，不只是用在20世纪90年代初的辩论中，尽管它的历史比较短暂，并且涉及多个方面。目前"巴尔干"被建构为暴力的、野蛮的和落后的，这与第一次世界大战后发展起来的"巴尔干化"话语联系紧密。但是，还有两个话语出现在更早以前，且与这些负面的建构不同。其中一个话语通过对奥斯曼帝国中抗争的斯拉夫人进行浪漫主义建构来描述"巴尔干"，另一个则把"巴尔干"建构为"文明的年轻扈从"，有着改变自身的能力，西方对其负有责任。换句话说，"巴尔干"这一概念的历史和这一概念中所暗含的历史是两个不同且不会交汇的现象。

本章首先探讨"巴尔干"的概念史，找出19世纪和20世纪初的三个主导建构，它们对空间、时间和道义身份的表述截然不同。这些建构在体现自我与他者关系上超越了波斯尼亚/巴尔干的范畴，表明了有关浪漫主义和"异国情调"、文明和发展、迥异的他者、距离、恐惧等更为广泛的西方话语。呈现历史上对"巴尔干"的建构至关重要，因为这说明概念和身份并不像当前的巴尔干话语所说的那样固定不变。巴尔干话语不是对"巴尔干历史"的客观、知识性描述，而是对某一特定身份的建构和再造，应该通过阅读旧的文献和话语向其发起挑战。在批评性与历史性阅读之后，本章将详细分析两个基本话语，探讨这些话语如何表述了时间、空间和道义身份，如何建构差异性和他者，如何将身份与政策联系起来，如何运用和重述本章第一部分的概念史。

19世纪和20世纪初的"巴尔干"

"巴尔干"起初是指从东向西穿越保加利亚的山脉。1808年，德国地理学家奥古斯特·措伊内（August Zeune）用"巴尔干"来命名这一半岛。

在当时，用高大的山脉来命名某个地区是普遍的做法（Todorova 1997：25）。"巴尔干"这个词由奥斯曼土耳其人带入该半岛，词义是"高山"。在这个词上添加名字或形容词，就可以给特定的区域命名。措伊内所标识的保加利亚山脉以南的地区以前被冠以各种各样的名字。有些名字显示了某些国家或地区的中世纪或古典遗产，如"古希腊半岛"、"拜占庭半岛"；有些名字则带有种族标记，如"希腊半岛"、"南斯拉夫半岛"；奥斯曼人称之为"如梅利"（Rumeli），意思是"罗马人的土地"；1878年的柏林会议以前最常用的那些名字都表明了土耳其/奥斯曼在这一地区的势力，如"欧洲的土耳其"、"位于欧洲的土耳其"、"欧洲的奥斯曼帝国"和"欧洲的黎凡特"（Todorova 1997：26-27）。"巴尔干"这个名字在19世纪后期渐占上风，并于20世纪初，1912年和1913年的巴尔干战争之前，成为标准概念（Todorova 1997：27；Todorova 1994：462-464）。尽管"巴尔干"最终成为常用名，但不足为奇的是，像"欧洲的土耳其"这些表明奥斯曼影响的名字在19世纪后期以前则更为常用。① 这些名字不仅表明了当时的地缘政治现实——保加利亚、塞尔维亚、黑山和阿尔巴尼亚都是奥斯曼帝国的一部分，但并不属于土耳其本土——也表明了这一地区处于"欧洲"和"东方"之间，一个具有象征意义的位置。② "土耳其"和巴尔干半岛的一个不同之处就在于巴尔干半岛位于"欧洲"，而土耳其不是。然而，土耳其在巴尔干半岛的印迹意味着南斯拉夫人、希腊人和罗马尼亚人的文化和身份并不是被建构的明显属于"欧洲"。

当"巴尔干"这个概念最早出现时，它指代一个受奥斯曼帝国影响的区域，面积比20世纪使用这个概念时所指的区域要小。这也反映出奥斯曼帝国和哈布斯堡帝国之间的政治分裂。奥斯曼帝国的衰退使塞尔维亚、黑山和保加利亚在1878年的柏林会议上得到了承认，也使奥匈帝国内部出现了泛斯拉夫伊利里亚运动。这一运动源于克罗地亚，斯洛文尼亚紧随其后，并于19世纪30年代后迅猛发展（Banac 1984：75-79；Rogel 1994；

---

① 至于"巴尔干"一词具体在什么时间占据了主导地位，特托诺娃也不是非常清楚。她认为"直到1878年的柏林会议，那些最常用的名称都源自奥斯曼帝国在这个半岛的影响"，后来又说道，"19世纪后半叶，'巴尔干半岛'或'巴尔干'取代了'欧洲的土耳其'这一名称"（Todorova 1997：27）。

② 帝国作为一种政治组织形式的相关讨论，参见 Watson 1992，尤其是第107页至111页（拜占庭帝国）和第177页至178页（奥斯曼帝国）。

Bennett 1995:22-28）。第一次世界大战给了哈布斯堡帝国致命一击，南斯拉夫随后建立，"巴尔干"开始用来指代包括南斯拉夫、保加利亚、罗马尼亚和希腊在内的整个半岛，有时也包括匈牙利。当时并没有明确的边界。费尔南德·布罗代尔（Ferdinand Braudel）的学生、《巴尔干文明研究》的作者特拉伊安·斯托亚诺维奇（Traian Stoianovich）毫无修饰地写道："我们研究的对象是巴尔干和文明。这两个概念都需要定义。巴尔干这个词不确切"。（Stoianovich 1967：3）①

"巴尔干"位于"欧洲"和"东方"之间，这就导致了它的身份具有一定程度的模糊性或灵活性。在不同时期，不同的话语被用来处理这种模糊性。就像一条边界线、一个大门、一座桥、一个十字路口、一处边疆地带，"巴尔干"被它内部的国家所构建（Goldsworthy 1998：7；Bakic-Hayden and Hayden 1992；Hansen 1996）。对西方来说，19世纪以来，巴尔干的域界身份一直是各界关注和辩论的对象。赋予巴尔干意义的过程突显出身份和历史的问题，尤其是宗教和古希腊历史的重要性。在这一过程中，基于维护欧洲稳定的地缘政治考量的言论与基于受压迫的基督徒以及西方对他们所遭受苦难所肩负的责任的言论针锋相对。这些话语都认为身份是"巴尔干"空间建构的结果，但它们在时间身份的建构上，在巴尔干与"西方"和"欧洲"的差异程度上，在巴尔干的吸引力和危险，以及"西方"对巴尔干的过去、现在和将来所肩负的道义责任方面持不同观点。

"拜伦笔下的巴尔干"：浪漫主义和19世纪

直到19世纪末，西方主要是通过有关某些特定国家而不是整个巴尔干半岛的文本来建构"巴尔干"。拜伦的浪漫主义文学作品以及19世纪20年代在欧洲流行的亲希腊精神使希腊受到了西方世界的关注（Todorova 1997：62；另见 Goldsworthy 1998：15）。戈德斯沃兹（Goldsworthy）认为拜伦的"巴尔干"汲取了欧洲浪漫主义的一般特征，成为后来几代文人所效仿或争论的模板（Goldsworthy 1998:15）。或许可以说，拜伦笔下的"巴尔干"是第一个引发重述和辩论的主导话语。

"拜伦笔下的巴尔干"把"巴尔干"置于东西方之间，"遥远但又不陌

---

① 根据斯托亚诺维奇的观点，虽然这个地区没有名字，但它毕竟是一个"地区"，因此斯托亚诺维奇可以在《编年史》中记载他对"拥有8000年或9000年历史的""巴尔干"的研究。

生"，一个受奥斯曼帝国统治影响的地方，但又由于其古希腊的历史而具有独特身份（Goldsworthy 1998：19）。古典的过去与当代身份之间的关系远非简单。拜伦"被他的东方题材所引诱，但对此又感到不安"。希腊吸收了东方文化的众多特点，这使它魅力倍增，但又会让人感到古希腊和欧洲文明中心将不可挽回地面临被东方吞噬的危险（Goldsworthy 1998：20；Hertzfeld 1987）。希腊/巴尔干身份沿着时间维度在当前的东方特征和过去辉煌的文明之间分裂开来。根据人们对希腊东方化程度的认知可以对这一身份在时间维度上的分裂采取两种不同的表述。拜伦选择了亲巴尔干和救赎的话语，而19世纪大多数亲希腊的人后来对现代的希腊倍感失望，从而不再提供政治支持（Todorova 1997：62）。

对过去文明重要性的考量并不局限于古希腊和当代希腊，而是扩展到奥斯曼帝国之前的拜占庭帝国。拜占庭帝国以君士坦丁堡为中心，其前身是东罗马帝国，使用希腊语，信奉东正教。巴尔干的斯拉夫人皈依东正教，但君士坦丁堡和巴尔干斯拉夫人之间的关系是脆弱的，双方都曾向往并成功地获得过对这块属于"他们"的土地的控制（Watson 1992：111）。就拜伦的巴尔干话语而言，拜占庭帝国的遗产为巴尔干混杂的身份注入了另一种元素：由希腊人控制、信奉东正教的拜占庭帝国虽然与信奉天主教的西欧有差异，但重要的是，与信奉伊斯兰教的奥斯曼帝国相比，它比较接近欧洲。不仅对拜伦的巴尔干话语而言，而且对一系列后来的文人来说，巴尔干的基督教身份至关重要。它不仅用于建构欧洲和"巴尔干"之间的相似之处，而且用来把"巴尔干"描述为"守门卫士"或"解放者"（Goldsworthy 1998：8）。"巴尔干"保护了欧洲，使其免受"土耳其人"进一步扩张之害；在奥斯曼帝国统治期间，使基督教得以存留，并于19世纪后期把土耳其人赶了出去。①

通过浪漫主义视角，将巴尔干风景和巴尔干人糅合在一起，使"解放者"和"保护者"的身份得到了进一步解读，产生了山区"本质的巴尔干"以及"乡村的"、"部落的"和"未受污染的"人民。戈德斯沃兹指出，把"乡村的"视为"人民"的光荣本质符合欧洲的浪漫主义传统。"巴尔干山区的人民是'尚武的民族'，与居住在苏格兰高地或英属印度的同胞相

---

① 20世纪90年代当塞族与波斯尼亚穆族作对时，为了寻求西方的支持，也把"巴尔干"表述为抵制伊斯兰教入侵的堡垒。

似。比那些居住在低地、笨拙地模仿西方、相对富裕的人更适合成为诗歌的题材"（Goldsworthy 1998：23）。像雪莱（Shelley）、丁尼生（Tennyson）这些文人所用的浪漫主义词汇突出表现了英雄气概、狂野、豪情和勇敢，偶尔表现东正教的神秘主义，以及作者富有诗意的放血术。这些都赞颂了独立、充满激情、反抗土耳其人压迫的巴尔干人民（Glodsworthy 1998：24-25 和 34-35）。"激情"被建构成巴尔干身份中一个有魅力的核心元素。斯托亚诺维奇后来强调了这一点。他认为巴尔干的暴力倾向被过分评价，巴尔干人非常情绪化，"容易冲动，能够自如地由一种情绪转化成另一种相反的情绪。欢歌笑语转化成眼泪、哀歌、扯发、捶胸，而眼泪和哀歌又被欢喜雀跃所取代"（Stoianovich 1967：59-60）。

根据浪漫主义话语，"巴尔干"不应该仿效西方，应该保护民族的独特性。他者之所以有吸引力，不是因为它具有西方的特征，而是由于它的异国情调和截然不同之处（Allcock 1991:189）。"巴尔干"需要被解放出来，不是为了让巴尔干人模仿西方，而是让他们能够按照应受尊重的独特身份自由地生活。虽然这种话语用正面和美好的词汇建构"巴尔干"，但它毕竟是通过西方的话语来建构。也就是说，"巴尔干"没有权利来定义"自己"的身份或是踏上西方化的道路，因为那样做就至少会干扰它优越的浪漫主义地位。

拜伦后来在希腊独立战争中丧生。到19世纪后期，欧洲是否应该为巴尔干承担政治和军事上的责任问题再次成为热点。英国反对党领袖，曾担任过首相的威廉姆·E.格莱斯顿（William E. Gladstone）认为英国有责任帮助保加利亚对抗土耳其。他的著作《保加利亚的恐怖景象和东方问题》（*Bulgarian Horrors and the Question of the East*）于1876年出版，不到一个月就售出20万册，并引发了与首相本杰明·迪斯累里（Benjamin Disraeli）之间的一场大辩论。迪斯累里"把希腊人和阿尔巴尼亚人早期反抗土耳其人的暴动看作是'狭隘、相当可悲的野蛮行为'，并且认为发生在保加利亚的种种暴行被过分夸大"（Goldsworthy 1998：29）。格莱斯顿和迪斯累里有关巴尔干的争论很重要，不仅因为格莱斯顿观点中受迫害的保加利亚基督徒与迪斯累里观点中"野蛮的"巴尔干相对立，而且因为在这场争论中身份的建构与欧洲的责任和对外政策联系起来。①

---

① 与后来的西方政治家一样，迪斯累里不愿让俄国在巴尔干地区拥有更多的权利。

"拜伦笔下的巴尔干"把"巴尔干"置于欧洲版图之中。这种概念化并非无人质疑,尤其是在19世纪末期。当时,人们担心巴尔干的动荡会将整个欧洲卷入一场大的战争。"拜伦笔下的巴尔干"很重要。它建构了一个基础表象,其他的建构由此产生。它使以下内容成为主题:"欧洲"和"巴尔干"的差异;一个遥远、英勇、善战的巴尔干;过去文明和帝国的重要性;欧洲是否应该对个别国家或是整个地区的稳定承担责任。

巴尔干的启蒙运动:"文明的年轻扈从"

在19世纪末和20世纪初,浪漫主义话语并非唯一的话语,还有一个以非欧洲文明(包括巴尔干文明)的进步为中心内容的话语。这种话语在游记和文学作品中不常见,但在政治文件中发挥了重要作用,如1914年出版的卡耐基委员会的报告:《国际委员会有关巴尔干战争起因和行为的调查报告》。[①] 与浪漫主义话语相似,这种话语也是欧洲政治思想传统的一部分,这里特指18、19世纪以文明概念为核心的启蒙思想(Wolff 1994)。18世纪后期,现代形式的文明概念首次被使用,这与当时人们逐渐相信理性和实验科学密切相关。理性的、实验的科学强调在所有可能的层面,包括人类社会,进行事实性分类的观点和方法。[②] 然而,正如吕西安·费弗尔(Lucien Febvre)所指出的,事实并非丝毫不受影响地呈现在观察者眼前。"一个单一的、内部一致的人类文明的绝对概念而不是一个高度特殊化的、极具独特性的民族或历史文明的相对概念"被用于对事实的分类之

---

① 特托诺娃和戈德斯沃兹都没有讨论这种话语,也没有论及卡耐基委员会的报告。就戈德斯沃兹而言,文学作品是她分析的重点。因此这一部分将卡耐基委员会的报告作为西方文明话语的范例,对其进行初步解读。

② 在"文明"一词被广泛使用以前,各种文化,甚至是古希腊文化,都思考过自身与其他文化之间的关系(Hartog 1988)。因此,这里要阐明的重要观点是,在18世纪"文明"一词的采用代表着一种建构自我和他者关系的特殊新方式,而不是说"文明"一词的采用与过去没有任何关联。

中（Febvre 1930：232）。① 对普世文明的笃信使人们认为"我们参与、宣传、受益、推广的这类文明赋予我们所有人一定程度的价值、声望和尊严"。这种文明的标准是乌托邦式的，但却以西方文明为特征。世界应该也能够朝着这一标准进步（Febvre 1930：220）。当然，不是所有文化或所有民族都已经达到了文明的标准。只有欧洲人代表着或是接近了这种普世文明。非欧洲人有能力朝着这一目标转变，他们或许很落后，但这只是时间上的延误，而不是因为他们的本体身份截然不同，从而阻碍了他们参与普世文明的进程。这就意味着西方有责任提供帮助，甚至有时要强迫其他文明踏上文明世界之路，因为这样做符合他们自身的利益（Todorov 1992）。

单一普世文明的观点在1780年到1830年之间受到了挑战。从"文明状态"一词中产生了文明的相对化，之后发展成为复数形式的"文明"。首先持多元文明观点的学者中有维科（Vico）和赫尔德（Herder）（赫尔德是德国民族浪漫主义的主要奠基者）。他们认为文明有不同类型，理解这些文明只能根据它们各自的特性。每一种文明的价值都是同等客观、合理的，因此不能把文明在空间或时间上等级化并将西方文明置于顶端，也不应该试图强迫不同的文明融为一体（Berlin 1990：79）。

随着普世文明和多元文明以及它们各自不同的政治和规范理念之间辩论的展开，文明的概念史继续演变。卡耐基委员会被刚成立的卡耐基基金会派去调查第一次和第二次巴尔干战争中的残暴行为。他们以普世的角度看待"文明世界"，认为世界是由数个文明构成的，但只有一种文明，即欧洲和美国的文明，是真正的文明。② 他们的报告是对文明政治进行乐观启蒙建构的范本。文明被视为道德、经济和政治文化的一种状态，还未开化的民族（这里特指巴尔干人）可以达到这种状态。与文明世界相比，巴尔干人既不具备"古老一些的文明所拥有的稳定特性"，也没有"道德力量和社会力量的结合。这种结合体现在法律和机构之中，塑造了稳定的特性，形成了公共情感，缔造了安全"（Carnegie Endowment for International Peace 1914：267，271）。巴尔干的低劣和落后并非源于本质上的缺陷或根

---

① 然而，值得注意的是，对"事实"的关注并不一定与"观察"相结合，至少在发现"文明"的早期阶段是这样。如伏尔泰评述俄国，但他从未去过柏林以东的地区；卢梭也从未到访过波兰。

② 与20世纪90年代相比，这份报告很少提及除欧洲以外的其他"外来者"。"西方"被提到了一次，"美国"被提到两次（Carnegie Endowment for International Peace 1914：2，3，97）。

本不同的身份，而是由于长期与欧洲的分离。"没人知晓他们，没人谈论他们，"卡耐基委员会主席迪·康斯坦特（de Constant）写道，"不同的语言和宗教，相互仇视的种族和民族混杂在一起。他们并不比欧洲人或美国人差或是缺乏天赋。即便他们中有些人看起来非常糟糕，那也是长期被奴役或生活贫困的结果。他们是受难者而非肇事者"（de Constant 1914: 3）。正如拜伦的浪漫主义所言，生活在"土耳其枷锁下"、信奉基督教的斯拉夫人是守护欧洲的"长期受难者"，西方应该给予他们道义上的支持。

　　卡耐基委员会致力于消除战争，但却表示支持第一次巴尔干战争，因为这是一场独立战争，是"对暴力的反抗，是弱者对强者的抵抗，是一场光荣的战争，得到了整个文明世界的支持"（de Constant 1914: 4）。第二次巴尔干战争却是可悲的、当受谴责的，因为这是发生在昔日盟友之间的战争，一方是保加利亚，另一方是希腊和塞尔维亚。在调查完1912年和1913年两次战争的战场后，卡耐基委员会用400页的篇幅非常详细地记录了战争中的残暴行为，但并没有把调查结果用作证据来说明巴尔干有别于西方，拥有特殊的情感上的暴力倾向。任何奥斯曼帝国影响的印迹都可以被进步的力量所超越，并没有本质的巴尔干身份，巴尔干只是暂时受阻而陷入贫困，需要引导、教育和支持。报告的主要设计者，俄国人保罗·米利欧可夫（Paul Milioukov）认为"《柏林条约》扰乱了巴尔干各民族联合起来成立联邦的正常进程，利己主义和狂热阻碍了这一进程的发展，并使其过早终结"（Carnegie Endowment for International Peace 1914：40）。当时保加利亚和俄国的关系密切，米利欧可夫倡议成立巴尔干联盟或许反映出俄国的地缘政治企图。需要注意的是，巴尔干战争没有被建构成本质的巴尔干身份的产物，而是大国干预、贫困、奥斯曼帝国压迫共同作用的结果。报告写于第二次巴尔干战争结束后，卡耐基委员会没有意识到即将爆发的第一次世界大战，于是更加关注战后重建而非大国干预的问题。委员会建议巴尔干通过自由贸易实现经济和政治变革，相信这种政策将创造社会财富，防止暴力冲突，并鼓励通过个人卫生和公共场所的井然有序使巴尔干人变得更加文明，更加有教养。①

把文明传播到巴尔干，使其按照现代西方的政治和经济标准发生转变。西方的这种优越感也带来了欧洲所必须肩负的责任。

到目前为止，巴尔干各国的糟糕境况与其说是它们自身的过错造成的，还不如说是与欧洲的隔离所导致的。假如在过去30年中，欧洲真诚地希望帮助它们，就会给它们提供铁路、电车轨道、公路、电报电话，以及学校。一旦把这些土地肥沃的国家与欧洲其他地区联系起来，就像其他欧洲国家相互关联一样，它们就会通过发展商业、贸易和工业获取财富、享受和平。欧洲的选择导致这些国家兵戎相见、相互毁灭，而不是成为文明的年轻扈从。但是欧洲要想纠正长期以来的错误还为时不晚（de Constant 1914：8）。

然而，迪·康斯坦特（de Constant）发现欧洲并不情愿承担使巴尔干文明化的使命。他认为报告最合适的题目应该是《分裂的欧洲以及欧洲在巴尔干令人沮丧的行为》，但他又补充说道："全部围绕这一点似乎不太公平。"（de Constant 1914：9）

文明话语和浪漫主义话语既有不同之处，也有共同点。前者把巴尔干建构为不发达，但有能力按照西方/普世文明标准发生转变的地区，而后者颂扬"未受污染"的巴尔干各民族的活力和英雄主义，而且认为这些不应该被西方化所破坏。但是，这两种话语都把奥斯曼帝国统治时期建构为巴尔干人民为独立而英勇抗争，并且都表述西方有责任帮助"巴尔干"，无论是帮助它走上文明发展道路，还是解放浪漫的斯拉夫人。② 这些对差异性、吸引力和责任的复杂建构在第一次世界大战后被"巴尔干化"话语

---

① 教师应该鼓励学生爱整洁，从而去除"所有令人作呕的气味和景象"，而且要"婉转地提出更好的建议，使家庭环境方便舒适，例如，使用合适的地板，简单实用的家具；为健康体面的生活提供较好的设施；种些花草、灌木和树"。为实现这一目的，应该鼓励村庄之间展开"健康的竞争"（卡耐基国际和平基金会 1914：270-271）。有意思的是，这份报告并没有提出仿效欧洲的必要途径是接纳自由民主制度。

② 这两种话语在建构"巴尔干主体"方面也有共同之处。尽管二者都把"巴尔干"表述为进步的或是充满魅力的，但这毕竟是西方话语强加在沉默主体上的一种建构。

所替代。"巴尔干化"话语强调"巴尔干"与"西方"的差异，把巴尔干建构为异域的、危险的他者，"西方"对巴尔干的发展不承担任何道义或是地缘政治上的责任。正是"巴尔干"的这种概念，而非前两种概念，在20世纪占据了霸权地位，并被用于20世纪90年代的巴尔干话语中。

第一次世界大战后：巴尔干化、暴力和"野蛮的巴尔干"

"巴尔干化"一词简明扼要地对"巴尔干"进行了负面重述。1921年，记者保罗·斯科特·莫雷尔（Paul Scott Mowrer）首次用"巴尔干化"一词指代"在不同种族混居的一个地区产生了数个小的国家。这些国家的人口相对落后、贪婪、心怀恐惧、令人费解，经济和金融羸弱，并不断被大国阴谋和它们自身的暴烈情感所辖制"（引自 Todorova 1997：34）。这句包含大量信息、具有代表性的引语对"巴尔干人"进行了极为负面的建构，巴尔干人软弱、贪念、神秘、畏惧、有暴力倾向、易情绪化，并把这种负面建构与欧洲大国在该地区角逐，由此引发灾难和更大范围的战争相关联。如约翰·麦克曼勒（John McManner）所言，"巴尔干化"是"内部四分五裂与外部易侵入性"的结合（引自 Der Derian 1992：146）。然而，"严格地讲，暴力成为巴尔干的主旋律是巴尔干战争后的现象"。巴尔干化话语既利用又彻底改变了以前的话语（Todorova 1997：122）。巴尔干人依旧被建构为浪漫的、英勇的、善战的，但他们的激情和活力不再被颂扬，"激情"反而成为暴力、野蛮、非理性和落后的符号。如第三章所强调的，话语的改变表明了将符号（这里指"激情"）置于一系列相关性和差异性中进行分析的重要性。浪漫主义在建构"巴尔干"时，将其与苏格兰高地英勇、"未受污染"的人民相联系，巴尔干解放运动中的基督教因素也将"欧洲"和"巴尔干"的身份联系起来。而巴尔干化话语却在"西方"和"巴尔干"之间清晰划界：两者之间没有同一性，"巴尔干"也没有能力改变。改变的问题使巴尔干化话语与文明话语相关联。文明话语认为按照普世/西方文明标准，"巴尔干"是落后的，但"落后"被描述为通往社会、政治、经济进步道路上的一个阶段，而巴尔干化话语却将"落后"建构为一个本质上的时间身份，而非一个可以改善和修正的阶段。

巴尔干话语所建构的在时间维度上停滞不前、在本体上低劣的巴尔干身份通过对"巴尔干"历史的解读得到了进一步强化，从而使"西方"摆脱了前两种话语所述的责任。在19世纪的话语中，奥斯曼帝国统治时期是英勇抗争的阶段,奥斯曼帝国是经济、文化、政治匮乏的预兆,"欧洲"和"西方"理当肩负起责任。然而,巴尔干化话语将奥斯曼帝国的遗产转移到"巴尔干"自身的身份和责任上。以前的话语把"巴尔干"建构为虽然受奥斯曼土耳其人影响,但与奥斯曼土耳其根本不同的地区,而巴尔干化话语把巴尔干的身份建构为奥斯曼帝国统治的产物,于是把"巴尔干"从介于东西方中间的位置挪移到靠近东方,被"东方化"的位置(Goldsworthy 1998:5)。① 再次表述奥斯曼帝国统治时期的历史,不仅"解释"了"巴尔干"与西方完全不同的低劣身份,而且强调了西方不应负道义上的责任。西方不再被认为是受益于防御东方的"巴尔干壁垒","西方"和"巴尔干"之间也没有任何浪漫主义话语或文明话语所谓的同一性。因此,"西方"对"巴尔干"的繁荣和安全不负道德上的责任。"西方"也不能做什么来改变这些充满暴力的异域民族。若试图这么做,那只会把"西方"拖入危险境地,带来灾难性后果。

20世纪的头20年中,西方的注意力集中在巴尔干,但随着纳粹主义、意大利法西斯主义和苏联共产主义的兴起,西方在20世纪30年代把注意力转移到其他地方。当时有关巴尔干的主导概念把巴尔干明确定义为一个野蛮、危险、异族居住的地区。如约瑟夫·S.罗塞克(Joseph S. Roucek)所言,"多年来,'巴尔干'被用作贬义词,暗指腐败、混乱、无政府状态"(Roucek 1948:2)。② 冷战使"巴尔干"成为东方的共产主义他者的一部分,希腊和土耳其的角色则回归到以前含糊不清的状态。共产主义的失败和华沙条约组织的解散使巴尔干化重新成为不稳定的同义词,甚至是在前南斯拉夫战争使"巴尔干"成为西方外交政策辩论的焦点之前已是如此

---

① 矛盾的是,只有当奥斯曼帝国丧失了对巴尔干的政治影响时,西方话语中才明确提到由奥斯曼帝国影响所导致的巴尔干激情和野蛮行为。

② 然而,罗塞克写道,"事实上巴尔干各族人民为自由和独立英勇作战,树立了惊人的榜样"(Roucek 1948:2)。

（De Derian 1992：141-146；Wæver 1995：72-75；Todorova 1997：136）。①
表6.1总结了历史上三个巴尔干话语的主要特征。

表6.1 历史上的"巴尔干"话语

话语	身份		西方责任
	异己程度	"巴尔干"的时间身份	
拜伦笔下的巴尔干	不同，被欣赏	保持不同	帮助其独立
巴尔干文明	不同、落后	可以改变	使其文明化
巴尔干化	完全不同，具威胁性	无能力改变	无

巴尔干话语

20世纪90年代的巴尔干话语明显延续了巴尔干化话语，波斯尼亚战争被表述为由暴力、野蛮主义，以及可以追溯数百年的古老巴尔干内部仇恨所导致的"巴尔干战争"，并通过这种表述来解读波斯尼亚战争的身份、起因、参与者和"西方"的角色（Todorova 1994：461；Iordanova 2001：40-41）。"巴尔干"在空间和时间维度上的他者特征（Otherness）通过一些表述被强调，如英国国防大臣迈克尔·波蒂略（Michael Portillo）所说的"巴尔干的野蛮主义"（Portillo, *Hansard*, 1995年7月19日，第1741栏）、巴尔干的"部落主义历史"（Kennan 1993：11）、巴尔干"在心理上封闭、部落主义的特性"（Kaplan 1993a:16），以及巴尔干的非"理性"（Cohen 1994）。通过把部落主义、野蛮主义、仇恨和非理性关联起来，"巴尔干"被置于由国家构成的，以秩序、文明和理性为特性的现代西方世界的对立面。通过把未开化的、暴力的、充满仇恨的、野蛮的巴尔干身份描述为"古老的"，"巴尔干"在时间维度上落后的他者性被进一步极端化。

---

① 在西方话语中，巴尔干被描述成一个处于无休止冲突中的不稳定地区。很多"巴尔干策略"被用来驳斥这种负面建构。第一种策略注重"巴尔干"这个概念本身的含义。在希腊话语中，"作为巴尔干"并不意味着成为一种破坏性因素，而是被自私自利的大国所利用。这些大国让巴尔干代表欧洲而战，随后又将其抛弃（Stauersböll 2000）。另一种观点是东欧和欧洲与巴尔干之间边界线的划分使某个特定的国家位于欧洲的疆界内，但这个国家要作为"欧洲"和"巴尔干"之间的调停者（Bakic-Hayden and Hayden 1992：8-10；Hansen 1996）。罗塞克于1948年指出，"巴尔干的知识分子讨厌别人把他们与'巴尔干'一词的涵义联系起来"（Roucek 1948：9）。

例如，美国最后一位驻南斯拉夫大使吉摩曼（Warren Zimmerman）认为发生在前南斯拉夫的战争是"向巴尔干古老的土匪传统的大倒退"，《卫报》上的头版文章提到"古老的负面激情和仇恨"，《华盛顿邮报》的迈克尔·道布斯（Michael Dobbs）写道，"基于古老的民族主义仇恨的自相残杀"（Zimmermann 1996:152; Dobbs 1995;《The Guardian》1992）。乔治·H. 布什总统称之为"由长期存在的仇恨所产生的一场错综复杂的冲突。无辜人的鲜血溅洒在世代的怨仇之上"（Bush 1992a）。颇有影响力的共和党参议员约翰·麦凯恩（John McCain）将其描述为"在巴尔干已持续数百年的冲突"（McCain S1204010，第102届国会，1992年8月10日）。与巴尔干化话语所表述的奥斯曼帝国和拜占庭帝国的重要性相关联，这一话语中的巴尔干拥有"显著的非欧洲文明特性"和"很深的历史根源"，可以追溯到"土耳其统治"和"拜占庭帝国渗透"时期（Kennan 1993: 12-13）。① 或是根据一种文明主题的变体（仿效亨廷顿的文明冲突论），波斯尼亚处于历史上拜占庭和罗马之间的地缘政治断层线上，应该通过这一地理位置所构成的时间视角解读波斯尼亚战争（Dobbs 1995）。由于持续的暴力冲突，南斯拉夫在冷战时期国内各种族相对和平的共处被认为是异常现象，背离了"正常"的巴尔干行为模式，是"内部"的共产主义和"外部"东西欧的分裂"抑制"或"冻结"了巴尔干的"真实"身份。如乔治·H. 布什总统所言，"共产主义的失败掀开了装满古老种族仇视、憎恨，甚至是复仇欲望的潘多拉盒子"（引自 Lytle 1992: 308; 另见 Gati 1992: 64-65）。

　　身份在时间维度上的长期性本身不会阻碍变化的产生，如文明话语把"落后的巴尔干"建构为数世纪以来土耳其的剥削和西方无知的产物，但巴尔干有能力改变。然而，在巴尔干话语中，对"巴尔干冲突"的"古老根源"的表述被置于对无法改变的巴尔干身份的本体建构之中。对于建构"西方"和"巴尔干"之间的差异而言，这种无法改变性至关重要，尤其当巴尔干话语在不破坏"巴尔干"和"欧洲"之间根本差异稳定性的前提

---

① 用比较正面的词语来表述拜占庭帝国对这个地区的影响可能并不奇怪。希腊最具影响力的现代历史学家帕帕瑞欧葛普洛斯（Paparriogopoulos）认为拜占庭是联系古老世界和当今时代的纽带（Stauersböll 2000: 56-57）。1988年，当大多数欧洲"东部"的国家急切地把自己定位为"中欧"国家，而不是东欧或巴尔干国家时，从贝尔格莱德传来了这样一种说法："巴尔干给予了这个世界两种伟大的文明：希腊文明和拜占庭文明；中欧给予了这个世界两种意识形态：共产主义和法西斯主义"（Bakic-Hayden and Hayden 1992: 13）。

下试图解释第二次世界大战和纳粹德国。巴尔干是暴力的、野蛮的,并且引发了大规模的战争;"欧洲"却是文明的、理性的、和平的。一个双重的话语策略被用来稳定巴尔干话语中的这一弱点。首先,第二次世界大战被描述为"德国纳粹主义"的产物,是"发生在欧洲"但不"属于"欧洲的现象,因此不是西方身份中固有的瑕疵,而是外来的影响。其次,该话语将"西方"描述为有能力学习、进步,能够通过理性和深思熟虑而不是仇视和激情来解决冲突,因此可以超越导致第二次世界大战的那些力量。

巴尔干话语运用并再现了巴尔干化话语对"巴尔干"的建构。"巴尔干"是暴力的、易怒的和落后的,但是对现代冲突的"古老根源"的表述进一步突显了时间维度的长期性。20世纪初的巴尔干化话语形成于巴尔干战争之后,第一次世界大战开始之时。这些战争都是围绕南斯拉夫各民族以及瓦解中的奥斯曼帝国和哈布斯堡帝国展开的。巴尔干的他者特征在当时是通过巴尔干暴力、落后和易怒的身份以及使大国卷入地方斗争的能力所构成的。虽然冲突是"巴尔干"的本质特征,但并不是同样的冲突反复发生,因为冲突的主线,即"巴尔干"和土耳其人以及奥斯曼帝国之间的冲突,已不再显著。在20世纪90年代的巴尔干话语中,"古老的根源"所突出的时间性虽然与20世纪20年代所强调的有所不同,但却对概念的历史性只字不提。如上所述,"巴尔干"这个概念并不像"巴尔干话语"所表明的那样,有着悠久的历史,以前的称谓,如"欧洲的土耳其",指代的是以半岛南部为中心的区域。克罗地亚和斯洛文尼亚直到第一次世界大战后并入南斯拉夫才成为巴尔干的一部分。简而言之,20世纪90年代的头几次战争发生在斯洛文尼亚和克罗地亚,而20世纪20年代的"巴尔干"是以这两个北部共和国以南的区域为中心。20世纪末期,克罗地亚人和塞尔维亚人之间发生了激烈、血腥的冲突,但"巴尔干化"这个概念并不是从这场冲突或是从发生在波斯尼亚的斯拉夫民族内部的冲突中产生的。

我们应该通过巴尔干在空间和时间维度上的他者身份来解读波斯尼亚战争。这种表述运用了巴尔干化话语中的另一个道义和政治因素:担心西方大国深陷其中。1914年,在一个并不重要的国家的一次行动——在萨拉热窝刺杀奥匈帝国的王储弗兰兹·斐迪南(Franz Ferdinand)大公——导致了整个欧洲大陆卷入冲突。美国前国务卿詹姆斯·贝克三世(James A. Baker III)提醒道,"如今存在着虽小一些但却很相似的风险"(Baker

1995）。① 美国国务院前顾问查尔斯·加蒂（Charles Gati）也在《外交季刊》（*Foreign Affairs*）中撰文说，"积怨和世仇如此明显，似乎没有任何实质上的改变。1992年的萨拉热窝和1914年的萨拉热窝遭受着同一种疾病的折磨"（Gati 1992: 71）。

1914年后，（巴尔干）"地势险要"，南斯拉夫人英勇善战，二战中德国军队（在巴尔干）被牵制，这些表述进一步强调了介入"巴尔干战事"的危险性。将其与历史上的其他类似事件相关联，尤其是美国在"越南"和"贝鲁特"，以及后来在"摩加迪沙"的经历，目的是为了提醒"西方"试图通过干预来解决地方冲突或内战有多么危险（Ó Tuathail 1996a）。介入"巴尔干战事"很危险，因为这有可能把大国拖入更大范围的战争，就像1914年所发生的那样，或是导致生命或信任的丧失，正如美国曾陷入越南战争的"泥潭"或"沼泽"中。不仅如此，由于巴尔干冲突的"古老根源"，"西方"基本上无计可施。巴尔干长期以来反复发生暴力冲突，这意味着"西方"不可能从外部强加一种解决冲突的方案，巴尔干也不可能转变成为一个更加文明、稳定、和平的地区。

"巴尔干"没有能力改变，并有可能使西方陷入困境，这一建构被用作西方"不行动"政策的正当理由。但是，当西方媒体开始报道这场战争时，"种族清洗"和"大屠杀"是否使西方的干预成为必然的问题向巴尔干话语发起挑战。"巴尔干话语"采取了双重措施。首先，使"巴尔干内部"一元化，任何参与波斯尼亚战争的人都被视为"巴尔干人"，具体来说，就是"冲突各方"。这种主体性的建构说明波斯尼亚塞族人和波斯尼亚政府在身份和政治观念上没有特别的差异，因此在"波斯尼亚"和"西方"之间没有特别的相关性。其次，"巴尔干"话语认为虽然大部分暴行是塞族人和波斯尼亚的塞族人实施的，这场战争是一个"悲剧"，但是"冲突各方"都有责任。"最近，克罗地亚人和穆斯林相互残杀。这表明不仅仅只是塞族人发动了这场战争"（Doder 1993: 23）。联合国驻波斯尼亚维和部队司令，加拿大的路易斯·麦肯齐（Lewis MacKenzie）将军在卸任后告知华盛顿的美国众议院军事委员会："与波斯尼亚打交道有点儿像应对三个连环杀手，一个杀了15人，一个杀了10人，一个杀了5人。我们是在帮助那个只杀了5人的杀手吗？"（引自Bennett 1995: 194）塞族人的行

---

① 贝克在乔治·H.布什政府内担任国务卿。

为或许是种族清洗，但并未构成旨在消灭整个民族的"种族灭绝"（Cohen 1993）。"由于领土调整，穆斯林被迫离开了他们的家园。这的确很糟糕，但这并不等同于种族灭绝。这不过是在争抢地盘"（Steel 1992：15）。这场战争"不算是种族灭绝"，"冲突各方"拥有相似的"巴尔干身份"，这种双重建构意味着西方不需要为此承担任何道义上的责任，"冲突各方"应当自负其责。1993年至1994年间担任美国国防部长的莱斯·阿斯平（Les Aspin）说道："最终必须由波斯尼亚各方自己缔造和平。北约或其他任何外部力量都不能强迫冲突各方缔造和平。"（Les Aspin 1994：4）这种建构创造了一个话语空间。在这一空间内，无论"其他方"的行为如何，每一"方"都有责任。尽管以前的协议被违反，另一方有可能提出过分要求，但每一"方"都得促成调解协议。

使西方免除责任的一系列身份表述并不意味着责任在巴尔干话语中荡然无存，而是被放置在一个经典的国家话语之中。责任被表述为政治领袖对自己的国民和军队的责任。用参议员麦凯恩的话来说，"我们首先要对那些在我们军队中服役的青年男女负责，因为他们将被送往这场战争的泥沼之中。我们不能在政治或军事实验中使用他们，不该让他们冒险，除非我们的军事专家能够确保行动成功"（McCain S12041，第102届国会，1992年8月10日）。这种表述把那些不愿干预波斯尼亚战争的人建构为一心只为"我们部队"的安全和行动的可行性着想的人，而不像批评者所说的那样，是一群冷漠、毫无道德责任感的人。

在这种话语空间内，西方对波斯尼亚战争不负任何责任（图6.1）。西方的对外政策问题被置于一个有关"国家利益""军事和战略可行性"的经典安全话语之中。《纽约时报》评论道，"相关的问题是，对波斯尼亚战争的结果，美国是否有足够强烈的兴趣，以至于派遣军队参与地面作战。本报的观点是美国没有如此大的兴趣"（The New York Times 1995）。这种话语空间从考量西方"战略利益"的角度探讨西方应当采取的对外政策。巴尔干话语中的核心辩论在于波斯尼亚冲突是否会外溢到周边国家，从而使西方有必要采取措施遏制冲突的扩散，比如在马其顿部署观察员、支持国际社会的斡旋、通过一系列制裁向塞尔维亚施压等。

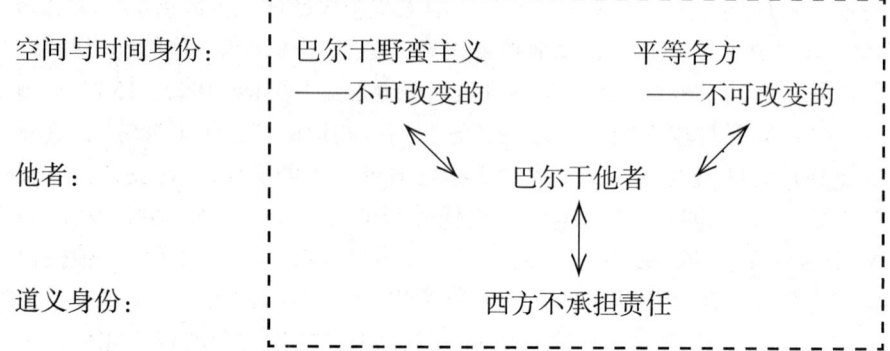

```
空间与时间身份：   巴尔干野蛮主义          平等各方
                 ——不可改变的            ——不可改变的

他者：                      巴尔干他者

道义身份：                 西方不承担责任
```

←—→ 关联过程

图6.1　巴尔干话语

种族灭绝话语

明确表述"巴尔干"和"西方"在空间和时间维度上的差异性是巴尔干话语稳定性的基础。然而，一旦这场战争被视为"种族灭绝"，巴尔干话语的稳定就会被破坏。把塞尔维亚针对"波斯尼亚人"或"波斯尼亚穆斯林"的行为定性为"种族灭绝"，便将其置于一种有着较长历史，有关人类责任和法律责任的政治话语之中。[①] 1948年在纽约起草的《防止及惩治灭绝种族罪公约》（以下简称《公约》）中的第二条把"种族灭绝"定义为：

> 蓄意全部或局部消灭某一民族、人种、种族或宗教团体，犯有下列行为之一者：（一）杀害该团体之成员；（二）致使该团体之成员在身体或精神上遭受严重伤害；（三）故意使该团体处于某种生活状况下，以毁灭其全部或局部之生命；（四）强制施行办法防止该团体内之生育；（五）强迫转移该团体之儿童至另一

---

① 另外，有一种观点认为"波斯尼亚"是一个得到国际社会承认的国家，拥有一个"合法、多民族的政府"。欧盟、美国和联合国都正式承认了波斯尼亚，但却"容许"已经承认波斯尼亚的一些大国，例如与波斯尼亚塞族勾结在一起的"南斯拉夫"，来毁灭波斯尼亚（Rieff 1996：23）。

团体。

《公约》还要求缔约国防止和惩治"和平时期或战争时期"的种族灭绝行为（第一条）。该公约是国际法中有着特殊地位的法律文件，但从话语分析的角度看，它的政治动员而非它的法律地位是研究的重点。把某一种情况表述为"种族灭绝"，便使公约缔约国必须履行法律上的义务。通过展示遭受种族灭绝的人们所承受的巨大痛苦，也使道义上的责任成为必然。"种族灭绝"比"正常战争"中的暴行还要残酷。当人们了解在奥斯威辛、斯雷布雷尼察或卢旺达所发生的暴行，就不可能对"种族灭绝"做出消极的反应。但是，《公约》中并没有客观的衡量标准，比如，杀害多少人才能构成"局部"消灭一个团体？某种情况是否是"种族灭绝"？若是，又应该采取怎样的外交政策予以回应？这些问题大多通过政治辩论来确定。西方关于波斯尼亚战争的辩论表明，采用"种族灭绝"这一表象是强有力的话语行为，因为它极大地改变了巴尔干话语中对道义、时间和空间身份的建构，但所发生的是否构成"种族灭绝"也是一个争论点。

种族灭绝话语在道义责任层面上明确直接地挑战了巴尔干话语。美国参议员克莱恩斯顿（Cranston）说道："不论在世界的哪个地方发生种族灭绝，我们都不能袖手旁观"（S12029，第102届国会，1992年10月10日）。《纽约时报》也认为防止种族灭绝是美国和欧洲的道德责任和法律责任（*The New York Times* 1992）。把波斯尼亚塞族战争表述为"种族灭绝"，西方则需承担保护波斯尼亚政府和人民的道义责任。在这个问题上的消极立场与西方文明、人道的身份不符（Miles 1994）。用"种族灭绝"建构波斯尼亚战争，则使它超越了"正常战争"的范畴，从而使"以纯粹道德理由"而采取的行动成为必然（Mestrovic 1996：126）。① 种族灭绝话语不仅建构了根本的道义责任，使之高于国家安全话语中的国家利益和战略可行性，并试图将"战略利益"纳入其中。对抗"种族灭绝"符合"战略利益"，因为可以阻止冲突扩散到波斯尼亚、南斯拉夫和巴尔干半岛以外的区域，可以防止疏远巴尔干半岛、欧洲和其他地方的穆斯林，还可以

---

① 丹尼尔·考夫曼（Daniel Kofman）认为以色列对战争前三年的建构体现出与塞尔维亚"想象中的亲密关系"。这主要由于在打败纳粹德国和克罗地亚独立国的过程中，塞尔维亚做出了贡献（Kofman 1996：92）。然而，许多流散在外的犹太人却同情"波斯尼亚"，这种相反的立场与以色列的立场形成了鲜明对照（Kofman 1996：110）。

对那些考虑使用种族灭绝战略的其他领导人产生威慑作用。① 参议员利伯曼（Lieberman）总结道，"如今波斯尼亚正在发生的事情使我们的道德力量、战略利益，以及我们最终的安全岌岌可危。我们目睹了在那个国家所发生的行为，如果我们转身不顾，就等于贬低了我们自己，并削弱了我们和我们家人的安全"（S12038，第102届国会，1992年8月10日）。不可推卸的责任与战略利益相融合，目的是为了防止在两者之间做出选择，因为这种选择会使种族灭绝话语受到巴尔干话语中所表述的对军队和国民负责的"国内责任"的影响。

通过纳入传统安全话语中的利益，并且通过对巴尔干话语中的空间和时间身份进行截然不同的再表述，"西方责任"得以建构。从"战争"转变到"种族灭绝"意味着巴尔干话语中"平等各方"的建构将被取代，"波斯尼亚人"被建构为不对战争的结果或结束负责的"受害者"。② 《新共和》(The New Republic) 杂志的编辑认为，有关战争"各派别"责任的陈词滥调已经大量存在。境外各国利用这种潦草仓促的语言来逃避责任（转引自 Mousavizadeh 1996a：162）。把"波斯尼亚"从巴尔干化的空间和时间维度上的他者身份建构中剥离出来，使之区别于"塞尔维亚"。"波斯尼亚"象征着多元文化和宽容，是"巴尔干多种族社会的典范"。被围困的萨拉热窝"和西方城市一样具有国际性"（Burns 1992; Kupchan 1995）。"波斯尼亚"是多元文化、宽容、国际性的楷模。这种建构与以往所有话语中把"巴尔干"与"西方"区别开来的建构不同，而且"多元文化"被表述

---

① 参见参议员克莱恩斯顿（Cranston）、迪康西尼（DeConcini）和斯柏科特（Specter）于1992年8月10日在美国参议院辩论中的讲话。

② 实际上在战争爆发以前，"种族灭绝"一词的使用已经在南斯拉夫国内引发了争议（Boban 1990; Knezevic 1993; Hayden 1992, 1993; Djilas1991：103-127）。争议的其中一个主题是有多少人死在杰斯诺瓦克（Jasenovac）集中营。该集中营由克罗地亚独立国和乌斯塔沙运动组织管理。另一个主题是1990年发现了二战结束时被共产党处决或屠杀的一些人尸体的掩埋地点。这些人主要是克罗地亚乌斯塔沙运动组织的成员，也有斯洛文尼亚卫兵和塞尔维亚切特尼克成员（Denich 1994：378）。二战后，共产党领导人决定在乌斯塔沙种族灭绝以及共产党屠杀行为的问题上采取缄默政策，并将这个问题放置在"法西斯主义的受害者"、"外国占领者和国内叛徒"的范畴中进行建构（Denich 1994：370）。20世纪80年代后期，南斯拉夫国内的政治环境变得很激进，有关种族灭绝的讨论重新被开启，并被置于愈来愈民族主义的背景之下。二战时的种族灭绝不再是一种历史记忆，而是成为建构民族身份的一种现代政治工具。

为"巴尔干"和"西方"的一种政治理想和现实。① 这就为西方采取行动提供了进一步的支持。"波斯尼亚"不仅是种族灭绝的受害者,而且与"西方"有着相似身份,在某些情况下,其身份甚至优于"西方"。曾经在克林顿政府国家安全委员会任职的查尔斯·库普乾(Charles A. Kupchan)写道:"如果西方的民主国家不再愿意捍卫位于欧洲中心的公民社会,那还算什么民主国家?"(Kupchan1995)因此,"波斯尼亚"从位于"欧洲遥远角落"、被东方化了的"巴尔干"挪移到欧洲地理位置和文化的"中心"。《新共和》杂志波斯尼亚文章合集的编辑写道,"如果我们不帮助受害者,在东西方交界处、在欧洲的中心地带采取有力果断的干预,那么西方所说的要从绥靖政策中汲取教训的话就毫无意义"(Mousavizadeh 1996b: xii)。

西方没有承担由"种族灭绝"和"多元文化主义"所激发的道义上和政治上的责任,这意味着"西方"的身份本身被玷污。波格丹·登尼奇(Bogdan Denitch)认为"西方密谋串通,参与谋杀了波斯尼亚"(Denitch 1994)。库普乾称之为"西方的腐败"。西方在空间、时间和道义维度上有别于"未开化"世界的身份建构因未能承担责任而被打乱(Kupchan 1995; Magas 1993: xx; Mestrovic 1994: 39; Rieff 1996: 10)。简而言之,"西方"证明自己没有能力按照身份行事,因此也削弱了自己的优越地位。"种族灭绝"和"多元文化主义"相结合,为干预政策提供了强有力的支持,但也使话语容易变得不稳定,因为这种结合提出了一个问题,即是否所有的"种族灭绝"都值得干预,还是说只干预那些与"多元文化身份"相关的"种族灭绝"?若是这样,这是不是又变成了西方按照自己的形象对身份进行优劣分类?

把"波斯尼亚"和"巴尔干"区别开,并把战争中的"各派别"和"各方"重新建构为"多元文化的受害者"和"侵略者",剩下的问题就是如

---

① 《独立报》指出"英国所珍视的多元文化理念处于鼎盛时期"(The Independent 1993c)。戴维·瑞尔夫对美国和波斯尼亚也作出了相似的评论(Rieff 1996: 10)。

何建构"塞尔维亚主体"。① 种族灭绝话语认为塞族人和波斯尼亚的塞族人被"塞尔维亚民族主义分子的某个派别"和"企图从冲突中获益的政客"所操纵,这与巴尔干话语中所描述的暴力的、野蛮的、仇视的、非理性的巴尔干截然不同(Mousavizadeh 1996a:162;Burns 1992)。② 通过把实施种族灭绝暴行的首领和受操纵的民众区分开,把后者视为前者宣传工作的受害者,塞尔维亚主体得以重新建构。"塞族人"或许不如"波斯尼亚人",尤其不像萨拉热窝人那样成熟、有国际化视野,但是,他们可以被教育,只要他们目前的领导人下台,他们能够接受非民族主义和非巴尔干化政治。这表明种族灭绝话语与19世纪末的文明话语有相似之处,因为文明话语把"巴尔干"建构为落后、未受过教育的。

种族灭绝话语(图6.2)的重点在于呼吁西方采取行动、承担责任,通过道德视角来解读空间和时间身份。但是,我们将在下一章看到,在种族灭绝问题上必须采取怎样的具体政策,西方内部几乎达不成任何共识。从另一方面看,"种族灭绝"也创造了一个在政治上要求很高的空间。种族灭绝话语体现在具体的辩论之中,与不同的政策相关联,如提供人道主义援助、旨在保护波斯尼亚政府的军事干预(包括空袭)或是解除针对前南斯拉夫共和国的武器禁运。

---

① 虽然追溯对"克罗地亚"的建构会是一个很有意思的研究课题,但由于塞尔维亚和波斯尼亚被作为两个主要的行为体和身份,研究对克罗地亚的建构并不十分重要。至于"克罗地亚"如何被正面或负面地建构,在种族灭绝话语中存在分歧。有时克罗地亚被赋予了与波斯尼亚同样的象征意义(Mestrovic 1994;Cushman and Mestrovic 1996;Letica 1996:174);有时克罗地亚被置于中立、含糊不清的位置;有时又被视为介于"塞尔维亚"和"波斯尼亚"之间,尤其当图季曼(Tudjman)和米洛舍维奇讨论如何分割波斯尼亚以及波斯尼亚穆族和克族陷入战争之时(Djilas 1992:26)。

② 有一种话语把种族灭绝这一建构与"塞尔维亚"的巴尔干化结合在一起(第九章将进一步讨论这种话语),但是这种话语应该被视为种族灭绝话语的变体,而非种族灭绝话语的基本形式,因为这种话语不经常被讨论,而且它更加接近巴尔干话语。在该话语中,"巴尔干身份"只是被转移到"塞尔维亚主体"上,并没有对"巴尔干身份"进行再表述。

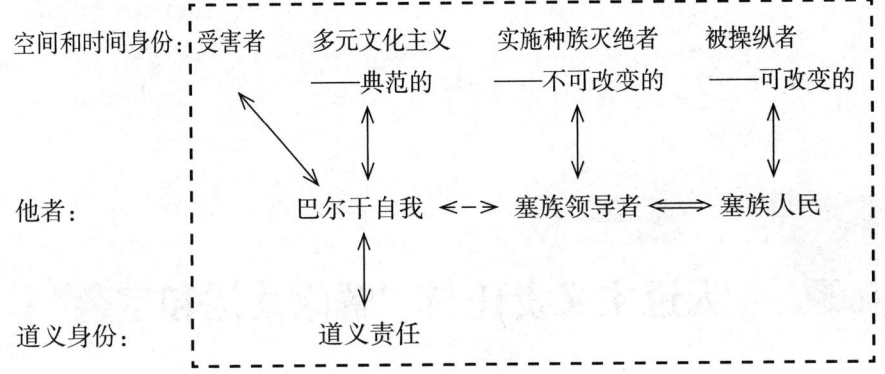

图 6.2　种族灭绝话语

第七章
人道主义责任与"解除禁运和空袭":
追溯跨大西洋政策话语

115　　巴尔干话语和种族灭绝话语这两种基本话语表述了完全不同的空间、时间和道义身份建构,创造了截然不同的西方政策空间。巴尔干话语使西方在选择是否采取干预政策时主要考虑"西方的战略利益",而种族灭绝话语则要求西方停止或纠正波斯尼亚塞族针对波斯尼亚人或波斯尼亚穆族的种族灭绝行为。然而,随着具体政策辩论的展开,这些理想类型的话语以及它们各自相关的干预政策常常会变得很复杂,因为有些话语会建构更多复杂的"巴尔干"、"波斯尼亚"以及"西方"身份,并提出与"军事可行性"相关的具体问题,从而引发辩论。结果是,各种巴尔干话语的变体可能导致西方大规模介入冲突,而种族灭绝话语却不一定会使西方派遣地面部队,进行军事干预。

　　本章将分析从1992年到1995年西方主要政策话语如何演变,两种基本话语如何被运用,如何产生更加复杂的变体,如何使针锋相对的政策合理化,以及如何稳定它们各自的身份表象和身份与政策的联系。如第二章所论,追溯一段时间话语建构的演变需要考察官方对外政策话语如何对关键事件做出反应。这些事件本身并不存在,而是由当政的政治机构、反对党和反对团体、国际机构和新闻媒体建构成为事件。一旦成为事件,它们就有可能破坏目前话语的稳定。官方对外政策话语或许会重述身份的建构和相应的对外政策,或许会承认事件的重要性,但认为它们与目前的话语相一致，也或许对这些事件视而不见、充耳不闻。

从方法论上看，关键事件可以被用来确定一个时间表，标明主要事件何时发生，何时采纳或辩解那些重要的政策。在做较长时间段的案例分析时，时间表可以显示出活动频繁、事件密集度较高的阶段。在西方关于波斯尼亚的辩论中，关键事件主要与波斯尼亚事态的发展以及国际社会所安排的一系列和平谈判相关。时间表上标明的关键阶段可以视为考察话语稳定性的关键点。例如，巴尔干话语把冲突各方建构为"平等的"，那么当有关塞族人或波斯尼亚塞族人残暴行为的大量可靠报道质疑这种建构时，我们就要分析巴尔干话语如何应对。

本章首先确立战争中关键事件以及西方政策回应的时间表。观察相互对立的战争表象、身份和应当采取的政策，就能明显地看到主要的话语分歧存在于派遣地面维和部队的西欧国家和坚决不派遣部队的美国之间。因此，本章先以英国政府为例，分析西欧的人道主义责任话语。这种话语既改变又强化了巴尔干话语内容。本章将叙述和解释人道主义责任话语如何灵活应对关键事件和媒体批评，接着将分析乔治·H. 布什以及克林顿担任总统时美国的立场。在克林顿担任总统的前四个月，美国在巴尔干话语和修改过的种族灭绝话语之间摇摆不定。但是，当西欧拒绝采纳美国的"解除禁运和空袭"政策时，美国开始向巴尔干话语靠拢。布什和克林顿都面临着政治上强烈的反对，因此本章将研究美国参议院辩论中种族灭绝话语的应用。

关键事件时间表：当地事态的发展和西方的政策回应

战争序曲和1992年的种族清洗：人道主义维和行动和西方的调停

波斯尼亚战争主要是南斯拉夫解体的产物。1991年6月，斯洛文尼亚和克罗地亚分离出联邦，开启了南斯拉夫解体的过程。多种因素导致了南斯拉夫的解体，其中包括米洛舍维奇权力基础的扩大和20世纪80年代他所煽动的塞尔维亚民族主义、南斯拉夫的金融困境，以及两极体系的终结（Banac 1992；Ramet 1996；Woodward 1995）。西方还未做出回应，发生在斯洛文尼亚的战争就结束了，大约造成20名斯洛文尼亚人伤亡。南斯拉夫人民军（JNA）十天后撤离了斯洛文尼亚，把精力集中在塞族人口占三分之一的克罗地亚。在对外政策上，布什政府只顾关注继1991年8月反对戈尔巴乔夫的政变之后苏联的解体和1991年的海湾战争，南斯拉夫问题主要由欧洲来处理。卢森堡外长、欧共体三驾马车的成员之一，雅克·普斯（Jacques Poos）曾经宣称"欧洲时刻已经开始"。欧共体牵头成立了巴丁特委员会，目的是对那些想获得欧共体承认的国家进行人权评估，并由卡林顿勋爵（Lord Carrington）出面协商和平协议（Silber and Little 1997：159）。1991年夏天和初秋，斯洛文尼亚和克罗地亚显然不同意成立松散的南斯拉夫联盟，因此波斯尼亚和马其顿必须做出选择：要么继续留在塞族人占主导地位的南斯拉夫，要么寻求独立。这两个共和国选择了后者。在1991年12月20日的投票中，波斯尼亚议会支持独立，而塞族议员反对独立。1992年1月9日，波斯尼亚塞族开始"报复"，宣布成立自己的波斯尼亚—黑塞哥维那塞尔维亚共和国，并将其纳入南斯拉夫联邦（Silber and Little 1997：218）。此后，为了获得欧共体的承认，波斯尼亚按照巴丁特委员会的规定举行了关于独立的全民公决，结果大多数人支持独立，但遭到了塞族的抵制。

1992年4月6日，欧共体和美国承认波斯尼亚为独立国家。两天后，南斯拉夫人民军开始轰炸波斯尼亚城市芝沃尼克，战争爆发。在接下来的几个月，战争迅速升级。由于联合国自1991年9月以来对南斯拉夫全境实施了武器禁运，而且塞族一方占有南斯拉夫人民军的绝大部分资源，波斯尼亚政府发现自己处于非常不利的地位。在战争爆发后的头几个月，塞族夺取了大量地盘。到6月中旬，有110万人流离失所。截至1992年末，近200万人（相当于战前人口的一半）沦为难民（Silber and Little 1997：252）。7月19日，《新闻日报》（Newsday）的罗伊·伽特曼（Roy Gutman）撰文，描写了波斯尼亚境内的塞族/波斯尼亚塞族集中营。8月初，彭尼·马歇尔（Penny Marshall）为英国独立电视新闻公司（ITN）制作了有关奥马尔斯卡集中营的电视报道，展示了在带刺铁丝网后消瘦憔悴的犯人的画面（Gutman 1993；Campbell 2002a and 2002b；Ó Tuathail 1996b）。有关奥马尔斯卡、特尔诺波尔耶、曼杰采、科瑞特尔姆这四大集中营的纪实报道迫使西方国家政府采取措施中止这场"种族清洗"。8月，当时担任欧共体主席国的英国以欧共体和联合国的名义召开了伦敦和会（Silber and Little 1997:252）。此次会议决定在日内瓦设立一个和平谈判框架。塞族做出了让步，同意让联合国在一周内核查部署在萨拉热窝、比哈奇、戈拉日代和亚伊采的重型武器，并同意撤出一个还未界定的区域（Silber and

Little 1997：260；Simms 2001：261）。赛勒斯·万斯（Cyrus Vance）被联合国任命为调停人。会议结束时，欧文勋爵（Lord Owen）被任命为新的欧共体调停人，以取代卡林顿勋爵。

在6月底，联合国已可以使用在萨拉热窝的机场。萨拉热窝被围困，由于缺乏食物和药品，面临着人道主义危机。9月14日，联合国安理会通过了第776号决议，宣布向波斯尼亚派遣维和人员，把部署在克罗地亚的联合国保护部队（UNPROFOR）扩展到波斯尼亚。联保部队是联合国所派遣的最大规模的维和部队。截至到1994年底，该维和部队人员增加到4万人，主要来自西欧的北约成员国，其中法国和英国派出的维和人员最多（Roberts 1995：401：Ramet 1996：247）。尽管部署在战区，联合国维和部队的任务只是维和，不参与作战，正如授权书上所说，"确保和平政治解决冲突"（1992年2月的联合国第743号决议）。维和部队的主要任务是"在获得该地区主要武装力量（在多数情况下指的是波斯尼亚塞族武装）许可后"，保障人道主义援助物资的运输（Roberts 1995：402）。在地面部署维和人员意味着那些派遣维和人员的国家对使用武力，尤其是空袭，会持有高度怀疑态度，因为这将威胁到维和人员的安全。

万斯—欧文和平计划和"安全区"

虽然波斯尼亚问题不是乔治·H.布什政府关注的重点，但却成为1992年美国总统大选中的议题，尤其当1992年夏天有关集中营的报道出现在媒体之时。总统候选人克林顿主张空袭并解除对波斯尼亚政府的武器禁运，也就是所说的"解除禁运和空袭"政策。1993年就任美国总统后，克林顿发现西欧的人道主义维和行动和调停极大地限制了可能采取的政策，西方也很难在"解除禁和空袭"政策上达成一致意见。

作为寻求战争解决方案的首次大的尝试，万斯—欧文计划于1993年1月提出，得到了欧共体外长们无条件的支持（Daalder 2000：11）。万斯—欧文计划设想了十个"地区"，波斯尼亚塞族和穆族各自控制三个地区，克族控制两个地区，还有一个地区由克族和穆族共同管理，而最后一个地区，也就是萨拉热窝，将作为共同的首都（Silber and Little 1997：276）。在领土划分上，塞族约占40%，穆族和克族各占30%。由于波斯尼亚克族在战前总人口中的比例仅为17%，所分配到的"地区"与克罗地亚毗邻，克族显然是该计划的受益者，因此他们立刻签署了该项计划（Silber and

Little 1997：277）。波斯尼亚塞族占战前人口的30%，目前控制着70%的领土，但他们所分配到的"地区"互不相连，且不紧挨着塞尔维亚。波斯尼亚穆族则不得不放弃维持一个多种族、统一的波斯尼亚的想法。克林顿政府认为万斯—欧文计划偏向于那些实施种族清洗暴行的波斯尼亚塞族人，在战略上也难以执行。但是，由于欧洲支持这项计划，美国便没有断然否决（Daalder 2000：10-11）。

1993年3月和4月，事件频发。波斯尼亚塞族包围了穆斯林飞地斯雷布雷尼察。从之前遭受种族清洗地区来的难民挤满了这个城镇。塞族人禁止运送援助物资的车队进入斯雷布雷尼察。在世界卫生组织（WHO）工作的英国医生撰写报告说，在斯雷布雷尼察，有人被活活饿死。联合国部队的指挥官菲利普·莫里隆（Philippe Morillon）也从保卫斯雷布雷尼察的波斯尼亚穆族那里获悉，他们的弹药已快用尽，将无法抵抗塞族的进攻（Silber and Little 1997:266）。莫里隆于是亲自带领一个车队进入斯雷布雷尼察。进城后，数百名妇女和儿童蜂拥上来，把车队团团围住，直到莫里隆承诺结束塞族的进攻，车队才得以前行。3月18日，有关斯雷布雷尼察的图片在世界范围内传播，要求西方采取行动的呼声高涨。3月25日，伊泽特贝戈维奇（Izetbegovic）很不情愿地在万斯—欧文计划文件上签字。塞族却加强了对斯雷布雷尼察的进攻。在4月12日的炮轰中，不到一小时就有56人丧生，其中包括当时正在校园内踢足球的孩子们（Silber and Little 1997：269）。四天后，联合国安理会通过了819号决议，宣布斯雷布雷尼察为"安全区"，"不再有武装袭击或其他敌对行为"。莫里隆也宣布，袭击斯雷布雷尼察意味着"对全世界宣战"（引自Silber and Little 1997：275）。在华盛顿，包括总参谋长柯林·鲍威尔（Colin Powell）在内的顾问都倾向于"解除禁运和空袭"方案。5月初，国务卿沃伦·克里斯托弗（Warren Christopher）出访欧洲，寻求对这一方案的支持，因为签署万斯—欧文计划的最后期限即将到来。结果欧洲人没有被说服。他们认为"解除禁运和空袭"方案将会威胁到维和人员的安全，使人道主义行动受挫；况且没有地面部队的配合，空中打击也难有战略上的成效。但是，克林顿总统坚决不考虑派遣美国地面部队。

波斯尼亚塞族议会宣布在5月15日至16日举行关于万斯—欧文计划的全民公决。这一举动被认为是塞族人推延拒绝该计划的一个策略。5月6日，萨拉热窝、图兹拉、比哈奇、泽帕和戈拉日代这五个城镇也被列为

"安全区"。这就需要增派34000名联合国维和人员来执行建立安全区的决议，但后来只增加了7000名维和人员（Silber and Little 1997：275）。5月中旬，波斯尼亚塞族正式拒绝签署万斯—欧文计划。波斯尼亚克族和波斯尼亚政府军/波斯尼亚穆族开始交战。5月22日，美国、俄罗斯、西班牙、英国和法国签署了联合行动计划，表明愿意动用武力保护安全区、建立一个战争罪行法庭、监控波斯尼亚和塞尔维亚边界以确保塞尔维亚不向波斯尼亚塞族运送武器，并增强在科索沃和马其顿的军事力量以阻止冲突的蔓延（Daalder 2000：19）。

联络小组、塞族的轰炸和北约人质

随后两年中的关键事件主要与塞族的残暴行为，尤其是针对安全区的暴行，以及一系列未能得到三方同意的和平计划有关。1993年7月，由于轰炸，食物无法运抵市区，萨拉热窝再次出现人道主义灾难。为此，克林顿再度试图说服欧洲支持"解除禁运和空袭"方案。8月2日，北约秘书长韦尔纳（Wörner）发表声明说，"如果萨拉热窝继续被围困，盟军决定将使用更强有力的措施，包括空袭"（引自Secretary General of the UN 1999：29），但一周后的另一个声明却撤回了这一立场，并且重申了所谓的"联合国—北约双键制"，即只有在得到联合国秘书长、联合国维和部队指挥官和北约盟军南部总司令许可的情况下才能使用空中力量。双键制使采纳空袭方案的程序繁琐。英国坚持认为应该执行双键制，并在其中发挥了重要作用（Daalder 2000：22）。尽管如此，面临空袭的威胁，波斯尼亚塞族放弃了他们在萨拉热窝上方山脉中的重要据点。以前因抗议塞族轰炸而退出和平谈判的伊泽特贝戈维奇（Izetbegovic）也重返谈判进程。下一个和平计划以英国战舰"HMS无敌号"命名，也被称为"三个共和国联盟和平计划"。该计划力图使三国的领土相连，但把位于波斯尼亚东部的安全区，也就是斯雷布雷尼察和泽帕，划归波斯尼亚政府，而波斯尼亚塞族也非常想得到这两个地方，于是提出用萨拉热窝周边的领土来交换。波斯尼亚议会拒绝了塞族的提议，并于9月29日宣布拒绝接受无敌号和平计划。无敌号和平计划的主要内容后来被纳入1993年12月欧盟提出的行动计划，但该行动计划也于1994年1月以失败告终（Silber and Little 1997：306；Secretary General of the UN 1999：30-31）。

引起西方媒体关注，促使国际社会采取行动的另一场大屠杀发生在

1994年2月5日。那天，一个迫击炮弹在萨拉热窝的露天市场爆炸，造成68人丧生，200多人受伤，多数受难者是平民。联合国秘书长寻求安理会支持北约空袭波斯尼亚塞族在萨拉热窝市内和周边的阵地，但是英国维和部队的指挥官迈克尔·罗斯（Michael Rose）反对这一举动。他认为迫击炮也可能是波斯尼亚政府方发射的，虽然这一观点后来被驳斥。罗斯倾向于支持英国政府提出的停火方案，即在10天内设立一个20公里的非武器区，否则将启动空袭计划。波斯尼亚塞族遵循了这些条件。同时，由美国出面协商的华盛顿协议则结束了一年前万斯—欧文计划失败后克族和穆族之间的交战。

1994年4月，谈判框架被重新调整，成立了由美国、俄罗斯、英国、德国和法国组成的联络小组，欧盟/联合国调停人欧文和斯托尔滕贝格（Stoltenberg）的作用被削弱。1994年7月，联络小组提出和平计划，但却遭到波斯尼亚塞族的拒绝。塞族于4月猛烈攻击戈拉日代安全区。4月10日，美国的F-16战斗机成功袭击了塞族的一个炮兵指挥设施，摧毁了一辆坦克和两辆装甲运兵车（Secretary General of the UN 1999: 34）。4月14日，波斯尼亚塞族武装实施报复，把约150名联合国人员扣为人质。直到联合国同意终止"在戈拉日代上空的巡逻"，这些人质才被释放。1994年秋开始了又一轮的激烈交战。塞族袭击了比哈奇安全区，于是北约空袭了克罗地亚境内塞族控制的乌德比纳机场。北约本想炸毁整个机场，但是联合国维和部队坚持认为只需轰炸机场的跑道。

1994年末，波斯尼亚塞族和波斯尼亚政府签署了四个月的停火协议。1995年4月初，战火重燃。新上任的联合国维和部队指挥官鲁伯特·斯密斯（Rupert Smith）强烈要求对波斯尼亚塞族实施空袭，但是联合国秘书长特别代表明石康（Yasushi Akashi）以及部队指挥官伯纳德·詹维尔（Bernard Janvier）持反对意见。5月22日，波斯尼亚塞族从联合国武器收缴站夺获了两件重型武器，波斯尼亚政府军也随即撤走了他们的武器。鲁伯特·斯密斯威胁双方，如不在24小时内归还武器，就将对其实施空袭。波斯尼亚塞族拒不服从，于是北约战机轰炸了塞族议会所在地帕莱城外的波斯尼亚塞族军火库。波斯尼亚塞族则采取报复行动，加大力度袭击波斯尼亚的其他地区。图兹拉安全区遭到炮轰，导致71人死亡，近200人受伤。北约进一步轰炸塞族在帕莱的军事设施，波斯尼亚塞族则把370多名联合国维和人员扣为人质，并将一些人质绑在军事战略点，以阻止北约继续空袭。联合国和北约不愿看到维和人员受到伤害，也不愿对抗升级，于是停止了空袭。6月2日至18日，人质被释放。出于对自己部队安全的担忧，法国和英国成立了快速反应部队，由全副武装的两个旅构成。

斯雷布雷尼察、显示力量行动和《代顿协议》

回顾从万斯—欧文计划失败到1995年6月这段时间的事态发展，我们看到和平谈判持续不断；一个个和平计划遭到拒绝；波斯尼亚塞族实施战争暴行；联合国维和人员被扣为人质，以及联合国不愿对波斯尼亚塞族进行空中打击。发生在斯雷布雷尼察安全区的大屠杀则彻底改变了这种事态发展模式，并使美国开始在军事和政治进程中发挥领导作用。荷兰维和人员负责保护斯雷布雷尼察，但他们只带有轻型武器，无法阻止塞族于1995年7月11日攻占该保护区。7月12日，波斯尼亚塞族驱逐了5000名妇女、儿童和老人，并在布拉图尼卡（很多人被运送到此地）或在通往图兹拉的路上（12000名到15000名波斯尼亚穆族男子在逃离斯雷布雷尼察时，选择了这条路线）处决了7000多名波斯尼亚成年男子和男孩。7月17日，幸免于难的人开始抵达图兹拉。据他们讲，有许多人被草草处决。当媒体报道这些故事时，联合国、北约以及整个国际社会倍感压力。①

有关斯雷布雷尼察的报道和另外一个安全区泽帕的沦陷使西方下定了决心。法国主张加强对安全区的军事保护，克林顿表示赞同，英国也最终改变了以往的态度。之后不久，克罗地亚政府军队发起了"风暴行动"，把克罗地亚塞族赶出了自1991年以来占领的卡拉伊纳地区，这令大多数西方评论者惊讶。美国谈判团队的领导理查德·霍尔布鲁克（Richard Holbrooke）极力主张联合国重新部署维和人员，以免他们被塞族武装扣为人质。8月18日，波斯尼亚塞族袭击了萨拉热窝的市场，造成37人丧生，大约90人受伤。联合国维和部队和北约的指挥官都一致认为对波斯尼亚塞族实施空袭的条件已满足（Secretary General of the UN 1999：94-95）。

在8月30日到9月21日的"显示力量行动"中，北约共飞行3,500架次，轰炸了60多个目标（Secretary General of the UN 1999：98；NATO

---

① 参见Wilkinson（1995）。联合国以及荷兰政府所委托的荷兰战争文献记录学会在后来的报告中试图确定大屠杀的政治背景，并且对联合国以及荷兰营（Dutchbat）的行动进行评估（Secretary General of the UN 1999；Netherlands Institute for War Documentation 2002）。

2002）。霍尔布鲁克率领的团队同时展开了繁忙的穿梭外交工作，为将在俄亥俄州代顿的怀特－帕特森空军基地举行的和平谈判做准备。11月21日，谈判各方达成了代顿协议，并于12月14日在巴黎签署了该协议。根据协议，51%的领土划归给波斯尼亚联邦/波斯尼亚穆族和波斯尼亚克族，49%的领土划归给塞尔维亚共和国。在协议所创建的政治结构中，联邦政府的权力较弱。比哈奇、图兹拉、萨拉热窝和戈拉日代这四个安全区位于波斯尼亚联邦境内，而波斯尼亚塞族则保留了他们在7月占领的斯雷布雷尼察和泽帕。协议的执行被分为军事和民事两个部分。军事部分由北约承担。于是北约展开了在其历史上前所未有的"区域外"行动，派出了6万部队，其中三分之一是美国部队。战争的结束并未平息有关西方是非功过的辩论。如何评价代顿协议，人们意见不一。有些人认为代顿协议容忍了种族清洗和大屠杀，但也有些人认为这是唯一能够带来和平的协议。

总结自1992年战争开始到1995年《代顿协议》签署这段时间的事态发展，我们可以列出以下时间表，以说明不断增加的军事、政治和媒体活动。如第五章所述，可以从这些时间段中选择实证材料，研究话语的稳定性。

1. 1992年3月6日—5月29日：战争的序幕和开始。
2. 1992年7月19日—9月20日：集中营和种族清洗罪行被曝光、伦敦和会、联合国维和部队扩展到波斯尼亚。
3. 1993年2月1日—5月22日：提出万斯—欧文计划、建立安全区。
4. 1994年2月5日—4月30日：萨拉热窝大屠杀、塞族袭击戈拉日代、北约轰炸、150名联合国人员被扣为人质。
5. 1995年5月20日—6月30日：北约轰炸波斯尼亚塞族在帕莱的军火库、塞族袭击图兹拉、造成71人伤亡、北约继续轰炸、370名联合国人员被扣为人质。
6. 1995年7月1日—9月16日：斯雷布雷尼察和泽帕被攻陷、萨拉热窝大屠杀、"显示力量行动"。
7. 1995年11月10日—12月20日：签署《代顿协议》。

西欧的人道主义

开展维和行动、缓解"人道主义危机"与举行谈判、寻求三方都能接受的政治解决方案相结合,是西方从战争爆发到"显示力量行动"为止所采取的主要政策。执行并捍卫这一政策的主要政治行为体是那些派遣维和部队的国家,其中法国和英国派出的部队最多,还有欧共体/欧盟、联合国的调停者和特别代表。英国最不愿意采取更加强硬的政策,包括美国的"解除禁运和空袭"政策,并坚决捍卫"人道主义",因此可以英国为例,研究西方的调解和维和政策如何被合理化。① 这一政策的主导话语表述了巴尔干话语的核心内容,但是又通过建构"对冲突的受害者所负的人道主义责任"使话语复杂化。在一些关键事件面前,诸如,波斯尼亚塞族反复实施暴行、波斯尼亚塞族拒绝签署万斯—欧文计划和联络小组的和平计划,这一话语表现出惊人的适应能力。

重塑巴尔干话语

在表象的运用上,西欧话语和巴尔干话语之间存在明显的延续性。它们所用的表象都强调冲突巴尔干空间身份和"古老仇恨"这种时间身份阻碍了"巴尔干"的转变和进步(Silber and Little 1997:254)。战争与"当今穿越欧洲那一区域的断层线"相关,"数百年来一直如此"(Hurd, Hansard, 1995年5月9日,第583栏)。"巴尔干的野蛮行为令西方文明世界震惊"(Portillo, Hansard, 1995年7月19日,第1743栏)。英国外交大臣道格拉斯·赫德(Douglas Hurd)曾说道,"古老的仇恨一旦被激发,就很难再平息",波斯尼亚战争属于那种"由长期相互敌视而导致的内战。战争之所以延续是由于人们没有缔造和平的意愿"(Hansard, 1992年9月25日,第125栏,引自Simms 2001:23)。政策文本表述了"巴尔干"明确的空间和时间身份,并且经常采用巴尔干话语的政治空间,把战争建构为"平等各方"之间的战争(Conversi 1996:245;Simms 2001)。虽然

---

① 德国曾经为斯洛文尼亚和克罗地亚得到承认而积极游说,但在波斯尼亚问题上却采取了低姿态。出于历史和宪法上的原因,德国没有向波斯尼亚派遣维和人员。德国夹在美国和英法之间左右为难(Maull 1995-1996:109)。

大部分战争暴行都是由塞族实施的，但这并未从根本上改变对战争的建构，即这是一场发生在三方之间的"内战"。塞族于1993年4月袭击了斯雷布雷尼察，造成56人死亡。两周后，赫德说道，"邪恶不是哪一方的专利。这不是一场圣人或英雄之间的战争"（Hansard，1993年4月29日，第1167栏）。工党影子内阁大臣约翰·坎宁汉姆（John Cunningham）在回应演讲中重申了这种表象，"现实是，在波斯尼亚的政治领导人和军事领导人中没有哪一个是无辜的。他们都对大屠杀的继续发生负有重大责任"（Hansard，1993年4月29日，第1178栏）。

根据这些时间和空间建构，巴尔干话语中所建构的责任自然要由"各方"自己来承担。如道格拉斯·赫德（Douglas Hurd）所说，"联合国维和部队不可能永远驻守在巴尔干收拾残局，把人们从他们自己的行为后果中解救出来"。"我们可以把冲突各方带到谈判桌前，但只有他们自己才能决定什么时候坐下来认真商讨和平"（Hansard，1995年5月5日，第587-588栏）。1995年7月斯雷布雷尼察大屠杀后，国防大臣迈克尔·波蒂略（Michael Portillo）说道，"做决定的时机已成熟。作战各方应该考虑联合国撤出后的严酷现实"（Hansard，1995年7月19日，第1746栏）。坎宁汉姆辩论说，"必须有一个解决波斯尼亚局势问题的政治方案。人们迟早要接受这样的现实，也就是说，他们不能继续自相残杀，而是要学会和睦相处，至少不能像前几个月那样诉诸暴力"（Hansard，1993年4月29日，第1183栏）。①

对"各方责任"的表述也建构了一个把"国家利益"和"国内责任"放在优先地位的政治空间。赫德争辩说，"我们不能采取那种严重威胁英国军队安全的行动。这不符合英国的利益。我们不能假装认为我们可以干预和解决每一场引起公众注意和同情的悲剧……作错误的类比，希望明天的头版头条会有更好的报道，这些都不应该成为我们作决定的基础，尤其当我们的决定会影响到人的生命，特别是英国军人和老百姓的生命之时"

---

① 法国外长朱佩断言，"如果交战各方拒绝所有的政治解决方案，那我们不可能无限期地送去数亿法郎，也不可能使数千名维和人员一直处在战火之中"（引自Wood 1994：148）。与英国相比，法国在很多情况下采取了更加倾向波斯尼亚的态度。比如，法国推动北约在1994年2月萨拉热窝遭迫击炮袭击后向波斯尼亚塞族发出了最后通牒。然而，作为派遣维和部队最多的国家，法国和其他欧洲国家一样反对美国所呼吁的更强有力的"解除禁运和空袭"政策（Wood 1994：148；Lepick 1996）。

(*Hansard*，1993年4月29日，第1174和1176栏）。如第六章所述，巴尔干话语促使西方在波斯尼亚采取行动，但只有在国家利益或西方利益受到威胁时才采取行动，而不是出于道义上的关怀。波蒂略（Portillo）说道，"一些极大的风险从一开始就存在，比如，这场冲突将恶化为地区战争，巴尔干战火重燃，高度危险的国际力量卷入其中。因此，遏制冲突是西方至关重要的利益"。派遣维和部队不应被视为对作战某一方的支持。"我们到波斯尼亚的目的不是参战，而是拯救生命。我们部队的使命不是制造战争，而是给当地人民运送食物和药品，尽可能地带给他们信心和安全"（*Hansard*，1995年7月19日，第1741栏）。所以，我们不应该成为"占领军"或是"代表穆斯林或任何团体的作战人员"（Hurd, *Hansard*，1993年4月29日，第1168和1173栏）。

分裂的人道主义责任

西欧的政策话语并非盲目重塑巴尔干话语，而是通过表述"对冲突中的受害者负有人道主义责任"来修改巴尔干话语。若不修改巴尔干话语，就将很难解释为什么派遣大量的部队在相当危险的情况下执行维和任务，因为根据巴尔干话语，西方只能进行有限干预。1992年9月，赫德在解释英国参与联合国维和行动的原因时曾宣布"这是一次帮助应对人道主义灾难的人道主义行动"。八个月后，他又声明说，"我们的军队在波斯尼亚是出于人道主义目的。我们没有打算把他们转变为占领军或是靠诉诸武力强行解决问题的作战部队"（*Hansard*，1992年9月25日，第123栏；*Hansard*，1993年4月29日，第1168栏）。因此，"人道主义"不能与军事介入冲突相混淆。把维和部队派遣到波斯尼亚，目的是保护平民免受饥荒以及执行对前南斯拉夫的禁运和制裁。维和部队的存在或许有助于稳定局势，从而使"各方"达成一个"政治解决方案"。派遣联合国地面维和部队与"军事干预"不同，军事干预并未列为"可选择的方案"（Hurd, *Hansard*，1993年4月29日，第1168栏）。

把"人道主义使命"建构为"拯救生命，消除饥荒"，意味着西方政府和联合国可以把它们采取的行动描述为对1992年夏开始出现的有关塞族暴行的媒体报道的反应（Hurd, *Hansard*，1995年5月9日，第584栏）。政府都关心各自的国家利益，但也对人类的苦难表现出道义上的关切。这种人道主义责任话语重塑了巴尔干话语中"由于战争而四分五裂的巴尔干"

和"文明的西方"的差别，同时也将规范和文明话语中的元素纳入其中，即把"西方文明"建构为对他者的苦难和落后肩负道义上的责任。"人道主义责任"对空间身份的建构产生影响，因为它使巴尔干话语中的"平等各方"复杂化。人道主义责任话语所采取的主要话语策略是把"平民"作为"无辜的受害者"，与"各方"的"领导者"相对立。"那些无辜的妇女、儿童、老人、平民和非作战人员是内战中不幸的受害者。他们的政治和军事领导者在继续使他们饱受战乱之苦"（Cunningham, *Hansard*, 1993年4月29日，第1178栏）。这种针对"平民"的"人道主义责任"通过引入"双重主体"修改了最初的巴尔干话语。"波斯尼亚"不再只是由"各方"构成，而是由"各方"和"平民"，"发动战争的领导者"和"无辜的受害者"并列构成。使用第三章所提到的分析术语，即关联性和差异性，可以看出"平民"、"受害者"和"无辜者"被关联在一起，而"领导者"、"施动者"和"当负责任者"被关联在一起，两者截然不同，完全对立。这也意味着"巴尔干特征"（Balkaness）被建构为领导者的一个特性，而"无辜的平民"则被模糊地描述。他们既是"巴尔干"的产物，又与领导者完全不同（图7.1）。在种族灭绝话语中，"波斯尼亚受害者"被置于一个宽容、自由民主和多元文化的"波斯尼亚"加以描述，而人道主义责任话语中的"无辜受害者"却在政治上属于白板一块。他们没有特定的民族或政治身份，也没有西方需要挖掘的明确的文明潜质。简而言之，这些"平民受害者"仅仅由于他们与"巴尔干领导者"的差异而产生。"巴尔干"主体被分裂为"领导者"和"平民"，这进一步意味着责任也被分为西方人道主义责任和巴尔干政治责任。"巴尔干"领导者都需要对战争本身负责。

仔细分析双重的"波斯尼亚主体"的稳定性，第一个重要发现是"平民"的引入使"巴尔干主体"变得复杂，并使"各方"分裂为两个相对立的部分：在政治或军事上参与冲突的人和那些没有政治或军事身份的"平民"。这两种主体之间的界限表明若采取行动，即便是为寻求和平解决冲突而做出努力，主体将自动由"无辜的平民"转变为"政治各方"，从而不再是西方负责的对象。简而言之，在人道主义责任话语中，责任只应用于被动的主体。由于"领导者"被建构为那些具有施动性，并且应当对战争负责的人，就不大可能引入"平民施动者"，即"平民"不仅努力使自己存活，而且通过支持"他们的领导者"、创建市民社会网络或是动员"国际社会"干预冲突来试图影响战争的结果。引入这种"平民施动者"会使

"领导者"和"受害者"之间明确的差异复杂化。更重要的是,西方人道主义责任和巴尔干政治责任之间的区别也会因此而失去话语稳定性,而这种区别正是人道主义话语所竭力维护的。如果"平民"不再是被动的"受害者",而是为政治目标奋斗的施动者,那么为"平民"所负的责任将不仅仅是提供"人道主义援助","非政治的平民受害者"与"应为战争负责的政治领导者"之间的差别也会失去话语稳定性。

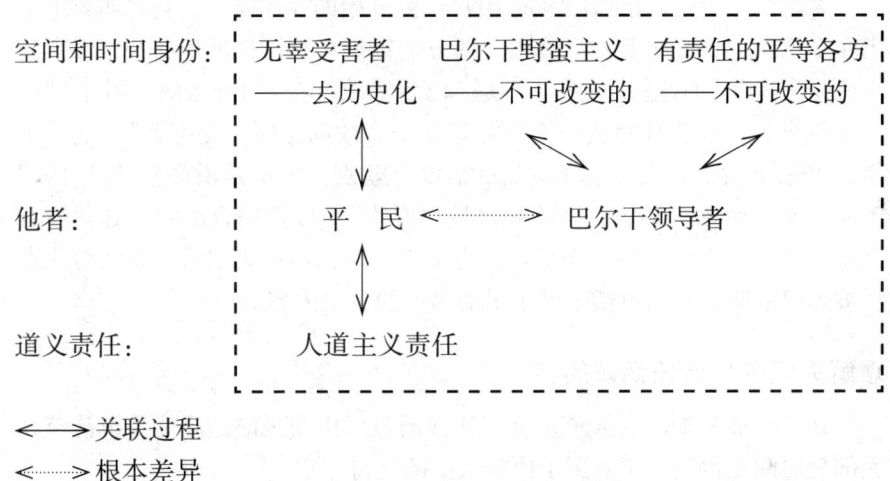

图7.1 人道主义责任话语

根据人道主义责任话语,西方对非政治的波斯尼亚主体负有道义上的责任。在第六章中,巴尔干话语对战争的空间和时间身份建构使战争的背景、过程以及特定群体和施动者的地位和行动不加区分地包括在内,并被归为乌有,因为这是那些超越西方政治控制或责任范畴的"古老"力量所导致的战争。

人道主义责任话语将"领导者"和"平民"区分开,似乎提供了在政治上更加敏感的叙述,但却没有从历史或政治角度描述这些"平民受害者"是如何产生的。"平民受害者"没有任何政治或民族的含义。没有"波斯尼亚受害者",也没有"穆斯林受害者",只有"平民受害者"。与巴尔干话语中的"各方"一样,这些"平民受害者"是单一的主体。没有政治上的描述意味着"对平民受害者的责任"应该由巴尔干话语中的"领导者"

承担。正是这些"领导者"发动了战争，而且阻碍着战争的结束。他们面临的压力和应当承担的责任因此得以加强：他们不仅要为"战争"负责，也要为自己的百姓遭屠杀负责。从巴尔干话语到人道主义责任话语，"西方"的责任被扩展，但是西方所负的人道主义责任是针对那些"受害者"。这些人成为"受害者"，是由于他们的"政治和军事领导者"，而不是由于任何政治历史或西方所采取的行动。

  人道主义责任话语试图顺应1992年夏开始的媒体压力，它并非弃绝了巴尔干话语，而是将其加以修改。西方的责任只是被扩展到那些"无辜的平民受害者"，而这些"受害者"是"巴尔干领导者"所导致的。因此，"巴尔干领导者"要为此负责，而西方正在竭力救助这些"受害者"。这并不是说巴尔干话语和人道主义责任话语没有差别，也不是说这些"受害者"不属于某些政治、种族、民族和宗教"群体"，或是联合国维和部队没有拯救具体的个人的生命，而是说人道主义责任话语在表述道义责任时，责任被加以限制，并且重塑了巴尔干话语中的重要内容。

理解人道主义责任话语的稳定性

  在整个战争期间，人道主义责任话语显示出非凡的适应能力，甚至在大部分时间里得到了工党影子内阁大臣的支持。①

  前文中的引言多来自重要事件发生后在英国引发的辩论。例如，1992年7月和8月，塞族集中营被曝光；炮轰斯雷布雷尼察；1993年4月，由于塞族的反对，万斯—欧文和平计划失败；1995年7月，斯雷布雷尼察被攻占以及随后的大屠杀。人们或许会认为所有这些关键事件都会挑战"平等各方"这一建构，再加上对政府的这一建构以及政府拒绝采取强有力的军事干预行动，媒体持批判态度，挑战愈加猛烈。1992年8月15日的《独立报》写道，"在塞族无情残暴的种族'清洗'中，穆斯林毕竟遭受了更大的苦难"；"在过去一年中，西方的政策太优柔寡断、太被动"（The Independent，1992）。《卫报》在1993年4月6日的社论结尾质问道，"我们为何、如何没能够拯救波斯尼亚？"《泰晤士报》认为"波斯尼亚人正在为一年多前欧洲的举棋不定付出惨痛的代价，因为欧洲那时若采取预防性行动，这场战争可能就不会爆发"。《独立报》指出"当这个国家的人民目

---

① 克莱尔·肖特（Clare Short）是工党中持批评意见的主要人物之一（他后来担任了部长）。

睹在波斯尼亚发生的暴行时，一种深深的集体愧疚感就会油然而生"（*The Guardian* 1993b；*The Times* 1993；*The Independent* 1993b）。两年后，也就是 1995 年 7 月，《泰晤士报》用相似的批评论调写道，"不履行郑重的承诺、临时拼凑方案、发出虚张声势的最后通牒，这一切实在是太糟糕"（*The Times* 1995a）。代顿协议签署后，《独立报》回顾了"这场让欧洲蒙羞的战争"（*The Independent* 1995）。①

媒体的批判立场意味着英国政府不得不为自己对波斯尼亚战争的建构和所采取的维和及政治调停政策进行辩护。② 塞族的战争暴行、波斯尼亚塞族不愿接受和平计划、媒体又将这些公之于众，面对这种情况，英国政府是如何辩护的呢？根据前文对人道主义责任话语的分析，我们可以看出英国政府采用了三种话语策略。第一，"平等各方"的建构在回应战争暴行、侵略行径时表现出非凡的内部稳定性，尽管这一建构后来被重新表述，划分为"领导者"和"受害者"；尽管绝大部分的战争暴行、侵略行为只是由一方实施的。例如，1995 年 7 月斯雷布雷尼察被攻占后，波蒂略争辩说，"没有哪一方是无可指责的。""各方都实施了屠杀、强奸和其他暴行"（Portillo，*Hansard*，1995 年 7 月 19 日，第 1740 栏）。用于解读"各方"、"领导者"和"战争"的单一空间维度意味着"塞族的暴行"、"穆族的暴行"或是"克族的暴行"这种建构被"巴尔干"和"各方"的单一空间身份所抹杀。曝光越多的暴行，即便这些暴行是一方所为，就越能证明这是一场"非西方的""野蛮的"战争。把主体划分为"领导者"和"受害者"也不会改变这种描述，而是透过"领导者""野蛮的"特性来解读"战争暴行"，从而使西方更加有必要为"受害者"提供人道主义援助。

回应媒体批评的第二个话语策略是表述"对平民受害者负有的国际责任"和"对我们的部队负有的国内责任"以及将二者与军事行动的可行性评估相结合。核心观点是解除武器禁运和实施空中打击在军事上效果不佳，而且会危及维和人员和人道主义物资运输的安全。1995 年 5 月赫德争辩道，"没有哪个政府的军事专家会认为使用空中力量就能够改变波斯尼

---

① 虽然对英国媒体话语的详细研究超越了本章的范畴，但值得注意的是，1992 年 8 月、1993 年 4 月和 1995 年 7 月上述三家报纸上刊登的所有关于波斯尼亚的社论（总共九篇）都批评了西方和英国的政策，有些社论甚至猛烈抨击了这些政策。

② 需要注意的是，媒体并没有针对西方政策的所有内容提出异议。例如，媒体广泛支持继续实施武器禁运。

亚山区的战况。如果解除武器禁运，战争会继续，甚至会加剧"（Hurd, Hansard, 1995年5月9日，第583栏）。英国政府反复提到塞族的军事技能高超，尤其善于在波斯尼亚山区打游击战以及二战中的德国部队发现他们几乎不可能征服塞族（Simms 2001：223-272）。英国政府一再坚持"政治解决"冲突，坚决反对采用更为强硬的军事战略。"持续的战争"或许会使战事有利于波斯尼亚政府，但也会产生更多的受害者，从而恶化西方正在努力解决的"人道主义危机"。若再加上空袭，那就会使维和部队陷入危险之中。因此，"解除禁运和空袭"政策将不利于英国政府履行"对波斯尼亚受害者负有的责任"以及"对我们的部队负有的责任"。这一话语完全没有提及对波斯尼亚政府可能负有的政治责任，所以也不考虑针对"波斯尼亚各方"的武器禁运所带来的负面后果。目前的政策被建构为有利于英国政府履行国际和国内责任的政策，并在1994年维和人员被波斯尼亚塞族扣为人质后明确指出"国内责任"最为重要，"战争若继续"，将有必要撤出维护部队。

维护人道主义责任话语稳定性的第三个话语策略是把发表意见的政治家们建构为拥有知识和权威、发挥领导作用、承担责任的人。在讨论军事可行性时，政治家们通过援引"专家"意见，或是进行历史类推（比如赫德），或如西姆斯（Simms）所说，通过"反复提及议员们的军事经历，尽管这些经历与议题毫不相干"，把自己建构成为内行人（Simms 2001：282）。比动员知识更为显著的是，政治家们被建构成为承担"领导和行动"的"政治责任"的人。这种责任把他们与媒体和大众区别开。赫德说道，"每天在报纸和电视上看到发生在南斯拉夫的恐怖景象，议会内外就有很多人说我们必须采取行动，但却没有说具体采取什么行动。而在政府内，在议会中，我们必须有明确具体的行动方案"（Hansard，1992年9月25日，第119栏）。1993年4月，赫德表达了相似立场，但这次对"大众"没那么宽宏大量。他说道，我们不可能"干预和解决引起人们关注和同情的每一场悲剧。'必须采取行动'这样的话对议会或政府来说，没有任何说服力，因为在议会和政府中的人必须做出决定"（Hansard，1993年4月29日，第1176栏）。当时担任工党影子内阁外交大臣的罗宾·库克（Robin Cook）通过使用"个人经历"所带来的知识或权威表示赞同。他描述了自己在访问驻戈拉日代安全区英国部队时的见闻，"那里的英国部队士气高，他们认为自己所执行的任务是有意义的。他们感到满足，因为他们比一些媒体更加清楚英国部队的成就。重复这一点是值得的"（Hansard，1995年5月9日，第594栏）。把政治家们建构成懂行并且有责任感的人所产生的话语效果不仅是把他们与媒体和大众区别开，而且把对外政策决定视为内行人深思熟虑、艰难抉择的结果，这本身就赋予了这些对外政策一定的合法性。

适应美国的领导地位

那么人道主义责任话语如何适应美国的领导地位和1995年的北约空袭？北约空袭支持了波斯尼亚政府，这是否破坏了"平等各方"这一建构？这是否表明"只有当调停以有效的武力作后盾，战争才能中止？"（*The Times* 1995b）工党影子内阁大臣罗宾·库克（Robin Cook）说道，"假如两年前国际社会表现出同样的决心，那么数以万计的波斯尼亚人或许就不会丧失生命，几十万的难民或许就不会失去家园。直到今日，波斯尼亚一直代表着国际干预的失败"（Hansard，1995年11月22日，第662栏）。保守党政府对此做出的回应是尽可能延续以前的话语，把过去三年半的政策描述为人道主义的成功，而非失败；并且该政策成功地遏制了冲突，为《代顿协议》的签署创造了前提条件。外交大臣马尔科姆·里夫金德（Malcolm Rifkind）争辩说，"的确有很多令人失望之处，但我认为国际社会拯救了几十万人的生命，防止冲突扩散到巴尔干以外的其他地区，并协助提供了和平解决冲突的框架。考虑到这些，我想不出在过去的哪一次冲突中，国际社会能够有如此多的成就。虽然我们所成就的并不像大家所希望看到的那么多，但这并不证明我们失败了；这仅仅说明任务有多么的艰难"（Hansard，1995年11月22日，第662栏）。因此，责任在于"各方"。"作战人员必须为战争所延续的时间负首要责任"（Rifkind, Hansard, 1995年11月22日，第663栏）。在假如一方违反《代顿协议》，国际社会将如何回应的问题上，英国政府含糊其辞。"国际社会将全力确保各方遵守他们自愿签署的条约"。至于如何更好地平衡作战各方所拥有的军备，英国政府的立场是鼓励削减波斯尼亚塞族的能力，而不是像《代顿协议》上所说，有可能增强波斯尼亚-克罗地亚联邦的能力（Rifkind, Hansard, 1995年11月22日, 第666栏; Portillo, Hansard, 1995年12月12日, 第844-845栏）。

维护和平、重建波斯尼亚的责任也由"三方"来承担，但在话语上有略微改变。在表述上,"人民"与"各方"并列。"人民"包括"领导者"和"平民",它不如"领导者"那么激进化,比"受害者"拥有更多的施动能力,但仍旧是一个单一的"波斯尼亚/巴尔干"主体。波蒂略说道,"关键是波黑人民应当明白,他们的国家如果在一段时期后还能享受和平,那么这种和平必须由内而生,而不是由外部永久地强加在他们身上"(*Hansard*,1995年12月12日,第841栏)。当波蒂略说"这个地区的人民必须热爱和平胜过热爱战争,和平才能得以实现"时,单一"人民"的概念被投射到过去(*Hansard*,1995年12月12日,第843栏)。"热爱战争的巴尔干人民"必须向西方证明"他们"愿意改过自新,即便不彻底改变身份,至少也要认识到"他们的"暴力倾向是徒然无益的。由此可见,这最终延续了巴尔干话语中对"巴尔干战争"和单一"各方/人民"的建构。

差异中的统一:美国关于"解除禁运和空袭"的辩论

分析英国关于波斯尼亚的辩论,我们可以看出政府的话语和反对党的话语存在显著的延续性。在战争开始后的头几年,反对党大多支持政府话语。通过表述对英国部队负有的"国内责任",对"平民受害者"负有的人道主义责任,以及亲波斯尼亚干预的军事可行性(无论干预的形式是空袭、解除武器禁运,还是派遣地面部队),媒体的批评得以承认并被吸纳。

美国有关波斯尼亚的官方话语和政治辩论则更为复杂,与英国相比,呈现出更多的不延续性和评判。波斯尼亚战争期间,美国经历了两届政府和一次总统大选。克林顿担任总统时,对波斯尼亚战争的表述在几个月内从种族灭绝话语的核心内容转变到巴尔干话语。与英国政府相比,克林顿政府所遭到的反对更为明显。美国参议院举行了有关波斯尼亚的大辩论。其中一些有名的民主党参议员,如约瑟夫·拜登(Joseph Biden)、卡尔·莱文(Carl Levin)、约瑟夫·利伯曼(Joseph Lieberman),以及一些颇具影响力的共和党人,如罗伯特·多尔(Robert Dole)、约翰·麦凯恩以及后来在克林顿第二任期内担任国防部长的威廉·柯恩(William Cohen)都表达了批评意见。对政府话语的反对最终导致参议两院分别于1995年7月26日和8月1日通过了《1995波黑自卫法案》,明确要求美国单方面解除对波斯尼亚政府的武器禁运,但克林顿于8月11日否决了这一法案。这种与政府话语相对立的政策话语表述了种族灭绝话语中的重要内容，并努力协调这种表象与不愿派遣美国地面部队的立场之间的关系。

种族灭绝与巴尔干仇恨——1992年的语境

与欧洲的政府，尤其是那些向波斯尼亚派遣地面部队的欧洲国家的政府相比，布什政府不太关注波斯尼亚。尽管如此，布什的话语与西欧的人道主义责任话语有很多相似之处。这是"由长期存在的仇恨所产生的一场错综复杂的冲突"。巴尔干充满"世代的怨仇"，"麻烦不断"。因此，"持久的解决方案不可能由外部力量强加给那些不情愿的参与者"。正如人道主义责任话语，从"巴尔干"时间和空间维度解读冲突与救助"波斯尼亚人民"、"无辜的儿童、妇女和男人"的任务结合在一起（Bush 1992a）。对区域稳定的关切意味着遏制冲突是必要或重要的。布什甚至在1992年8月初运用了"种族灭绝"这种表述。他说道，"一想到集中营，人们就会不寒而栗。二战期间发生在那些集中营内的令人震惊、残忍的种族灭绝是我们所有人痛苦的记忆。"然而，布什只是指出人道主义援助的必要性、表达对伦敦和会的期盼以及支持对塞尔维亚实施制裁（Bush 1992b）。与西欧的辩论相似，这种话语试图把演说者建构为有同情心的人，但同时避免任何可能导致强有力的军事干预，尤其是派遣美国地面部队的表述。

下面我们将分析更为广泛的美国辩论。布什的话语试图处于更加激进的巴尔干话语和种族灭绝话语之间。激进的巴尔干话语认为美国不应当承担布什所说的那么多的责任，而种族灭绝话语却认为道义上的责任要求西方采取强有力的行动，如有必要，美国应当采取单边行动。在1992年8月参议院有关《对波黑的多边行动授权》的大辩论中，这两种话语都有表述。《对波黑的多边行动授权》决议竭力主张总统召集联合国安理会，使其授权动用多边力量。通过把战争建构为"在巴尔干持续数百年的冲突"（McCain S12040，第102届国会，1992年8月10日）、"位于哈布斯堡帝国的断层线上"、"发生在人烟稀少的地区"（Wallop S12026，第102届国会，1992年8月10日），巴尔干话语被表述。美国版的巴尔干话语把"巴尔干"的空间和时间身份建构与美国以往在"越南"和"贝鲁特"的经历结合起来，从而把波斯尼亚描述为一个"危险"、"遥远的地方"；美国在那里没有明确的国家利益，也没有清晰的军事战略。麦凯恩在越南当了五年战俘，对他来说，那些支持决议的人所宣传的言论与"1965年我们所听到的模糊言辞完全相同"。麦凯恩认为只有当"美国的国家利益受到威胁"，并且有"合理的成功预期"时,美国才能采取军事行动,而"波斯尼亚"不满足这两项要求(S12040,第102届国会,1992年8月10日)。这些表述利用了美国对陷入困境的双重恐惧:第一次世界大战中的"巴尔干困境"和"美国在国外冲突中的困境"。后者使美国联想起越战以及那些让美国遭受人员伤亡、名誉受损的游击战和维和行动(Ó Tuathail 1996a; Ramer 1994)。至于美国的利益问题,沃勒普(Wallop)认为不存在冲突扩散到前南斯拉夫以外地区的危险;人道主义利益和"愤怒感"不足以成为动用军事力量的理由(S12024,第102届国会,1992年8月10日)。麦凯恩认为,尽管"这场悲剧让人很痛苦",但政治家们在呼吁采取军事行动时,必须认识到所肩负的"国内责任";"我们首先应该对那些在我们军队中服役的青年男女负责。被送入这一泥沼中的正是他们"(S12041,第102届国会,1992年8月10日)。

强调美国不要采取军事干预是美国版巴尔干话语的核心政治信息,因为军事干预将明确要求或逐渐使美国派遣地面部队。在大多数情况下,使用巴尔干话语的议员支持通过谈判解决冲突和提供人道主义援助,但主张要警惕未来派遣地面部队的可能性。如果不认真考虑"巴尔干"和介入"游击战"的危险,就会导致美国采取军事干预政策。如果欧洲国家认为他们的利益受到威胁,他们可以采取行动,但欧洲要清楚知道美国不会帮助欧洲实施干预政策。

与英国的辩论不同,美国参议院的辩论明确使用了"种族灭绝"话语,并要求国际社会采取行动。"要描述目前在波黑所发生的事情,种族清洗是一个比较轻的词。我认为种族灭绝这个词更准确。在世界任何一个地方出现种族灭绝罪行,国际社会都不应该袖手旁观"(Cranston S12029,第102届国会,1992年8月10日)。辩论中提到人们应该汲取纳粹德国和20世纪30年代绥靖政策的教训,因为塞族的暴行和纳粹的"最后解决方案"令人毛骨悚然的相似(Pell S12024,第102届国会,1992年8月10日);塞族正采取"类似纳粹的策略"(DeConcini S12030,第102届国会,1992年8月10日)。用莱文(Levin)的话讲,"本世纪我们在欧洲目睹了死亡集中营和种族灭绝罪行。我们已经看够了。这个地区的冲突会很容易扩散,从而导致另一场大范围的欧洲战争。如果联合国在这种情况下还不采取行动,那要等到何时?"(S12033,第102届国会,1992年8月10日)对抗塞尔维亚/波斯尼亚塞族的侵犯不仅符合西方和美国的战略利益,而且是他们应当承担的道义上的责任。科莱恩斯顿（Cranston）说道，"种族灭绝引起了全世界的关切，是无法容忍的罪行"（S12029，第102届国会，1992年8月10日）。冲突也可能会扩散到南斯拉夫以外的地区。"我们不应该忘记第一次世界大战的导火索是斐迪南大公在萨拉热窝被暗杀，我们现在所担忧的正是这个城市的苦难"（Cranston S12029，第102届国会，1992年8月10日）。然而，与巴尔干话语不同，这里应用历史类推法不是为了提醒人们军事干预会使他们陷入困境，而是为了说明"看似与我们的重大利益无关、发生在一个遥远的地方的冲突会不断蔓延，直至变成吞没我们所有人的熊熊战火。"因此，不采取行动政策而非干预会危害西方（Cranston S12029，第102届国会，1992年8月10日）。利伯曼（Liberman）也以同样方式把波斯尼亚战争与第二次世界大战相类比，指出美国不愿参战，导致后来"付出了更加高昂的代价，而且是以美国人的鲜血为代价"（S12038，第102届国会，1992年8月10日）。美国必须采取行动，不仅仅是由于"我们自己的国家利益受到危害"，而且应该出于一种道德上的责任。"如果说第二次世界大战后我们的国家和世界在某方面取得了进步的话，那就是我们把道德因素纳入外交政策之中，要求我们在与此完全相同的情形下做出回应"（DeConcini S12030，第102届国会，1992年8月10日）。斯柏科特（Specter）表示赞同，说道，"美国显然在西欧有着非常重要的安全利益，但我认为仅仅出于制止反人类罪这样的道德理由，美国也应当采取行动"（S12033，第102届国会，1992年8月10日）。

参议院辩论中提及纳粹德国、国家利益、绥靖政策以及不干预政策的危害，并利用了义愤情绪，但这种话语所主张的政策看起来却相当温和。迪康西尼（DeConcini）认为决议的目的不是让美国"表示支持内战中的某一方，而是为了确保人道主义物资的运输和对集中营的视察"（S12030，第102届国会，1992年8月10日；Levin 12033，第102届国会，1992年8月10日）。利伯曼甚至主张解除武器禁运，从而使处于劣势的波斯尼亚政府军队可以"公平作战"（在接下来近三年的时间内，参议院针对该主张不断开展辩论），但明确阐述了干预的限度。他说道，"我们不想让美国的地面部队参与那里的内战，我认为在座的各位都同意这一点"（S12038，第102届国会，1992年8月10日）。尽管巴尔干话语和种族灭绝话语截然不同，但在拒绝派遣美国地面部队这一政策上观点一致。

这种话语利用了基本的种族灭绝话语，把战争表述为"种族灭绝"，试图把道义和战略上的考量相结合，但是它对身份的建构比理想类型的种族灭绝话语要简单。首先，这种话语不太关注波斯尼亚的多民族或多文化身份，因此不把"波斯尼亚"明确表述为"西方自我"。① 其次，这种话语竭力动员西方在波斯尼亚采取行动，但种族灭绝话语中另一个重要内容，即"西方的失败"却还未确立。② 出现一个比所确定的基本话语还要简单的话语会使人思考是否应该把简单一些的话语定为基本话语，而不是第六章所提出的较为复杂的话语。既然基本话语是分析的构成要素，我们从中可以了解对外政策辩论的复杂性，那么理当选择简单一些的话语作为基本话语。然而，从研究方法上看，基本话语应该建构完全不同的"他者"和"自我"。与1992年美国参议院的话语相比，较为复杂的种族灭绝话语与巴尔干话语的差异更大。在较为复杂的种族灭绝话语中，"波斯尼亚"身份被建构为"多元文化的"，而在1992年的话语中，波斯尼亚是一个"空白点"，因此，前者呈现出与巴尔干话语中"他者"的建构相比更大的差异。在1992年的话语中，西方只是要肩负制止"种族灭绝"的责任，而复杂一些的种族灭绝话语中的"西方的失败"与巴尔干话语中西方拒绝承担责任相比，呈现出更显著的差异。再者，基本话语应该涵盖更多的文体或文本类型，"波斯尼亚"的多元文化身份和"西方的失败"是新闻和学术文体中种族灭绝话语的关键内容。关于这一点，我们将在第九章论述。

克林顿左右摇摆的立场——模糊话语的危害

克林顿在1992年的总统大选中获胜。随后，他便真正介入了波斯尼亚话语领域。竞选期间，克林顿在数个场合呼吁美国采取行动，制止塞族的战争暴行。那些支持种族灭绝话语的人希望看到克林顿带领美国，采取倾向于支持波斯尼亚的更加积极的政策。克林顿就职时，万斯—欧文计划刚刚出台。在2月初的首次声明中，克林顿表达了对万斯—欧文计划中波斯

---

① "多种族的"波斯尼亚的表述出现在早期的媒体报道中。当学术分析展示了更为复杂、历史描述更为准确的波斯尼亚时，这种表述被日益频繁地使用。有关早期的媒体报道，参见 Burns（1992）；有关早期的学术和历史分析，参见 Banac（1992），Magas（1993），Malcolm（1994）。

② 《纽约时报》（1992）上的一篇社论持这种观点。这篇社论批判了伦敦和会有关人道主义援助的提议，"美国和欧洲仍然能够用武力阻止塞尔维亚重新划定波斯尼亚边界。美国和欧洲应该承担道义上和法律上的责任防止种族灭绝。英国却公然倡导西方违背诺言"。

尼亚穆族命运的关切。"目前美国不愿意把一个未得到各方同意的协议强加给各方。如果其他方不真诚地履行协议，外部力量也无法执行协议时，波斯尼亚穆族就会处于非常不利的境况"（Clinton 1993a）。2月10日，克林顿宣布了新的波斯尼亚政策，表示美国将致力于执行各方接受的和平计划，但清楚地说明美国不会派遣地面部队。克林顿想阻止"种族清洗的可怕原则生效"。这种表述应用了种族灭绝话语，但是克林顿没有采用"种族灭绝"这个词。虽然想阻止冲突的扩散，但是人们"不能忘记第一次世界大战始于此地绝非偶然。这里充满古老的种族仇恨，导致了可怕的后果"（Clinton 1993b）。

一方面把战争表述为"种族清洗"，明确作恶者，建构美国干预的道义责任；另一方面把战争归因于暴力、野蛮的"巴尔干""古老仇恨"，这种模糊的表述不断体现在克林顿就职后前几个月的话语中。4月16日，克林顿说道，"我们必须反对种族清洗的原则……种族清洗也可能在世界其他地方发生"（Clinton 1993b）。虽然纳粹对犹太人的大屠杀是"完全不同层面"的行为，但在波斯尼亚发生的暴行也"令人憎恶"。与2月初的表述所不同的是，波斯尼亚现在是"不同种族长期共存的一个地方"（Clinton 1993e）。克林顿政府话语的双重性在国务卿沃伦·克里斯托弗（Warren Christopher）的讲话中也有所体现。2月10日，克里斯托弗使用了近似"种族灭绝"的表述。他说道，"塞族通过大屠杀、蓄意殴打、强奸穆斯林妇女、长时间地轰炸萨拉热窝和其他地方的无辜百姓以及强迫整个村庄迁移，非人道地对待拘留营中的犯人等方式实施种族清洗。"然而，在3月28日的哥伦比亚广播公司（CBS）新闻中，他却使用了巴尔干话语。"这的确是一个悲惨的问题。波斯尼亚人、塞尔维亚人和克罗地亚人之间的仇恨几乎令人难以置信。这种彼此间的仇恨实在是太可怕了，而且持续了数百年。这可谓是来自地狱的问题。我认为美国正在尽全力处理这个问题……但是美国没有办法使这个地区的人民彼此产生好感"（引自Friedman 1993）。①

巴尔干话语和种族灭绝话语中的表述建构了相对立的空间和时间身

---

① 托马斯·弗莱德曼（Thomas L. Friedman）认为，政策制定者们"承认他们开始用不同的方式谈论波斯尼亚，把波斯尼亚问题视为外人所无法解决的部落积怨，而不是一场道德悲剧，因为若是一场道德悲剧，就会使美国的不行动政策显得不道德"。然而，此处的分析表明克林顿从就任美国总统起就使用了这两种表述（Friedman 1993）。

份以及截然不同的美国责任。克林顿试图把两种话语中的表述结合在一起，从而遭到批评。克林顿"在波斯尼亚政策上含糊不清"，在两种话语间摇摆不定（Dan Rather in Clinton 1993c; Dobbs 1995; Ó Tuathail 1996a; Holbrooke 1998）。话语分析的一个假设是政治家们会努力表述内部一致的话语，但在实践中并非总是如此。然而，这种不一致性会被其他政治家、媒体和评论者发现并加以利用，尤其是在激烈的政治辩论中，因此克林顿不太可能一直采取模糊的话语立场。① 克林顿话语内部的不一致性也可以解读为他想在政策上保留可能性，因为万斯—欧文计划当时正处于谈判阶段。克林顿坚决"不考虑"派遣美国地面部队，但是其他的政策选择皆有可能（Clinton 1993d）。如果塞族拒绝接受万斯—欧文计划，那么美国将"给波斯尼亚提供帮助，使其至少有能力自卫"（Clinton 1993c）；但是不能低估对波斯尼亚进行干预的难度。"大家应该记得在第二次世界大战中，希特勒向那个地区派遣了数万名士兵，但却没能征服它"（Clinton 1993f）。简而言之，在表述需要采取干预政策的同时阐明了阻碍该政策顺利实施的三个因素：巴尔干困难重重、对西欧的顾虑以及美国从越战吸取的教训。

　　1993年5月初，克里斯托弗的欧洲之行未取得成功。话语的不稳定性、重要事件的发生（万斯—欧文计划失败；欧洲不支持"解除禁运和空袭"政策）以及有限的政策选择（不派遣美国地面部队）促使克林顿话语向巴尔干话语靠拢，"解除禁运和空袭"的可能性被降低。这一话语转向体现在5月7日克林顿的言辞中。当时他告诉记者，"塞族、波斯尼亚穆族和克族之间的战争由来已久，可以追溯到很多世纪以前"（Clinton 1993g）。5月12日，克林顿说道，"那些人长期以来一直相互争斗"；"我们不能重蹈越南战争的覆辙，我们不会介入并帮助内战中的某一方获得军事上的胜利"（Clinton 1993h）。"我们不想让我们的国民处在那里的枪林弹雨中"（Clinton 1993j）。5月14日，克林顿重申美国不愿支持"交战中的任何一方"，况且那里的人们彼此争斗已达数百年之久，很难在一夜之间就此达成一致意见。克林顿强调了多边行动的必要性以及冲突发生在欧洲

---

① 如第二章所述，我们不能确定这种不稳定性是否是故意的，克林顿仅仅是不太确定如何理解波斯尼亚，还是说他所得到的建议相互冲突（关于克林顿政府内部讨论的全面叙述，参见 Daalder 2000）。

这一事实。"美国必须与盟友一同采取行动,尤其是因为波斯尼亚处于欧洲的中心,是欧洲人的地盘儿"(Clinton 1993i)。"解除禁运和空袭"政策受到了来自欧洲的阻力。这种有关欧洲的建构使克林顿的话语趋于稳定,因为来自欧洲的阻力使克林顿在选择政策时有所顾虑:"波斯尼亚"问题不应该危及跨大西洋关系的和谐与稳定。然而,在表述"来自欧洲"的阻力和"多边主义"时,美国应该慎重,因为这样的表述可能会使克林顿显得无能,并缺乏领导力。作为世界上唯一超级大国的总统,克林顿不可能表现得太软弱无能。

这种话语在1993年5月至6月期间确立下来。它不像种族灭绝话语或克林顿就职后前几个月的模糊话语那样要求美国采取行动,并且表现出和西方人道主义责任话语几乎一样的稳定性。例如,克林顿在评论1994年2月5日发生在萨拉热窝的大屠杀时使用了巴尔干话语。"糟糕的事情将会继续发生,直到那里的那些人厌倦了自相残杀。迟早有一天他们不得不认识到让自己的孩子在没有战争的世界中成长符合他们自身的利益"(Clinton 1994a)。这种"巴尔干他者"的建构是单一的,没有区分侵犯者和被侵犯者。克林顿在两天后的讲话中再次使用了这一建构。"不管怎样,波斯尼亚的人民必须作出决定,继续相互残杀是毫无价值的……上周末发生的恐怖事件肯定会使各方在我们的略微推动下达成一项他们都能认同并履行的协议"(Clinton 1994b)。单一"各方"的建构被应用在一个憎恶恐怖行径,但却对战争的历史和波斯尼亚塞族所犯下的种种暴行只字不提的话语之中。

即便是1995年春季发生的关键事件,例如,71人在图兹拉的大屠杀中丧生,也未带来任何话语上或是政治上的重大转变。在随后的两篇讲话中,克林顿再次把战争建构为"根植于民族、种族和宗教仇恨的长期冲突",并被"波斯尼亚塞族、穆族和克族之间古老、血腥的分歧所激发"(Clinton 1995a;Clinton 1995b)。克林顿认为美国虽然没有派遣地面部队,但是已经尽其所能地"帮助防止波斯尼亚这个多民族国家遭到毁灭,并最大限度地减少人员伤亡和种族清洗的危险",但是人们应当"记住巴尔干是一个麻烦的地区。正是由于巴尔干的问题导致了第一次世界大战的爆发"。"我们不可能彻底解决世界上所有的问题"。在为西方政策辩护时,克林顿说道,"伤亡人数已从1992年的130,000人下降到1994年的2,500人。虽然仍旧令人悲痛,但是伤亡人数已经大幅减少。所有这些成就都是在美国没有派遣地面部队参与作战或维和任务的情况下取得的"(Clinton 1995b)。把伤亡人数的"减少"建构为"成就"而非失败(在一个人口仅 4,350,000 的国家,竟然有那么多人丧生)或许是克林顿的巴尔干话语中最令人不快的一个内容。克林顿转向巴尔干话语,使他的波斯尼亚政策的内部稳定性增强,但是这一转向导致了基于种族灭绝话语上更加激烈的国内批评。

"解除禁运和空袭"以及"公平作战"

克林顿有关欧洲不支持"解除禁运和空袭"政策的言论以及他对多边行动必要性的不断强调并没有说服那些持批判态度、使用种族灭绝话语的人。随着战争的继续,参议院出现了众多提案,呼吁美国单方面解除禁运并采取空中打击。一些社论和评论家对这些政策表示支持。这一对立的话语仍旧用"种族灭绝"一词来建构战争,但也坚决认为美国不应该派遣地面部队。强烈要求解除禁运的那些人使用了种族灭绝基本话语,表述了"波斯尼亚"的多元文化、多种族身份以及"西方"的失败。在这些人中最有名的是约瑟夫·拜登和约瑟夫·利伯曼。1993 年 8 月,拜登发表了题为《濒临深渊的萨拉热窝——波斯尼亚悲剧全面上演和西方彻底蒙羞之前的致命时刻》的讲话。"西方策划了这种集体逃避的政策","成为蓄意失职行为的同谋",西方对战争暴行的包容"象征着一次重大的失职"。波斯尼亚政府的多种族特征和"非常有效、高尚的多种族和谐相处的原则"使保卫波斯尼亚变得更加必要(S10251,第 103 届国会,1993 年 8 月 3 日)。1994 年 5 月,拜登重申了这些建构,谈及萨拉热窝的多种族融合特征和"西方"的失败。"几十年后,当历史学家们思考波斯尼亚悲剧时,他们会问是什么促使了西方国家的领导人在面临一个明显危及西方利益和西方价值观的挑战时袖手旁观"(S5608,第 103 届国会,1994 年 5 月 12 日)。参议员利伯曼也对古老仇恨的建构提出异议,指出"波斯尼亚是一个多元文化社会""文明世界却没有采取行动制止对波斯尼亚的侵犯"(S258,第 103 届国会,1994 年 1 月 27 日)。①

如第六章所言,把某一事件表述为"种族灭绝",就构成了法律、政

---

① 应该注意的是,大多数政治家都采用了更为简单的种族灭绝话语,没有提及"多种族的"波斯尼亚和西方的"失败"。

治和道义上的责任,对此必须采取行动,无可推诿。因此,决策者们不会随便采用"种族灭绝"这一表述。把波斯尼亚战争建构为"种族灭绝"就给应当实施的政策带来了很大的话语压力,尤其当美国被描述为"拥有特殊历史,对波斯尼亚人民的苦难有着特殊的理解",并"承担领导世界的重任"之时(Dole S5416,第103届国会,1994年5月10日)。解除禁运是为了"保护美国的战略利益,捍卫我们的原则,以及遵循使我们有别于其他国家的道德传统"(Lieberman S5424,第103届国会,1994年5月10日)。然而,针对"种族灭绝"所负有的道义责任、在波斯尼亚的战略利益、美国强大的军事力量以及美国的道德权威又是如何与种族灭绝话语中美国拒绝派遣地面部队并行不悖的呢?怎样的话语策略被用来稳定这些看似不稳定的建构?

其中一个策略就是对种族灭绝话语所确立的道德和战略利益加以说明。参议员利伯曼把波斯尼亚战争建构为"种族灭绝",美国对此拥有"战略和道德利益",但他后来用反问的方式对这些建构进行限定:这些利益"是否足以成为美国出兵参与波斯尼亚战争的理由?我的回答是否定的。"[①]利伯曼也没有解释为何种族灭绝不构成美国出兵所需的"足够"道德利益或责任,而是改变了道德问题的表述:那些人"想通过打仗"来保护自己,我们是否允许他们这样做?(Lieberman S5424,第103届国会,1994年5月10日)。波斯尼亚人"想打仗"和"公平作战"构成了美国版的种族灭绝以及"解除禁运和空袭"话语中不断重复的重要内容。这种建构认为"西方"和"波斯尼亚政府军"都肩负着责任。西方和美国负责为波斯尼亚军队创造较好的军事和战略条件,但是由波斯尼亚军队自己参战,并最终停止"种族灭绝"暴行(Dole S5416,第103届国会,1994年8月10日;The New York Times 1994c)。

美国的种族灭绝以及"解除禁运和空袭"话语(图7.2)认为"公平作战"是"波斯尼亚人"所呼吁的政策;"波斯尼亚人"并没有要求"美国的装甲部队翻山越岭地来拯救他们。他们并没有提出这样的要求。他们有自己的军队。他们需要的是作战用的武器"(Lieberman S5621,第103届国会,1994年5月12日)。"他们不需要美国军队"(Dole S5622,第103届国

[①] 根据多尔自己的表述,他并不建议拿"一个美国人的生命"来冒险(Dole S5622,第103届国会,1994年5月12日)。

会，1994年5月12日）。这种观点正确与否并非我们的分析要点，显然波斯尼亚政府此时已清楚意识到克林顿决不会派遣地面部队，解除禁运或许是唯一现实的选择，重要的是"波斯尼亚人"被描述为有能力自卫的主体，波斯尼亚领导人是"波斯尼亚人民"的合法代表。利伯曼说道，"至于什么才是对波斯尼亚人民最有益的，我们应该倾听波斯尼亚民主选举出的领导人的讲话"（Lieberman S5621，第103届国会，1994年5月12日）。人道主义责任话语认为西方应对"平民"主体负责，由于领导者的行为，这些"平民"需要西方的援助，但在美国版的种族灭绝以及"解除禁运和空袭"话语中，正是这些领导者有能力做出正当合法的决策。由于这些领导者被赋予政治施动性和合法性，他们有权冒"人道主义风险"，即解除武器禁运会使平民的处境恶化。把"公平作战"建构为针对"种族灭绝"的合理回应也出于对解除禁运效果的乐观估计。"此举为时不晚"（Dole S5419，第103届国会，1994年8月10日）。波斯尼亚政府军不仅可以"公平作战"，而且还能夺回失去的领土，保护自己的国民，促使塞族认真谈判。

巴尔干话语让美国人害怕陷入像越南战争那样的困境，害怕美国人在干预行动中丧生。把"公平作战"表述为对种族灭绝暴行的回应显然是为了驳斥巴尔干话语。"不派遣地面部队"在话语上的主导地位使美国版的种族灭绝以及"解除禁运和空袭"话语不得不做出调整，把"波斯尼亚人"表述为"公平作战"中的参与方，从而改变了基本的种族灭绝话语中"受害者"的主体性。"种族灭绝的受害者"没有能力自卫，只能依靠他者肩负起道义上的责任，为他们提供援助和保护，而"公平作战"的参与者不是依靠他者行为的"受害者"，他们要为自己的生存战斗，尽管也有可能遭遇失败。波斯尼亚政府军在"公平作战"中被击败的确是美国版的种族灭绝以及"解除禁运和空袭"话语中避而不谈的一点，因为若谈到这点，就将讨论是否派遣美国地面部队或是揭露该话语未能认同"种族灭绝"这种表述所带来的道义上的全部责任。

第七章 人道主义责任与"解除禁运和空袭"

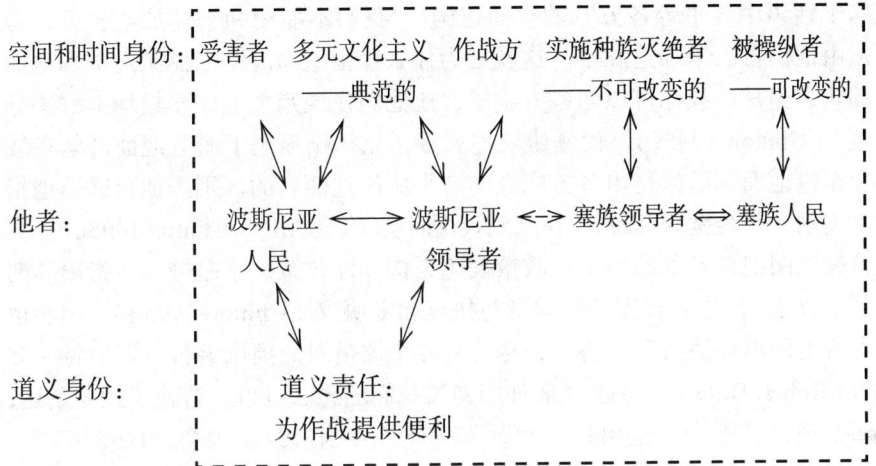

图7.2 美国版的种族灭绝以及"解除禁运和空袭"话语

美国的介入：责任和"体面的和平"

斯雷布雷尼察大屠杀、1995年8月萨拉热窝遭到攻击、国会不断呼吁解除武器禁运，这些使"波斯尼亚"问题成为克林顿对外政策的重点。"显示力量行动"空袭了塞族的地面阵地，霍尔布鲁克的外交斡旋最终使各方签署了《代顿协议》。要执行《代顿协议》，美国需要派遣两万名士兵。克林顿话语所做的最大调整就是不再使用"古老仇恨"这种巴尔干时间身份建构。9月23日，克林顿宣称波斯尼亚是一个"穆族、塞族和克族长期和平相处"的地方（Clinton 1995e）。11月，克林顿把"萨拉热窝的清真寺和教堂"称为"多种族彼此包容的光辉象征"（Clinton 1995g），但在讲话中保留了"各方"和"彼此争战的各种族"这种空间建构。北约的轰炸被描述为"对萨拉热窝野蛮暴行的正确回应"（Clinton 1995c），"履行了我们保卫萨拉热窝的承诺"，因为"我们不容许更多的无辜平民和儿童在那里丧生"（Clinton 1995d）。克林顿在表述野蛮战争中"无辜受害者"的同时反复强调应该在谈判桌上而非战场上解决冲突。对谈判的强调产生了巴尔干话语中"平等各方"的空间建构。"我们不能把和平强加给各方，必须由他们自己来缔造和平。这就是为什么我拒绝向波斯尼亚派遣美国地面部队，但是，我们可以向各方施压，让他们在谈判桌上而非战场上解决分歧"（Clinton 1995e）。代顿协议签署后，克林顿强调了派遣地面部队参战和派遣地面部队执行由各方同意的和平协议这两者的区别。他也谨慎地指出美国士兵会做好准备，"在受到攻击时会予以反击"（Clinton 1995g）。克林顿试图把自己的波斯尼亚政策表述为持续性政策，于是进一步指出"两年半以来"，他一直支持美国参与执行和平协议（Clinton 1995g）。国会也支持美国出兵执行和平协议，尽管有几个议员对此提出警告。罗伯特·多尔（Robert Dole）抱怨道，"假如当初按我们的想法行事，解除了武器禁运，那么现在就不会讨论出兵的问题"（S18550，第104届国会，1995年12月13日）。

"各方"和"谈判"这些表述意味着结束战争的责任不是由"西方"而是由"各方"来承担。各方必须诚心诚意地谈判并做出妥协。如果有一方在道义和政治层面被建构为有别于其他各方，则很难使这一方参与调停和妥协的过程。如果波斯尼亚战争是"种族灭绝"，那么让"波斯尼亚人"妥协是不道德的，因为种族灭绝话语要求无条件恢复"波斯尼亚人"的权威，"塞尔维亚/波斯尼亚的塞族"必须无条件投降。因此，正如未经修改的巴尔干话语和人道主义责任话语，在克林顿的话语中，"各方"和他们各自的领导者应该负责签订协议，但并未要求在谈判破裂后采取更加有力的单边军事干预。把"各方"建构为"谈判之中"对于驳斥代顿协议对波斯尼亚人/波斯尼亚穆斯林不公平之类的批评至关重要："波斯尼亚人"拥有民主、合法的领导者，有能力自己做出决定。如果"波斯尼亚人"同意达成某个协议，那么这本身就是合法的，因为这是"作战各方"达成的协议，他们都"同意放下武器"（Clinton 1995g）。然而这种话语建构回避了一个问题：除了接受《代顿协议》，波斯尼亚政府是否还有其他选择？

不再提及"种族仇恨"是1995年下半年克林顿话语中的一个变化。另一个变化是不断提到美国领导力的重要性。"欧洲显然不能独自结束冲突"；美国"承担了领导责任"，是"自由的伟大捍卫者"；它所象征的观念"已经成为全世界数亿人的理想"（Clinton 1995g）。有关美国特殊身份的表述不仅把美国建构成一个强大的国家，而且是一个按照身份所赋予的责任来行动的国家。国家利益的建构被用来进一步说明执行代顿协议的必要性。这一建构用两次世界大战作类比。"保障波斯尼亚的和平也将有助于建设一个自由、稳定的欧洲。波斯尼亚位于欧洲的中心，与许多脆弱的新兴民主国家以及我们最亲密的一些盟友毗邻。好几代的美国人都明白欧洲的自由和稳定对我们的国家安全至关重要。为此，我们在欧洲参与了两次战争"（Clinton 1995g）。但是，这也引发了一个问题：为什么美国，尤其是克林顿，没有早些采取行动？克林顿的回应是重申"各方"的核心作用。"美国的地面部队不应该参与波斯尼亚战争，因为美国不能把和平强加给彼此争战的族群"，并提到前几年"欧洲否决"了美国的提议，强调这对他本人来说是件很棘手的事。"美国是世界上最强大的国家。当其他国家不按照我们所期望的那样行事时，我自己觉得很为难"（Clinton 1995d）。最后，克林顿没有从根本上修改或解释他在任前三年的政策回应和话语。

西方政策话语和分析结论

本章的主要目的是了解有关波斯尼亚战争的西方主导对外政策话语。我们很快确定了美国话语与西欧话语之间存在政治分歧。由于参加联合国维和任务的英国士兵人数最多，英国政府采取的立场与美国的立场差异最大，因此英国话语被选为研究西欧话语的主要案例。本章的分析应用了前四章的理论框架和第五章的研究设计，主要关注官方的对外政策话语和与其相对立的话语。为了扩大这些政治话语所处的话语领域，本章也分析了媒体话语。从理论上讲，本章研究两大主题。第一，如第二章所论述，身份和政策建构之间的非因果关系形成了对外政策话语。话语试图使身份和政策呈现出外部和内部的稳定性，使之成为对特定情景所做出的合法并有效的回应。从一个动态的视角来看，相互关联的身份和政策面临着一系列的挑战。这些挑战来自媒体所表述的事件、对立的政治势力以及其他国际行为体的政策。为了应对这些挑战，官方话语或是调整身份和政策，或是对这些挑战做出解释，并说明这些挑战可能支持现有的话语，或是对这些挑战置之不理，希望媒体的关注点转移到他处。

本章探讨的第二个理论主题也与稳定性问题相关，准确地说，是指话语一直试图达到封闭和稳定的状态，但总是有模糊和开放的因素存在，或是存在某话语为了呈现出稳定性避而不提的空白点。用这一理论观点来分析对外政策话语，我们会发现当某个话语试图协调对多种身份的表述，试图在一个特定的身份建构中解释事件和政策的制定时，这些模糊和空白点可能会出现。话语分析的目的就是要找到这些模糊之处，换而言之，就是要发现某个话语所不能提出或回答的问题。

本章研究了这两个理论主题，应用基本话语的主要分析工具，发现西方辩论中对身份的系统性动员。第六章分析了巴尔干话语和种族灭绝话语。本章的分析表明政府在应对波斯尼亚的事件、国内媒体的批评或是政治上的对抗时（在美国案例中）就运用和修改了这两种话语。

把这些理论主题和分析主题结合在一起，本章所得出的第一个重要结论是，英国和美国的情况存在很大差异。英国政府表述了巴尔干话语，并将其修改为人道主义责任话语。所采取的主要话语策略就是把巴尔干话语中的"平等各方"区分为"巴尔干领导者"和"平民受害者"。西方只对后者负有责任，而政治上的责任完全由单一的"巴尔干领导者"来承担。这种话语认为派遣维和部队保障人道主义援助物资的运输是必要和合理的，但坚决抵制通过直接的军事干预来支持波斯尼亚政府。在吸纳策略上，这种话语表现出很强的应变能力。诸如萨拉热窝、图兹拉和斯雷布雷尼察大屠杀之类的惊人事件被建构为与人道主义责任话语中双重的巴尔干主体相一致。单一"巴尔干领导者"的建构把战争暴行归因于"巴尔干"问题而非某个特定的政治或民族群体。因此，"战争暴行"的加剧证明了"巴尔干人"是暴力的、不负责任的和野蛮的。这些暴行并不是军事或政治行为。若是如此，西方就不得不表明立场。"平民受害者"被去政治化，没有任何政治上的表述和历史。若有政治历史，则会破坏"平等各方"建构的稳定以及通过维和而非军事干预来保护平民的政策。冲突的政治和历史背景便是人道主义责任话语的空白点所在。若不借助一个没有政治和历史因素的巴尔干身份，人道主义责任话语就无法提出"受害者"是如何产生的这样的问题。把责任分裂为针对"平民受害者"的西方人道主义责任和针对"战争"的巴尔干政治责任在反对美国"解除禁运和空袭"的政策要求时被进一步加以应用。解除禁运和空袭不会产生美国所期盼的军事和战略效果。也就是说，这种政策是不可行的，也是不现实的，况且还会危及维和人员的安全，并直接或间接地危害到"波斯尼亚平民"。英国官方话语在为相关联的政策和身份辩解时灵活应变，并得到了反对党工党的广泛支持。

与英国政府话语的稳定性相比，美国的情况则大不相同。1993年初，比尔·克林顿取代乔治·H.布什担任美国总统，美国政府的话语则从不承诺派遣美国维和人员的人道主义责任话语转变成同时模糊地表述种族灭绝话语和巴尔干话语。这两种话语从未被融合在一起，而是在克林顿就任后的前四个月并列双轨运行，且呈现出不稳定性。当不稳定性增强时，克林顿必须调整对政策和身份的表述，使其协调一致。美国的官方话语遭到了强烈的反对，但是，布什和克林顿、参众两院以及绝大多数新闻媒体都一致认为美国决不向陷入战争中的波斯尼亚派遣地面部队。这一共识加上欧洲对"解除禁运和空袭"政策的反对促使克林顿朝巴尔干话语靠拢。尽管受到猛烈批判，巴尔干话语并不是克林顿应对波斯尼亚诸事件所采取的唯一话语策略。克林顿在表述巴尔干话语的同时，提到了"欧洲人"所带来的外部制约：美国不能违抗已派遣维和部队的西欧国家，采取多边行动是必要的。在表述来自欧洲的外部制约时，克林顿用词谨慎，避免把美国总统建构成为软弱无力的领导人。因此，克林顿话语中不稳定的空白点在于当他应对批评时，并没有在"美国"和美国总统领导世界的能力上做出话语上的妥协。

美国和英国的情况相比，另一个重要差异是英国政府的话语得到了反对党的广泛支持，而美国政府的话语则遭到了强烈反对。持反对意见的人大多使用了美国版的种族灭绝以及"解除禁运和空袭"话语。这种话语修改了基本的种族灭绝话语，把"波斯尼亚人"区分为"领导者"和"波斯尼亚人"，并把"波斯尼亚领导者"建构为"作战各方"。这种表述至关重要，因为它使美国版的种族灭绝以及"解除禁运和空袭"话语中道义上的空白点得以合理化。"种族灭绝"的表述产生了不可推卸的道义责任，要求美国必须采取行动制止和修正这种行为，但使用种族灭绝以及"解除禁运和空袭"话语的美国政治家们坚决反对派遣地面部队，因此他们不得不为政策和身份辩解。把"波斯尼亚领导者"建构成为"想打仗的人"是创造话语稳定性和填补该话语道义责任上的空白点所采取的重要举措。波斯尼亚领导者有做决定的权利（包括做出可能使"波斯尼亚公民"的人道主义状况恶化的决定），他们不需要外国军队的介入，只是希望"解除禁运和空袭"。通过对军事战略及其可行性进行评估，美国政治家们试图进一步加强该话语的稳定性，他们得出了与英国辩论截然不同的结论："解除禁运和空袭"不仅可行，而且能够影响战事的进展。

第八章
记录过去，预测未来：
旅游者、现实主义和文明政治

在研究了美国和英国政府的官方话语以及反对党和媒体对这些话语的批评之后，我们将转变理论和研究方法重点，在第八章和第九章中分析有关波斯尼亚的辩论中的互文性。第八章和第九章保留了第六章和第七章中对基本话语的分析内容。第八章主要分析表述巴尔干话语及其变体的文本，第九章的重点在于分析表述种族灭绝话语及其修改版本的文本。利用第四章的互文性理论，第八章确定了关键的巴尔干话语文本。这些文本在官方对外政策制定中颇具影响力或是在媒体辩论、公共辩论和学术界的辩论中被激烈地讨论和引用。使用互文性模式的词汇，本章将研究文本间模式1和模式2之间的互文性联系。在确定这些文本后，本章将对其进行双重阅读。不仅分析在辩论中这些关键文本是如何被阅读和建构的，而且对这些文本本身进行基础性阅读。

从这些阅读中产生了一系列研究问题。首先，对某个特定文本阅读方式的一般共识是否与本章所建议的基础性阅读相一致。当关键文本并不明确涉及对外政策，或是早期不同政治背景下的历史文本，或属于纪实文学或小说这类非传统政策文体时，它们在对外政策辩论中被赋予政治意义的过程变得尤其重要。这三种情况都显示出理解层面的一个缺陷，因为使用这些关键文本的人需要把一个非政策文本变成具有政策意义的文本，赋予一个历史文本现代意义，把主观的描述变成对事实的记录。本章将对关键文本进行二次阅读，指出在辩论中被作为巴尔干话语清晰论据的文本实则很复杂，它们并没有照搬巴尔干话语，而是对其进行修改和转变。当所研究的关键文本在理解层面有很明显的缺陷时，就很可能造成"误读"。例如，巴尔干话语中两个最重要的关键文本是游记，属于叙述性的主观文体，其中一个文本并没有明确讨论政策问题，而另一个文本则写于20世纪30年代的后五年。

理解上的缺陷或许可以解释为何在阅读这些文本时要简化它们对波斯尼亚/巴尔干身份和相应政策选择的表述，但为什么对巴尔干话语的简单阅读经常压倒其他可能的阅读方式而占上风？以下的分析应用了第四章的理论观点。文本是通过辩论本身的主要类别被阅读。由于巴尔干话语占据显著地位，甚至在一些情况下处于统治地位，人们便通过巴尔干话语来解读关键文本。巴尔干话语首先决定了这些文本的阅读方式，因此这些文本后来被用于支持巴尔干话语。当我们研究早期的文本或是那些借鉴过去文本的当前文本时，要把阅读置于身份的概念历史之中，这一点很重要。根据第六章所分析的巴尔干这一概念的历史，本章将展示被20世纪20年代后的巴尔干化话语边缘化的19世纪浪漫主义话语和文明话语确实在关键文本中发挥了作用，但这些话语却在20世纪90年代的阅读中被忽视。

巴尔干话语的互文性建构始于罗伯特·卡普兰（Robert D. Kaplan）的《巴尔干幽灵》（Kaplan 1993a）。这本书使克林顿于1993年5月放弃了"解除禁运和空袭"政策并转向有关古老仇恨的巴尔干话语。为此，这本书名声大噪（Drew 1994：157-158；Owen 1995：161-162；Dobbs 1995；Ringle 2002）。再加上一些备受关注的评论，例如，《纽约时报》把这本书评选为年度最佳图书，《巴尔干幽灵》成为美国有关波斯尼亚辩论中被引用频率最高的一本书，尽管这本书并没有明确提及西方应该采取何种政策。在叙述南斯拉夫那段旅程时，卡普兰参考了另一本著名的游记，即丽贝卡·韦斯特（Rebecca West）的《黑色羔羊和灰色猎鹰——南斯拉夫之行》（*Black Lamb and Grey Falcon: A Journey through Yugoslavia*）（1941）。据说这本书影响了两代的英美政策制定者、新闻记者、外交官和读者。布莱恩·豪尔（Brain Hall）认为对报道波斯尼亚战争的英美记者而言，这本书是最重要的二手资料（Holbrooke 1998：22；Simms 2001：179；Hall 1996：76；Conversi 1996：252；Schweizer 2002：2）。仔细查考韦斯特的互文性建构，可以看出由于她的亲塞尔维亚主义，她总是被不加批判地推崇或贬低。若把阅读的重点放在韦斯特对叙述类知识的应用以及她所采用的19世纪有关巴尔干的浪漫主义表象，就会发现《黑色羔羊和灰色猎鹰》相当复杂。

本章在最后一个部分将把分析重点从关键文本转移到《巴尔干幽灵》以及《黑色羔羊和灰色猎鹰》中概念的互文性。这两本书表述的"文明"概念是我们要研究的第一个概念上的互文性。"文明"首先与塞缪尔·亨廷顿（Samuel P. Huntington）的名作《文明的冲突》（The Clash of Civilizations）相关联。在20世纪90年代的对外政策辩论中，亨廷顿题为《文明的冲突》的文章和著作成为了关键文本。亨廷顿认为后冷战时代的互动产生于不可调和的各种文化和宗教文明，其中伊斯兰文明最具暴力倾向（Huntington 1993，1996）。这一论点受到了媒体的广泛关注，并在华盛顿的决策者中产生共鸣，尽管该论点在学术界遭到了众多批判（Walker 1997a,1997b; Buzan 1997; Walt 1997）。亨廷顿的著作发表于波斯尼亚战争期间。"波斯尼亚穆族"的"伊斯兰文明"使波斯尼亚战争成为亨廷顿有关文明联盟和西方干预主义论点中经常讨论的实例。第二个与巴尔干话语相关联的文明文本来自于乔治·凯南（George F. Kennan）。他是古典现实主义者和冷战遏制政策的设计者。凯南于1993年再版了卡耐基委员会有关第一次和第二次巴尔干战争的报告:《国际委员会有关巴尔干战争的起因和行为的调查报告》（Report of the International Commission To Inquire into the Causes and Conduct of the Balkan Wars）（Kennan 1993; Carnegie Endowment for International Peace 1914）。曾在尼克松政府和福特政府担任国防部长的詹姆斯·施莱辛格（James R. Schlesinger）在参议院军事委员会作证时建议委员会考虑这个报告。"当读到这些族群彼此间的对抗时，就感觉这份报告写于昨日"。因此，"他们不可能期望永久解决冲突"（引自Clines 1995）。凯南的解读和施莱辛格的警告与巴尔干话语相似，但当我们仔细阅读在第六章提到的这份报告时，就会发现它是文明启蒙话语而非巴尔干化话语的一个例子。

巴尔干话语中第二个概念上的互文性通过"古老仇恨"这个流行词体现出来。这个词是《巴尔干幽灵》中的重点词汇。据说"古老仇恨"的论点从卡普兰一直传递到克林顿，因此便有人认为新现实主义也以类似方式解读波斯尼亚战争，但分析表明新现实主义者明确拒绝了"古老仇恨"这一论点，支持更为模糊的身份建构。

《巴尔干幽灵》和互文性建构的影响力

人们通常认为《巴尔干幽灵》一书改变了克林顿的波斯尼亚政策。克林顿最初积极主张采取"解除禁运和空袭"政策,后来却采取了消极的遏制政策。此外,这本书"概括了当代波斯尼亚历史中古老的种族仇恨"(Rieff 1996:256; Owen 1995:162)。然而,当我们追溯有关巴尔干西方话语的历史,就会发现《巴尔干幽灵》中对"巴尔干"的表述要略微复杂些,它把基本的巴尔干话语与浪漫主义话语的内容融合在一起,把巴尔干人建构为充满异国情调和激情的民族。据说《巴尔干幽灵》对美国的波斯尼亚政策的影响超过了其他任何一个文本,但是这本书并没有提出任何政策建议。那它为什么对克林顿产生了如此巨大的影响?难道消极的遏制政策是克林顿从卡普兰的著作中所能汲取的唯一经验吗?

仇恨和浪漫主义:卡普兰对巴尔干身份的建构

《巴尔干幽灵》一书中对巴尔干身份的建构按照游记体裁展开,叙述了作者从奥地利到南斯拉夫、罗马尼亚、保加利亚和希腊的旅程。书中空间和时间的叙事结构使卡普兰可以把个人经历和他对文化艺术品和习俗的评论与历史和政治分析混合在一起。个人经历和史学知识这两种形式的知识在书中得以有效应用。个人经历证实了对南斯拉夫和巴尔干历史的一般描述,而史学上的观点也被用来解读所遇到的各类人物。在南斯拉夫境内旅行时,卡普兰利用丽贝卡·韦斯特的《黑色羔羊和灰色猎鹰》一书的认识视角来解读历史、地点和人物。卡普兰含糊其词地说《黑色羔羊和灰色猎鹰》"已经概括了塞尔维亚、前南斯拉夫的其他地方以及其他巴尔干国家在20世纪90年代的状况"(Kaplan 1993a:32)。透过韦斯特来解读卡普兰,我们发现东正教和拜占庭浪漫主义中夹杂着巴尔干话语的内容。关于这一点,将在下一部分详细论述。

个人经历与史学知识的结合使书中有多处把巴尔干的空间和时间身份建构为"古老仇恨"。书的封底提到"巴尔干的古老激情和很难处理的仇恨";强烈的情感而非理智控制着巴尔干;巴尔干人民在"心理上封闭,宗族意识很强"(Kaplan 1993a:16,59)。具体而言,"波斯尼亚具有乡村特点,与外界隔绝,充满猜疑和仇恨",萨拉热窝则是"见多识广的城市中心",但"它周围的村庄充斥着野蛮的仇恨;贫困和酗酒使这些仇恨加剧"(Kaplan 1993a:22)。甚至纳粹主义都可以发源于巴尔干,因为在巴尔干,"人们因贫困和种族对抗而相互隔绝,这注定他们会彼此憎恨"(Kaplan 1993a:xxiii)。

虽说是游记体裁,书中有关南斯拉夫的章节却很少叙述与"普通人"的偶遇,但卡普兰在描写从奥地利开往斯洛文尼亚的火车上,以及从萨格勒布开往普里什蒂拉的公共汽车上所遇到的那些人时,强调了"巴尔干"的异己性。卡普兰注意到"在南斯拉夫,色情杂志无所不在";他置身于一群喧闹、酗酒的人中间。这些人的"手指甲积满污垢","满嘴酒臭",尽管阿尔巴尼亚公共汽车上的乘客是穆斯林的后代(Kaplan 1993a:xxvi,41)。卡普兰感慨道,"除了在战区,我还从未在穆斯林中有那样的感受"(Kaplan 1993a:41)。这些评论看似来自亲身体验,但也涉及选择何种素材把巴尔干的"异己性"介绍并解释给毫不知情的西方(主要是美国)读者。① 选择"酗酒"和"色情"来描述"巴尔干男人"主要是因为这是区分"巴尔干"和"西方"的有效方式。② 换言之,如果美国的每一辆火车和公共汽车上都有酗酒的男人和色情杂志,那么在叙述巴尔干之旅时提到这些就没有意义。酒和色情意味着"巴尔干人"缺乏礼貌、粗俗、不节制,这与文雅、清醒和成熟的"卡普兰/西方人"截然不同。"色情巴尔干"这一负面建构也依赖于卡普兰和他的美国读者就如何评判色情达成共识。③

时间维度身份的重要性暗含在"古老仇恨"的表述之中。这本书的书名《巴尔干幽灵———一次历史之旅》也表明了这一点。这是一次穿越巴尔干历史的旅行,但对西方读者来说,也是一个述说时间重要性的故事。卡

---

① 卡普兰后来在书中叙述了他参与的喝酒场景,但他总是把自己描述成一个为了遵守当地习俗而不得不喝酒的外国人。

② 联合国维和部队驻萨格勒布的信息部主任迈克尔·威廉姆斯(Michael Williams)提到了酒在建构"巴尔干"身份中的重要作用以及西方人和塞族人通过喝酒联络感情。在2000年的一次采访中,威廉姆斯指出,包括罗斯将军在内的英国军官与塞族人的关系比与波斯尼亚穆斯林的关系要和谐融洽得多。在佩里(Pale)的波斯尼亚塞族人"整晚喝酒。他们提供了相当丰盛的食物和相当多的酒"(Simms 2001:178)。霍尔布鲁克在回忆录中也重点提到塞族人的喝酒本领(第九章将讨论霍尔布鲁克的回忆录)。

③ 这也产生了巴尔干话语的性别化。关于这一点,我们将在第九章进一步讨论。如果巴尔干男性在建构"野蛮的巴尔干"中尤为重要,那是否意味着"巴尔干女性"是"巴尔干男性气质"的受害者?若是这样,西方难道不应该给"巴尔干女性"提供(男性)保护?卡

普兰大量叙述了巴尔干和南斯拉夫的历史，从克罗地亚和塞尔维亚在中世纪时的起源一直到20世纪的巴尔干战争。然而，书中几乎没有讨论20世纪80年代南斯拉夫国内的政治动态，只是简要提及了1987年米洛舍维奇（Milosevic）的科索沃波列之行煽动了塞尔维亚民族主义。不仅历史知识对理解当前的冲突很重要，巴尔干历史还被看作是不断重复的，因此成为预测未来事件的关键。"过去即为现在"的观点进一步体现在卡普兰使用丽贝卡·韦斯特的视角来理解现在，并不断提出有关过去的问题，因为"只有通过这种方式，我们才能理解现在"（Kaplan 1993a：xxi）。米洛凡·吉拉斯（Milovan Djilas）是铁托执政时期被关押的一位持不同政见的著名知识分子。"吉拉斯总是正确的……他好像从不看每天的报纸，仅仅从历史的角度来思考问题。这种技巧对东欧人来说很简单，但对美国人来说却很难"（Kaplan 1993a：74）。因此，"南斯拉夫的政治完全反映了历史的进程。对它进行预测比很多人所想象的要容易"（Kaplan 1993a：8）。历史是不断重复的。巴尔干信念也加强了对历史的这种理解。"与西方的观念不同，历史并非被看作是沿着时间顺序往前推进，而是跳跃式的，绕着圈发展；当人们以这样的方式看待历史，神话便扎下了根"（Kaplan 1993a：58）。因此，从20世纪初到20世纪中叶的著作可以不受历史背景的限制，成为有关不受时间影响、深陷历史之中的巴尔干的原始资料。历史是特定的，是决定因素，但又被其他因素所决定。历史并非由特定话语中的政治行为体为了特定政治目的而调用，历史因此是可以变化的。

　　这些段落表明卡普兰利用了巴尔干话语中的空间和时间身份。西方辩论注意到了这一点，但却没有看到《巴尔干幽灵》也同时反映了19世纪有关巴尔干的浪漫主义话语。卡普兰所参考的文本的作者丽贝卡·韦斯特在颂扬东正教和拜占庭对南斯拉夫南部地区的影响时大量使用了浪漫主义话语。当卡普兰追溯韦斯特对东正教圣像的喜爱，来到位于塞尔维亚佩奇（Pec）修道院的使徒大教堂（Church of Apostles）时，他向读者问道，这些装饰教堂的圣徒、使徒、中世纪国王和大主教的画像是否构成了迷信或偶像崇拜。他又自己回答说提出这种问题本身就反映出"西方的思维模式"（Kaplan 1993a：xvii）。在巴尔干，迷信与偶像崇拜之间的差别由于"教义、神秘主义和蒙昧之美"而变得模糊不清、无关紧要。在科索沃的一座塞尔维亚修道院，卡普兰仔细看了施洗约翰小教堂的画像，评论道，"这位名不见经传的14世纪塞尔维亚-拜占庭大师理解和表达圣马可福音的能力超越了意大利文艺复兴时期所有的西方艺术家"（Kaplan 1993a：29）。东正教和天主教的教义不同，分布混杂，并反映出西方理性主义和东方神秘主义之间的分裂。"西方宗教强调观念和行为，而东方宗教强调美与神奇"（Kaplan 1993a：25）。这种对宗教信仰而非政治、经济问题的注重使卡普兰宣称，"假如当初没有宗教上的因素，塞族和克族之间的敌意几乎就没有了基础"，文明政治便由此而生（Kaplan 1993a：25）（下文将会进一步讨论这一观点）。浪漫主义旅行者通常会对所见人和事物的现代化感到失望。离开克拉根福（Klagenfurt）前往斯洛文尼亚时，卡普兰说他必须尽快赶到巴尔干，因为"不久以后，不论是20世纪90年代末还是随后的几十年中，一切都会变得像克拉根福那样平淡无奇"（Kaplan 1993a：xxvii）。尽管巴尔干充斥着古老仇恨，喝醉酒大声吵嚷的男人，以及让人费解的东正教绘画，卡普兰和大多数自诩的冒险家一样，一想到巴尔干会变得枯燥乏味就感到悲哀。

信奉东正教的巴尔干和西方存在根本上的差异，西方人对巴尔干的神秘主义表现出极大的兴趣，这种建构应用了19世纪的浪漫主义话语。卡普兰的浪漫主义不仅来自于他对巴尔干的建构，而且来自于他对丽贝卡·韦斯特的浪漫化。卡普兰声称，他"宁愿丢失护照和钱，也不愿丢失那本快翻烂了的、写满注解的《黑色羔羊和灰色猎鹰》"（Kaplan 1993a：8），并写道：

> 《黑色羔羊和灰色猎鹰》从萨格勒布写起，主要描写了南斯拉夫，而且这是一部女性的著作，这些都不是巧合。这样的一本书必须具备几乎所有的这些因素。丽贝卡厨艺精湛，擅长刺绣，因此十分注重细节，且有创造力；她居住在乡下，即将当祖母，对世俗事务很敏感。毫无疑问这些必要的特征使丽贝卡女士能够伸展开思想、情感和欧亚民族历史的丝线，并把它们编织成条理清晰、道德主题突出的一幅画卷（Kaplan 1993a：7-8）。

热衷家务并与自然世界有机地联系在一起是传统保守的浪漫主义对女性的表述。做饭和刺绣这些传统的女性家务，以及和土地、繁衍生息的自然联系使丽贝卡·韦斯特符合这种表述。卡普兰认为韦斯特的思想"充满激情，而且很严谨，任何男性作家都无法与之相比"（Kaplan 1993a：8；

Elshtain 1981；Yuval-Davis 1997）。因此，丽贝卡·韦斯特和南斯拉夫通过一个双重的浪漫主义建构相关联。由于韦斯特"注重细节"、"世俗"、"敏感"、"有激情"，她能够理解巴尔干。这些浪漫、非理性的特性正是巴尔干本身的特性。卡普兰话语利用了性别身份，把"巴尔干"分裂为喝醉酒的男性和被浪漫化的女性，但也使卡普兰被双重地排除在外。出于惧怕，卡普兰只能从一定距离之外观察当受指责的巴尔干男性气质，并且只能通过他所敬爱的丽贝卡·韦斯特感受浪漫的女性气质。

政治的缺失和文明的修正

把《巴尔干幽灵》一书与有关波斯尼亚的政治辩论联系起来并不容易。这本书自称为"政治游记"，并认为游记是"一种技巧，是用最生动的方式来探索历史、艺术和政治"（Kaplan 1993a：封底和ix）。然而，正如前文所述，《巴尔干幽灵》并没有讨论西方针对前南斯拉夫境内战争的政策。实际上，卡普兰直接从萨格勒布前往科索沃的塞尔维亚修道院，甚至没有经过波斯尼亚（Kaplan 1993a：30）。那么将如何解释克林顿读了这本书就采纳了巴尔干话语和美国不行动政策的说法？其实这种说法应该与第七章的分析联系起来。第七章指出克林顿在就职后的前四个月内，把巴尔干话语和种族灭绝话语模棱两可地结合在一起。1993年2月10日，克林顿宣布了美国政府针对波斯尼亚的新政策。据说在此之前，克林顿没有读过《巴尔干幽灵》。在这次讲话中，克林顿把战争与"古老的种族仇恨"相关联（Clinton 1993b）。因此，更为准确地说，在万斯—欧文计划以及"解除禁运和空袭"政策都失败后，克林顿的话语并没有经历巨大的变化，只是在侧重点上发生了转变。这并不是说《巴尔干幽灵》或许没有对克林顿产生影响，而是说这本书强化了已经在部分发挥作用的话语，而不是带来了话语的彻底转变。也可以认为在"解除禁运和空袭"政策不可能得到欧洲支持以及克林顿的话语缺乏内部的稳定性时，《巴尔干幽灵》契合了可能要发生的话语转变。如果为了解决话语的内部稳定性问题，克林顿向种族灭绝话语靠拢，则会加大采取"解除禁运和空袭"政策的压力，从而疏远欧洲盟友。因此，不论克林顿是否读过《巴尔干幽灵》，他都可能采用巴尔干话语。

这些都是质疑《巴尔干幽灵》一书对政策产生巨大影响的很好的理由，但正是互文性的角度才使《巴尔干幽灵》成为辩论中的主要文本。不论这本书对克林顿话语的实际影响如何，克林顿读了这本书，那这本书就成为关键文本。截至2002年，这本书的销售量达到30多万册（Ringle 2002）。《巴尔干幽灵》被视为巴尔干话语的范例，支持西方采取冷漠政策，尽管这本书表述了复杂的巴尔干化话语和浪漫主义话语，而且没有提出任何政策建议。用互文性词汇来说，就是人们透过《巴尔干幽灵》对克林顿产生的影响来阅读这本书。据说卡普兰改变了克林顿的话语，但这种话语的改变又反过来影响人们对《巴尔干幽灵》中身份建构的解读。

如果《巴尔干幽灵》的意义是由克林顿对此书的阅读和巴尔干话语的重要性建构而成，那么美国放弃采取积极的政策是从卡普兰的这本书中汲取的一个合理的政策建议吗？根据后来的采访记录，卡普兰本人对美国政府采取的政策感到"很失望"。在《新共和》杂志1993年8月刊登的一篇文章中，卡普兰的确主张采取更为积极的政策（Ringle 2002；Kaplan 1993b）。他写道：

> 自罗马-拜占庭时期以来，巴尔干一直处于东西方的断层线上，因此成为世界的战略中心。中东冲突的载体、高加索山脉、德国的城镇都在此交错。在文明冲突时代，保卫波斯尼亚的穆斯林飞地，使其成为多民族和平共处和自由市场的典范就等同于在二战后保卫柏林，使柏林成为典范。界定欧洲的不是《马斯特里赫特条约》，而是巴尔干的事态发展（Kaplan 1993b：16）。

《巴尔干幽灵》一书对信奉东正教的巴尔干进行了浪漫主义表述，东西方基督教的分裂在这种表述中扮演了重要角色。卡普兰在上述的文章中又提到了这一分裂。然而这种浪漫主义词汇现在被种族灭绝基本话语的内容所掩盖。波斯尼亚穆斯林成为"那个地区最西化、最成熟的公民"。波斯尼亚的崩溃将会刺激中东地区的原教旨主义，给克林顿"真正的"中东政策带来严重后果（Kaplan 1993b：16）。"除冷战时期外，巴尔干地区就是中东。（克林顿政府）却没有认识到这一点"（Kaplan 1993b：16）。

卡普兰最终使用了几乎所有的话语。古老仇恨、浪漫的东正教、被西化了的多种族波斯尼亚穆斯林，这些表述混合在一起所形成的话语在逻辑上太不清晰，以至无法产生明确的身份建构。如果波斯尼亚穆族是巴尔干人中"最西化的"，那么一个群体、民族、文化则不是由所信奉的宗教或所居住的地区来决定；所有人，甚至是巴尔干人，都可以改变，不论这种变化是好是坏。历史不再是预测现在的关键。卡普兰有关巴尔干的作品中存在这些不一致性，因此很难从中推断出清晰的政策，但这并没有消减卡普兰作为政策分析家的受欢迎程度以及游记体裁在政治领域的吸引力。卡普兰在《大西洋月刊》(The Atlantic Monthly) 上发表了题为《即将到来的无政府状态》(The Coming Anarchy) 的著名文章，并在此基础上完成了他的下一部著作《地球边缘》(The Ends of the Earth)。这部有关无政府状态和非洲的著作增强了卡普兰的声望，使他成为影响美国决策者的人物，他"几乎能够预言美国将关注的下一个目标"（Grau；Ringle 2002）。

解读丽贝卡·韦斯特：重新评价亲塞尔维亚主义

丽贝卡·韦斯特的《黑色羔羊和灰色猎鹰》一书得到了卡普兰的推崇，这或许进一步提升了该书在有关波斯尼亚的辩论中的互文性地位。卡普兰参考了这本书，这也反映出在过去50年中韦斯特作品的影响。① 《黑色羔羊和灰色猎鹰》最初于1940年和1941年分两卷出版。1994年作为企鹅20世纪经典图书再版。据布赖恩·豪尔（Brian Hall）的统计，从1993年到1996年，该书仅在美国的销售量就高达21,000册（Hall 1996：76）。② 韦斯特影响了好几代的读者、外交官、政策制定者和报道20世纪90年代巴尔干战争的新闻记者。这一点经常被提及，但就如何解读韦斯特对南斯拉夫和巴尔干身份的建构以及这些建构如何影响了西方政策，目前尚无一致意见。有些人赞扬这本书，例如卡普兰，誉之为"本世纪游记文学中的杰

---

① 丽贝卡·韦斯特之所以出名，不仅仅因为她的著作，而且因为她与 H·G·威尔斯长达十年的恋情以及他们的私生子安东尼·韦斯特（Rollyson 1996）。企鹅经典版的《黑色羔羊和灰色猎鹰》一书在介绍作者时，甚至先描述了韦斯特的爱情生活，后来才提到她在文学上的成就。最具讽刺意味的是，直到韦斯特所喜爱的南斯拉夫在暴力中解体，以及20世纪90年代《黑色羔羊和灰色猎鹰》一书再度畅销，丽贝卡·韦斯特才最终结束了她在过去60年中一直试图要摆脱的与威尔斯的关系。《黑色羔羊和灰色猎鹰》与韦斯特个人生活之间的关系不属于本章讨论的范畴，但需要注意的是，韦斯特和她的儿子之间的关系很紧张。在《黑色羔羊和灰色猎鹰》一书中，韦斯特没有提到她的儿子，也没有提到她未来的孙子或孙女。因此，卡普兰所勾画的浪漫的祖母形象实际上没有什么证据（Rollyson 1996；Garis 1982）。

② 顺便提一下，我在2003年圣诞节期间所逛过的每一家纽约的 Barnes and Nobel 书店都有《黑色羔羊和灰色猎鹰》一书。该书被放在历史类书籍中，《巴尔干幽灵》则被放在旅游类书籍中。

作"，"有关巴尔干的必读之作"，即便是对卡普兰提出强烈批评并对西方不采取保护波斯尼亚政府的干预政策表示极度不满的戴维·瑞尔夫（David Rieff）也把此书称为"一战后二战前的这段时期最伟大的游记文学作品之一"（Wolfe 1971：25-26；Rollyson 1996：215；Rieff 1996：47）。① 然而，也有人认为《黑色羔羊和灰色猎鹰》支持一种明显的亲塞尔维亚立场。这一立场已经体现在西方政策之中，使西方不愿对抗波斯尼亚的塞族。理查德·霍尔布鲁克（Richard Holbrooke）发现丽贝卡·韦斯特的影响是如此巨大以至于他在解释西方针对南斯拉夫境内战争的政策时，把五种原因中的一种称为"糟糕的历史，或是丽贝卡·韦斯特因素"，并认为韦斯特"公开的亲塞尔维亚态度以及穆斯林是劣等种族的观点影响了两代读者和政策制定者，支持了'古老仇恨'的论点"（Holbrooke 1998：22）。丹尼尔·康维塞（Daniele Conversi）认为在英国，"由于丽贝卡·韦斯特的著作和很多其他人的作品，人们亲塞尔维亚的程度与恐惧克罗地亚的程度相当"；布莱登·西蒙斯（Brendan Simms）把韦斯特的书称为"一部极端亲塞尔维亚的游记"，致使联合国在萨拉热窝的总部设有"仅限联合国维和人员使用"的警示牌（Conversi 1996：255；Simms 2001：179）。②

下文中将分析对《黑色羔羊和灰色猎鹰》一书的不同解读，讨论韦斯特如何把个人经历、文化体验与对文明结构的历史分析和对人性的哲学思考相结合，并通过这种认识论策略对身份加以建构。韦斯特有关南斯拉夫人民，尤其是那些拥有拜占庭和东正教历史的南斯拉夫人民的浪漫主义建构使我们必须注意到，《黑色羔羊和灰色猎鹰》对南斯拉夫的历史、文化和政治进行的分析并非毫无问题，不论这些分析应用在20世纪30年代还是90年代。有关韦斯特支持亲塞尔维亚立场的观点也未必正确。韦斯特在书中用浪漫化的散文描述了南斯拉夫的其他民族，并指出需要超越哈布斯堡王朝对北部斯拉夫人的玷污。因此，我们不可能从《黑色羔羊和灰色猎

---

① 直到2005年，北约网站仍旧把这本书列为理解波斯尼亚历史所需看的资料，并将它描述为"一部深入探讨这个地区历史、政治、文化的编年史"（NATO 2004）。
② 施韦泽认为"不管怎样，《黑色羔羊和灰色猎鹰》中的政治内容是印象派的，并受到哲学的影响。它不是一本政策制定者指南，而是一部文学、历史和哲学范畴的书，阐述了大背景下的一个悲剧性历史困境"（Schweizer 2002：90）。把韦斯特的这本书等同于"政策制定者指南"则意味着过度狭隘地看待政治，并且忽视了该书在政治上和互文参照方面的作用。

鹰》一书中演绎出针对20世纪90年代的任何简单的政策建议。①

南斯拉夫之行：浪漫的形体和文化之美

如第四章所述，游记体裁可以采用小说的叙事策略。韦斯特充分利用了这种文学上的自由。《黑色羔羊和灰色猎鹰》叙述了1937年的一次旅行。韦斯特从萨尔茨堡出发，途经克罗地亚、达尔马提亚、波斯尼亚、塞尔维亚、马其顿、科索沃（当时被称为"老塞尔维亚"）、黑山，最后回到萨格勒布，但是韦斯特把其他两次旅行的资料也穿插在其中：1936年的首次南斯拉夫之行以及1938年的一次旅行。韦斯特采用了这三次南斯拉夫之行的所见所闻，但只重点叙述了其中的一次旅行。这不仅简化了叙事结构，而且为韦斯特提供了一个"中间人"的地位，因为从1936年的那次旅行中，韦斯特获得了有关南斯拉夫的知识，而她的旅伴，也就是她的丈夫，却不具备这些知识（韦斯特的丈夫在书中被称为"新来的西方人"）。② 这也使韦斯特利用她以前对巴尔干的无知来建立和读者之间的关系，因为这本书的读者对巴尔干也知之甚少，至少在1941年是这样。韦斯特起初的观点与第一次世界大战后"巴尔干暴力"的建构很相似。"暴力的确是我对巴尔干的全部印象；我对南斯拉夫人的全部印象"。在思考这种观点的不足之处时，韦斯特说道，"我接受了有关巴尔干的流行说法，我肯定是大错特错了"（West 1941：21）。

从萨尔茨堡出发，韦斯特在火车上遇到了四位来自德国的游客，这为她后来不断思考即将到来的希特勒纳粹德国的威胁以及对德国和哈布斯堡文化的负面评论做了铺垫。韦斯特声称她永远无法理解德国人，这与她到达萨格勒布后感叹道"我来到了我能够理解的人中间"形成了对比（West 1941：35，38）。前来迎接她的那些人很快就显示出克罗地亚与塞尔维亚之间关系的复杂性。几乎陪伴他们走完全程并担任向导的康斯坦丁（Constantine）是塞尔维亚的政府官员。他是犹太人的后裔，但信奉东

---

① 《黑色羔羊和灰色猎鹰》是一本关于南斯拉夫的书，可能也是一本关于性别的书。是否应该把韦斯特视为女权主义认识论上的楷模，在文学批评和女性研究领域一直存在争议（Stec 1997；Schweizer 2002）

② 为韦斯特写传记的第一位作家维多利亚·格伦丁宁（Victoria Glendining）没有注意书中提到了1936年的那次旅行，于是错误地认为这本书"似乎基于仅有的那次广泛游历"（Glendinning 1987：154）。

正教；瓦列塔（Valetta）是克罗地亚的一名讲师，来自达尔马提亚，信奉罗马天主教；马可（Marko）是来自克罗地亚的新闻记者。韦斯特阐述了这两名克罗地亚人在政治观点上的差异。一位是联邦主义者，强烈支持克罗地亚自治；另一位对统一的南斯拉夫坚信不疑。韦斯特评论道，"他们完全相同，又完全不同"（West 1941：43）。后来她写道，"正是由于南斯拉夫拥有这么多不同的民族，它才如此迷人。这些民族大都具备非凡的素质，他们是否能够组织成一个有序的国家是一个非常有意思的问题"（West 1941：662）。

韦斯特在序言中嘲讽那些英国游客，因为"一个令人喜爱的巴尔干民族"是他们对南斯拉夫的印象。在整本书中，韦斯特既指出了民族差异，又指出了统一南斯拉夫的民族共性，尽管南斯拉夫人自己都没有注意到这一点（West 1941：20）。韦斯特认为南斯拉夫人拥有共同的命运，应该成立一个单一的政治国家，但是她也竭力指出不同的帝国历史使共同的斯拉夫身份变得复杂。拜占庭帝国、奥斯曼帝国和哈布斯堡帝国的历史产生了"两种类型的斯拉夫人"：一种斯拉夫人"继承了拜占庭传统"，而另一种斯拉夫人"受奥地利的影响被融入西方资产阶级体系之中"（West 1941：603-604）。把拜占庭斯拉夫人建构为真正的斯拉夫人并非意味着克罗地亚人完全没有历史功绩。1683年，在抵抗土耳其人保卫维也纳的战争中，克罗地亚人发挥了关键作用，但是他们已被"德国的毒素所削弱"；"奥地利的影响使他们像患重病一样日益衰微"（West 1941：63-64，89，122，216）。① 然而，这些比喻也表明克罗地亚可以被治愈，从而恢复以往真正的斯拉夫实力。治愈的方法就是要求克罗地亚承认包括塞尔维亚人、马其顿人和黑山人在内的拜占庭斯拉夫人在文化上的优越性，并感激塞尔维亚为整个南斯拉夫做出的牺牲。韦斯特并非不知道克罗地亚要求独立，但她认为不论从军事上，还是从政治上，克罗地亚的独立都是不可能的。意大利和德国的威胁正在逼近，克罗地亚要想生存，唯一的机会就是留在一个强大的南斯拉夫国家内（West 1941：606）。韦斯特没有深入分析克罗地亚民族主义的形成原因。当克罗地亚人对塞尔维亚人的支配地位表达不满时，塞尔维亚国王亚历山大试图安抚，但没有成功。克罗地亚独立运动的

---

① 因此，达尔马提亚海滨的抵抗要塞被赋予了比克罗地亚本土更为重要的地位（例如West 1941：216）。

领袖马切克（Matchek）主张一种不现实的独立。国王后来关押了马切克，向克罗地亚派遣了残暴的塞尔维亚警察，并取消了民主代表权。韦斯特认为国王的举动虽然不值得称赞，但在当时的情况下是可以理解的。①

韦斯特坚持认为自己的这本书不仅是游记，也是对南斯拉夫历史的认真描述，是对"历史进程的完整解释"。在书中，她把对文明的分析与对历史的解读结合在一起。韦斯特在解读历史时侧重描述王室成员、将军以及政府官员的个人能力（引自 Rollyson 1996：206）。然而，就身份建构而言，同等重要或更为重要的是韦斯特对个人经历和文化体验的叙述。这些经历通常会建构一个不同但却具有吸引力的他者。对作者而言，这个他者是陌生的，具有一种更加狂野、更充满激情的性格。南斯拉夫人被建构为他者，但韦斯特能够理解这个他者，而且这个他者使韦斯特理解和认识了自我。根据浪漫主义传统，这个他者的形成不是通过其自身的言语，而是通过韦斯特把思想和意义不断地赋予他者，尤其是那些被建构为他者的意志坚强的贫困农民。韦斯特采用了聚焦法，通过描写特定的人物来建构文化、政治和宗教身份。在书中，这些特定的人物或是没有言语，或是出现在一段对话中。②

韦斯特的个人经历表明了南斯拉夫知识分子和艺术家的聪明才智。他们思维缜密且熟练地用英语、法语、俄语和德语交谈，和西方同事一样成熟老练。康斯坦丁（Constantine）是一位令人尊敬的旅伴。他是一位政府官员，但也是一名塞尔维亚的犹太诗人，代表着统一南斯拉夫事业背后的崇高理念。③康斯坦丁的妻子格尔达（Gerda）出现在书的中间章节。当格达加入他们的旅行时，康斯坦丁复杂的斯拉夫和犹太背景被突显出来。格尔达是旅行中明显的反面人物。她象征着令人担忧的纳粹德国。"非常重要的一点是，我们需要知道世界上有多少个格尔达，她们是否可能为了某个目的而联合起来"（West 1941：801）。在所有可能的场合，格尔达都表现出她的德国特性。她总是不停地寻找德国事物，强迫他们去弗兰兹特

---

① 由于韦斯特坚持认为塞族人和克族人"有着强烈的民主精神"，人民代表制的废除也与她的这一观点不太吻合（West 1941：158，554，617）。

② 韦斯特的旅行日记很简短，她不可能逐字逐句地回忆起五年前的对话，至于是否忘记了谈话的部分内容，她也从未提及。韦斯特不懂当地语言，交谈时只能依靠翻译。

③ 康斯坦丁经常被视为（塞尔维亚）政府宣传的一个工具（Rollyson 1996：213），但是他不大可能动摇韦斯特对南斯拉夫各民族的浪漫主义建构。

尔，因为那儿是德国后裔居住的小镇，能够吃到肝泥香肠，而韦斯特实在不喜欢这个地方，也不喜欢肝泥香肠。格尔达还喋喋不休地侮辱斯拉夫文化（West 1941：446-498）。她不顾其他人的感受和需求，对周围发生的事情视而不见。典型的例子是，在马其顿的奥赫里德，她破坏了韦斯特喜爱的东正教复活节（West 1941：722）。最重要的是，她成功地摧毁了康斯坦丁的自信心，让他觉得自己作为一名犹太人，总有一些地方有问题。

这些城市知识分子的形象为韦斯特建构巴尔干身份提供了丰富的素材，但最有代表性的经历是韦斯特见到了那些真实的、意志坚强的贫苦农民。既然人们通常认为韦斯特偏爱塞尔维亚，那么我们将看看韦斯特如何赞美她在达尔马提亚海滨遇到的那些人所展示的美和男性气质。韦斯特发现有一群人极富魅力。这些人"很美，有着浓密的淡色直发，古铜色的皮肤和高高的颧骨；嘴巴大，胸部宽阔，双腿修长。这些男人可以使女人怀孕生子，赋予他们的后代某些特质，使其主宰他们的世界"（West 1941：208）。游记的作者通常会使描述的对象色情化，但有趣的是韦斯特采用了传统的男性凝视角度。韦斯特偶尔也会被达尔马提亚女人的美所打动，认为她们"犹如林中的樱草花一样可爱"（West 1941：262）。韦斯特描述这些男女迷人的外表，并不只是出于美学意图，而是如布赖恩·豪尔（Brian Hall）所言，应用了一种几乎是中世纪的逻辑，即人的外表和他的性格直接相关（Hall 1996：79）。美丽的外表并不是遗传上的运气所致，而是由于一个人的善良和敬虔。韦斯特着重描写达尔马提亚南斯拉夫人的俊美相貌，不只是在评论他们的骨骼结构、身高和肤色，而是在说明这些人具有更加优良的品质。

在描写文化艺术品时，韦斯特也应用了类似的方式。《黑色羔羊和灰色猎鹰》中有很多描述与建筑、音乐、房屋、壁画、绘画、服装、刺绣、食品以及酒相关。韦斯特记录的不只是她的个人观察，而是一种文化身份的表现形式。从一个国家的文化艺术品和习俗中可以了解这个国家的特性。例如，老塞尔维亚迪克哈尼教堂中的壁画表明"民族扩张期恰逢创造性艺术的繁荣阶段"（West 1941：984；Wolfe 1971：25）。文化艺术品和习俗也可以构建身份。"一种传统不是可以脱离人类作用而存在的物质实体。只有通过一个民族把握其结构，并对其做出反应，该传统才得以存留"（West 1941：784）。创造性表现形式与身份之间彼此建构的关系和韦斯特对纯正民族/斯拉夫文化的偏爱结合在一起。韦斯特不赞同外来文化

161 对斯拉夫文化的"污染"或"扭曲",不论这些外来者是来自奥地利文化、意大利文化还是土耳其文化(West 1941:94)。当西方文化被错误地置于当地的斯拉夫拜占庭文化之上时,衰退的迹象便显露出来。在克罗地亚经常可以发现这种衰退。由于长期臣服于哈布斯堡帝国,克罗地亚人很容易做出这种错误的判断。

与北部南斯拉夫人的相遇固然重要,但更重要的是韦斯特在马其顿、塞尔维亚和黑山的经历。其中,有两个女人被赋予了特殊意义,一位是韦斯特在马其顿的东正教弥撒中遇到的农村妇女。"她是马其顿本质的化身,我重返此地就是为了见到这样的人"(West 1941:637)。与这种本质相呼应,韦斯特对土耳其人的镇压进行了浪漫主义表述,并把马其顿人建构为坚强、勇敢、真诚的人。这个女人拥有"任何西方女人都可能会羡慕的两点。一是她有毅力,一种马其顿所具有的无比坚强的毅力;二是她所属的群体可以笑迎飞来的子弹,除非这些子弹穿透他们的心脏。当被驱赶到山上居住时,他们可以熬过严冬;当疟疾和鼠疫肆虐,他们仍可以存活下来。他们每日仅吃面包和辣椒粉,却能长寿"(West 1941:638)。这种默默忍受苦难的斯拉夫人形象在韦斯特遇到的另一个女人的身上体现出来。这个女人是来自黑山的山地妇女。她面对艰难生活的方式"解开了"韦斯特的"疑惑"(West 1941:1012)。韦斯特颂扬了南部南斯拉夫人坚强忍受苦难的精神。这一点体现在文化上就是韦斯特对刺绣的喜爱。刺绣时纱线的来回穿梭为文化对身份的精心建构提供了恰如其分的象征。这一建构的过程显示出女人们对文化的捍卫以及对"拜占庭和塞尔维亚帝国记忆"的保留。这种抗争是南斯拉夫北部的人所不曾经历的。

总之,韦斯特的浪漫主义主要应用在对拜占庭斯拉夫人的表述上。当然,拜占庭斯拉夫人不必都是塞尔维亚人。韦斯特贬低了奥地利对南斯拉夫北部的影响,并讥讽了土耳其人,把土耳其人描述为"容易厌倦","缺乏猜测的本能,以致于在他们的语言中没有一个词用来表示'有趣的'"(West 1941:649,749)。① 波斯尼亚穆斯林并不被视为是土耳其人,而是与其他南斯拉夫人一样,属于同一个斯拉夫民族(West 1941:309)。他们的祖先是鲍格米勒派(Bogomils)教徒,被教皇宣布为离经叛道者。当面

---

① 然而,韦斯特赞赏土耳其人在建筑上对光和整洁空间的偏好,对大自然的热爱,他们"平静的感官享受"以及对玩乐的理解(West 1941:288,298,389)。

对暴力迫害时，他们接受了土耳其的保护。韦斯特认为鲍格米勒派教徒的选择是可以理解的，因为对他们而言，"这种让步并不比屈从于罗马天主教会所做的让步要大"（West 1941：303）。简而言之，波斯尼亚穆斯林的种族或民族身份与其他斯拉夫人并无差异，他们只是为了生存做出了一个务实的决定。

献祭政治和20世纪90年代

韦斯特对文明史的建构以及对个人经历和文化体验的叙述最终都是出自她的哲学理念。韦斯特认为人类总是被困于善恶两种力量的不断较量之中。

> 我们只有部分是理智清醒的：这个部分的我们喜爱享乐，愿意长久地生活在幸福之中，期盼活到90岁，在我们自己建造的房屋中平安死去，这个房屋还可为我们的后代遮风避雨；而另一部分的我们却偏爱那些令人厌恶的东西，喜欢痛苦以及痛苦所带来的极度绝望，期望在灾难中死去，并希望在这场灾难中生命回归到起点，我们的房屋被彻底摧毁，只剩下烧焦的房基（West 1941：1102）。

韦斯特的这种二元论观点基于她对摩尼教二元论宗教信仰、弗洛伊德的有关集体自我保护本能和自我毁灭本能的理论以及奥古斯丁教义的解读。奥古斯丁向西方思想中注入了一种观点，即"苦难是我们为良善所付出的合理代价"（West 1941：827；Hall 1996：77；Orel 1986：84-85）。①

人类献祭的欲望集中体现在有关黑色羔羊的故事之中。韦斯特的这本书以黑色羔羊命名，因为有关黑色羔羊的故事对韦斯特产生了持续重大的影响，使之前800页的内容变得明晰，并成为韦斯特思考国际政治的起点。② 韦斯特在马其顿看到了这头黑色羔羊，当时一群吉普赛人正在羊

---

① "没有接受过教育的自然人不热爱美，不喜欢享乐，不向往和平；他不会吃吃喝喝地快乐生活；总的来说，他不喜欢酒、女人和歌声；而是喜欢禁食，在忧郁中呻吟，不繁衍后代……自然人是平庸之人"（West 1941：172）。

② 关于献祭，韦斯特并不完全清楚。她有时会把献祭的行为归因于基督教，但有时又认为献祭是出于人性。

田（Sheep's Field）的一块大岩石上举行生育仪式。韦斯特到达此地时已是上午，由于很多羊已经在前一天晚上被宰杀，岩石上全是一缕缕沾满了血和油脂的羊毛。"这种景象令人作呕"，但"这个地方具有巨大的权威。它象征着我们的死亡之躯，我们内心罪的种子，用于杀戮我们的剑也在此锻造而成"（West 1941：823）。韦斯特看到一名吉普赛年轻人割断了一头黑色羔羊的喉咙，以此来表达对这块岩石的感激，因为他的妻子已怀孕生子。然而，这块岩石是一个"巨大并肮脏的谎言"，象征着黑暗势力和一种错误信仰。这种信仰认为暴力和牺牲是通往生命和爱的必经之路（West 1941：826）。然而，这也表明从奥古斯丁以来我们所要面对的抗争。"我们有一部分迷恋这块岩石，告诉我们不应该拒绝它；它是庄严而神秘的；只有肤浅之人才会否认献祭的价值"（West 1941：831）。

在灰色猎鹰诗歌中再次提到了献祭的危险诱惑力。灰色猎鹰是书名的另外一半。1389年，以利亚（Saint Elija）化身为一只灰色猎鹰出现在著名的科索沃平原战役中。他向塞尔维亚王子拉扎尔（Lazar）提供了两种选择：要么选择战胜土耳其人，从而获得一个地上的王国；要么选择被土耳其人打败，但获得一个天上的国度。拉扎尔选择了后者，结果导致土耳其人统治该地500年。韦斯特不相信拉扎尔做出了这种选择。"我不相信任何人会为了自己得救赎而拒绝使数以百万计的人民免受奴役之苦"（West 1941：911）。韦斯特认为灰色猎鹰诗歌显示出和平主义的谬论。"和平主义者真正想得到的就是战败"（West 1941：911）。灰色猎鹰的故事表明拉扎尔自愿扮演了黑色羔羊的角色，显示出血腥献祭的威力，但拉扎尔不是献祭的人，而是成为了祭品。黑色羔羊的故事做出了一个误导人的断言，即"人若向死亡献祭，就会获得生命"，而灰色猎鹰的故事表明一个人若以属世的生命和未来数代人的厄运为祭品，就会得到天上的赏赐，这种观点同样具有欺骗性（West 1941：914）。

这两个故事结合在一起，不仅对南斯拉夫的历史和仪规，而且对韦斯特分析西欧产生了诸多影响。在叙述20世纪三四十年代的西欧时，羔羊和拉扎尔的故事也是对欧洲和平运动的描述。和平主义被视为对抗法西斯主义和纳粹主义的一种方式，但这种观点在逻辑上空洞贫乏，在政治上也很危险。张伯伦在慕尼黑对希特勒采取了绥靖政策，"我们把祭司的角色更换为羔羊的角色，因此忘记了我们不是在履行人类主要的道义责任，即保护爱的成果"（West 1941：915）。面对一个"发誓要生存下来的"南斯拉夫，英国、法国和美国却"转过脸去，因为他们厌恶所看到的；他们想要一个被漂白了的，没有鲜血的世界，为此甘愿失败"（West 1941：1103）。但是，西方有责任抗击意大利和德国，应该为南斯拉夫的沦陷负责。

韦斯特认为自我牺牲的逻辑虽具诱惑力，且在历史上根深蒂固，但我们可以摆脱它的束缚，不再扮演祭司的角色，而是与黑暗势力抗争。这就意味着我们要做出选择，明白善恶的差别，并知道何时发起攻击。在彼得国王的带领下，南斯拉夫人冒着被入侵的风险，拒绝向纳粹投降，展示了善的力量，因为他们知道"如果一个以爱为根基的国家没有尽全力抵抗一个以仇恨为根基的国家，而是屈服于后者，那么在现实世界中它就与后者同类"（West 1941：1103）。尽管贝尔格莱德被炸成一片废墟，南斯拉夫遭到入侵，但直到1941年初，山区仍有战斗。南斯拉夫军队成功地耗竭了德国的资源，给整个欧洲带来了希望（West 1941：1147-1149）。塞尔维亚人摆脱"科索沃综合症"的能力使韦斯特希望她本人乃至整个西方能够"表现得像一名塞尔维亚人"（West 1941：1126）。

总之，韦斯特对南斯拉夫/巴尔干身份的建构和她的国际政治观点并不是简单的亲塞族反克族（Glendinning 1987：155）或是"由恨而生"（Anzulovic 1999：171）。因此，很难从中提炼出针对20世纪90年代明确的对外政策建议。布莱恩·豪尔认为韦斯特或许把波斯尼亚塞族比作了黑色羔羊，塞族之所以采取那样的行动，是因为他们不愿成为祭祀用的羔羊，但是也可能存在其他的解读（Hall 1996：82）。首先，塞族人反抗德国纳粹和意大利法西斯不仅仅因为他们是德国人或意大利人，而是因为他们是执意要消灭自由、爱、尊严和光明的纳粹和法西斯。如果认为韦斯特支持塞尔维亚和波斯尼亚塞族，不论他们的政治价值观如何，那就等同于从纯粹民族主义的角度解读韦斯特，从而忽视了她的政治理念。其次，韦斯特在叙述历史时特别强调对某些统治者的分析，对很多塞尔维亚领导者提出了强烈的批评。因此，她或许会分析米洛舍维奇的性格和行为。基于她对共产主义的憎恶，会对米洛舍维奇颇有微词。韦斯特所珍视的那些塞族价值观——拜占庭神秘主义和民主倾向——很难在米洛舍维奇的公共形象和政治生涯中看到，因此韦斯特可能会把米洛舍维奇描述为一个浪费南斯拉夫资源，恶意操纵塞族神话和传统的人。韦斯特偏爱南部南斯拉夫，尤其是马其顿，但她也关注整个南斯拉夫，希望看到南斯拉夫人拥有一个统一的家园，因此韦斯特不可能正面评价那些破坏南斯拉夫统一的领导者，包括米洛舍维奇。韦斯特支持干预政策，并不断强调西方对巴尔干的安全负有责任，而20世纪90年代的巴尔干话语反对采取干预政策，因此只有把韦斯特的书解读为亲塞尔维亚，忽略书中其他的观点和身份建构，才有可能认为韦斯特反对干预波斯尼亚。

概念的互文性："文明"和"古老仇恨"

《巴尔干幽灵》与《黑色羔羊和灰色猎鹰》是西方有关波斯尼亚辩论中的关键文本。这两本书被直接地与政策挂钩，频繁地被引用，成为广受欢迎的畅销书。如上所述，《巴尔干幽灵》在很多方面直接参考了丽贝卡·韦斯特的《黑色羔羊和灰色猎鹰》。互文性分析的另一个内容就是研究辩论中概念间的关联性。本章最后一个部分将介绍卡普兰和韦斯特所创建的主要概念关联，并分析由于这些关联而出现在巴尔干话语中的其他文本。如第三章所述，文本总是会表述一系列概念和身份，尤其当这些文本达到了一本书的篇幅，涉及众多的地点和主题，如《巴尔干幽灵》与《黑色羔羊和灰色猎鹰》。当决定选取文本中的哪些概念时，我们需要考虑关键文本本身以及辩论的整体情况。

按照这一方法论原理，在《巴尔干幽灵》、《黑色羔羊和灰色猎鹰》以及20世纪90年代的辩论中，有两个概念突显出来："文明"和"古老仇恨"。丽贝卡·韦斯特对"文明"的表述最为明确。她采用了文明的视角来看待历史。《巴尔干幽灵》对文明的表述不太明显，但这本书参考了《黑色羔羊和灰色猎鹰》，侧重分析了拜占庭东正教文明和罗马天主教文明之间以及奥斯曼文明和哈布斯堡文明之间的分裂。卡普兰在《新共和》杂志上发表的文章则非常明确地聚焦在文明上，使文明在20世纪90年代的对外政策辩论中占据了中心位置。亨廷顿对文明的表述最为著名。1993年，他在《外交季刊》上发表了题为"文明的冲突？"一文，在对外政策领域一举成名。卡普兰在《新共和》杂志上撰文写道："这篇文章描述了我长期以来的感受"。1996年，《文明的冲突与世界秩序的重建》一书出版，亨廷顿的声誉进一步得到提升（Kaplan 1993b）（图8.1）。①

---

① 卡普兰在2002年后的一篇文章中指出，20世纪80年代他开始做旅游记者时，亨廷顿是影响他的主要人物之一（Ringle 2002）。

亨廷顿认为文明是后冷战时期新的互动方式。在国际关系领域，文明实际上是一个有着悠久历史的概念。例如，我们在第六章看到文明话语如何在19世纪和20世纪初西方对"巴尔干"的建构中发挥了重要作用。文明话语所使用的主要文本之一就是1914年出版的卡耐基委员会的《国际委员会有关巴尔干战争起因和行为的调查报告》。1993年，该报告再版。乔治·凯南为再版的报告作序，再次采用了文明的视角。

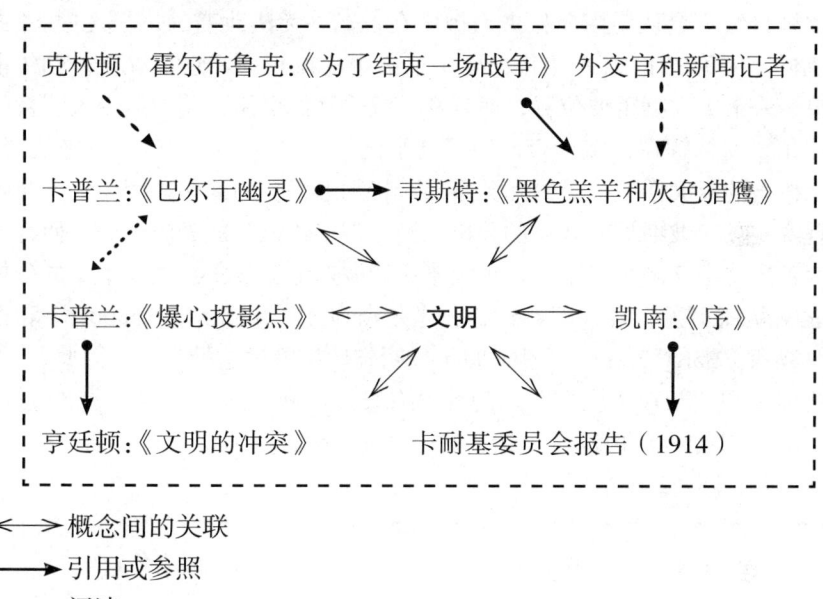

图8.1　巴尔干话语中"文明"这一概念的互文性

166　　"古老仇恨"是第二个概念，作为概念间的关联点而突显出来。然而，只有《巴尔干幽灵》这本书表述了这个概念。这一点不足为奇，因为我们在第六章指出，"古老仇恨"作为一个概念首次出现在20世纪90年代的辩论中，它改变了20世纪20年代巴尔干化话语中的时间身份建构。鉴于《黑色羔羊和灰色猎鹰》中的分析，丽贝卡·韦斯特不可能认同这个概念。韦斯特强烈希望斯拉夫人团结统一，坚信有必要建立一个共同的南斯拉夫国家，她自然不会认为南斯拉夫人被困在古老并无法改变的仇恨之中。"古老仇恨"成为20世纪90年代巴尔干话语中的流行词。它不仅在《巴尔干幽灵》一书中占据重要位置，而且常被政治家们引用，其中最令人注目的是比尔·克林顿在许多场合使用了这个概念。本章所研究的"古老仇恨"这个概念的互文性应该是国际关系领域特别感兴趣的话题，因为它涉及到新现实主义对波斯尼亚战争的分析。当"古老仇恨"成为流行词，便有人认为新现实主义者采用了这一视角来解读波斯尼亚战争。然而下文的分析将表明新现实主义者，例如约翰·米尔斯海默（John Mearsheimer）和巴里·波森（Barry Posen），都或暗示或明确地拒绝过这种表述。因此，"古老仇恨"和"新现实主义"之间并没有直接关联，而是先把"古老仇恨"与"对米尔斯海默的解读"挂钩，然后再把"米尔斯海默"与"新现实主义"关联起来（图8.2）。

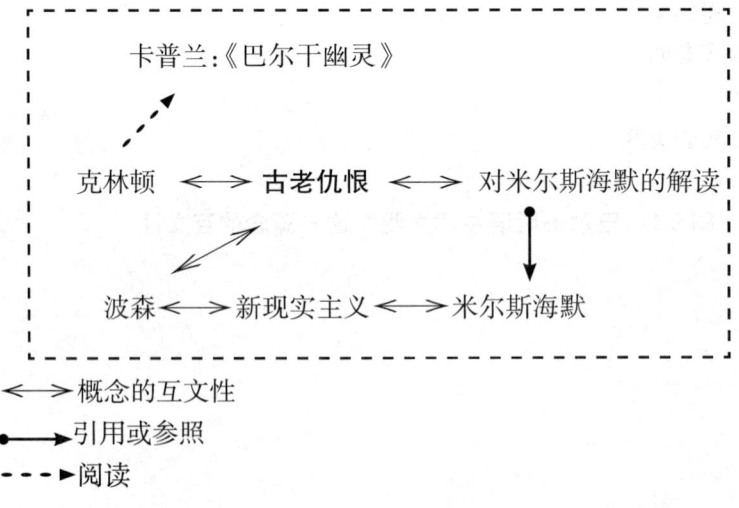

图8.2　巴尔干话语中"古老仇恨"这一概念的互文性

波斯尼亚和文明的冲突

亨廷顿在1993年的文章中指出，当今世界由不可调和的文化和宗教文明构成，其中伊斯兰文明最易引发冲突。亨廷顿显然借鉴了费尔南·布罗代尔（Ferdinand Braudel）和年鉴学派的著作，认为文明是规模最大的文化共同体，主要由宗教来界定。根据这种观点，亨廷顿指出当今世界存在以下几种文明：中华文明、日本文明、印度文明、伊斯兰文明、西方文明、东正教文明、拉丁美洲文明以及可能存在的非洲文明。① 基于多元文明的视角，亨廷顿认为我们应该摒弃单一文明的观念，即便是在西方标准上建立的单一文明，因为普世文明的观点不仅没有实践上的依据，而且在政治上很危险（Huntington 1996：41）。尽管亨廷顿采用了文明的理论视角，并指出国际冲突的结构以及冲突的解决方式都遵循一种文明逻辑，但他也坚持认为行为体是国家，而不是文明。

国家作为行为体需要承担维护世界秩序的责任。"为了避免全球文明间的大战，核心国家需要维护各自文明内部的秩序；除非是在非常特殊的情况下，核心国家应该避免军事干预其他文明的冲突；应当共同努力阻止和调解这些文明集团间的断层线战争"（Huntington 1997：142）。就处于领先地位的国家而言，这一观点很容易理解，但亨廷顿不认为文明间的共性可以通过对话来实现。因此，国家除了要保护自己的公民，还需要负责维护体系本身。其他文明内的国家、少数群体或个人并非属于负责的对象，也不必干预发生在自己文明内的战争。

文明各不相同，但每种文明内部具有高度的一致性，这是亨廷顿多元文明或相对文明概念的前提。如果文明不具有独特的身份，那么有关文明不可调和的观点就会被质疑。一种文明拒绝与其他文明结合，不愿为其他文明内的实体负责的论断也同样会招来挑战。按照这种文明思维逻辑，威胁可能来自文明内部，也可能来自文明外部。其他文明或许会努力扩展它们的文化和领土范围，从而构成外部威胁；而内部威胁来自价值观的引入，因为这些价值观与起初的文明格格不入。出于对双重威胁的理解，亨廷顿不仅担忧来自伊斯兰世界的威胁，而且更加担心美国文明的状态。亨

---

① 1993年，亨廷顿把中华文明称为儒教文明，把东正教文明称为斯拉夫-东正教文明。奇怪的是，亨廷顿在描述每一种文明时，都没有提到东正教文明（Huntington 1996：45-48）。

廷顿认同詹姆斯·库尔思（James Kurth）的观点，认为真正的冲突在于美国是否能够战胜"多元文化主义的危险诱惑"（Huntington 1996：307；Huntington 2004）。

亨廷顿的论著并非专门探讨发生在南斯拉夫的战争，但波斯尼亚战争是亨廷顿论点的一个重要例证，首先是由于亨廷顿赋予了伊斯兰文明一个重要的角色，其次是由于波斯尼亚战争证明了亨廷顿的一个核心假设，即不同文明间的断层线冲突要比文明内部的冲突更加暴力、更加显著。① 根据亨廷顿对文明的分类，波斯尼亚战争发生在西方基督教文明、东正教文明和伊斯兰文明这三种不同的文明之间（Huntington 1996：288）。波斯尼亚战争也是唯一直接发生在西方文明和伊斯兰文明之间断层线上的冲突，是仅有的能够说明文明间冲突的地区和全球特征的实例。"在世界政治的宏观或全球层面，文明的主要冲突发生在西方文明和非西方文明之间；而在微观或地区层面，冲突则发生在伊斯兰文明和其他文明之间"（Huntington 1996：212，255）。由此可见，在亨廷顿对波斯尼亚战争的分析中没有出现团结"各方"的"巴尔干身份"或"巴尔干文明"，但亨廷顿也提到了西方长期以来对巴尔干怀有的两种惧怕：一是害怕陷入巴尔干无法脱身；二是害怕"巴尔干东方人"，也就是波斯尼亚穆斯林。伊斯兰文明被视为文明世界秩序的主要威胁。亨廷顿宣称伊斯兰文明具有"血腥的边界"。尽管亨廷顿承认文明/宗教意识作为持续冲突的产物而非导致冲突的原因交汇在西方基督教文明、东正教文明和伊斯兰文明的宗教断层线上，尤其是波斯尼亚穆斯林的宗教身份，但他还是把波斯尼亚穆斯林与伊斯兰文明联系在一起（Huntington 1996：269）。作为冲突产物的身份和作为冲突原因的身份之间的差异显示出亨廷顿话语中的不稳定性。一方面，文明被视为拥有本质身份的实体，是后冷战时期冲突的解释性变量；但另一方面，文明的身份似乎只是其他过程的结果，例如战争的结果，那么文明的身份不是本质的，也没有解释性，更重要的是，它取决于政治施动者（Buzan 1997；Walt 1997）。

对文明的这种模糊表述并不反映在亨廷顿的政策建议中。亨廷顿采用

---

① 亨廷顿于1993年预测说断层线冲突的发生频率要高于文明内的冲突。这一预测是否准确，直到1996年也无定论。亨廷顿1996年的数据统计资料也没有确定哪一种类型的冲突在数量上更多。然而，比单纯的数字更重要的是，文明之间的冲突被视为对全球的稳定所造成的最大威胁（Huntington 1993：48；Huntington 1996：36，257）。

了本质主义视角来理解文明，并强调国家利益，摒弃以道义为基础的外交政策。亨廷顿的观点直截了当：西方应该避免介入波斯尼亚战争。这一观点来自他对文明间冲突的厌恶（Buk-Swienty 1996）。因此，亨廷顿强烈批评美国种族灭绝话语对波斯尼亚穆斯林的支持。他把波斯尼亚穆斯林称为"非文明的反常现象"，波斯尼亚人成功地"把自己伪装成受害者"，"美国人的理想主义、道德主义、人道主义本能、天真和对巴尔干的无知，导致了他们亲波反塞的立场"（Huntington 1996：281，290，296）。这些激烈的言辞表明亨廷顿所支持的政策是基于边界和内容都已经固定下来的文明，他反对采取行动阻止波斯尼亚的伊斯兰化，也不赞同有关西方责任的说法。①

　　亨廷顿对波斯尼亚/巴尔干身份的表述和他的不干预政策与巴尔干话语既有相似之处，也有差别。亨廷顿明确反对以道义为基础的对外政策，支持以美国文明利益为基础的政策，这与巴尔干话语相一致，因为在巴尔干话语建构的对外政策空间中西方不需要对波斯尼亚肩负任何道义责任。按照亨廷顿的思路，西方应该支持信奉基督教的波斯尼亚克族人，但克族是冲突三方中较小的群体，并在战争的绝大部分时间里与波斯尼亚穆斯林结盟，这两个原因或许使亨廷顿认为西方在其中的利益不足以让西方为了"捍卫西方文明"而采取干预政策。即便要捍卫西方文明，也需考虑干预的危险。

　　亨廷顿话语和巴尔干话语在道义身份和政策建议表述上的相似性并没有完全反映在它们对空间和时间身份的建构中。与巴尔干话语不同，亨廷顿的主要视角不是为了建构一个特殊的巴尔干身份，而是关注"文明"的一般空间身份以及各个文明的特征，也就是西方基督教文明、东正教文明和伊斯兰文明的身份以及这三种文明的相遇。"文明"在时间上具有一定的模糊性。文明的历史根源很深，但冷战的结束使文明变为现实，并在某些情况下变得更加激进。因此，亨廷顿认为没有"古老仇恨"或永远的巴尔干。他所看到的是一个快速发展，变得越来越激进的伊斯兰文明。在西方政策辩论中，"伊斯兰他者"而非单一的"巴尔干他者"的建构以及"多

---

①　因此，亨廷顿的政策建议与罗伯特·卡普兰在《新共和》杂志上发表的那篇关于文明的文章中所提出的政策建议不同。卡普兰认为美国应该支持波斯尼亚政府，以防止它投靠中东（Kaplan 1993b）。

元文化主义"对文明，尤其对西方/美国文明构成了威胁的表述常常被用来解释西方为什么没有采取保护波斯尼亚政府的干预政策。然而，"伊斯兰他者"是那些使用种族灭绝话语的人经常提到的词汇。他们认为西方没有采取干预行动是出于对伊斯兰教的惧怕，尽管这种惧怕不应该存在。亨廷顿明确表明由于波斯尼亚政府的伊斯兰身份，他反对干预政策。持亨廷顿这种观点的人确实不常见。

作为拜占庭遗产的巴尔干文明

乔治·凯南的文明话语更加接近巴尔干话语，因为凯南采用了"巴尔干文明"这一空间身份表述，而不是像亨廷顿那样，把巴尔干视为几种文明身份相遇的场所。凯南为1993年再版的《国际委员会有关巴尔干战争起因和行为的调查报告》撰写了序言（Carnegie Endowment for International Peace 1914）。凯南是著名的现实主义者。除此之外，他还有两项资历与他重点关注报告中的"巴尔干文明"相关。首先，凯南在1947年匿名发表的文章中对苏联进行了分析，提出了冷战时期的遏制政策。凯南在分析时实际上采用了一种文明的视角。历史、文化和文明与意识形态之间的差异使凯南把俄国人与共产党人，也就是把"人民"与"领导者"区别开，并希望前者能够反抗共产党，从而带领苏联走向崭新的，更加繁荣、和平的道路（Kennan 1947：586，577；Harper 1994：167）。凯南对俄国/苏联的变革持积极态度，并建议美国采取毫不妥协的遏制政策，因为他相信两点：一是文明比意识形态更为基本；二是俄罗斯文明与共产主义不一致，足以引发一场变革。

凯南的第二个资历与前南斯拉夫有关。凯南作为外交官最后一次常驻是在前南斯拉夫。回首往事，凯南认为这是他"外交生涯中最丰富、最愉快、最有收获的个人经历之一"（Kennan 1972：269）。凯南在回忆录中对这段经历的描述反映出他对巴尔干激情的浪漫主义建构：

> 这里的人充满魅力、热情好客，但易残忍粗暴。然而，你仍旧会喜欢上他们。他们大多强壮、平凡、自尊、庄重。起初疑心很重，但若以礼相待，便会热情回应。你会毫不迟疑地认为即使他们表现得残忍粗暴，也不会见利忘义、胆小怯懦、鬼鬼祟祟，而是充满激情、勇敢、真诚（Kennan 1972：272）。

与丽贝卡·韦斯特和很多其他的西方游客一样，凯南对平凡而又充满激情的巴尔干他者产生了兴趣。

凯南在解读1914年卡耐基委员会的报告时，侧重分析了巴尔干冲突的悠久历史根源，尤其是奥斯曼帝国和拜占庭帝国的遗产，而个人的遭遇和由经验得来的知识则被边缘化。尽管武器和通讯技术在20世纪发生了改变，但凯南认为1912年至1913年的巴尔干战争与20世纪90年代的巴尔干冲突存在相似之处。变化只是发生在技术层面，而相似之处出现在更为重要的文明层面（Kennan 1993：9）。因此，我们要想理解20世纪90年代的巴尔干战争，就必须查考冲突的文明根源，即拜占庭帝国对巴尔干的"渗透"（Kennan 1993：13）。巴尔干与欧洲的分离意味着巴尔干错过了"欧洲大陆其他地区的文明所经历的三个世纪的重大发展"（Kennan 1993：13）。结果是：

> 我们要面对一个悲哀的事实。早期的事态发展使欧洲大陆的东南部地区受到了非欧洲文明的影响。这不仅指土耳其人的统治，还包括更早时期的事态发展。这种影响一直持续到现在。该地区仍旧保留着许多非欧洲的特征。与80年前的情况相比，有些特征与当今的世界更加格格不入（Kennan1993：13）。

巴尔干文明或许不是纯粹的非欧洲文明，至少与远东的文明相比是这样，但它与"欧洲"存在截然不同之处。非欧洲文明对巴尔干的影响导致了一种残忍、暴力的民族主义。这种民族主义"或许继承了很久以前部落时期的性格特征：对外人通常存有邪恶的疑心；把政治军事对手看作是可怕、不愿和解的死敌。只有毫不留情地把对手彻底消灭，才会使自己免受伤害"（Kennan 1993：11）。把巴尔干视为单一的文明，奥斯曼帝国的影响使其表现出残忍、暴力的非西方文明的倾向。这种观点既强调了20世纪20年代所形成的巴尔干化话语，也强调了20世纪90年代的巴尔干话语。巴尔干在空间上不属于欧洲，这种表述产生于巴尔干话语中的时间身份建构，即巴尔干是野蛮、落后的；不仅如此，1912年至1913年的战争与20世纪90年代战争的相似之处也证明巴尔干是无法改变的。

正如巴尔干话语那样，这种巴尔干他者的建构与道义身份的表述结合在一起，认为"各方"应该为战争负责，因此西方不需要肩负道义责任。

西方在决定是否干预时，应该考虑巴尔干战争可能对欧洲和西方安全产生的影响，而不是考虑对巴尔干或波斯尼亚人所负的道义责任。凯南认为欧洲和国际社会应该解决或遏制巴尔干冲突，因为冲突会危及欧洲的稳定，如果冲突扩散到马其顿则尤为如此，但这主要是欧洲而非美国的问题（Kennan 1993：16）。然而，凯南对欧洲安全的评估并不表明西方必须负责找到解决冲突的方法。"显然没有哪个国家或哪些国家愿意占领分散的巴尔干地区，制服那里情绪激奋的民族，恢复秩序，直到他们冷静下来，开始有条理地审视他们的问题"（Kennan 1993：14）。但是，按照凯南自己的分析，巴尔干人很难"冷静下来"，因为若想做到这点，就必须改变巴尔干文明身份本身。

总之，凯南对巴尔干战争的解读是基本巴尔干话语的一个很好实例。"巴尔干文明"这一表述以及与1914年卡耐基委员会报告的互文性联系从概念和文本上证明了巴尔干战争很难解决，西方的干预不会有效。凯南的话语并非没有历史层面和文本层面的不稳定性。我们可以发现以下三个不稳定的方面。首先，凯南认为20世纪90年代的战争在文明层面复制了1912年至1913年的巴尔干战争。但是，根据卡耐基委员会的报告，第一次巴尔干战争是土耳其力量衰退的产物，涉及塞尔维亚、希腊、黑山和保加利亚，而20世纪90年代的战争处于奥斯曼帝国和哈布斯堡帝国以前的分界线上，发生在斯洛文尼亚和塞尔维、克罗地亚和塞尔维亚以及波斯尼亚的克族、塞族和穆族之间。两个系列的战争所涉及的政治实体不同，因此它们之间并没有长期交战。这些政治实体的文明历史也不相同，可以追溯至两种不同的文明。凯南认为"非欧洲文明"的影响导致了20世纪90年代的战争，实际上混合了两组不同的行为体和文明互动方式。凯南没有明确承认这种历史上的不准确性。为了达到文本上的稳定，他把单一"巴尔干文明"的表述应用到两个系列的战争中。他认为1912年至1913年的战争和20世纪90年代初的波斯尼亚战争都可以用"巴尔干文明"来解释，这些战争也成为"巴尔干文明"的实证。

透过罗伯特·卡普兰和丽贝卡·韦斯特的互文性视角来解读凯南对"巴尔干"文明史的描述，我们就会发现第二个重要的不稳定性。第二个不稳定的方面与其说是历史上的不准确性，还不如说是抹杀了拜占庭和奥斯曼这两个帝国之间的差异。对凯南而言，巴尔干身份和巴尔干问题都有"很深的历史根源"，而这些根源是指"土耳其的控制"和"拜占庭对巴尔干的渗透"(Kennan 1993：13)。根据《黑色羔羊和灰色猎鹰》一书的分析，西方长期以来的传统就是把拜占庭的东正教文明与奥斯曼帝国的伊斯兰文明严格区分开。浪漫主义传统认为拜占庭文明使数代的巴尔干南斯拉夫人生存下来，并向其注入了活力，而不是像凯南所说的那样，是陌生的"渗透者"。拜占庭文明是现代斯拉夫文化的祖先，并在反抗奥斯曼帝国的压制、争取独立的斗争中起到了支柱作用。"巴尔干"过去是，现在仍旧是拜占庭文明的唯一产物，而拜占庭文明不同于且优越于奥斯曼帝国的伊斯兰文明。这并不是说浪漫主义的观点是正确的，而是要说明凯南忽视了浪漫主义传统和拜占庭帝国独特的历史轨迹。然而，假若提出拜占庭文明和奥斯曼文明的差异，"巴尔干"作为截然不同的他者的表述就会出现不稳定性，因为信奉东正教的巴尔干也具有基督教传统。这最终也会使人质疑一个不受时间影响的巴尔干身份。

即便认为卡耐基委员会1914年的报告有助于我们了解20世纪90年代的波斯尼亚战争，我们从该报告中得到的启示也并非凯南所说的延续性。这便是文本层面的第三个不稳定性。如第六章所述，这份报告不是巴尔干话语的前身，而是文明启蒙话语的核心实例。文明启蒙话语与巴尔干话语相对立，把"巴尔干"建构为欧洲漠然态度的受害者，是可以发生转变的文明扈从。卡耐基委员会想通过记录战争的恐怖来引起西方世界的关注，希望西方采取行动，并肩负起责任。他们相信个人和集体可以发生转变。凯南用这份报告来证明巴尔干的他者性和不可转变性，但却只字不提这份报告本身对巴尔干身份的表述和政策诉求。凯南采用了报告中的历史事实来支持巴尔干话语，从而把一个话语挑战者转变成了话语同盟。

解读新现实主义中的古老仇恨

虽然凯南没有明确使用"古老仇恨"这一巴尔干话语中的流行词，但他所说的"很久以前的部落主义历史"和"毫不留情地彻底消灭敌人"与"古老仇恨"相似。"古老仇恨"是《巴尔干幽灵》和西方有关波斯尼亚的辩论中的重点概念。概念间的互文性导致了对那些认同"古老仇恨"论点的现实主义学者的解读，其中最著名的现实主义学者是约翰·米尔斯海默。克劳福特（Crawford）和利布休斯（Lipschutz）认为米尔斯海默把波斯尼亚冲突解释为"根植于古老仇恨的"种族冲突（Crawford and Lipschutz 1997：135，158）。坎贝尔也认为米尔斯海默的假设构成了"古老仇恨"这一论点的基础（Campbell 1996b：172）。然而，当我们研究新现实主义著作时，我们就会发现除了米尔斯海默于1992年在美国政治学协会的大会上曾说"由于波斯尼亚，我是一名现实主义者"外，新现实主义者明确地驳斥了"古老仇恨"的论点，称之为"民间理论"（米尔斯海默的话引自 Lapid and Kratochwil 1996：125n6；Posen 1993b：80）。作为"民间理论"而非一种科学的或历史的解释，古老仇恨的论点存在一些问题。"刚刚被释放出的古老仇恨是这场暴力的起因。这种观点没有解释可察觉到的群体间关系所呈现出的相当大的差异"（Posen 1993a：27）。波森（Posen）认为"塞尔维亚人和克罗地亚人都有关于彼此可怕行为的口述历史。这种历史可追溯到数百年以前，但克族和塞族之间的冲突仅有125年的历史"。导致冲突的原因应该是安全困境。在即将崩溃的多民族帝国内，例如南斯拉夫，各个国家和群体为了安全而相互竞争（Posen 1993a：36；Van Evera 1994）。多民族国家或帝国之所以倒塌是因为不同的种族或民族群体把彼此的身份视为一种威胁。波森的结论是，"他们（塞族和克族）所具有的原始军事能力和糟糕的历史关系"导致了这种看法（Posen 1993a：42）。

用现实主义理论中的安全困境来建构波斯尼亚战争实际上将这场战争与巴尔干这一地理位置剥离开，放置在新现实主义的国家本体论中分析。在新现实主义的本体论中，国家是理性的，被安全需求和相对实力所驱动，倾向于遵循均势逻辑。个人或群体如果不按照这种逻辑行事，就会经由适应和选择机制受到体系的惩罚。新现实主义理论中的国家仿效了华尔兹的功利主义个人和微观经济学分析。依据这种本体论，个人或国家精于算计，而不是仇恨彼此。因此，发生在巴尔干的战争不能用"古老的种族仇恨"来解释，而是应该分析理性实体对安全的评估。①

这种新现实主义话语看似与巴尔干话语存在根本差异。新现实主义话语在解释波斯尼亚战争时没有提出特定的巴尔干身份，也没有叙述"巴尔干"独特的充满暴力的历史。发生在前南斯拉夫的战争似乎验证了现实主义对互动方式的描述：爆发战争的可能性一直存在；国家、民族或种族群体总是为了安全和权力而相互竞争。然而，新现实主义话语保留了"三个群体"的政治空间身份，与巴尔干话语也有重要的共同之处。这三个民族群体虽然不是建立在古老仇恨之上，但是各不相同，以至于不能在同一个

---

① 最近，新现实主义学者主张"理性"地解读萨达姆·侯赛因以及本·拉登和基地组织。

国家内相处。因此，应该把波斯尼亚分为三个相邻的部分，分别由波斯尼亚穆族、克族和塞族来控制；塞族和克族可以自愿加入克罗地亚和塞尔维亚（Mearsheimer and Pape 1993）。《代顿协议》没有把波斯尼亚穆族和克族分为两个自治的实体，从而遭到批判，并有预测说该协议会因此而不稳固（Mearsheimer and Van Evera 1995）。把三个"民族"群体区分开是有必要的，因为一个统一的波斯尼亚不过是一种幻想，民族主义已经在三个群体之间造成了太深的裂痕，克族人和塞族人都想加入他们各自的"祖国"。考夫曼（Kaufmann）甚至认为国际社会"必须协助和保护人口的迁移，从而创建真正的民族家园"（Kaufmann 1996：137）。

新现实主义者认为波斯尼亚战争的政治解决方案就是把波斯尼亚划分为三个相邻的不同民族实体，而且不反对西方为这一方案的执行提供帮助。重要的是，新现实主义话语保留了巴尔干话语中对西方道义责任的驳斥。"约翰·肯尼迪在评论越南战争时说，'归根结底这是他们的战争'，这种话语应当应用于波斯尼亚穆族"，但是由于西方的利益受到威胁，西方应该采取积极的政策（Mearsheimer and Pape 1993：23）。1993年，米尔斯海默和佩普（Pape）表示支持"解除禁运和空袭，以及训练波斯尼亚政府军队"，由美国牵头，北约参与（Mearsheimer and Pape 1993：24-25）。一旦三个群体被分开，波斯尼亚成为独立的伊斯兰国家/实体，西方就应该通过武装波斯尼亚穆族来恢复均势，使其具备自卫能力，但不会有"足够的进攻能力来促使他们夺回失去的领土"（Mearsheimer and Pape 1993：24-25）。

我们在前文中分析过两种基本话语提出了截然不同的针对波斯尼亚的西方政策。新现实主义话语呼吁西方采取"解除禁运和空袭"政策，而这是美国版的种族灭绝话语所提出的政策建议。在巴尔干话语建构的政策空间内，对西方利益的考量是决策的基础，并且通常都会认为西方在其中的利益有限。那么如何解释新现实主义的巴尔干话语与美国版的种族灭绝话语在政策建议上的一致性？第一，从实践和政治角度看，这种一致性证明在美国辩论中，"解除禁运和空袭"政策得到了广泛支持。那些批评克林顿的人认为"解除禁运和空袭"是可供选择的方案，但美国的干预仅限于此，并没有要求美国向波斯尼亚派遣地面部队。第二，这种一致性表明基本话语表述了需要政策回应的一系列身份，但并没有详细解释某一种政策方案。在巴尔干话语建构的政治空间内，西方政策不需受道义考量的限制，只需计算西方利益的多寡；而种族灭绝话语则要求西方确保终止或修正种族灭绝行为。这些政治空间和要求如何转化为具体政策取决于一系列的评估：西方的利益是否受到威胁？何时受到威胁？抗击种族灭绝行为的政策效果如何？第三，新现实主义话语和美国版的种族灭绝话语在政策建议上的一致性也表明虽然基本话语所表述的立场大相径庭，但话语的变体可以缩小它们之间的差距。在第七章的分析中，我们看到种族灭绝话语在美国辩论中被修改，种族灭绝这一表述所带来的绝对道义上的要求被模糊化；而新现实主义话语则删除了巴尔干话语中"古老仇恨"这一空间和时间身份。对基本话语的修改使新现实主义话语和美国版的种族灭绝话语在身份建构和相应的政策阐释上更加接近。

新现实主义话语在身份和政策的表述上修改了巴尔干话语，认为身份和领土的联合可以缓解波斯尼亚的冲突。用巴尔干话语的词汇来讲，可以找到一种结束巴尔干不断重复出现的暴力和仇恨的方法。新现实主义话语也承接了巴尔干话语的重要内容，强调不可能建立和平、多种族和多元文化的巴尔干社会（Campbell 1998a）。任何试图统一波斯尼亚的尝试都注定会带来更多的不稳定，并且反映出"美国的教条主义，自认为其他的多种族社会能够达到和谐，其他地方的种族群体可以像美国移民那样学会和平共处"（Mearsheimer and Van Evera 1995:21）。这些言辞是为了驳斥种族灭绝话语，因为种族灭绝话语认为可以按照自由西方的理想把"波斯尼亚"建构成宽容的多元文化社会。这些言辞也指出了新现实主义话语的不稳定性。如果有些国家，比如优越的西方国家，能够团结不同的民族和种族，其他国家为什么不能？如果波斯尼亚做不到这一点，那是否由于某种特定的身份？如果是这种情况，那么巴尔干话语中所建构的巴尔干主体就应予以保留。如果波斯尼亚有可能做到这一点，则新现实主义话语对一个统一的、多元文化的波斯尼亚的否定就会遭到质疑。这种话语的不稳定性表明，即便新现实主义话语明确驳斥了巴尔干话语中古老仇恨的论点，但它不可能完全摈弃有关"各方"的建构，即"各方"是独立的实体，注定要仇恨彼此。新现实主义也不能解释"各方"的形成，因为这将破坏它的一个抽象论断，即"他们"不可能和解和融合。

互文性结论和巴尔干话语变体

本章有两个主要目的：一是展示如何进行互文性分析；二是表明在一系列的文本中，巴尔干话语如何被表述、重述和修改。互文性的分析重点是那些成为关键文本的巴尔干话语文本。按照互文模式1和模式2，那些文本或被高层政治家直接引用，并对这些政治家产生了重大影响；或是对其他的政治家、新闻记者和外交官来说至关重要。罗伯特·卡普兰的《巴尔干幽灵》和丽贝卡·韦斯特的《黑色羔羊和灰色猎鹰》符合关键文本的标准。本章分析了这些互文性的例子在辩论中如何被解读，并将其与原本的解读相比较。这两个文本都是游记，利用了游记体裁的主要知识形式和叙述技巧，而且这两个文本都存在理解上的缺陷：《巴尔干幽灵》中没有任何政策建议；《黑色羔羊和灰色猎鹰》写于20世纪30年代末。因此，在20世纪90年代的辩论中参考这些文本就需要特别的解读。分析表明，除了通常的那些解读方式外，还有很多复杂的解读。具体而言，《巴尔干幽灵》常被视为简单明确的巴尔干话语，而《黑色羔羊和灰色猎鹰》则或是对南斯拉夫来说是中性的，或是坚定地支持了亲塞尔维亚政策，但实际上这两个关键文本都应用了浪漫主义话语。

从对直接互文性的分析扩展到对概念互文性的分析，本章找出了两个重要概念："文明"和"古老仇恨"。在追溯"文明"这一概念时，本章分析了20世纪90年代的对外政策辩论中的关键文本，即塞缪尔·亨廷顿的《文明的冲突？》以及凯南为再版的卡耐基委员会有关1912至1913年巴尔干战争的报告所写的序言。分析指出了文本内部的不稳定性。凯南直接参考了1914年的卡耐基委员会报告，并认为这份报告支持了巴尔干化话语，但该报告最初使用的是文明浪漫主义话语。

凯南的话语与卡耐基委员会报告原本的话语不一致，以及《巴尔干幽灵》和《黑色羔羊和灰色猎鹰》中对浪漫主义话语的应用表明了第六章中历史话语的分析价值和政治价值。在巴尔干化话语于20世纪20年代成为主导话语以前，文明话语和浪漫主义话语处于支配地位。这两种话语后来被边缘化，但它们或是会继续影响当代的作品，例如《巴尔干幽灵》，或是被压制，例如凯南所写的序言，从而产生重要的政治效果。

巴尔干话语中第二个概念上的互文性体现在"古老仇恨"这一概念

上。"古老仇恨"是《巴尔干幽灵》中的重点概念。分析表明，新现实主义者明确指出古老仇恨不能解释波斯尼亚冲突，但米尔斯海默和波森表述了无法改变的波斯尼亚身份。

这些互文性解读同时分析了基本巴尔干话语的应用和修改，讨论了巴尔干话语中具体政策的形成方式。从《巴尔干幽灵》到新现实主义著作的所有文本都被视为巴尔干话语的实例，应当支持西方的不行动政策。然而，当分析这些文本本身时，我们就会发现更为复杂的情况。如表8.1所示，《巴尔干幽灵》的表述混合了巴尔干话语和19世纪的浪漫主义话语。由于没有任何政策讨论，我们很难从中推出具体的建议。《黑色羔羊和灰色猎鹰》也呈现出类似的模糊性。书中对南斯拉夫的主要话语建构是斯拉夫人的统一以及对斯拉夫人，尤其是拜占庭斯拉夫人的浪漫化，而非巴尔干化话语。韦斯特对一个统一的南斯拉夫所持有的信念和她对共产主义的憎恶使她不可能支持当代西方任何具体的政策。亨廷顿的文明话语却在政策上非常明确。亨廷顿强烈建议西方不要采取干预政策。亨廷顿的话语与巴尔干话语在道义身份建构上存在相似性，但他表述了与巴尔干话语不同的空间和时间身份。巴尔干话语中单一的"巴尔干"身份被更改为以伊斯兰他者的威胁为中心的特定文明视角。凯南的话语则通过表述文明的概念，成为基本巴尔干话语的明显实例。凯南建议西方遏制冲突，以防止冲突扩散到周边国家，尤其是马其顿。最后，我们分析了新现实主义话语。通常认为新现实主义支持巴尔干话语，但事实上，它却删除了冲突中的巴尔干因素，并建议西方采取积极的政策，主张"解除禁运和空袭"以及在三个被隔离开的不同群体之间形成均势。

表8.1 巴尔干话语变体

文本	身份	政策
卡普兰：《巴尔干幽灵》	巴尔干话语和浪漫主义	不明确
韦斯特：《黑色羔羊和灰色猎鹰》	斯拉夫浪漫主义	很难推断
亨廷顿：《文明的冲突》	巴尔干话语中的道义身份和伊斯兰他者	不干预
凯南："序"	巴尔干话语	欧洲应该防止冲突外溢
新现实主义	去巴尔干化；基本的民族身份	"解除禁运和空袭"；领土分割

第九章
西方的失败？

种族灭绝话语的演变与不行动政策的道义标准

前几章的分析表明巴尔干话语在英美针对波斯尼亚战争的政策中发挥了重要作用。克林顿总统把战争建构为由古老仇恨导致的冲突，英国政府的人道主义责任话语修改了基本的巴尔干话语，把巴尔干领导者与无辜的平民区别开。相比之下，种族灭绝话语要逊色得多。克林顿在就职后的前四个月模棱两可地使用了种族灭绝话语。除此之外，西方政府没有使用过该话语。如第七章所述，这并不意味着种族灭绝话语没有政治上的重要性。在克林顿的第一任期内，波斯尼亚战争引发了激烈的对外政策辩论。美国参议院中与克林顿意见相左的共和党和民主党议员采用了种族灭绝话语，试图向克林顿施压，希望克林顿采取"解除禁运和空袭"政策。在西欧，种族灭绝话语的重要内容体现在媒体报道和公众批评之中，政府的人道主义责任话语则是对此做出的回应。

本章将更为详细地分析种族灭绝话语以及该话语给西方政府带来的挑战。研究种族灭绝话语的形成、传播和对政策的影响不仅与第八章中对巴尔干话语的分析形成了对照，而且探讨了本书第一部分提出的三个理论主题，即对外政策话语中不同体裁的应用及其重要性；吸纳了"相对立"的基本话语内容而发生变化的话语的发展，以及政策与身份表象的关联过程。

比较种族灭绝话语与巴尔干话语的文本间网络，有一个文本，更确切地说，有一系列文本显得格外重要。这一系列文本就是罗伊·伽特曼（Roy Gutman）自1992年以来的报道。伽特曼在《新闻日报》上发表的文章获得了普利策奖。1993年，这些文章以专著的形式出版，伽特曼为这部题为《种族灭绝见证者：有关波斯尼亚"种族清洗"恐怖经历的首个内部报告》的专著写了一篇很长的前言。本章的第一部分将对《种族灭绝见证者》进行分析，研究新闻调查这一体裁，突出该体裁对可核实的事实的重视，并指出"事实"本身并不能迫使政府采取某一特定的政策。这种从实践和理论中推出的观点反映在《种族灭绝见证者》一书的前言中。伽特曼在前言中回顾了事态的发展，严肃指出西方没有采取亲波斯尼亚的干预政策，这是西方的失败。伽特曼认为他的报道本身就呼吁西方采取这种干预政策。作为关键文本，《种族灭绝见证者》在种族灭绝话语中被不断引用。这本书也是基本的种族灭绝话语的范例。在该书中，战争被视为种族灭绝，"波斯尼亚"被赋予了多元文化的身份，"西方"应该肩负道义责任，但却没有按照这种伦理要求行事。伽特曼阐释说种族灭绝表象所对应的政策是"解除禁运和空袭"，这便与美国版的种族灭绝话语保持了一致。

在分析完伽特曼典型的种族灭绝话语后，我们将在本章的第二部分研究三种话语变体，它们分别出自政治评论、社论和学术著作。其中的两种变体与巴尔干话语存在相同之处，说明了在对外政策辩论中身份建构如何被交织在一起加以应用。第一种变体利用了第七章所描述的美国版有关"解除禁运和空袭"的种族灭绝话语，突显出美国政策和欧洲政策的差异，表述了"西方"这一身份中的基本分裂。第二种变体，"巴尔干化的塞尔维亚"，改变了"塞尔维亚"的身份，将其建构为单一的"巴尔干化的塞尔维亚他者"，这与巴尔干话语中的"巴尔干他者"非常相似。第三种变体，"性别化的种族灭绝"，保留了战争的种族灭绝表象，但是采用了激进的女权主义解读视角。它所表述的男性的巴尔干身份与"巴尔干他者"非常相似，但把"他者"划分为完全对立的"男性"和"女性"。这便出现了一个问题：是否应该把后两种话语视为巴尔干话语而非种族灭绝话语的变体？也就是说，我们应该如何理解那些混合了多种基本话语要素的变体？

本章的第三部分着重研究戴维·坎贝尔（David Campbell）的《民族解构：波斯尼亚的暴力、身份和公义》。这本书对波斯尼亚战争进行了最为广泛的后结构主义分析。《民族解构》中的后结构主义使其与《作为实践的安全》处于相似的话语分析层面，但本章将其视为"其他文本"。坎贝尔把种族灭绝话语置于重要位置，但同时批判了该话语对多元文化主义的理解。值得注意的是，《民族解构》不赞成"解除禁运和空袭"政策，而是希望西方给非传统媒体和非政府组织提供支持。

本章最后一部分的分析重点从种族灭绝话语对西方及其冲突调停者的批评转移到两位著名的西方调停者所撰写的回忆录，即戴维·欧文（David Owen）的《巴尔干历程》和理查德·霍尔布鲁克（Richard Holbrooke）的《为了结束一场战争》。两位作者追溯了他们从当初强烈批评西方政策到后来担任中立的调停者的转变过程。在叙述自我、"巴尔干"问题的复杂性以及他们所面对的有限的政策选择时，这两本回忆录的作者都大量运用了个人遭遇、对往事的回忆以及重要的经历这些叙事形式的知识。

种族灭绝见证者：从报道事实到倡导政策

卡普兰的《巴尔干幽灵》是引用频率最高的用来证明巴尔干古老仇恨的文本，而伽特曼的报道则是种族灭绝话语中的范例。1991年11月，伽特曼开始了在前南斯拉夫的实地报道。他是首位进入曼杰采集中营的西方记者，并于1992年7月19日报道了这个集中营。1992年8月2日，伽特曼报道了目击者对奥马尔斯卡集中营的叙述（Gutman 1993：28）。用伽特曼自己的话来讲，《新闻日报》是"长岛和纽约市区发行量约80多万份的小报"，但伽特曼的报道却闻名于整个西方世界，掀起了媒体关注的浪潮。8月初，英国电视新闻公司（ITN）派彭尼·马歇尔（Penny Marshall）进入奥马尔斯卡和特尔诺波尔耶集中营进行报道。带刺铁丝网后消瘦憔悴的犯人的画面随即传遍了整个世界（Campbell 2002a，2002b）。1992年9月中旬，当伽特曼重返波斯尼亚时，他发现从8月2日的报道起，已经有360名记者到访过塞族人控制的波斯尼亚（Gutman 1993：xiv）。

卡普兰和伽特曼的著作分别是两种基本话语的关键文本，但它们所关注的时间段和认识论却完全不同。《巴尔干幽灵》使用了叙事、主观的知识形式，讲述的内容都发生在波斯尼亚战争以前，并没有关于波斯尼亚战争的记录和分析；而《种族灭绝见证者》是调研式新闻报道的典范。伽特曼在作者按语中总结道，"这个故事的涉及面如此广泛，内容如此严肃，以至于每一个素材都需追本溯源，或是使用目击者的讲述，或是使用官方声明；照片至关重要，因为照片可以瞬间建立起可信度。我有关这些事件的每一个看法都是可以证伪的，也就是说，如果我的看法错了，那就应该有证据来证明"（Gutman 1993：xii）。在关键报道中，尤其是在9月中旬到访奥马尔斯卡集中营后的长篇后续报道中，伽特曼明确讨论了不同信息来源的正确性。"奥马尔斯卡集中营没有任何记录，因此很难确定死亡人数"。只能根据"三名曾经关押在那里的人所看到的每天杀人的情况"来估计死亡人数。"对这三个人的采访是分开进行的。这不能反映以第一人称所写的有关集体屠杀或消失的其他报道。若是那样，死亡人数还会翻一番"（Gutman 1993：90-91）。伽特曼报道的权威性建立在提供可靠、可证伪的事实性知识之上，在于他去发现波斯尼亚"真正发生了什么"。当有人批评新闻媒体夸大事实，故意"炒作"时，伽特曼驳斥道，"这种论断是出于无知。事实已经被精心地挖掘出来。这些报道的正确性不言而喻"（Gutman 1993：xvi）。然而，不论伽特曼的报道如何有事实依据，在对外政策辩论中，事实必须被赋予意义。如第二章所论，话语需要"解释事实"，建构相关身份，更重要的是，需要产生政策回应。在1993年出版的《种族灭绝见证者》一书的长篇前言中，政治意图非常明确。尽管"事实或许就明摆在那儿"，但却没有产生伽特曼所希望的西方政策回应。

下面我们将分析伽特曼所报道的事实的话语表述。1992年8月初的报道是见证者对波斯尼亚北部集中营情况的详细描述。犯人们说他们被关押的地方没有"卫生设施和足够的食物，他们没有锻炼的机会，也没有和外界的任何接触"；每隔几天就有10到15名犯人被武装警卫处决；塞族人割断受害者的喉咙；有些尸体上的生殖器和鼻子已经被割掉；女人们被轮奸；不断地被殴打和虐待；犯人们被强迫对其他犯人实施性行为（Gutman 1993：44，51，56-59）。有一名犯人在集中营被关押了一周。根据他的叙述，在他被关押的一周内，有35到40名犯人被殴打致死；基于其他犯人的估计，集中营关押了8000多人，而波斯尼亚战争罪行国家委员会估计的数字是11,000人（Gutman 1993：46）。其他的报道描述了"种族清洗"的可怕经历。恐怖行动和屠杀迫使人们背井离乡，几十万人沦为难民。奥马尔斯卡、巴尔库和科瑞特尔姆的营地被称为"集中营"，特尔诺波尔耶的营地被描述为"拘留营"（Gutman 1993：84-85）。关于这些营地的描述，尤其是关于"集中营"的描述，使人联想起纳粹德国。"自从纳粹第三帝国以来，我们在欧洲还没有见到过如此严重的侵犯人权行为"；"针对波斯尼亚穆斯林的水晶之夜";这些言论加上见证者的一些描述,例如"处决、把大批人关在封闭的货车内驱逐出去、强迫人们长途跋涉,面临挨饿和恶劣的环境",进一步强化了与纳粹德国的相似之处(Gutman 1993:29,80)。

把营地表述为"集中营",并用纳粹对犹太人的大屠杀来作类比,意味着伽特曼把波斯尼亚战争视为"种族灭绝"。书名也突显出了这一看法。波斯尼亚是"真正的熔炉";萨拉热窝"见证了数百年以来各种族的和谐共处",是"多种族城市的完美榜样",是"巴尔干地区宽容精神的圣殿",这些对"波斯尼亚身份"的建构进一步说明伽特曼采用了基本的种族灭绝话语(Gutman 1993:xix,16,80)。如第六章所论,"种族灭绝"的表述、波斯尼亚身份的建构以及战争处于欧洲这一地理位置构成了道义上的责任。也就是说,那些"旁观者"应该采取行动。伽特曼直接引用了一些先是针对他,后来针对读者的问题来呼吁西方采取行动。例如,当一名叫阿伽(Aga)的穆斯林在讲述他失去了家人、工作和财产时,问道:"如果这些事情发生在你的家人身上,想想你会怎么做?"(Gutman 1993:136)。

伽特曼在7月至8月的首批报道中并没有明确呼吁西方采取干预行动,但是到了1993年秋天,他发现西方没有肩负责任制止种族灭绝行为,于是开始提出政策要求。他批评布什政府"故意采取一系列的逃避措施",并且利用巴尔干话语,把波斯尼亚战争称为"血腥的世代仇恨","由长期存在的仇恨所产生的一场错综复杂的冲突"。布什政府没有要求关闭集中营,只是要求国际红十字会能够进入集中营(Gutman 1993:xxxi)。[①]波斯尼亚作为一个"欧洲国家",为"建立在各种族和平共处基础之上的欧洲文明做出了独特贡献"。波斯尼亚的这种身份意味着"西方的原则已被危及",但是布什总统的助手,尤其是国务院由劳伦斯·伊格尔伯格(Lawrence Eagleburger)等人组成的"贝尔格莱德帮派",却躲避责任,把战争定义为"一场内战。参战各方都应当受到指责。参战各方都处于疯狂状态"(Gutman 1993:xxviii,xxxi,xxxv)。伽特曼认为,他之所以能够抢先报道这些集中营,完全是由于西方的漠然。"在间谍卫星时代,从何时起一名记者能够率先挖到这样的新闻?"西方政府都避免使用种族

[①] 奥马尔斯卡集中营最终被关闭,并向国际红十字会和媒体开放,但这并没有终止种族清洗或是查明那些人失踪的真相(Gutman 1993:xxxii)。

灭绝这一表述,"因为这会迫使他们做出政策回应"(Gutman 1993：xiii, xiv)。这也意味着西方的维和以及人道主义援助政策不过是人道主义的权宜之计,对战争本身不会产生任何影响(Gutman 1993：126-127)。

西方默许了米诺舍维奇的行动,借用了卡拉季奇(Karadzic)"道德均等"的建构,并采取了"虚伪的中间立场"。这些都突显出西方在道义和政治上的失败。伽特曼认为解除武器禁运在军事上是可行的,并且能够起到决定性作用,这与美国参议院辩论中有关种族灭绝话语的表述相同。"当前局势并不要求西方进行地面干预,但是由于塞族的巨大优势,波斯尼亚的确需要武器。波斯尼亚还需要西方保证提供支持来抵制塞尔维亚的越境干预……英国和法国拒绝重新考虑武器禁运措施。因此,西方抛弃了波斯尼亚,把胜利拱手让给'种族清洗分子'"(Gutman 1993：xl, 178)。作为一名新闻记者,尤其是一名在波斯尼亚进行实地报道的记者,伽特曼不会像美国参议员那样考虑军事可行性的问题,但他同样认为,尽管遭到欧洲的反对,"解除禁运和空袭"还是可以执行的,并且能够改变波斯尼亚的力量分配格局,挽回波斯尼亚政府军队的损失。然而,正如美国参议院辩论中的话语,伽特曼没有回答种族灭绝所带来的全面道义责任问题。他寄希望于"解除禁运和空袭"政策的成功。但是,如果这个政策失败了,西方是否应该采取大规模的军事干预来保护波斯尼亚政府?关于这个问题,伽特曼并未给出答案。

种族灭绝话语的变体:欧洲、塞尔维亚和性别

《种族灭绝见证者》和美国国会的"解除禁运和空袭"话语之间的相似之处并非巧合。伽特曼的报道以及后来跟踪他的足迹所进行的其他著名新闻报道,为政治家们提供了有关波斯尼亚战事的消息和与集中营、种族清洗以及轮奸相关的证据,动摇了西方关于后共产主义的东欧可以平稳、非暴力地过渡以及一个仁慈、自由的世界新秩序的信念。在实地进行报道的新闻记者不仅提供了事实性信息,实际上还向他们的编辑、政府和国民施加压力,促使他们关注和解释发生在波斯尼亚的战争罪行,并阻止这类暴行的重演。第七章描述了种族灭绝话语给英国和美国的政治家们所带来的压力。并不仅仅是罗伊·伽特曼一个人在批评西方的行为。在美国的辩论中,记者、学者和以前的政策顾问们都使用了能够产生强烈效果的

隐喻。1993年在国家安全委员会任职，后来成为乔治敦大学教授的查尔斯·库普乾（Charles A. Kupchan）讨论了"西方的衰败"；纽约城市大学的教授波格丹·登尼奇（Bogdan Denitch）认为"在缓慢谋杀波斯尼亚的过程中，西方负有责任，并且串通一气"；《波斯尼亚屠宰场》的作者、著名新闻记者戴维·瑞尔夫（David Rieff）评论说波斯尼亚显示了"欧洲每一个安全制度的破产"（Kupchan 1995；Denitch 1994；Rieff 1996：22）。

巴尔干话语被重述成一系列的变体，种族灭绝话语也是如此。在种族灭绝话语中，话语发生改变的空间很大，因为种族灭绝的基本话语建构了很多主体，而且基本话语表述的政策空间提出了很高的道义要求，却又定义松散，引发了激烈的争论。① 种族灭绝话语中有三个重要的主体。第一个是多元文化的"波斯尼亚"，这一身份意味着对不同民族的承认，以及各民族在一个多元文化主体内同等的身份；第二个是"塞尔维亚"，"塞尔维亚主体"被分裂为实施种族灭绝罪行的领导者和被操纵的民众；第三个是"西方"，西方自由民主的身份与"波斯尼亚"相同，但是西方未能阻止种族灭绝，从而动摇了西方优越、文明的身份。"波斯尼亚"、"塞尔维亚"和"西方"是种族灭绝话语三种变体的核心。这三种话语变体在更为广泛的、道义上要求很高的政策空间内表述了更为迥异的西方政策。

欧洲针对种族灭绝所肩负的责任

第一种话语变体是从美国有关"解除禁运和空袭"的种族灭绝话语发展而来，因此与以前话语之间并没有很大差异。美国版的种族灭绝话语认为西方和美国有责任抵制种族灭绝，但又模糊地把责任划分为"西方"应当肩负的责任和波斯尼亚政府作为"公平作战"中的一方所应承担的责任。"解除禁运和空袭"是西方履行责任时应该采取的政策。这一政策不仅具有道义上的必要性，也具有战略可行性和决定性。欧洲拒绝采取这一政策，从而招致猛烈抨击。从美国版的种族灭绝话语发展而来的变体强调了西方内部的分歧，认为这是两种身份之间的分裂，即"欧洲"和"美国"。这种话语变体被称为"欧洲针对种族灭绝所肩负的责任"。它采用了把过去和现在的身份交织在一起的话语策略。美国和欧洲具有不同的

---

① 这便引发了一个问题：某些话语是否能够产生更多的话语变体？虽然话语主体的数量以及政策空间的界定很重要，但它们并不能决定实践中所表述的变体的数量。

历史，更重要的是，它们对多元文化主义和差异的体验不同。戴维·瑞尔夫在《波斯尼亚屠宰场》一书中写道，"波斯尼亚过去是，将来也一直是一项正义事业。它应该成为西方的事业。西方采取干预政策来支持波斯尼亚应该出于自卫，而非施舍。美国虽然存在问题，但它仍旧是历史上最成功的多元文化社会。西欧国家正在变成多种族和多民族的社会。如果走运，它们也将成为多元文化的社会"（Rieff 1996：10）。《新共和》杂志的文学编辑里昂·威塞蒂尔（Leon Wieseltier）使用更加强烈的言辞写道，"没有所谓的'西方'这种地方，只有欧洲和美国。它们是文明史上的不同篇章。思考一下欧洲的民族主义思想传统。在那种传统中不存在对多元社会的想象，只有针对少数民族的焦虑；然而这种焦虑不过是掩盖了对单一民族社会的向往。与己不同便是问题，这仍旧是那种传统的前提"（Wieseltier，1993年10月25日，引自 Mousavizadeh 1996a：139-140）。

美国的经历和对差异的容纳能力意味着波斯尼亚和美国的多元文化主义被视为一种优越性的表现。在历史上，欧洲竭力根除差异，而美国却把差异作为一种基本身份。欧洲没有能力保护波斯尼亚的多元文化主义。这表明欧洲过去身份的影响仍旧存在。里昂·威塞蒂尔（Leon Wieseltier）说道，"为此，我要感谢米诺舍维奇，因为他揭示了欧洲的真实面目。欧洲对异己者的恐惧在文明世界无可比拟"（引自 Mousavizadeh 1996a：138）。由于这种话语变体来自美国有关"解除禁运和空袭"的种族灭绝话语，不难发现它也被一些政治家采用。参议员约瑟夫·拜登就曾说，"欧洲的政策等同于让塞族人获胜。欧洲现在还要求我们参与其中，为此我感到很气愤"（转引自 Owen 1995：164）。《洛杉矶时报》认为"美国人批评布什政府逃避道义责任。这种批评没有错，但是欧洲的行为构成了更大的失败。欧洲做出了一个接一个毫无意义的姿态。其目的很清楚，就是要躲避责任"。现在所缺乏的不是资源，而是"领导的勇气和意愿。这也展示了欧洲在政治上的彻底衰败"（*Los Angeles Times* 1992）。①

"西方"的分裂对责任的构成产生了复杂的影响。美国优越的身份以及与波斯尼亚在身份上的类同使美国有责任抵制种族灭绝，但由于欧洲人

---

① 这不过是媒体中的一个边缘话语。《纽约时报》对欧洲持批判态度，但1992年后并没有采用种族灭绝表象。该报倾向支持克林顿。例如，在1994年2月6日的文章中指出，"欧洲为控制波斯尼亚战争所付出的努力都付诸东流"，但克林顿"很好地应对了一个充满外交欺诈的环境"；"他的坚定立场正在奏效"（*New York Times* 1994b，1994a）。

不愿意采取"解除禁运和空袭"政策，美国就无法履行自己的责任。因此，欧洲负有双重责任：一是没能阻止波斯尼亚的战争暴行；二是阻碍美国履行其责任。美国过去和现在的优越身份也因而变得稳定。然而，这并不是说布什政府和克林顿政府对波斯尼亚战争不负任何的责任。如第七章所述，当克林顿指出欧洲盟友的反对使他不能采取"解除禁运和空袭"政策时，他需要很谨慎，因为会有人批评说，克林顿是世界唯一超级大国的领袖，但却不能发挥领导作用。因此，"欧洲针对种族灭绝所肩负的责任"话语并不认同克林顿的观点，而是指出克林顿政府把欧洲的反对作为借口。"由于人们不能正确理解欧洲和美国的差异，便产生了错误看法，认为美国必须和欧洲共同采取行动。有很多人认为有必要采取行动，但觉得这是欧洲的事；他们也可能认为没有必要采取行动，结果是无所作为"（Wieseltier 1993：140）。总之，就道义上的行动和身份而言，责任被推给了欧洲，但是两位美国总统也负有次要责任，因为他们不能也不愿理解"欧洲"和欧洲的局限性。"针对种族灭绝欧洲所肩负的责任"话语通常把"解除禁运和空袭"作为最佳的政策选择，这也表明该话语与美国有关"解除禁运和空袭"的种族灭绝话语一样存在没有解释的空白点。①

巴尔干化的塞尔维亚

"巴尔干化的塞尔维亚"是基本种族灭绝话语的第二种变体。它重述了塞尔维亚主体的身份，使其从一个分裂的主体变为一个单一的"巴尔干他者"。在种族灭绝话语中，"塞尔维亚"和"波斯尼亚塞族"扮演了重要角色。在巴尔干话语中，"巴尔干各方"没有差别，而种族灭绝话语建构了不同的族群，各个族群具有不同的施动性，这便是种族灭绝话语与巴尔干话语的根本不同所在。塞尔维亚和波斯尼亚塞族的领导者被认为是种族灭绝的罪魁祸首，而"波斯尼亚"是一个由塞族、克族和穆族组成的多元

---

① 美国人坚持认为"解除禁运和空袭"足以解决波斯尼亚问题，戴维·瑞尔夫却不同意这一观点。他解释说那些认为进行空袭就"足够了"的人不过是"想廉价地处理一个历史大悲剧"，而那些主张"解除禁运"的人对塞族军队的能力一无所知。"或许他们认为波斯尼亚塞族军队犯了这些滔天大罪，肯定是愚蠢或无能之辈。事实并非如此。北约士兵要想把武器运送到波斯尼亚，就不得不浴血奋战。值得称道的是，绝大多数反对干预的人至少理解局势的严重性，而很多支持干预的人却看不到这一点"（Rieff 1996：13）。詹姆斯·格欧（James Gow）对瑞尔夫的评价有些不公平，他认为瑞尔夫"总是充满激情地单方面抨击，（无意中）暴露出他对国际关系知之甚少"（Gow 1997：5）。

文化国家，并且塞族领导者和塞族民众之间存在差别。简言之，把"塞族"包括在内的"波斯尼亚"才能被称为多元文化的国家。虽然种族灭绝话语的核心内容主要与塞族领导者相关，然而把塞族民众建构为被操纵，而且容易被操纵，但可以发生转变、能够被教化的群体，对稳定种族灭绝话语中的身份建构至关重要（Rieff 1996；Lewis 1995）。

19世纪初以来，为了使西方干预合法化，领导者和民众常常被区分开。一个国家对另一个国家的干预不仅仅出于自身国家利益的考量，而且是为了保护被干预国家的"人民"。种族灭绝话语应用了这种传统，希望在"塞尔维亚主体"上实行原始自由主义欲望（Weber 1995）。这种身份建构从而表明抗击塞尔维亚和波斯尼亚塞族军队不仅是波斯尼亚存留的前提，而且最终符合塞族人民的利益。① 这种在西方话语中被建构的"塞族人民"没有施动性。他们被操纵，没有能力做出独立的决定。由于没有施动性，他们对塞族政权的政策不承担责任，即便他们支持这些政策。② 这种观点并不是说许多塞族人没有对抗米诺舍维奇政权，或是米诺舍维奇政权没有通过大量宣传来煽动塞尔维亚民族主义情绪，而是说责任和施动性最终由塞族领导者和西方自身来承担。

"巴尔干化的塞尔维亚"话语从根本上改变了这种对塞尔维亚主体的表述。领导者和民众之间的区别不复存在，塞尔维亚被赋予了一个单一的身份。这种话语中的"塞尔维亚"与巴尔干话语中对"巴尔干"的建构即便不同，也非常相似（Sadkovich 1996：290）。"巴尔干化的塞尔维亚"话语认为塞尔维亚民族主义与西欧和中欧"正常"的民族主义完全不同。贝弗莉·艾伦（Beverly Allen）在《强奸战争：波黑和克罗地亚隐秘的种族灭绝》一书中指出，塞尔维亚民族主义"主张复仇"，"源自充满血腥的塞尔维亚极端民族主义传奇。其中最重要的成分就是切特尼克（Chetnik）对大刀的崇拜"（Allen 1996：16，42，79-81）。这种身份使塞尔维亚与文明世界分隔开。塞族的野蛮行径在战争中的一个突出例子就是他们利用强奸来迫使妇女怀孕。这构成了战争史上一个独特的"发明"。"怀孕的生

---

① 1999年北约干预科索沃战争时，西方的干预符合塞族人的利益这一建构被更加频繁地讨论。

② 这种表述在1999年北约干预科索沃战争时遭到质疑，因为当时塞族人自愿站在被视为轰炸目标的大桥上。这表明现实政治并不总是符合那些严格划分的范畴。有关大桥/塞族人是否构成合法轰炸目标的讨论既冗长又复杂。

理过程变成了灭绝种族的武器，甚至是纳粹也没有发明这种方式"（Allen 1996：91）。按照种族灭绝话语中对责任的表述，"即便是一人受到这样的虐待，也应该立即采取有效干预，制止这种行为，"人道主义干预不足以保证波斯尼亚以及波斯尼亚妇女的安全（Allen 1996：66，138）。西方最终不愿采取军事干预行动，从而导致了对西方的负面评价。"西方没有采取干预行动制止种族灭绝。这明确表明了道德和伦理体系即便没有终结，也正面临着危机，而这种道德和伦理体系正是西方民主制度的基础"（Allen 1996：135）。

把种族灭绝话语中双重的塞尔维亚主体变成单一主体似乎会使话语简单化，但把巴尔干的塞尔维亚他者描述成为原始的、挥舞大刀、嗜血如命的群体带来了新的话语上的不稳定。如果"塞尔维亚"是一个暴力、野蛮的巴尔干主体，那又如何与"多元文化的波斯尼亚"这种建构协调一致？"多元文化的波斯尼亚"取决于多种文化的参与，并且这些文化在个人和集体层面应该是支持民主、宽容、理性和富有同情心的开明政治主体。"巴尔干化的塞尔维亚"话语中的塞尔维亚主体是野蛮、猖獗、暴力和非理性的，与"多元文化的波斯尼亚"的前提条件明显不符。这种话语使开明的个体消散在没有能力进行文明上的变革和抵制的民族主义集体之中，而基本的种族灭绝话语认为塞尔维亚人民可以在一定时间内发生文明上的转变。这就意味着"巴尔干化的塞尔维亚"话语重述塞尔维亚主体时，塞尔维亚不再是开明和多元文化的，从而导致了话语上的不稳定。这种话语也对开明西方的身份建构产生了一定后果。西方的自由民主传统把"西方"和"波斯尼亚"与"塞尔维亚"区别开，但是把"塞尔维亚"建构成为没有个体特性，没有改变能力的单一民族主义集体则使西方的自由主义个性消失，而"巴尔干化的塞尔维亚"话语正是要保护西方的自由主义个性。简言之，把塞尔维亚建构成单一的巴尔干他者，就是通过西方自由主义传统所违背的身份逻辑来解读塞尔维亚。

这些内部的不稳定性促使"巴尔干化的塞尔维亚"话语在西方有关波斯尼亚的辩论中被边缘化。虽然有很多文本把塞尔维亚建构成巴尔干，但是这些建构主要出现在巴尔干话语中，而不是出现在含有多元文化的波斯尼亚这种表述的种族灭绝话语中。在本书所参考的众多资料中，只有贝弗莉·艾伦的《强奸战争》（Allen 1996）部分地使用了"巴尔干化的塞尔维亚"话语。尽管这种话语在实践中被边缘化，但是在分析中值得注意。它展示了采用两种基本话语要素的可能性，因为该话语不仅使用了种族灭绝话语中对战争的表述以及对波斯尼亚和西方身份的建构，同时还使用了巴尔干话语中对塞尔维亚的建构。这种话语也显示了混合两种基本话语要素如何导致了话语内部的不稳定性。一个重要的理论问题也因"巴尔干化的塞尔维亚"话语而生，即如何定义基本话语，划定基本话语之间的界线？我们在第六章中指出，一个分裂的塞尔维亚身份表述而非巴尔干化的身份表述被用来定义种族灭绝话语。首先，巴尔干化的塞尔维亚身份建构很少被论及，其次，种族灭绝话语中对分裂的塞尔维亚身份的建构造成了该话语与其他基本话语之间较大的差异。从上文的分析，我们可以得出第三个原因：多元文化的波斯尼亚建构与巴尔干化的塞尔维亚建构结合在一起产生了更多内部的不稳定性。

最后一个分析层面的问题是，"巴尔干化的塞尔维亚"话语到底属于巴尔干话语的变体，还是种族灭绝话语的变体？理论上的抽象回答是，只要一种话语融合了两种基本话语的要素，就可以被视为其中任何一种基本话语的变体。但是，由于"巴尔干化的塞尔维亚"话语把战争表述为种族灭绝而不是平等各方之间的战争，而且把波斯尼亚建构为多元文化的主体，那就表明该话语与种族灭绝话语有更多的共同之处。

性别化的种族灭绝

种族灭绝话语的第三种变体，"性别化的种族灭绝"，也表述了两种基本话语的内容。虽然属于非主流话语，"性别化的种族灭绝"在理论和实践上引人注目。它把身份的建构性别化，而以前的话语都与政治、文化、民族、种族相关。用性别化的身份取代民族身份，波斯尼亚战争则被视为由男性主宰、民族主义的领导阶层与受危害的女性群体之间的战争（Denich 1995:69）。贝蒂·登尼奇（Bette Denich）认为"塞尔维亚的切特尼克和克罗地亚的乌斯塔莎都从二战中复活，穆斯林的'绿色贝雷帽'也代表着新的伊斯兰原教旨主义浪潮。虽然这些象征和旗帜相互对立，但在目标和方法上，这些斗士很相似。年轻的男子变成了勇士。在这场特别的种族冲突中，他们不仅攻击对方的勇士，而且攻击居住在被争夺领土上的'其他'种族的所有人"（Denich 1995：67）。女性所遭受的后果是"不论她们的种族和宗教背景，也不论她们处在哪一个战区，她们都被迫接受了另外一种身份"（Brownmiller 1994：180）。

在媒体对战争的报道中，发生在波斯尼亚的轮奸事件扮演了重要角色，并使波斯尼亚战争，尤其是性别化战争，成为众多女权主义者的分析对象（Gutman 1993；Stiglmayer 1994a；Denich 1995；Hansen 2001a；Morokvasic 1998；Rodgers 1998；Stanley 1999；Zarkov 1995）。① 女权主义者认为，发生在波斯尼亚的强奸行为是军事战略的一部分，也是产生身份的一种实践，强化了"波斯尼亚国家"和波斯尼亚"女性/男性"的民族和性别身份。强奸行为也使"女性"和"男性"，"波斯尼亚"和"塞族"分隔开，并赋予了这些主体或优越或低劣的性别和民族身份（Zalewski 1995：355；Stiglmayer 1994b：85；Ramet 1996：284；Butler 1990：33）。强奸行为同时也突显了性别的重要性，因为它赋予了两个民族群体特殊的女性和男性身份建构。强奸"另一个民族的妇女"的目的就是为了剥夺那个民族男子的男性能力。塞族人认为一个因被强奸而怀孕的女人是一个被动的容器，她腹中的孩子具有强奸者的民族属性（Stiglmayer1994b：119，122，140，142；Nikolic-Ristanovic 1996：201；另见 Yuval-Davis 1997：29）。

"性别化的种族灭绝"话语采纳了激进的女权主义观点，认为参战的男人虽然在战场上为对立的各方作战，但他们对强奸、卖淫、色情作品和性谋杀的理解都是相同的，都认为这些行为"在和平时期是对情欲的过度放纵，在战争时期却是战利品，或是作恶者的放肆行为"（MacKinnon 1994：185；Brownmiller 1975：31-401）。② 对性别化战争的这种解读与巴尔干话语的某些内容相同。例如，乔治·凯南指出在早期的巴尔干战争中，强奸随处可见。"那些达到参军年龄的男人遭殃了；那些拥有'敌对方'的民族身份、在被占领的村庄中幸存下来的女人也要哀哭了。到处都有强奸，并且那些被强奸的女人有时还惨遭杀害"（Kennan 1993：10）。但是，凯南的观点与激进的女权主义观点有所不同。凯南所持的现实主义认为强奸是令人愤慨的行为，但却是可预料到的战争的必然结果，而女权主义者认为强奸是不可接受的性别化的安全问题。

"性别化的种族灭绝"话语认为父权制的普遍存在给女性生活带来了负面影响，并且描述了巴尔干父权制的特殊性。登尼奇（Denich）写道，

---

① 在2001年发表的文章中，我具体分析了巴尔干话语、种族灭绝话语和激进的女权主义话语中有关波斯尼亚轮奸事件的表述。波斯尼亚战争也使性别化的战争成为国际关系领域的研究议题（Jones 1994；Carpenter 2003）。

② 并非所有的女权主义分析都表述了激进的性别化种族灭绝话语。

"女性成为了性暴力的对象，同时也被视为男性相互竞争中的一个象征。这与巴尔干父权制的传统形式相同。男人如果没有能力保护'他们'的女人，并掌控自己的性能力和生育能力，就会被视为懦夫"（Denich 1995：68，补充强调；Denich 1974，1994；Brownmiller 1994：180；Morokvasic 1998：68）。迈克金侬（MacKinnon）指出，色情作品充斥着南斯拉夫。"共产主义消亡后，色情作品充斥在当时的南斯拉夫。这些色情作品大多被拥有权力的塞族人控制。这就导致了一个族群的男人准备在虐待和杀戮女性的过程中享受性快感"（MacKinnon 1994：192）。正如在第八章所提到的卡普兰关于"色情的南斯拉夫"的描述，"色情男人"的表述也取决于读者把色情作品视为巴尔干他者或者是巴尔干男性他者的特征。

种族灭绝、强奸和（巴尔干）父权制的结合使种族灭绝话语在呼吁采取政治行动时模棱两可。形势极度危险，这就要求西方通过干预来保护妇女，但干预的具体形式却由于两种原因而变得复杂。首先，如果攻击性的男性行为是所有军事行动的必然结果，那么西方的军事干预就会遭到批判，即便军事干预的明确目的是制止强奸行为。迈克金侬评论说联合国维和部队被指控犯有强奸罪，从中可以看出对军事干预的质疑（MacKinnon 1994：185）。其次，正如斯坦利（Stanley）所言，呼吁人们关注强奸行为的许多女性都具有和平运动的背景，她们在对外政策上倾向反对军事行动（Stanley 1999:99）。

至于"性别化的种族灭绝"话语中对身份的建构，激进女权主义对父权制的理解，尤其是对巴尔干父权制的理解常常依赖于把强奸看作是男性的生理欲望使然（Elshtain 1981：207-208）。把"占统治地位的男性"与"女性受害者"区别开意味着"巴尔干女性"不仅被建构为非暴力和不参与作战的人员，而且与男性有着本质差别。"巴尔干女性"被视为和平养育一个民族的核心，这一建构与浪漫主义保守话语相似，而激进女权主义者通常竭力与该话语保持距离。正如人道主义责任话语中"受害者"的身份取决于他们与政界的隔离，"性别化的种族灭绝"话语中女性单一的集体身份也依赖于把"女性"与男性的军事和政治领导层区分开。有些女性的行为方式表明她们与国家安全实践相关，这便造成了话语上的不稳定。而"性别化的种族灭绝"话语中对"女性"的理想化建构意味着造成话语不稳定的这些例子已被淡化。破坏"性别化种族灭绝"话语稳定性的另一个因素是，大多数被强奸的妇女支持西方采取军事干预，她们使用的是"民族"的种族灭绝话语，而不是激进女权主义"性别化的种族灭绝"话语。激进女权主义者通常不理会这些不稳定因素。

如"巴尔干化的塞尔维亚"话语，"性别化的种族灭绝"话语也表述了种族灭绝话语和巴尔干话语这两种话语的内容。对巴尔干父权制的建构反映了巴尔干话语的核心内容，因为两种话语都表述了一个攻击性强、暴力、野蛮的巴尔干。但是，在"性别化的种族灭绝"话语中，巴尔干主体被分为男性和女性两部分，只有男性具备这些"巴尔干"特性，而且该话语强烈要求西方采取行动，因此更应该被视为种族灭绝话语的一种变体。巴尔干话语对巴尔干和西方身份的表述以及在干预行动上的不情愿态度也显示出与"性别化的种族灭绝"话语之间的相似之处。巴尔干话语把巴尔干人建构为暴力、易激动、充满仇恨、野蛮，并有战争倾向。这种身份与关于好斗的男性的模式化描述相符，使用这种性别化的身份表述也产生了重要效果。第八章中有关《巴尔干幽灵》的分析表明，酗酒、色情的男人成为了巴尔干身份的重要标志。凯南认为强奸和野蛮的男性气概在巴尔干历史中无所不在，这就把"具有威胁性的男性"和"易受伤害的女性"区别开。巴尔干话语中单一的巴尔干主体实际上被分为"巴尔干男性"和"巴尔干女性"这两种性别化的身份，巴尔干人整体上暴力、好斗、野蛮的这一建构因此变得不稳定。承认"易受伤害的女性"是"巴尔干"的受害者而不是同谋，但却拒绝对波斯尼亚战争承担道义上的责任，则进一步破坏了巴尔干话语的稳定性。如果易受伤害的女性都得不到保护，这不就暴露了西方的自私自利和不负责任以及在男女平等目标上的暧昧态度吗？这些都是巴尔干话语中性别建构所导致的不稳定。

表9.1总结了种族灭绝话语三种变体的主要特征。

表9.1 种族灭绝话语的变体

话语	对身份的再表述	政策
欧洲针对种族灭绝所肩负的责任	把西方分裂为"欧洲"和"美国"	美国应该劝说欧洲采取"解除禁运和空袭"政策
巴尔干化的塞尔维亚	塞尔维亚被视为巴尔干他者	亲波斯尼亚的干预行动
性别化的种族灭绝	把波斯尼亚/巴尔干主体分裂为男性和女性	模棱两可；保护女性与干预行动的男性特征相冲突

后结构主义和戴维·坎贝尔的《民族解构》

第八章的分析表明，波斯尼亚战争是研究所谓的种族冲突或国内冲突的新现实主义学者的关注重点。在国际关系研究方法中，后结构主义与新现实主义在本体论和认识论上差异最大。后结构主义对波斯尼亚的分析，特别是戴维·坎贝尔对波斯尼亚的分析则更加全面深入，涵盖了波斯尼亚战争、西方对波斯尼亚战争的描述、所采取的政策以及这些政策在道义上的影响。坎贝尔撰写了一系列关于波斯尼亚的文章、专著章节和会议论文，并于1998年出版了《民族解构：波斯尼亚的暴力、身份和公义》一书（Campbell 1996a，1996b，1997，1998a）。由于《作为实践的安全》分析了对外政策中身份的话语表述，本身是一部后结构主义著作，与《民族解构》在本体论和认识论上很相似，这就产生了一个问题：如何在分析层面上定位《民族解构》？是否把它视为西方关于波斯尼亚辩论中的一个其他文本？抑或是另一种话语分析，甚至是相对立的话语分析？《民族解构》和《作为实践的安全》在分析风格上相同，后结构主义文本也没有什么内在因素来妨碍我们使用第七章、第八章和第九章中的话语视角对其进行解读。《民族解构》与《作为实践的安全》在元理论上的相似意味着虽然前者可以被视为其他文本，但这一文本本身以及对这一文本的阅读针对话语分析提出了一系列分析层面、政治层面和方法论上的问题：如何划清不同话语之间的界线？如何评价西方的判断？如何公断（arbitrate）话语证据这一方法论上的问题？《民族解构》既是一个"普通文本"，又是一个"相竞争的元文本"。这种双重身份意味着我们需要对该书进行两次阅读：一次是作为普通文本来解读（在本章中），另一次是在第十章的结论中作为元文本，提出有关后结构主义对外政策分析中重要的政治问题以及认识论和方法论上的问题（在第十章的结论中）。①

波斯尼亚和西方对战争的表述成为坎贝尔后结构主义分析的重点不足为奇。在着重分析西方对战争的表述时，坎贝尔认为西方的政治家、媒体和学术界或是把战争视为"种族清洗""内战""源于古老仇恨的种族战争"以及"人道主义关切"，或是把把战争解读为"种族灭绝""国际侵犯"、保护"多元文化"和"多元宗教"的波斯尼亚是西方"至关重要"的利益（Campbell 1998a：33-55）。"种族清洗/内战"的表象是人道主义干预和调停政策的基础，也为美国取消"解除禁运和空袭"政策提供了支持；而"国际侵犯/种族灭绝"的表象则呼吁西方保护"波斯尼亚"以及多元文化和多民族的波斯尼亚政府。坎贝尔对话语立场的定义更加宽泛，尤其体现在"种族清洗/内战"的表象上。巴尔干话语中的古老仇恨、西欧政府的人道主义责任以及新现实主义所主张的模糊现代身份都包括在"种族清洗/内战"的话语之内，而第七章和第八章的分析更加细致地解读了这些话语，认为它们既互为补充，又存在分歧。坎贝尔把两种话语并置，再加上"种族清洗/内战"表象的宽泛性，导致他认为后一种话语不仅得到了塞尔维亚和西方政治家的支持，而且也得到了西方媒体和学术界的广泛支持。这就意味着"国际社会、媒体和学术界忽视了政治立场的多样性以及就身份政治提出异议的非民族主义的声音"。"媒体和学术界的主导叙述有助于极端民族主义者的地缘政治立场合法化，并为这些立场提供了支持"（Campbell 1998a：80-81）。

西方话语的另一个特征在于相信"在'民族'这一标志下，领土与身份、国家与民族的联合。对历史的特别描述为这种联合提供了支持"（Campbell 1998a：80）。这种观念即为德里达所说的本体价值（ontopology）：当下存在（presentbeing）对于其所处地理位置，对于稳定

---

① 需要指出的是，下面的分析重点是《民族解构》这本书对身份的表述和对政策的评估，并不详细讨论戴维·坎布尔对德里达（Derrida）和莱维纳斯（Levinas）的解读，或是他提出的有关后结构主义伦理准则的一些建议。也就是说，我在此所讨论的远远不能涵盖《民族解构》一书的所有内容。

的、可接受的方位的本体价值；也就是领土、国土、城市以及主体总的定位（topos）（campell 1998a:80中引用）。在解读波斯尼亚时，西方希望看到不同的、清晰的民族身份。新现实主义主张人口迁徙，并把波斯尼亚一分为三；各种和平计划也为不同族群划分出了不同的领土。在空间层面，西方希望在相邻的领土上固定单一民族、单一文化和单一宗教的身份。在时间层面，西方话语把身份置于长达数百年之久，不间断的范围之内，认为塞尔维亚、克罗地亚或波斯尼亚的身份具备可以追溯数百年的文化特征。

在本体方面和政治方面，"种族清洗/内战"的表象和"种族灭绝/国际侵犯"的表象之间存在众多差异，但是坎贝尔认为两者之间也有共同之处。许多采用种族灭绝表象的人呼吁保护多元文化的"波斯尼亚"，波斯尼亚身份可以追溯数百年之久，波斯尼亚拥有"非常独特的历史和文化"，这种身份建构"若不是在内容上，那也在形式上与相对立的话语相似"（Campbell 1998a：49）。坎贝尔认为保护"少数民族"和文化上的宽容在"很大程度上不过是不同形式的种族主义，只是显得有些人情味而已"，真正的多元文化主义是对异质性做出的承诺（Campbell 1998a：48，206）。"肯定文化的多样性，而不是将某种文化与其他文化联系起来"，这就意味着"波斯尼亚多元文化主义"在时间和空间上应该是开放的，不是具备特殊的古老的根源，或是把不同民族、种族和宗教群体的参与叠加在一起（Campbell 1998a：208）。与多元文化主义的通常定义相比，这一理解提出了更高的要求，对任何一个集体而言，这或许都是不可能完全达到的标准。然而，坎贝尔认为波斯尼亚政府和波斯尼亚公民多次实践了这种多元文化主义。假如得到了西方的支持，波斯尼亚的多元文化主义或许会更加成功（Campbell 1998a：209-243）。

《民族解构》作为有关波斯尼亚的辩论中的一个文本采取了分析上的双重立场。它一方面指出了两种相互对立的战争表象，解构了两种表象中对固定身份的需求。另一方面，它修改了对波斯尼亚多元文化主义的解读，认为这种多元文化主义不仅是规范上的理想状态，而且是对波斯尼亚经历的描述（Campbell 1998a：218）。坎贝尔承认种族灭绝的表象没有成功地与内战/种族清洗/巴尔干的表象竞争，但他也指出国际社会避免采用种族灭绝的表象是由于这种表述所带来的政治和道义上的要求，尽管有"证据支持这种表象"，例如，许多"非政府渠道"和"大量的国际报道"

都得出结论说"波斯尼亚遭受了种族灭绝"（Campbell 1998a:101-102）。①
总之，坎贝尔在分析层面和政治层面都采取了双重立场。他描述了不同话语及其身份表象以及对外政策的合法化，同时又在辩论中注入了某种规范。②

由于坎贝尔的《民族解构》部分属于种族灭绝话语，自然就会评价说西方失败了。正如前文所述，坎贝尔批判了国际社会针对波斯尼亚的政策。这些政策以强调不可调和的身份为基础。在详细分析一系列的和平计划时，坎贝尔认为，除了1992年8月的《伦敦原则》，"所有的和平计划都在一定程度上体现出领土分割的逻辑"（Campbell 1998a：155）。万斯—欧文计划并非是体现这一逻辑最糟糕的例子。该计划对一个多种族的波斯尼亚表示支持，但建议把波斯尼亚分为十个省，每个省都有单一的民族身份。由于万斯—欧文计划以失败告终，"它所代表的政治假设，即在一个不同族裔居住的地区实现同质性，会给族群关系带来灾难性的后果"（Campbell 1998a：143）。在《代顿协议》中，相邻的领土和脆弱的中央机构使"某种形式的元种族主义制度化。'文化'被视为一种自然化的特性取代了生理上的差异。文化上的差异被认为是一种冲突或威胁。种族隔离作为一种'反种族主义'方案而被合法化"（Campbell 1998a：161-162）。那些采用种族灭绝话语的人通常会说保护波斯尼亚的多元文化主义符合西方利益，但是坎贝尔指出，西方没有采取干预行动，不是由于西方没有认识到波斯尼亚的多元文化主义，而是由于西方对波斯尼亚以及自身的多元文化主义感到恐惧。"捍卫波斯尼亚的多元文化主义就要求西方在解决美国或其他西方国家内热烈争论的文化问题时支持多元主义"（Campbell 1998a：170）。③ 具体而言，西方害怕信奉伊斯兰教的波斯尼亚会导致地方或区域问题，并造成有关欧洲身份的更大问题（Campbell 1998a：52-53）。

---

① 坎贝尔的观点是，由于波斯尼亚的多民族和多宗教身份，《种族灭绝公约》不适用于波斯尼亚的种族灭绝。鉴于后来海牙国际刑事法庭的诉讼程序，坎贝尔的观点似乎并无说服力（Campbell 1998a：108）。需要注意的是，坎贝尔以前曾经说西方媒体支持把波斯尼亚战争表述为种族冲突或内战，对国际报道的这一评估则质疑了坎贝尔的这种说法。

② 第十章将讨论为什么这并没有违反后结构主义原则。

③ 把坎贝尔关于多元文化主义的分析与"欧洲针对种族灭绝所肩负的责任"话语相比较，就会发现前者把多元文化主义表述为西方世界整体的问题，而后者认为多元文化主义是美国的特征，在欧洲却不存在。

那么国际社会应该采取怎样的政策？坎贝尔着重分析了和平计划，"几乎没有关注军事方面的选择和假定"。这表明《民族解构》一书没有充分明确地探讨"解除禁运和空袭"以及联合国维和行动这两者的话语构成或道义上的影响，也没有详细讨论那些派遣维和部队的欧洲国家与美国之间的政策差异（Campbell 1998a：125）。与美国版的种族灭绝话语所不同的是，坎贝尔没有主张西方采取"解除禁运和空袭"政策。坎贝尔声明说，他的论述"不是要说明西方应该进行大规模的军事干预"（Campbell 1998a：226）。根据坎贝尔的观点，在辩论不同政策建议的战略可行性时，西方意见趋同，说明西方回避了责任问题，并将真正的多元文化方案边缘化。坎贝尔在《民族解构》一书的结论部分提出了一系列多元文化主义建议，主张支持独立媒体、当地和非政府机构的和平倡议，分析档案资料，质疑国际社会以及民族主义的政治和军事领导者所维护的对身份的均质化理解（Campbell 1998a：232-243）。

　　作为西方有关波斯尼亚辩论中的一个其他文本，《民族解构》属于种族灭绝话语。该书认为在事实上、政治上和规范上，种族灭绝的表象超出了与之竞争的种族清洗、内战，或巴尔干这些表象。然而，这本书对多元文化主义的解读挑战了种族灭绝话语的部分内容。在种族灭绝话语中，多元文化主义仅仅被理解为不同民族、种族或宗教群体的和平共处。另外，这本书拒绝采纳"解除禁运和空袭"政策，主张支持众多的当地和非政府组织的活动，从而也挑战了种族灭绝话语所号召的军事干预政策，以及美国的"解除禁运和空袭"政策。

　　但是，《民族解构》不同于其他文本，它用后结构主义视角解读了西方关于波斯尼亚的辩论，与本书的分析或相互补充或相互竞争。因此，比较这两本书的分析，我们可以提出一系列理论、方法论和政治问题：如何确定相对立的话语立场？是否应该像第七章那样区分欧洲和美国的话语，或是像《民族解构》一书那样把二者结合起来分析就足以证明西方的外交手段？是否应该把人道主义责任话语与巴尔干话语区别开，还是如坎贝尔所论，这两种话语实际上十分相似？是否西方的外交官、政治家、媒体和学术界表述了一样的立场，还是如本书所论，美国和欧洲、不同的话语、不同的体裁所表述的观点存在差异？确定某种话语的方法论基础是什么？西方避免采取积极政策是否出于对多元文化主义和伊斯兰教的惧怕？采用后结构主义视角来解读《民族解构》一书就会提出以上这些问题。这些问题也总结了把后结构主义理解和发展成为国际政治的一个研究角度所涉及的重要分析层面上的问题和政治问题。因此，我们将在第十章进一步讨论这些问题。

对谈判的回忆

坎贝尔对国际外交手段的分析表明，种族灭绝话语不仅指出了西方在道义上的失败，而且具体批判了调停者和他们的团队所提出的和平计划。在这些调停者中，戴维·欧文和理查德·霍尔布鲁克最为著名，他们体现了西方为了终止战争，寻求一个公平、在战略上可行、稳定的解决方案所做出的尝试。万斯—欧文计划是旨在结束战争的首次大的尝试。《华盛顿邮报》称之为"战争罪犯和受害者之间被迫达成的妥协"(*The Washington Post* 1993)。《今日美国》报的帕特里克·格林（Patrick Glynn）则把它称为"与慕尼黑协定类似的方案"，"一个怯懦的投降计划"（Glynn 1993）。《纽约时报》甚至针对欧文的过去和人格面貌刊登了一篇题为《欧文勋爵的变向曲线球》的社论，认为他"既自负又精明"，"在政治判断上并非永远正确"。该社论还抨击了欧洲，因为欧洲试图把美国牵连到对波斯尼亚的毁灭之中（*New York Times* 1993）。① 相比之下，理查德·霍尔布鲁克得到的评价要正面一些。《代顿协议》尽管不完美，但毕竟结束了战争，并得到了各方自愿的认可（*The Washington Post* 1995b）。② 然而，《民族解构》中的分析表明，也有不少人认为《代顿协议》分割了波斯尼亚，最终证明了西方既没能力、也不情愿支持波斯尼亚的多元文化身份。

欧文和霍尔布鲁克出版了大量详细描述自身经历的回忆录，鉴于他们在"和平计划"中的作用以及个人影响力，这点不足为奇。欧文的《巴尔干历程》和霍尔布鲁克的《为了结束一场战争》都运用了自传体裁的叙事技巧，包括采用回忆和一些具有持续重大影响的经历，从而把自己作为调停者所付出的努力合法化（Owen 1995；Holbrooke 1998）。但是，这两本

---

① 英国媒体对欧文略微客气一些，例如，《卫报》认为尽管万斯—欧文和平计划要把波斯尼亚分割成数个部分，但两位调停者毕竟在"努力制止大屠杀"（*The Guardian* 1993a；*The Independent* 1993a）。

② 《华盛顿邮报》把霍尔布鲁克描述为"一个很难对付的人"，同时也抨击了那些认为霍尔布鲁克"趾高气扬、恣意强求、自吹自擂"的人（*The Washington Post* 1995a）。

书也存在着重要差异。欧文详细叙述了自己接受调停任务之前的转变过程，而霍尔布鲁克的《为了结束一场战争》则更复杂地运用了回忆和重大经历。

《巴尔干历程》：转变和巴尔干下水道

《巴尔干历程》用近400页的篇幅，按照时间顺序叙述了戴维·欧文在担任前南斯拉夫国际大会欧共体/欧盟代表的三年中所面对的艰难处境。通过基本话语的分析框架来解读《巴尔干历程》中的大量细节，我们看到的不仅是种族灭绝话语的内容，也有巴尔干话语的要素。该书通过运用自传体裁的五种叙事策略，使戴维·欧文所取得的成就和所遭遇的失败合理化。第一，介绍欧文成为调停者所经历的转变过程以及调停者的身份所带来的结构型制约。第二，采用巴尔干话语的内容评论在"巴尔干"环境中担任调停者的艰难。第三，叙述个人邂逅，尤其是与米洛舍维奇和伊泽特贝戈维奇的相遇。欧文与这两个人物之间产生了一种模糊的距离感和熟悉感。第四，坚持认为万斯—欧文计划支持和促进了一个多种族和多元文化的波斯尼亚。第五，严厉批评了克林顿政府，因为它不断破坏欧文及其助手的工作。戴维·坎布尔认为"在身份问题上思路清晰连贯不是欧文的强项"。《巴尔干历程》在表述波斯尼亚/巴尔干身份时模棱两可（Campbell 1998a：138）。然而，把《巴尔干历程》作为有关对外政策的自传来解读，我们或许可以更清楚地知道这种模糊性在何处出现，如何产生，尤其可以了解对自我的描述如何使万斯—欧文计划、欧文的表现以及他的人格面貌合理化。

《巴尔干历程》开篇叙述了欧文在1992年夏天的转变。他曾主张种族灭绝话语，但后来采纳了西欧政府的巴尔干话语和人道主义责任话语。欧文的转变主要是由于他接受了调停者这一角色的结构性要求以及谈判与"和平"的关联。欧文描述了1992年7月波斯尼亚塞族集中营的曝光如何促使他给《伦敦旗帜晚报》（*Evening Standard*）寄了一封信。这封写给英国首相约翰·梅杰的信于1992年7月30号被刊登在报纸上。欧文在信中写道，"毫不夸张地说，我们正在目睹的发生在欧洲的场景反映了50年前纳粹对犹太人实施大屠杀的早期阶段。这种可怕的行为被描述为'种族清洗'。我力劝您不要接受现在流行的看法，认为我们无法采取军事手段来阻止战争的升级和对人权如此丑恶的践踏"（Owen 1995：14-15）。欧文进一步争论说，北约应该以空袭作为威胁。联合国授权下的部队在攻击较大城市时，"应该有空中力量协助。如有必要，可以空投人员和物资来保证空中通讯的安全"（Owen 1995：15）。欧文的预测是，"如果现在不采取行动，那么波斯尼亚的穆斯林将没有什么可以谈判的"（Owen 1995：15）。接着，欧文详细描述了这封信引起的反应。它"就像扔入英国政府核心的一枚政治手榴弹"，并成为次日欧文与首相梅杰的私人秘书斯蒂芬·沃尔（Stephen Wall）共进午餐时谈论的话题。沃尔认为这场战争"本质上是场内战"。假如动用空中力量后塞族并未被有效遏制或是塞族实施报复，把国际人道主义组织成员扣为人质，又会产生怎样的后果？关于这个问题，欧文"承认"自己也没有好的答案（Owen 1995：16）。沃尔提出的问题使欧文"面对伴随权利而来的艰难抉择，而这些抉择很容易被那些持反对意见的人所忽视"（Owen 1995：17）。沃尔"对我的逻辑明显感到失望，认为我很任性，没有诚实地面对政府真正的问题"（Owen 1995：17）。欧文回忆说，这种挑战"是很好的训导，因为沃尔让我从外交大臣的角度思考问题，而不是去哗众取宠"（Owen 1995：17）。

把这段经历作为接受调停者角色的前奏来分析，表明欧文了解种族灭绝话语的论点，因为他本人就曾持有这些论点。欧文叙述了自己的转变过程，不仅表明自己善于思考，而且把读者带入了这种转变之中。欧文建议读者理解他当初的立场，并通过他的转变，也发生类似观念上的变化。对往事的回忆进一步稳固了转变效果。当欧文说"这是一个很好的训导"时，他是从一个时间、空间和情感的距离之外评论那段经历。把"现在的声音"嵌入对往事的叙述之中有利于建构欧文可选择的话语和政治立场，他可以选择"哗众取宠"，也可以选择"诚实地面对政府真正的问题"。尽管沃尔表述了后者，但是欧文"可以选择""哗众取宠"而不是"做出正确的判断"，就表明他接受了沃尔的选择。如第四章所述，对外政策制定者肩负着领导者所特有的道德责任。欧文指出"艰难的抉择"把政府与那些不受约束、可以"哗众取宠"的人区别开。这不仅使沃尔和外交部的话语合理化，而且预示了欧文在担任调停者时所要面临的类似制约和责任。

与沃尔、约翰·梅杰和塞勒斯·万斯的会面促使欧文同意出任前南斯拉夫国际会议的欧共体代表。是成为有责任心的政治家，还是做一名自由评论员？欧文重复提到这两种截然不同的选择，并说明他在做决定时，考虑"是否在政坛外继续为南斯拉夫呐喊，还是加入对和平的追求之中"

(Owen 1995: 23)。"对和平的追求"把调停者建构成为在道义上令人赞许的角色，而不仅仅是技术性地仲裁相互对立的一些要求。欧文通过修正"战争事实"，进一步支持了自己的选择。"事实并非我当初所想的那样。'侵犯者'和'受害者'这些词被作为宣传战中的武器，而真正的情况远比这两个对立词汇所表述的要复杂。不管怎样，调停者最好是避免公开使用这些词"（Owen 1995：27）。这段话表明欧文已不再采用种族灭绝话语，但是最后一句，即有必要"避免公开使用这些词"，破坏了"事实性修正"的稳定性，因为欧文现在的角色是确定话语：作为调停者，他不能表示对某一方的支持。欧文对自身转变过程的精心描述原本是为了使他对种族灭绝话语，甚至是巴尔干话语的有限度支持合理化，但最后却说，在谈判中他不能质疑"平等各方"的建构。

欧文在解释自己向人道主义责任话语转向时，模糊地采用了事实和结构原因。这一点也体现在欧文的第二个叙事策略中。欧文不断提到在"巴尔干环境"中工作很艰难。《巴尔干历程》开篇第一句话"在巴尔干，凡事都不简单"就使用了巴尔干这一表述。接着欧文说到自己以前从未在"如此不光彩，且充满宣传和伪装的环境中"开展工作。在这种环境中，有许多人"确实不知道真相"（Owen 1995：1）。巴尔干历史显示了"一种用武力解决争端的习惯"，"几种文明交汇处的暴力文化"，"该文化以恶毒、不共戴天的民族主义为特征"（Owen 1995：3）。欧文参考了《黑色羔羊和灰色猎鹰》一书，认为"错综复杂的历史造就了长期困扰整个地区的复杂的人类关系"（Owen 1995：6）。欧文在该书的开头以及在后面强调谈判的困难时，都使用了巴尔干话语。"在巴尔干，人们不妥协、不让步，他们认为只有这样才能达到目的"（Owen 1995：76）。巴尔干各方都"擅长宣传、欺骗，发布虚假信息"（Owen 1995：88, 200, 207, 334, 341）。正如人道主义责任话语，这种对巴尔干各方的建构也把"极其负面的领导者"与普通、"正派"、希望享受和平的老百姓区分开（Owen 1995：123）。

通过对巴尔干身份的这些表述，欧文把自己从事的工作建构为非常艰难的任务。巴尔干话语的文本都远距离地建构巴尔干他者，欧文却能够利用他本人与巴尔干人的相遇获得认识上的权威。这进一步意味着欧文可以表达他个人的恼怒，"我花了大量时间在巴尔干这一下水道里游弋，拼命地使自己的头保持在污水之上。这种状况我还能让我的家人忍受多久？"（Owen 1995：242）。这段话既建构了波斯尼亚和巴尔干，也把欧文建构成敬业的调停者，为了更广大的利益而牺牲了自己的家庭生活。尽管《巴尔干历程》很少明确提及欧文的个人生活，但这段话把家庭和巴尔干相提并论，实际上就把欧文建构成为热爱家庭生活、体谅家人需求的人。

一系列的个人经历证明了欧文起初关于巴尔干的一般性言论，但在《巴尔干历程》一书的第三个叙事策略中，个人邂逅也被用来建构波斯尼亚和南斯拉夫的一些人物。尽管相当多的塞族人，尤其是卡拉季奇，被建构成拥有巴尔干特性的人，但对几个主要人物的描述却修订了巴尔干他者的身份。欧文描述了两个最重要的人物——米洛舍维奇和伊泽特贝戈维奇（Izetbegovic），并坚持认为米洛舍维奇是解决战争问题的关键，伊泽特贝戈维奇之所以重要则是由于种族灭绝话语总是强调西方没能保护伊泽特贝戈维奇领导的拥有多元文化的波斯尼亚。

具体来看米洛舍维奇，他虽然表现得"冷酷无情、追逐权力"，但也是一位有着"充裕时间"、"考虑周到的主人"。"与外国人交谈时，他不会采用冒犯性的民族主义言论"（Owen 1995：127）。在《巴尔干历程》一书中，欧文用大量篇幅描述与米洛舍维奇的会面，并宣称"私底下，米洛舍维奇并不是种族主义者"（Owen 1995：127）。《巴尔干历程》一书大致按照时间顺序逐步展开叙述，几乎没有什么产生持续重大影响的时刻，但有一个明显的例外，即欧文携夫人戴比（Debbie）与米洛舍维奇及其夫人米拉·马尔科维奇（Mira Markovic）在原来属于铁托，但现在归米洛舍维奇所有的一处乡村豪宅共同度过了一天的时光。① 欧文以他和这对南斯拉夫夫妇的会谈内容为证据，重申了先前的观点。他从未相信米洛舍维奇是民族主义者。他们四个人"在那天进行了长时间的、饶有趣味的交谈"（Owen 1995：272）。采纳种族灭绝话语的读者对这段经历的第一反应可能是质问欧文作为调停者，与战争的主要参与者进行夫妇四人约会，并在乡间漫步，是否符合道义规范。米洛舍维奇后来被海牙国际刑事法庭起诉和审判，这就进一步激发了读者的这种反应。这段经历可以用来证明欧文持有亲塞立场，但欧文本人似乎没有考虑到这一点。

暂且不论这段经历是否在无意中证明了欧文可能持有亲塞尔维亚的立场，"私人场合中的米洛舍维奇"的建构涉及公共场合与私人场合之间的

---

① 一位评论家曾说过，按照时间顺序一步步地叙述，"众多的细节有时也会让读者有近乎窒息的感觉"（Mortimer 1995）。

界限划分以及私人场合与公共场合的相关性。① 大致来说，作为西方政治科学基础的自由主义政治理论严格划分了公共场合与私人场合之间的界限，认为公共场合是不容置疑的政治领域。坦率地讲，米洛舍维奇在私人场合如何思考和行动与评估他在公共政治领域的表现毫不相关。尽管欧文谨慎地声明由海牙国际刑事法庭裁决米洛舍维奇是否有罪，但他把米洛舍维奇描述成热情好客的非民族主义者，就摒弃了私人场合与公共场合的严格划分，把私人场合中米洛舍维奇的表现作为政治分析中的相关因素。打破公共场合与私人场合之间的界限正是政治自传体裁的一个重要特性。欧文运用米洛舍维奇在私人场合的表现，把他建构成狡猾、理智的政治家，从而把他与"巴尔干"分离开。米洛舍维奇的这种身份使他在欧文协调的谈判中被赋予重要角色的这一做法合理化。欧文不断主张西方应该认识到米洛舍维奇的重要性，因为他控制着波斯尼亚塞族，而且能理智地思考问题，真诚地寻求和解。

种族灭绝话语认为欧文、欧文的和平计划以及这些和平计划的建构过程背叛了伊泽特贝戈维奇和多元文化的波斯尼亚，欧文描述伊泽特贝戈维奇就是为了驳斥种族灭绝话语的这种指责。正如对米洛舍维奇的描述，有关伊泽特贝戈维奇的叙述破除了单一巴尔干身份建构。所不同的是，米洛舍维奇被描述成为理性、热情好客的政治家，而对伊泽特贝戈维奇的描述却是基于一定距离之外的观察。欧文会"特意在宴会时与伊泽特贝戈维奇非正式地交谈"，但"他却不愿谈话。接近他最容易的办法就是通过他的儿子或女儿"。考虑到伊泽特贝戈维奇在共产党执政时期曾被关押过，欧文认为伊泽特贝戈维奇"内心坚韧，被一层坚硬的外壳所包裹，很难进入他的内心"（Owen 1995：38）。这就意味着很少有人能够确切知道伊泽特贝戈维奇是否是伊斯兰原教旨主义者，但欧文强调自己"一直喜欢伊泽特贝戈维奇，并想帮助他"。有些人认为伊泽特贝戈维奇"善于操纵他人、

---

① 关于公共场合和私人场合之间界限的另一个明显例子是欧文对波斯尼亚塞族军队指挥官姆拉迪奇的描述。欧文认为姆拉迪奇是一个从不放松警惕的人。姆拉迪奇的女儿自杀后，欧文向他表达了哀悼之情，"在这短暂的时间内，我们首先都是父亲；但几分钟后，又恢复到以前的那种警惕对抗和假装轻松的状态"（Owen 1995：157）。这种叙述的效果略微有些含糊。一方面它使欧文和最臭名昭著的波斯尼亚塞族军队指挥官的关系变得有些亲密，尽管这种亲密关系受到限制。另一方面，姆拉迪奇不愿跨越公共场合和私人场合之间的界限，从而使他与米洛舍维奇区别开，被归为巴尔干他者。

不可靠"，是最不好打交道的前南斯拉夫领导人。欧文却不同意这些看法（Owen 1995：38-39）。把伊泽特贝戈维奇建构成难以看透的伊斯兰他者与研究东方的传统学者有关神秘、难以理解的东方异己的表述有着共同之处。这种伊斯兰他者不一定具有威胁性，但确实有别于理性的西方人。与之相对照的是，欧文用西方所熟知的言语描述米洛舍维奇。欧文虽然宣称他不认同有关伊泽特贝戈维奇的负面评价，但却强调说做出这种负面评价的人"与伊泽特贝戈维奇进行过长时间的谈判"（Owen 1995：38）。指出关于伊泽特贝戈维奇的批判性言论使欧文在后来的谈判中可以把伊泽特贝戈维奇描述成难以对付、犹豫不决的人，但却不推翻最初他对伊泽特贝戈维奇的好感和支持。

有些人指责欧文忽视波斯尼亚人，欧文通过把自己描述成伊泽特贝戈维奇的保护者，来对抗这一指责。"保护者"这一建构也表明伊泽特贝戈维奇及其支持者在外交上缺乏经验，而欧文了解波斯尼亚人/穆斯林的利益，并能决定他们是否根据利益采取行动。欧文的优越地位最终或许会经受得住伊泽特贝戈维奇及其领导的政府对和平计划的反对，欧文给予波斯尼亚人的政治支持也得到了伊泽特贝戈维奇的赞同。欧文指出，万斯—欧文和平计划被拒绝后，伊泽特贝戈维奇非常明确地希望欧文继续担任调停者（Owen 1995：178，194-195）。

针对来自种族灭绝话语的批评，欧文为自己辩解的第四个方面进一步强调了他寻求波斯尼亚人的利益。种族灭绝话语批判了万斯—欧文和平计划，认为该计划容忍了种族清洗行为，并且批准了划分波斯尼亚的方案。欧文在回应批评时强调，万斯—欧文和平计划不仅会促进而且也要求建立多种族的波斯尼亚，他本人也支持采用空袭以保证计划的实施。在回顾谈判进程以及提出的和平计划时，欧文认为对波斯尼亚穆族而言，万斯—欧文和平计划要优于两年半后的代顿协议；假如万斯—欧文和平计划当初被采纳，就不会有那么多的生命丧失，也不会有那么多的苦难。万斯—欧文和平计划建议的版图是"公平公正的"，并且"基于波黑仍旧是一个多种族、独立的主权国家这一根本前提"（Owen 1995：104）。万斯—欧文计划并"不接受种族清洗的后果，而是致力于逆转这种后果"（Owen 1995：104）。欧文指出，万斯—欧文和平计划中对各个实体的安排不是要形成相互连接的领土，波斯尼亚塞族拒绝接受该计划，其主要原因也在于此。"万斯—欧文规划的波斯尼亚"要想在政治、经济和文化上正常运转，就需要各个实体内部和各个实体之间紧密合作。与坎贝尔主张的多元文化主义相比，欧文在《巴尔干历程》一书中所表达的多种族概念确实有局限性。欧文所指的多种族主要是穆族、克族和塞族，多种族的波斯尼亚是不同身份共处的结果，而不是坎贝尔所设想的那种开放、多元文化的波斯尼亚身份。

现实主义者认为，万斯—欧文和平计划没有划分相互连接的领土，因此无法执行，也缺乏稳定性，但欧文坚持认为如果得到了克林顿政府的支持，该计划就能得以实施（Owen 1995：38）。然而，克林顿政府没有提供支持，这便是欧文在《巴尔干历程》一书中为自己辩护的第五个方面的内容。克林顿政府鼓励伊泽特贝戈维奇随时提出修改意见，并质疑该计划的合法性，而且不愿承担任何责任，继续把欧洲当作替罪羊。最糟糕的是，美国的政策前后不一致，令人无法理解（Owen 1995：162）。根据美国版的种族灭绝话语，欧洲和万斯—欧文和平计划应该为波斯尼亚政府所遭受的苦难负责，欧文却认为"令伊泽特贝戈维奇彻底失望的是美国人"（Owen 1995：173）。

总而言之，在《巴尔干历程》一书中，欧文利用回忆录体裁解释自己过去的行为，使其合理化，这一点不足为奇。我们也容易理解为什么欧文采用的话语与第七章所讨论的人道主义责任话语相似：欧文是欧共体/欧盟的代表，他的任命是通过英国政府渠道。值得注意的是，在自传体裁中，欧文详细叙述了自己的转变过程和个人邂逅，并将这些叙述作为解读巴尔干、冲突"各方"以及政治和军事领导者的认识论基础。

《为了结束一场战争》：产生持续重大影响的经历和巴尔干的虚张声势

理查德·霍尔布鲁克的《为了结束一场战争》一书更加明显地运用了回忆录叙事技巧。霍尔布鲁克在"致读者"中指出，"回忆录处于政策、夙愿和历史的危险交汇处。强调自己做出的正确判断，模糊或忘却自己曾经犯的错误，这种做法对回忆录撰写者来说充满诱惑力"（Holbrooke 1998：xvi-xvii）。霍尔布鲁克也使用了个人邂逅在认识论上的权威性。"对外表的描写、传闻以及参与者的个人背景是叙事的必要部分。细节在外交上很重要，这一点与建筑领域相似"。这些描述的确占了《为了结束一场战争》的绝大部分篇幅（Holbrooke 1998：xv）。然而，霍尔布鲁克也同时意识到传统史学知识的重要性。在叙述个人邂逅和文化经历之前,他都会用较长篇幅分析冷战后的跨大西洋关系和美国的外交政策。霍尔布鲁克认为,可以用五个因素解释这场战争悲剧和西方不采取行动的政策。"一是对巴尔干历史的错误解读;二是冷战的结束;三是南斯拉夫领导人自己的行为;四是美国对这场危机的回应不足;最后一个因素是欧洲人错误地认为他们可以独自应对后冷战时期的第一个挑战"(Holbrooke 1998:21-22)。霍尔布鲁克指出,"那些不称职甚至是不道德的政治领导人为了政治和经济上的个人利益而怂恿种族间冲突",是他们,而非古老仇恨,导致了这场战争(Holbrooke 1998:23)。南斯拉夫失去了冷战时期的战略重要性,布什忙于处理伊拉克问题,再加上欧洲的无能,结果造成了"20世纪30年代以来西方在集体安全上最大的一次失败"。这句话出现在《为了结束一场战争》第二章的开头,但出自1995年初《外交》季刊上的一篇文章(Holbrooke 1998:21)。① 霍尔布鲁克把斯雷布雷尼察大屠杀建构为"欧洲罕见的、自希姆莱和斯大林以来从未发生过的反人类罪行",并且赞同"显示力量行动",这体现了他对种族灭绝话语的支持(Holbrooke 1998:90)。

在《为了结束一场战争》的引言部分,霍尔布鲁克通晓历史,善于分析,批判了巴尔干话语和西方的不采取行动政策,但是这本书绝大部分章节对"波斯尼亚"、"巴尔干人"及其领导者的建构却显得模棱两可。霍尔布鲁克在讲述自己时,把对波斯尼亚/巴尔干他者的详细叙述与大量的回忆以及对那些产生重大影响的经历的描写交织在一起。在这本书的序言部分,霍尔布鲁克叙述了自己19岁那年,也就是1960年,一路搭便车周游欧洲东南部的情景。他看到了一块纪念第一次世界大战爆发的匾(Holbrooke 1998:xix)。霍尔布鲁克回忆说匾上所刻的"塞尔维亚自由"这几个字让他"很震惊",他"首次感受到极端的民族主义。他永远不会忘记那次经历。南斯拉夫解体时,那次的经历便清晰地浮现在脑海中"(Holbrooke 1998:xix)。在这个故事中,霍尔布鲁克是一个具有冒险精神、有修养的年轻人,"极端民族主义"成了巴尔干的标记。序言中接着讲述

---

① 当时的霍尔布鲁克是负责欧洲和加拿大事务的助理国务卿。在《为了结束一场战争》中,霍尔布鲁克写道,这句话"是想用于1990年至1992年末这段时间发生的事件",后来又辩解道,"但也有人会把这种观点应用于1994年以前,也就是截至克林顿第一任期头两年之前发生的事件"(Holbrooke 1998:21)。

了1992年霍尔布鲁克的萨拉热窝之行。他试图找到那块纪念匾，于是询问《纽约时报》记者约翰·彭斯（John Burns）。彭斯笑了，回答道"波斯尼亚穆族已经把那块匾毁掉了，但是匾上所刻文字背后的精神却复活了，而且是以一种凶残的方式复活"（Holbrooke 1998：xx）。凶恶、无法区分的各种民族主义一直困扰着巴尔干。

霍尔布鲁克在第三章继续叙述自己的旅行。"个人序曲"记录了霍尔布鲁克应国际救援委员会（一个私人难民组织，霍尔布鲁克在该组织的董事会任职）的邀请，于1992年8月中旬到访波斯尼亚调查真相。他用日记记录了这一经历。通过回忆时的分析，在过去和现在的自我之间构建了另一种联系。"四年后再次阅读这些日记时，我突然意识到后来我对局势的理解深受这次波斯尼亚之行的影响"（Holbrooke 1998：36）。在日记中，霍尔布鲁克写道，"冲突涉及到三方，这种特性使冲突变得错综复杂"（Holbrooke 1998：36）。霍尔布鲁克目睹了巴尼亚-卢卡北部的场景，"可怕的战争迹象"，"有计划有步骤的大屠杀"，"恐怖景象"，以及由"面色难看的卫兵"把守的层层路障（Holbrooke 1998：37）。霍尔布鲁克评论说，"这个国家的人似乎认为如果他们不拿着枪，就会显得怯懦无能"（Holbrooke 1998：38）。在日记之后，霍尔布鲁克继续说道，"这次的波斯尼亚之行对我影响甚深"（Holbrooke 1998：37）。在《新闻周刊》的鼓励下，霍尔布鲁克撰写了一篇文章。文章的部分内容收录在《为了结束一场战争》中。在文章中，霍尔布鲁克提出了几点建议：为了对抗塞族的"种族灭绝政策"，应该向波斯尼亚边境、科索沃和马其顿派遣国际观察员（或是联合国观察员）；解除武器禁运；轰炸连接塞尔维亚和波斯尼亚的桥梁以及塞族的军事设施。在克林顿竞选总统期间，霍尔布鲁克又提出了这些政策建议（Holbrooke 1998：39-40）。波斯尼亚对霍尔布鲁克的影响甚深以至于他决定在萨拉热窝度过1992年的新年前夕。在萨拉热窝，联合国"无意中成为了塞族政策的帮凶"（Holbrooke 1998：48-49）。返回纽约后，霍尔布鲁克又写了一份备忘录，递交给即将上任的克林顿政府官员。他重申了采取行动的必要性，并认为应该给予万斯—欧文计划有限度的公开支持，但不要参与地面战争（Holbrooke 1998：51-52）。

这些波斯尼亚之行表明霍尔布鲁克熟悉波斯尼亚情况，并在美国版的种族灭绝话语中表述了亲波斯尼亚政策。正如欧文的《巴尔干历程》，《为了结束一场战争》一书对这些重要经历的叙述不仅仅是客观地描写过去，而是为了述说自我以及自我的政策立场，从而预见并预先阻止人们批评代顿协议或是批评霍尔布鲁克没有给予波斯尼亚足够的支持。霍尔布鲁克在叙述谈判之前讲了这些重要经历，并把担任调停者之初的一次非常重要的经历放在第一章，从而打破了按时间先后顺序叙事的做法。第一章的题目是"欧洲最危险的道路"，主要叙述了1995年8月，霍尔布鲁克以调停者的身份首次出行的经历。这次经历也引出了他和波斯尼亚领导人的首次会面。在驱车穿越伊格曼山，试图进入萨拉热窝的途中，有一辆车（霍尔布鲁克没有乘坐这辆车）滑离路面，造成霍尔布鲁克团队的核心成员丧生，主要有罗伯特·弗雷舍尔（Robert C. Frasure）、约瑟夫·科罗佐（Joseph Kruzel）和塞缪尔·奈尔森·德鲁（S. Nelson Drew）。霍尔布鲁克清晰地叙述了那次车祸。在抵达萨拉热窝后，与伊泽特贝戈维奇及其政府的会谈被取消，霍尔布鲁克评论道，"由于战争夺去了那么多人的生命，波斯尼亚人似乎对三个美国人的去世有些无动于衷。最后，孟席斯（Menzies）（即将出任美国驻波斯尼亚大使）有点恼火，直言不讳地说，我们完全认识到很多波斯尼亚人因战争而死，但这三个人是首批在波斯尼亚丧生的美国人。这句话似乎打动了伊泽特贝戈维奇，他表示了对死者的哀悼"（Holbrooke 1998：15-16）。虽然霍尔布鲁克认为波斯尼亚人表现得如此冷漠，部分原因是他们丧失的太多，但是他也认同孟席斯对伊泽特贝戈维奇的指责，因此用"直言不讳"一词来描述。或许有人认为，在当时的情形下，可以理解霍尔布鲁克和孟席斯的反应，但是霍尔布鲁克在回忆这段经历时，没有说明为何要求伊泽特贝戈维奇对美国人之死表示同情。

伊格曼山车祸影响重大，霍尔布鲁克继续表述了这件事对他个人以及对整个美国政府的重要性。他在最后一章中指出，1995年美国介入的动机不仅是战略性的，也是出于"道德和人道主义"目的。"发生斯雷布雷尼察大屠杀和伊格曼山车祸后，美国再也不能躲避波斯尼亚的可怕事实……在美国政府内部，三位朋友在伊格曼山遇难一事具有特殊的影响力。战争实际已经波及到美国。"（Holbrooke 1998：362）伊泽特贝戈维奇对那次车祸的反应也对霍尔布鲁克产生了重要影响。他后来描述伊泽特贝戈维奇的语气与初次见面时的印象相符。"他的眼神冷漠、恍惚；在经历了如此多的苦难之后，他对其他人的痛苦似乎毫无感觉"。在政治方面，"他只是口头上赞同多种族国家的原则，但并不是某些西方支持者所认为的民主主义者。他有点儿像毛泽东或是其他激进的中国共产党领导人——善于革命，不善于治国"，尽管霍尔布鲁克继续写道，"没有他，波斯尼亚就不可能生存下来"（Holbrooke 1998：97-98）。

霍尔布鲁克也描写了一些塞族人物。卡拉季奇"面部表情哀伤，下巴柔滑，下巴底下有一堆肉，双眼却出奇地温柔"；姆拉迪奇（Mladic）给人的印象是"一个充满魅力的杀人凶手"（Holbrooke 1998：149）。米洛舍维奇从初次见面起就是一个"精明、狡猾、难以捉摸的人"，他的英语"很好"（Holbrooke 1998：4）。米洛舍维奇"喜欢深夜的热闹场面，或许是由于他的耐力和酒量使他在午夜时胜人一筹"。酒成为了一个重要的身份界线。根据霍尔布鲁克的描述，在很多场合中米洛舍维奇都竭力劝他喝酒（Holbrooke 1998：114，181）。[①] 与伊泽特贝戈维奇不同的是，米洛舍维奇对三个美国人在伊格曼山遇难表示了深切同情，这符合对巴尔干激情的浪漫主义建构。"他时而魅力四射，时而残酷粗暴；一会儿情绪激昂，一会儿又冷静地讨论法律细节。他发怒时，整个脸都皱了起来，但是他能马上控制自己的情绪"（Holbrooke 1998：105，114）。霍尔布鲁克自己的性格也通过与沃伦·克里斯托弗的对照表现出来。霍尔布鲁克"具有敏锐的洞察力，但没有耐心"，而克里斯托弗"小心谨慎，做事有条不紊"（Holbrooke 1998：239）。霍尔布鲁克也强调说他并非报刊上那些"有关谈判的传闻"所描述的那种"仗势欺人"的人（Holbrooke 1998：139）。

正如《巴尔干历程》，叙述这些个人邂逅是为了表明谈判环境何等艰难，从而使读者深刻感受到霍尔布鲁克面临的巨大挑战，并在评断谈判进程和代顿协议时表现出灵活性。这两本回忆录虽然在某些方面存在差异，比如，欧文所描写的米洛舍维奇更为理智，而霍尔布鲁克认为西方的错误就是"把塞族人视为有理智的人"（Holbrooke 1998：152）。这两本回忆录都把伊泽特贝科维奇描述为冷漠、性格内向的人。在描述这些领导者时，霍尔布鲁克没有明确使用正面词汇，他把"巴尔干"也表述为"野蛮之地"；"世界上最不稳定的地区之一"（Holbrooke 1998：9，127）。卡灵顿勋爵（Lord Carrington）曾提醒霍尔布鲁克，"一生中还从未遇到过像巴尔干人这样如此可怕的说谎者"。霍尔布鲁克也了解到"在巴尔干，背信弃义是一种基本做事风格""凡事都不按计划进行"（Holbrooke 1998：30，

[①] 有人认为米洛舍维奇在代顿时喝醉了，因此做了一些在清醒状态下不可能会做出的让步。霍尔布鲁克反驳了这种观点。

125, 138)。在整个谈判过程中，霍尔布鲁克和他的团队都要应对"巴尔干的虚张声势"。"巴尔干"被表述为一个不发达地区，那里的人无法解决自身的问题。霍尔布鲁克评价道"巴尔干性格的一个方面再次显露出来：这些领导者一旦动怒，就需要外人来指导监督，阻止他们自我毁灭"（Holbrooke 1998：165，178）。虽然霍尔布鲁克在《为了结束一场战争》的前面部分贬损了《黑色羔羊和灰色猎鹰》，认为书中的"历史叙述太糟糕"，但似乎没意识到自己写的这本书中也嵌入了巴尔干化话语的内容（Holbrooke 1998：22）。

霍尔布鲁克在叙述谈判过程，尤其是代顿谈判的过程时，更加突出了个人的相遇，并把叙述的焦点从抽象问题转移到谈判各方每天具体的立场声明、他们的固执己见和偶尔做出的妥协决定。① 通过分析外交政策以及人与人之间的交往，霍尔布鲁克发现很难与波斯尼亚穆族代表团打交道。穆族代表团准备得很不充分，也缺乏经验，内部还存在分歧，即便已经达成了协议，他们的观点还总是变化；更重要的是，他们并非完全致力于结束战争和维护波斯尼亚多个种族的和平共处。穆族代表团有几次几乎激怒了霍尔布鲁克和他的团队（Holbrooke 1998：97，224，285，288）。霍尔布鲁克的同事克里斯·希尔（Chris Hill）"通常极力支持波斯尼亚人"，但也感叹道，"实在没办法帮助这些人"；沃伦·克里斯托弗认为波斯尼亚人的立场"确实不可信"，也"不理智"（Holbrooke 1998：302，304）。

其他代表团也不好打交道，但是为了反驳来自种族灭绝话语的批评，霍尔布鲁克着重叙述了波斯尼亚代表团的不足之处。与欧文的话语相似，霍尔布鲁克也让自己扮演了优越的保护者的角色，在谈判中为波斯尼亚争取最大的利益。代顿谈判结束五个月后，霍尔布鲁克重返萨拉热窝。他发现伊泽特贝克维奇"谈笑风生，好像变了个人。他一再感谢我'为波斯尼亚所做的一切'，并特别提到我们兑现了对波斯尼亚政府的承诺"（Holbrooke 1998：341）。以前的伊泽特贝戈维奇总是郁郁寡欢，现在却笑容满面。这种对比不仅证明了代顿协议合情合理，而且表明霍尔布鲁克及其团队比"那些巴尔干领导者"更有能力做出好的决定，他们一直努力，

---

① 这部分的叙述大量采用了记录艰苦旅行的常用方法：霍尔布鲁克的团队马不停蹄地奔波；周末和假期还要加班；睡眠很少；吃的是三明治和冷比萨饼，甚至还得住在"大学宿舍"里（Holbrooke 1998：233）。

最终让波斯尼亚穆族代表团在协议上签字。如第七章所讨论的美国版的种族灭绝话语，《代顿协议》的有效性基于伊泽特贝戈维奇等人被视为"波斯尼亚人民"的合法代表，从而有权代表波斯尼亚人民做出决定。《代顿协议》的合法性需由伊泽特贝戈维奇来证实。伊泽特贝戈维奇所表现出的快乐使人们不必像坎贝尔所分析的那样去仔细查考《代顿协议》的条款及其公正性。霍尔布鲁克确实也承认《代顿协议》遭到了一些批评，但是他把问题归咎在协议的实施方面。"仅就字面看，《代顿协议》很好；它结束了这场战争，并建立了一个多种族的国家"（Holbrooke 1998：335）。霍尔布鲁克认为，许多批评者把协议和协议的实施合并在一起，尽管他也承认在协议的实施上本该有更好的设计，而他过早地脱离了协议的实施过程（Holbrooke1998：325，363）。在《为了结束一场战争》的最后几页，霍尔布鲁克认真并正确地指出，"有些人批评《代顿协议》，说它是一个领土分割协议；还有一些人批评该协议，理由却恰恰相反"，但是霍尔布鲁克从未明确回应前一种批评（Holbrooke 1998：365）。

在西方有关波斯尼亚的辩论中，《为了结束一场战争》这本书试图证实代顿协议的合法性。该书有关历史的前几个章节采用了美国版的种族灭绝话语，但在后面章节中却把各方表述为巴尔干人，把波斯尼亚代表团视为犹豫不决的谈判生手。霍尔布鲁克被置于一个优越的地位，伊泽特贝戈维奇心怀感激之情，从而证实霍尔布鲁克做出的决定是合理的。代顿协议是谈判的最佳结果，举证责任落在协议的实施上。

结论：种族灭绝话语的变体、政策、体裁

本章详细分析了种族灭绝话语的关键文本，即伽特曼的《种族灭绝见证者》；种族灭绝话语在理论上最令人关注的一些变体；戴维·坎贝尔的后结构主义解构和建构以及最能代表西方外交努力的两位调停者所撰写的回忆录。这些分析表明，种族灭绝话语中存在各种不同的主体，所界定的政策空间宽泛且要求很高，于是出现了一系列话语变体。伽特曼采用的是美国版的种族灭绝话语（详见第七章），认为"解除禁运和空袭"是坚决果断的军事行动，是从道义角度积极回应波斯尼亚的困境。在美国的辩论中，欧洲责任的话语把西方内部的政策分歧视为是身份上的根本差异使然。巴尔干化话语统一了分裂的塞尔维亚主体，但同时破坏了多元文化的

波斯尼亚和自由开明的西方这种表述的稳定性。性别化的种族灭绝话语把主体从民族、种族和文化范畴转移到性别范畴，认为"巴尔干男性"对易受伤害的"巴尔干女性"造成了威胁。坎贝尔的《民族解构》提供了另外一种对西方的表述进行话语分析的方法，主张在种族灭绝话语中，把多元文化主义理解为各种不同和可被接受的身份的集合。

欧洲应该为种族灭绝负责的话语和巴尔干化的塞尔维亚话语都出现在美国辩论中，它们与广泛的美国版的种族灭绝话语一致，都批评说派遣联合国维和部队不足以应对波斯尼亚困境，并指出"解除禁运和空袭"能够给予波斯尼亚政府正当和更加有力的支持。性别化的种族灭绝话语却没有提出明确的政策建议。激进的女权主义对军国主义的批判使该话语在主张西方采取军事干预方面小心谨慎。坎贝尔也采取了这种谨慎的态度，他主张西方支持非传统的媒体和非政府组织倡导真正的多元文化运动。

本章也突出了对外政策话语中体裁的重要性。首先，伽特曼认为调研式新闻报道的权威建立在可核实的事实之上。后来他也反思为何他的报道没有促使西方采取积极的"解除禁运和空袭"政策。其次，欧文和霍尔布鲁克也利用回忆录使他们在谈判中所付出的努力合理化。这两位调停者都叙述说自己最初支持种族灭绝话语，但后来的个人邂逅和一些重要经历使他们对该话语产生了疑问，认为在异己的"巴尔干"环境中生活着一些难以归类的波斯尼亚人物。

第十章
结论

211　　本书旨在介绍有关身份和对外政策的后结构主义理论,阐明一种明确的话语分析方法,并在详细分析西方有关波斯尼亚的辩论中把二者结合起来。前九章的内容涵盖了身份的概念,官方对外政策在理论和实践方面的互文性,在政策话语中对权威、知识和责任的动用,浪漫主义和20世纪初有关文明的推想在当代辩论中的重要性,政策制定过程中非学术文学体裁的运用以及官方话语如何应对战争暴行、种族清洗、轮奸和国内的批评。本章作为全书的最后一章,将进一步探讨最重要的理论和方法论主题,并将它们与第六章至第九章中的分析联系起来。目的不仅在于总结观点,而是针对将来的后结构主义研究提出一系列建议。第一章强烈呼吁在后结构主义内部展开明确的辩论,并且要更加关注研究方法的选择及其后果。作为回应,本章将在最后一部分探讨在分析西方有关波斯尼亚的辩论时,戴维·坎贝尔的《民族解构》与本书第六章至第九章的内容有何不同。

话语政治

政策总是依赖于对身份的表述,身份则通过政策的制定和合法化得以建构和重塑,这就是后结构主义话语分析的本体论起点。对外政策既依赖于身份,又建构了身份。基于这种观点,身份不是国家、个人或机构的特性,而是一种话语和政治实践。对外政策制定者通常把身份描述成客观既定的,但用具体例子来说明客观性,这本身也是重塑行为。表述对外政策的目的是为了使特定的行为合法化，从而设定并制约了施动性。政治家、编辑和有影响力的评论员建构了一个集体的"我们"身份来作为"我们的"政策的基础，他们自己作为"我们"的权威代表。这个"我们"的身份具有至关重要的政治后果，因为它决定了谁是听众，谁能在场并有话语权。

因此，代表权问题不只是甚至不主要是一个谁被正式纳入国家或国际机构的问题，而是建构他者的主体性问题。第六章从历史视角探讨了有关巴尔干的西方话语。分析表明，浪漫主义话语和文明话语对他者的表述比较正面，而国家安全话语或巴尔干话语则表述了一个极端和具有威胁性的他者，但这些他者都要接受西方的训导。在浪漫主义话语中，他者不应当模仿理性、城市化的西方；在文明话语中，他者应该种树，并改善个人卫生状况。第七章在分析人道主义责任话语时指出，把巴尔干视为他者并非是过去的事情。该话语建构了"平民受害者"这一身份，西方应该肩负对"平民受害者"的人道主义责任，但是这一主体在道义上的优势仅在于它与政治和军事施动领域的分离。"无辜"因而被去政治化和去历史化。

话语结构或许具有制约性，但这些结构的重塑依赖于人类的施动性，因此人类（尤其是那些在政界、媒体和学术界享有权力的人）有责任选择话语。话语结构很难发生转变，但其稳定性的确有可能被破坏，而话语结构也会抵制这种破坏。第六章至第九章中有关西方话语的分析表明，所有的话语都存在自身不能解决的空白点。例如，"解除禁运和空袭"的可行性或是"无辜受害者"产生的历史。发现话语中的空白点是后结构主义话语分析的核心内容。这种话语分析可以追溯到福柯和德里达。本书所采用的另一个关键内容是批判性历史分析，也就是福柯所说的谱系，对某个概念的形成、演变和当前的特定用法加以描述。巴尔干这个概念被视为西方有关波斯尼亚的辩论中的主要表述。这个概念利用的是20世纪20年代的话语。该话语把"巴尔干"建构为暴力和野蛮的，并且会成为西方的危险陷阱。然而，经常被采用的并不是概念的历史，而是概念内部对历史的建构。20世纪90年代的巴尔干话语大量利用了对巴尔干他者的建构，但这一建构并非产生于20世纪初，而是数百年前的"古老仇恨"。第六章的历史分析不仅表明了"古老"概念的青春活力，而且阐明了两种出现在巴尔干化概念之前，后来被边缘化的话语。一种是浪漫主义话语，巴尔干被描述为英勇善战、充满激情；另一种是文明启蒙话语，巴尔干被视为"文明的年轻扈从"。浪漫主义话语对罗伯特·卡普兰的《巴尔干幽灵》产生了影响，尽管在20世纪90年代的辩论中，人们没有注意到这种影响。

后结构主义对话语的评判性政治理解表明了两点。首先，正如不存在语言之外的空间，任何分析都带有政治性。其次，任何分析都不可能完全摒弃已经存在的词汇。我们在第九章的讨论中看到，坎贝尔的分析采取了一种政治立场，他超越但也同时运用了有关波斯尼亚战争的种族灭绝这一表象。可见坎贝尔是一位典型的后结构主义学者。

身份与对外政策辩论

本书在阐释话语本体论和话语政治后，开始探讨一种分析框架。第二章和第三章所表明的观点是，身份具有关系性，并且在分析层面和实践层面都是开放的。身份的建立不仅通过对差异的详细描述，而且借助于多种多样的他者，甚至极端他者的身份通常也是通过对不太极端的"其他他者"的表述得以稳定。例如，在人道主义责任话语中，"巴尔干领导者"这一身份建构的稳定性就是借助于对"无辜受害者"的表述。"无辜受害者"没有那些领导者所具有的极端差异性特征。同时"无辜受害者"的身份被去政治化，说明非极端的他者身份不一定可以表达他者的历史、施动性和愿望。

第三章提出我们应该从空间、时间和道义这三个身份维度进一步研究在分析层面上开放的他者，并围绕基本话语探讨对外政策辩论。① 我们通过一些显著的表象来明确基本话语，如第六章中的"巴尔干"和"种族灭绝"。基本话语应该表述截然不同的身份建构。这些基本话语并不解释某一特定政策，而是构建一个政策空间，而具体决策在此空间内制定。如第六章所述，在巴尔干话语表述的政策空间内，西方的决策是基于对西方利益和潜在的区域不稳定局势的评估，而非有关波斯尼亚战争的道义责任和影响上的考量。种族灭绝话语恰恰相反，它所表述的政策空间要求西方出于道义上的理由采取行动。在第七章至第九章中，这些基本话语发生了变化，所表述的政策空间也各不相同。人道主义责任话语在派遣联合国维

---

① 对外政策表象也意味着对性别的建构，例如，性别化的种族灭绝话语中的"女性"主体以及罗伯特·卡普兰关于丽贝卡·韦斯特和喝醉酒的巴尔干男人的表述。今后的研究可以把话语分析框架与女权主义研究方法更全面地结合起来，分析所有对外政策话语中所嵌入的对男性和女性气质的表述（Elshtain 1987；Tickner 2001；Zalewski and Parpart 1998）。

部队这一政策的合法性上修改了巴尔干话语，而且把西方干预行动限定在人道主义任务范围内；新现实主义者主张采取"解除禁运和空袭"，不必考虑道义因素；美国版的种族灭绝话语通过把"波斯尼亚领导者"建构为"作战方"，修改了种族灭绝基本话语，从而把"解除禁运和空袭"表述为在军事上可行，在道义上合理的政策。

这一分析表明，身份和政策之间没有一一对应的关系。"巴尔干"并非必然导致西方采取不行动政策，而"种族灭绝"也不一定导致西方派遣地面部队。因此，我们不能从表象中推断出政策，也不能从政策中推断出表象，必须从实践中发现这两者，并研究它们之间的确切联系。西方有关波斯尼亚的辩论也表明，在相对立的基本话语的变体之间可能产生"政策联盟"。从对美国辩论的分析中发现，美国版的种族灭绝话语、巴尔干化的塞尔维亚话语、种族灭绝的欧洲责任话语以及新现实主义话语都支持"解除禁运和空袭"政策。这种政策上的趋同证明了"解除禁运和空袭"已成为反对方一致赞同的政策。"解除禁运和空袭联盟"不仅向克林顿政府施加压力，而且稳定了克林顿政策中的部分内容，只要克林顿的政策强调"解除禁运和空袭"是干预行动的界限。"不派遣地面部队"也成为反对方和官方共同的对外政策话语。不同基本话语的变体之间存在政策联盟，这是否会削弱话语分析的分析论据？难道美国辩论中的身份建构和政策不能一一对应吗？答案是不一定，因为政治是一个动态过程，政策联盟的确会出现，话语也在发展和变化。再者，政策联盟开始看起来似乎是由相同成分组成的，但正是它们不同的话语表明了联盟的不稳定性，在未来或许会出现政策上的分裂。

西方有关波斯尼亚的辩论突显出话语的稳定性问题。第二章所表明的观点是，话语分析并非否定"事实"和"事件"的重要性，只是认为这些"事实"和"事件"从理论上应该视为话语建构的现象。批判话语或许会动用"事实"和"事件"挑战官方表述。作为回应，决策者们可以改变自己的话语，或是阐明原有的话语已经考虑到了这些"事实"和"事件"，或是试图压制这种挑战。从第七章的分析可以看出，政府话语具有非凡的应变能力，尤其是英国政府的话语，"巴尔干领导者"这一身份建构应对了一系列波斯尼亚塞族暴行。克林顿上任初期采用的话语结合了巴尔干话语和种族灭绝话语，呈现出话语内部的不稳定性。后来克林顿倾向于巴尔干话语，解决了不稳定问题，直至1995年夏天斯雷布雷尼察大屠杀的发生。简而言之,"事实""事件"和"物质因素"本身并不会产生政策。

物质与话语的关系问题在有关后结构主义和话语分析的辩论中不断再现。第一章阐述了那些持怀疑态度,但也表示赞同的人们的观点。他们认为,话语分析可以促进对外政策研究,但是话语的解释力应该与物质因素、国家利益、战略利益以及军事可行性相对比。然而,"国家利益""安全威胁"表述并非出自话语之外的、客观的,或是物质的基础,而是使用了"国家主权"、"他者身份"、客观性和必然性这类的抽象话语。第七章有关安全话语特性的分析表明,对外政策辩论恰恰就是要明确"从客观上看",什么受到了威胁。在波斯尼亚战争中,西方极其重要的利益是否受到威胁?冲突是否会扩散到科索沃、马其顿及其他地方,从而成为这个战略要地的"火药桶",把希腊和土耳其这两个北约成员国卷入其中?道德上的利益是否和战略上的利益交织在一起?也就是说,如果西方不保护波斯尼亚穆族,是否会疏远中东,使其与美国和西欧反目为仇?如果不遏制种族清洗,其他国家的政府或群体是否会采用类似战略?西方的政治家们不断地提出自己的观点,但却没有达成一致意见。这便说明了抽象的"国家利益"很难明确表现在某个特定的问题上(Weldes 1999)。

有关西方"利益"和国家"利益"的这些讨论也涉及了军事可行性问题。有关波斯尼亚的辩论不仅试图界定波斯尼亚和巴尔干的身份,而且试图定义哪些在军事上是可行和果断的。在表述"可行性"的同时,这些话语也在建构自我和他者的身份。在辩论中,塞族的军事身份经常被提及。塞族曾经"牵制住了德国军队";在波斯尼亚的大山中,没有哪支军队可以与塞族作战;塞族是一个英勇善战的民族。西方的辩论也突出说明了"可行性"问题是一个备受争议的问题。在军事战略的评估上,美国和英国的话语一直存在差异。在总统任期的部分时间里,克林顿和大部分国会议员都认为"解除禁运和空袭"可以改变各方之间的力量对比,波斯尼亚政府从而可以获得更多的领土,而且该措施不会危及联合国维和部队的安全,或是影响维和部队的撤离,但西欧人公然否定了这些观点的正确性。

话语的互文性

在令人信服地谈论对外政策时,言说者不仅要描述身份,而且要表明自己具备渊博的知识;对政治家而言,还需表现出责任心和说服力。第四章采用了互文性这一概念，认为对外政策制定者在表述政策时参照了其他文本，在与其他话语进行公开辩论时试图把自己的话语建立为霸权话语。官方对外政策话语中的互文联系运用了一些通常被认为与对外政策分析无关的体裁，其中最突出的是游记和回忆录；这些体裁把叙事型的主观类型知识与较为传统的历史、社会和政治分析结合在一起。对外政策的互文性被系统地分为三个研究模式，分析范围从官方对外政策逐步扩展到政治反对派话语、媒体话语和公司话语，甚至是大众文化话语和边缘的政治话语。这些模式为研究官方话语的霸权地位、霸权地位如何通过互文性的相互参照产生并遭到挑战以及话语未来发生改变的可能性和形式提供了不同的可选择的方法。

由于对外政策话语的互文性，我们在分析时必须注意重要体裁中权力和知识的特别建构。这有助于我们理解各种体裁的吸引力——例如，游记的受欢迎程度并非在于它能否提供事实性知识——也有助于我们研究对文本的解读和政治上对文本的采用。西方有关波斯尼亚的辩论充分证明了对外政策话语的关联性以及存在"理解缺陷"的文本在政治上的应用。存在"理解缺陷"的文本是指与政策没有明确关系的历史文本或纪实文学体裁的文本。据称罗伯特·D.卡普兰的《巴尔干幽灵》使克林顿改变了对波斯尼亚政策，丽贝卡·韦斯特的《黑色羔羊和灰色猎鹰》被多次反复引用，产生了不同的政治效果。分析这些游记对纪实文学叙事技巧的依赖和对浪漫主义话语的表述，我们认为把卡普兰和韦斯特的作品视为巴尔干话语的范例是有问题的。文本本身与它们的互文采用之间存在的差异表明文本是透过特定时间和地点的话语视角被解读的。巴尔干话语是20世纪90年代的主导话语，透过巴尔干话语来解读像韦斯特作品这样的老文本是不足为奇的。人们不仅按照当前的辩论解读文本，而且辩论本身也构建了这些文本的意义。卡普兰被视为赞同古老仇恨的说法，主张采取消极政策；韦斯特被视为亲塞尔维亚；卡耐基委员会1914年的报道被认为是表明了巴尔干冲突的反复性。这些有关文本意义的看法也支持了当初解读这些文本时所采用的话语建构。

那些针对互文性，尤其是对纪实文学文本的重要性持怀疑态度的人或许会说西方有关波斯尼亚的辩论只是一个特殊例子。作为回应，第四章指出自从探险时代以来，游记在西方对世界的建构中发挥了重要作用，因此也对国际关系的构建产生了深刻影响（Pratt 1992；Lisle 1999）。证明游记和政策分析之间并非存在严格界线的另一个最近的例子就是卡普兰在美国对外政策辩论中的重要地位。由此看来，更加系统地探究游记是否、何时、如何被政策制定者和新闻记者采用，会产生怎样的话语和政治效果是将来一个有趣的研究项目。我们也可以研究各种体裁的融合，例如，政治家们所采用的自传和自传体演说，或是研究叙事形式的知识与新闻工作之间的关联，例如2003年在伊拉克与盟军同行的那些特派记者发回的报道。

本书在话语分析上的最大局限是没有明确讨论视觉表象。身份如何通过形象（照片、录像和图画）被表述出来？图片如何被赋予言语上和政治上的意义？形象和政策之间的解读空间与政策和言语之间的解读空间相比，是更大还是更小？后结构主义学者和批判性话语分析学者已经开始了这方面的研究。他们的研究成果与本书第一部分所建议的框架和研究设计之间的领域或许很值得探究（Fairclough 1995；Chouliaraki 2005；Campbell 2002a，2002b，2003，2004；Shapiro 1997，1999；Der Derian 2001）。视觉表象的问题进一步指出了新媒体，尤其是互联网的重要性。本书所使用的媒体文本几乎都可以在数字档案中找到，但从1995年年末以来万维网的增长和发展使波斯尼亚战争与最近的对外政策事件之间呈现出重要的不同之处。实时、交互式的全球通讯因互联网得以实现，可能会改变公共空间和对外政策辩论的演变方式（Deibert 1997，2000，2003）。例如，如果没有处处可见的数码相机，没有联系驻伊拉克士兵和"故乡"人民的电子邮件，是否还会有阿布格莱布虐俘丑闻？（Sontag 2004）

关于互文性的研究最后还可以扩展到大众文化领域。该领域的研究与针对视觉表象和新媒体的研究相互影响（Der Derian and Shapiro 1989；Der Derian 1992；Shapiro 1999；Weber 2001；Weldes 2003）。大众文化属于互文性研究模式3A的内容，但是大众文化中交互式的视觉表象形式，如电脑游戏（Totilo 2004），再次表明我们需要在进一步的理论和方法论研究中考虑大众文化在对外政策辩论中的影响。可以想象出很多的理论和实践研究项目，例如，在研究波斯尼亚的基础上，可以在基本话语的框架内分析电影和电视上有关波斯尼亚战争的表象，或是分析连环漫画，如乔·塞科（Joe Sacco）的《戈拉日代安全区》和《萨拉热窝的故事》以及赫尔曼

（Hermann）的《萨拉热窝探戈》。①

话语的范围和方法论

本书从一开始就呼吁在后结构主义内部展开辩论，明确探讨研究方法的选择及其后果，我们将再次讨论这些问题，把它作为一个再合适不过的结尾，并把本书的分析与戴维·坎贝尔的分析（在第九章中有所论述）进行比较，目的不是为了确定孰对孰错，而是试图说明分析和方法论上的选择与分析本身的关系。这两种分析的分歧点和交汇点在于西方的团结一致、人道主义责任话语和巴尔干话语之间的界线以及西方没有采取更加有力的干预行动是否出于对多元文化主义和伊斯兰他者的惧怕。

如第九章所述，坎贝尔在分析西方的政治和话语立场时，没有清楚地区分西欧和美国的政策。这样做看似合理，因为坎贝尔的分析重点在于国际社会的回应，主要是1992年以后的和平计划。按照本书的术语，坎贝尔的研究属于互文研究模式1，研究对象是国际社会的官方话语。然而，即便在西方国家层面，直到1995年夏天，也不存在重大分歧，因为克林顿采取了克制态度，没有和西欧国家的政府对抗。因此，只有当分析范围扩展到互文性研究模式2中更广泛的国内辩论时，这两种研究才出现了明显差异。如第七章所述，在美国的参议院中，种族灭绝话语具有很大的影响力，该话语指出波斯尼亚的多元文化身份应该成为采取干预行动的理由。从参议院的辩论中我们无法证实或是否定该话语是否表述了坎贝尔所定义的标准较高的多元文化主义，但是我们可以质疑把波斯尼亚人表述为"愿意作战的一方"这样的建构，并提出"解除禁运和空袭"政策是否足以使西方为波斯尼亚肩负道义责任这样的疑问。

值得注意的一点是，关于西方媒体的话语，《民族解构》没有做任何定论。在某些部分，坎贝尔认为主导媒体表象帮助"维护了极端民族主义者的地缘政治立场"（Campbell 1998a：80），在其他部分他又认为"大量的国际报道"支持了种族灭绝这一表象（Campbell 1998a：101-102）。在第七章和第九章的分析中，媒体报道、社论、评论大多被用来反映政府的

---

① 塞科关于波斯尼亚和巴勒斯坦的作品受到了广泛关注。戴维·瑞尔夫称《戈拉日代安全区》"最形象地呈现了波斯尼亚大灾难"。塞科的作品经常被视为对波斯尼亚战争的如实描述。

巴尔干话语所遭到的批评。分析的目的只是为了表明来自种族灭绝话语的批评确实存在，而不是要明确种族灭绝话语是否比巴尔干话语更占优势。坎贝尔的研究和本书的研究都说明了在话语分析中确定主导的媒体话语带来了方法论上的特殊问题。我们或许可以阅读关于某一对外政策的所有主要议会辩论，甚至可以读完较短时期内所有的总统声明，但媒体话语是由大量的地方广播电台或电视台以及大量的文体所形成的。因此，我们应该思考是否确定具体的量化标准来选择话语分析时所使用的媒体文本，以便于我们谈论话语的主导性，进行其他形式的媒体分析。考虑到话语的主导性所依靠的不仅仅是文本的数量，而是关键文本的互文性，又如何把针对这两种影响形式的研究系统地结合在一起？

坎贝尔的研究和本书的研究之间的另一处差异在于如何理解巴尔干话语的界线，或是坎贝尔所采用的内战/种族清洗表象。坎贝尔的分析把内战/种族清洗表象与国际侵犯/种族灭绝表象并列对照，但没有找出巴尔干/种族清洗话语中的变体（这一点不同于第七章和第八章）。西欧有关人道主义的话语是否应该被视为一种巴尔干话语或是一种变体？我们同样没有对此做出判断的客观基础。第七章更为详细地辨别了人道主义责任，清晰地表明了责任如何被限定在去政治化和去历史化的主体上，同时也解释了派遣近四万名联合国维和士兵的行动如何被合法化。如果不修改巴尔干话语，则无法解释这种维和行动的合法性。

最后，坎贝尔认为西方没有完全介入波斯尼亚问题的部分原因在于西方害怕波斯尼亚人"成为欧洲内部或欧洲附近的一支伊斯兰力量"，或是西方各自"国家内部"对多元文化主义持有异议（Campbell 1998a：52，170）。在本书采用的材料中，只有亨廷顿把"穆斯林他者"表述为西方不干预波斯尼亚战争的理由，而且亨廷顿在不同的背景下，也指出多元文化主义危及到了美国的国内认同（Huntington 1996，2004；Hansen 2000b）。然而，我们不难发现那些批评西方不行动政策的人通常都会说，如果西方不采取干预行动，就会给西方与伊斯兰世界的关系带来负面影响，或是说由于"穆斯林他者"，西方就没有采取干预行动。"穆斯林他者"这一表述主要被那些批评西方不行动政策的人所采用，而且这种表述并没有反映在政府话语中，这就出现了一个有趣的理论和方法论问题。如第二章所述，话语分析关注的是政策如何通过对身份的话语建构被合法化，也就是说，话语分析不能借助非话语现象来"解释"对外政策（Wæver 2002）。

在西方有关波斯尼亚的话语中没有"伊斯兰他者"这一表述,这并不能排除政策制定者秘密使用它的可能性。但重要的是,政策制定者避免公开使用这一表象。假设这一表象已经被秘密使用,一个新的研究课题就产生了:既然在"9·11"以前,"伊斯兰他者"已经是西方思想中一个具有悠久历史的转义词语,政府为什么不借助这一身份表象使政策合法化?(Said 1978)这是否表明在西方公共话语中,伊斯兰教已不再被建构为他者,领导者和公众就此产生了分歧?假设由于"波斯尼亚人"的宗教信仰,西方政府秘密决定不干预波斯尼亚,但又害怕疏远公众和中东的盟友,所以选择不使用这种身份表象。然而,更可能的情况是,"巴尔干他者"已经是"充分意义上的他者"。古老仇恨、陷阱、一个笼统单一的"巴尔干",这些建构,而非波斯尼亚的穆斯林身份,使辩论处于稳定状态。换而言之,与西方的不干预政策相关的身份表象是"巴尔干"而不是波斯尼亚"穆斯林"。

参考文献

Adams, P. G. (1983) *Travel Literature and the Evolution of the Novel,* Lexington: The University Press of Kentucky.

Adler, E. (1997) 'Seizing the Middle Ground: Constructivism in World Politics,' *European Journal of International Relations,* 3 (3): 319-363.

Allcock, J. B. (1991) 'Constructing the Balkans,' in J. B. Allcock and A. Young (eds) *Black Lambs and Grey Falcons: Women Travelers in the Balkans,* Huddersfield: Bradford University Press.

Allen, B. (1996) *Rape Warfare: The Hidden Genocide in Bosnia-Herzegovina and Croatia,* Minneapolis: University of Minnesota Press.

Almond, M. (1994) *Europe's Backyard War: The War in the Balkans,* London: Mandarin.

Anderson, B. (1983) *Imagined, Communities: Reflections on the Origin and Spread of Nationalism,* 2nd edn, London: Verso.

Anzulovic, B. (1999) *Heavenly Serbia: From Myth to Genocide,* New York: New York University Press.

Ashforth, A. (2000) *Madumo, A Man Bewitched,* Chicago: University of Chicago Press.

Ashley, R. K. (1981) 'Political Realism and Human Interests,' *International Studies Quarterly,* 25 (2): 204-236.

——(1984) 'The Poverty of Neorealism,' *International Organization,* 38

(2): 225-286.

——(1987) 'The Geopolitics of Geopolitical Space: Toward a Critical Social Theory of International Politics,' *Alternatives,* 12 (4): 403-434.

Ashley, R. K. and R. B. J. Walker (eds) (1990) 'Speaking the Language of Exile: Dissidence in International Studies, ' *International Studies Quarterly,* 34 (3): 259-268.

Aspin, L. (1994) 'New Europe, New NATO,' *NATO Review* 42 (1): 12-14, www. nato.int/docu/review/1994/9401 -3.htm

Baker III, J. A. (1995) 'Bosnia; Balkans Long History of Drifting Into Chaos,' *Los Angeles Times,* June 25, M2.

Bakic-Hayden, M. and Hayden, R. M. (1992) 'Orientalist Variations on the Theme "Balkans": Symbolic Geography in Recent Yugoslav Cultural Politics,' *Slavic Review,* 51 (1): 1-15.

Banac, I. (1984) *The National Question in Yugoslavia: Origins, History, Politics,* Ithaca: Cornell University Press.

——(1992) 'The Fearful Asymmetry of War: The Causes and Consequences of Yugoslavia's Demise,' *DAEDALUS,* 121 (2): 141-174.

Bennett, C. (1995) *Yugoslavia's Bloody Collapse: Causes, Course and Consequences*, New York: New York University Press.

Berlin, I. (1990) 'Alleged Relativism in Eighteenth-Century European Thought,' in his *The Crooked Timber of Humanity: Chapters in the History of Ideas,* London: Fontana Press.

Bjorklund, D.(1998) *Interpreting the Self: Two Hundred Years of American Autobiography,* Chicago: University of Chicago press.

Boban, L. (1990) 'Jasenovac and the Manipulation of History,' *East European Politics and Societies,* 4 (3): 580-592.

Booth, K. (1991) 'Strategy and emancipation,' *Review of International Studies,* 17 (4): 313-326.

Browning, C. S. (2002) 'Coming Home or Moving Home?: "Westernizing" Narratives in Finnish Foreign Policy and the Reinterpretation of Past Identities,' *Cooperation and Conflict,* 37 (1): 47-72.

Brownmiller, S. (1975) *Against Our Will: Men, Women and Rape,* New

York: Fawcett Columbine.

——(1994) 'Making Female Bodies the Battlefield,' in A. Stiglmayer (ed.) *Mass Rape: The War against Women in Bosnia-Herzegovina*, Lincoln and London: University of Nebraska Press. [First published in *Newsweek*, January 4, 1993: 37.]

Buk-Swienty, T. (1996) 'Vesten Mod Rester' ('The West Against the Rest'), interview with Samuel P. Huntington, *Weekendavisen*, December 19-26.

Burns, J. F. (1992) 'Bosnia's Nightmare,' *The New York Times*, May 24, section 4, p.1.

Bush, G. H. W. (1992a) 'Remarks on the Situation in Bosnia and an Exchange With Reporters, in Colorado Springs,' August 6, *Public Papers of the Presidents of the United States,* vol. 2: 1315-1318.

——(1992b) 'The President's News Conference,' August 7, *Public Papers of the Presidents of the United States*, vol. 2: 1319-1323.

Bush, G. W. (2003) 'President Discusses Operation Iraqi Freedom at Camp Lejeune,' Office of the Press Secretary, April 3, www.whitehouse.gov/news/releases/2003/04/ 20030403-3.html

——(2004a) 'President Addresses the Nation in Prime Time Press Conference,' Office of the Press Secretary, April 13, www.whitehouse.gov/news/releases/2004/ 04/print/200404l 3-20.html

——(2004b) 'America's Compassion in Action,' Bush's speech at the first national conference on faith-based and community initiatives. Office of the Press Secretary, June 1, www.whitehouse.gov/news/releases/2004/06/20040601-10.html

Butler, J. (1990) *Gender Trouble: Feminism and the Subversion of Identity*, London: Routledge.

Buzan, B. (1997) 'Civilizational *Realpolitik* as the New World Order?' *Survival,* 39 (1): 180-183.

Buzan, B. and Diez, T. (1999) 'The European Union and Turkey,' *Survival,* 41 (1): 41-58.

Buzan, B. and Wasver, O. (1997) 'Slippery? Contradictory? Sociologically Untenable? The Copenhagen School Replies,' *Review of International Studies*,

23(2): 241-250.

Buzan, B., Kelstrup, M., Lemaitre, P., Tromer, E., and Wæver, O. (1990) *The European Security Order Recast: Scenarios for the Post-Cold War Era,* London: Pinter.

Buzan, B., Waever, O., and de Wilde, J. (1998) *Security: A New Framework for Analysis,* Boulder: Lynne Rienner.

Campbell, D. (1992) *Writing Security: United States Foreign Policy and the Politics of Identity,* Manchester: Manchester University Press.

Campbell, D. (1996a) 'Political Prosaics, Transversal Politics, and the Anarchical World,' in M. Shapiro and H. Alker (eds) *Challenging Boundaries: Global Flows, Territorial Identities,* Minneapolis: University of Minnesota Press.

——(1996b) 'Violent Performances: Identity, Sovereignty, Responsibility' in Y. Lapid and F. Kratochwil (eds) *The Return of Culture and Identity in IR Theory,* Boulder: Lynne Rienner.

——(1997) '"Ethnic" Bosnia and Its Partitioning: The Political Anthropology of International Diplomacy,' paper presented at the ISA conference in Toronto, March, 1997.

——(1998a) *National Deconstruction: Violence, Identity, and Justice in Bosnia,* Minneapolis: University of Minnesota Press.

——(1998b) *Writing Security: United States Foreign Policy and Politics of Identity,* 2nd edn, Manchester: Manchester University Press.

——(1999) 'Contra Wight: The Errors of Premature Writing,' *Review of International Studies*, 25 (2): 317-322.

——(2002a) 'Atrocity, Memory, Photography: Imaging the Concentration Camps of Bosnia—The Case of ITN Versus *Living Marxism,* Part 1,' *Journal of Human Rights*, 1 (1): 1-33.

——(2002b) 'Atrocity, Memory, Photography: Imaging the Concentration Camps of Bosnia——The Case of ITN Versus *Living Marxism*, Part 2,' Journal of *Human Rights,* 1 (2): 143-172.

——(2003) 'Cultural Governance and Pictorial Resistance: Reflections on the Imagining of War,' *Review of International Studies,* 29 (Supplement 1): 57-73.

——(2004) 'Horrific Blindness: Images of Death in Contemporary Media,' *Journal for Cultural Research*, 8(1): 55-74.

Carnegie Endowment for International Peace (1914) *Report of the International Commission To Inquire into the Causes and Conduct of the Balkan Wars,* Washington, D.C.: The Carnegie Endowment.

——(1993) *The Other Balkan Wars: A 1913 Carnegie Endowment Inquiry in Retrospect with a New Introduction and Reflections on the Present Conflict by George F. Kennan,* Washington, DC: Carnegie Endowment.

Carpenter, R. C. (2003) '"Women and Children First": Gender, Norms, and Humanitarian Evacuation in the Balkans 1991-1995,' *International Organization*, 57(4): 661-694.

Carr, E. H. (1993[1939]) *The Twenty Years' Crisis 1919-1939: An Introduction to the Study of International Relations,* London: Papermac.

Chouliaraki, L. (2000) 'Refleksivitet og senmoderne identitet: et studie i Mediediskurs,' in T. B. Dyrberg, A. D. Hansen and J. Torfing (eds) *Diskursteorien pa Arbejde,* Frederiksberg: Roskilde Universitetsforlag.

——(2005) *Discourse and Culture,* London: Sage.

Chouliaraki, L. and Fairclough, N. (1999) *Discourse in Late Modernity: Rethinking Critical Discourse Analysis,* Edinburgh: Edinburgh University Press.

Clarke, R. A. (2004) *Against All Enemies: Inside America's War on Terror,* New York: Free Press.

Clines, F. X. (1995) 'Balkan History Lesson: Not With a 10-Foot Pole,' *New York Times,* November 29.

Clinton, W. J. (1993a) 'The President's News Conference With Prime Minister Brian Mulroney of Canada,' February 5, *Public Papers of the Presidents of the United States*, vol.1: 53-56.

Clinton, W. J. (1993b) 'Remarks at a Town Meeting in Detroit,' February 10, *Public Papers of the Presidents of the United States,* vol. 1: 73-85.

——(1993c) 'Interview With Dan Rather of CBS News,' March 24, *Public Papers of the Presidents of the United States*, vol. 1: 346-354.

——(1993d) 'The President's News Conference With Prime Minister Kiichi Miyazawa of Japan,' April 16, *Public Papers of the Presidents of the*

United States, vol. 1: 438-445

——(1993e) 'The Presidents News Conference,' April 23, *Public Papers of the Presidents of the United States,* vol. 1: 484-493.

——(1993f) 'Question-and-Answer Session With the Newspaper Association of America in Boston,' April 25, *Public Papers of the Presidents of the United States*, vol.1:501-510.

——(1993g) 'Exchange With Reporters Prior to Discussions With European Community Leaders,' May 7, *Public Papers of the Presidents of the United States*, vol. 1: 591-596.

——(1993h) 'Interview With Don Imus of WFAN Radio, New York City,' May 12, *Public Papers of the Presidents of the United States,* vol. 1: 628-34.

——(1993i) 'The President's News Conference,' May 14, *Public Papers of the Presidents of the United States*, vol. 1: 659-668.

——(1993j) 'Exchange With Reporters on Bosnia,' May 21, *Public Papers of the Presidents of the United States,* vol. 1: 713-714.

——(1994a) 'Remarks to the Greater Houston Partnership in Houston,' February 7, *Public Papers of the Presidents of the United States,* vol. 1: 192-199.

——(1994b) 'Remarks to the World Jewish Congress,' February 9, *Public Papers* of *the Presidents of the United States*, vol. 1: 216-218.

——(1995a) 'Remarks at the United States Air Force Academy Commencement Ceremony in Colorado Springs, Colorado,' May 31, *Public Papers of the Presidents of the United States,* vol. 1: 765-770.

——(1995b) 'The Presidents Radio Address,' June 3, *Public Papers of the Presidents* of *the United State*s, vol. 1: 804-805.

——1995c) 'Remarks on the Arrival in Honolulu, Hawaii,' August 31, *Public Papers of the Presidents of the United States,* vol. 2: 1273-1275.

——(1995d) 'Remarks to the Community at Abraham Lincoln Middle School *in Selma*,' September 5, P*ublic Papers of the Presidents of the United States*, vol. 2:1305-1308.

——(1995e) 'The Presidents Radio Address,' September 23, *Public Papers of the Presidents of the United States,* vol. 2: 1464-1465.

——(1995f) 'Remarks on the Peace Process in Bosnia and an Exchange

With *Reporters,*' September 26, *Public Papers of the Presidents of the United States,* vol. 2: 1493-1494.

——(1995g) 'Address to the Nation on Implementation of the Peace Agreement in Bosnia-Herzegovina,' November 27, *Public Papers of the Presidents of the United States,* vol. 2: 1784-1787.

——(2004) *My Life,* London: Hutchinson.

Clinton, H. R. (2003) *Writing History,* New York: Simon and Schuster.

Cohen, R. (1993) 'It's Not a Holocaust; Rhetoric and Reality in Bosnia,' *The Washington Post,* February 28, C1.

Cohen, R. (1994) 'Conflict in the Balkans: United Nations,' *The New York Times,* April 17, section 1, p. 12.

Connolly, W. E. (1991) *Identity/Difference: Democratic Negotiations of Political Paradox,* Ithaca: Cornell University Press.

Conversi, D. (1996) 'Moral Relativism and Equidistance in British Attitudes to the War in the Former Yugoslavia,' in T. Cushman and S. G. Mestrovic (eds) *This Time We Knew: Western Responses to Genocide in Bosnia,* New York: New York University Press.

Cooper, H. R. (1993) review of *Balkan Ghosts, Slavic Review,* 53 (3): 592-593.

Crawford, B. and Lipschutz, R. D. (1997) 'Discourses of War: Security and the Case of Yugoslavia,' in K. Krause and M. C. Williams (eds) *Critical Security Studies,* Minneapolis: University of Minnesota Press.

Cushman, T. and Mestrovic, S. G. (1996) 'Introduction,' in T. Cushman and S. G. Mestrovic (eds) *This Time We Knew: Western Responses to Genocide in Bosnia,* New York: New York University Press.

Daalder, I. O. (2000) *Getting to Dayton: The Making of America's Bosnia Policy,* Washington: Brookings Institute Press.

de Constant, d'Estoumelles (1914) 'Introduction,' in Carnegie Endowment for International Peace *Report of the International Commission To Inquire into the Causes and Conduct of the Balkan Wars,* Washington, D.C.: The Carnegie Endowment.

Deibert, R. (1997) *Parchment, Printing, and Hypermedia: Communication in World Order Transformation,* New York: Columbia University Press.

—— (2000) 'International Plug n' Play? Citizen Activism, the Internet, and Global Public Policy,' *International Studies Perspectives,* 1 (3): 255-272.

—— (2003) 'Civil Society Activism on the World Wide Web: the Case of the Anti-MAI Lobby,' in D. R. Cameron and J. G. Stein (eds) *Street Protests and Fantasy Parks: Globalization, Culture and the State,* Toronto: UBC Press.

Denich, B. (1974) 'Sex and Power in the Balkans,' in M. Z. Rosaldo and L. Lamphere (eds) *Woman, Culture, and Society,* Stanford: Stanford University Press.

—— (1994) 'Dismembering Yugoslavia: Nationalist Ideologies and the Symbolic Revival of Genocide,' *American Ethnologist,* 21 (2): 367-390.

—— (1995) 'Of Arms, Men, and Ethnic War in (Former) Yugoslavia,' in C. R. Sutton (ed.) *Feminism, Nationalism and Militarism,* Arlington: Association for Feminist Anthropology/American Anthropological Association.

Denitch, B. (1994) 'Now, Bosnia Without Bosnians,' *The Washington Post,* February 13, Cl.

Der Derian, J. (1987) *On Diplomacy: A Genealogy of Western Estrangement,* Oxford: Basil Blackwell.

—— *(1992) Antidiplomacy: Spies, Terror, Speed, and War,* Oxford: Basil Blackwell.

—— *(2001) Virtuous War: Mapping the Military-Industrial-Media-Entertainment Network,* Boulder: Westview Press.

Der Derian, J. and Shapiro, M. J. (eds) (1989) *International/Intertextual Relations: Postmodern Readings of World Politics,* Lexington: Lexington Books.

Derrida, J. (1976) *Of Grammatology,* Baltimore: The Johns Hopkins University Press.

——(1978) *Writing and Difference,* London: Routledge and Kegan Paul.

Djilas, A. (1991) *The Contested Country: Yugoslav Unity and Communist Revolution 1919-1953,* Cambridge, Massachusetts: Harvard University Press.

—— (1992) 'The Nation That Wasn't,' *The New Republic,* 207 (13): 25-31.

Dobbs, M. (1995) 'Bosnia Crystallizes U.S. Post-Cold War Role,' *The*

Washington Post, December 3, Al.

Doder, D. (1993) 'Yugoslavia: New War, Old Hatreds,' *Foreign Policy,* issue 91: 3-23.

Doty, R. L. (1996) *Imperial Encounters,* Minneapolis: University of Minnesota Press.

Drew, E. (1994) *On the Edge: The Clinton Presidency,* New York: Simon and Schuster.

Dyrberg, T. B., Hansen, A. D, and Torfing, J. (eds) (2000) *Diskursteorien pa arbejde,* Frederiksberg: Roskilde Universitetsforlag.

Eakin, P. J. (1992) *Touching the World: Reference in Autobiography,* Princeton: Princeton University Press.

Edkins, J. (2003) *Trauma and the Memory of Politics,* Cambridge: Cambridge University Press.

Elshtain, J. B. (1981) Public Man, Private Woman: Women in Social and Political *Thought, Princeton: Princeton University Press.*

——(1987) *Women and War,* Chicago: The University of Chicago Press

Fabian, J. (1983) *Time and the Other: How Anthropology Makes Its Object,* New York: Columbia University Press.

Fairclough, N. (1995) *Media Discourse,* London: Edward Arnold.

—— (2001) 'Critical Discourse Analysis as a Method in Social Scientific Research,' in R. Wodak and M. Meyer (eds) *Methods of Critical Discourse Analysis,* London: Sage.

Febvre, L. (1930) '*Civilisation:* Evolution of a Word and a Group Of Ideas,' reprinted in Burke, P. (ed.) (1973) *A New Kind of History: From the Writings of Febvre,* London: Routledge and Kegan Paul.

Fierke, K. M. (1996) 'Multiple Identities, Interfacing Games: The Social Construction of Western Action in Bosnia,' *European Journal of International Relations,* 2 (4): 467-497.

—— (1998) *Changing Games, Changing Strategies: Critical Investigations in Security,* Manchester: Manchester University Press.

—— (1999) 'Dialogues of Manoeuvre and Entanglement: NATO, Russia and the CEECs,' *Millennium,* 28 (1): 27-52.

Foucault, Michel (1970) *The Order of Things: An Archaeology of the Human Sciences,* New York: Random House.

——(1974[1969]) *The Archaeology of Knowledge,* London: Tavistock Publications.

——(1977) *Discipline and Punish: The Birth of the Prison,* London: Penguin Books.

——(1984) 'Nietzsche, Genealogy, History,' reprinted in P. Rabinow (ed.) *The Foucault Reader*, London: Penguin, first published in *Language, Counter-Memory, Practice: Selected Essays and Interviews*, Oxford: Blackwell, 1997.

Friedman T.l (1993) 'Bosnia Reconsidered: Where Candidate Clinton Saw a Challenge The President Sees an Insoluble Quagmire,' *New York Times,* April 8, A1 and A6.

Garis, L. (1982) 'Rebecca West,' *The New York Times,* April 4, section 6, p. 30.

Gati, C. (1992) 'From Sarajevo to Sarajevo,' *Foreign Affairs,* 71 (4): 64-78.

George, J. (1994) *Discourses of Global Politics: A Critical (Re) Introduction to International Relations,* Boulder: Lynne Rienner.

Giovanni, J. di (2004) 'In the Belly of the Balkans,' *The Times,* July 31.

Gladstone, W. E. (1876) *Bulgarian Horrors and the Question of the East,* London: John Murray.

Glendinning, V. (1987) *Rebecca West: A Life,* London: Weidenfeld and Nicolson.

Glenny, M. (1996[1992]) *The Fall of Yugoslavia: The Third Balkan War,* 3rd edn, London: Penguin.

Glynn, P. (1993) 'Beware of Bosnia Sellout,' *USA Today,* February 5, p. 10A.

Goldstein, J. and Keohane, R. O. (eds) (1993) *Ideas and Foreign Policy: Beliefs, Institutions and Political Change,* Ithaca: Cornell University Press.

Goldsworthy, V. (1998) *Inventing Ruritania: The Imperialism of the Imagination,* New Haven: Yale University Press.

Gow, J. (1997) *Triumph of the Lack of Will: International Diplomacy and the Yugoslav War,* London: Hurst.

Grau, L. W. (no date), review of Kaplan's *Eastward to Tartary: Travels in the Balkans, the Middle East and the Caucasus.* Foreign Military Studies Office, fmso.leaven- worth.army.mil/bookrevu/tartary.htm

The Guardian (1992) 'Berets for Bosnia,' leading article, May 5, 1992, p. 18.

—— (1993a) 'In the Long Haul,' leading article, February 12, p. 18.

—— (1993b) 'The Dismal Failure to Save Bosnia,' leading article, April 6, p. 19.

Gutman, R. (1993) *A Witness to Genocide: The First Inside Account of the Horrors of 'Ethnic Cleansing' in Bosnia,* Massachusetts: Elements.

Hall, B. (1996) 'Life and Letters: Rebecca West's War,' *The New Yorker,* April 15.

Handke, P. (1997) *A Journey to the Rivers: Justice for Serbia,* New York: Viking.

Hansen, L. (1994) *The Poststructuralist Conceptualization of Security,* MA Thesis, Department of Political Science, University of Copenhagen.

—— (1996) 'Slovenian Identity: State Building on the Balkan Border,' *Alternatives,* 21 (4): 473-495.

—— (1997) 'A Case for Seduction? Evaluating the Poststructuralist Conceptualization of Security,' *Cooperation and Conflict,* 32 (4): 369-397.

—— (1999) 'NATO's Balkan Engagement: Institutional Reconstruction and the Representation of Bosnia and Kosovo,' paper presented at BISAs annual conference in Manchester.

—— (2000a) 'The Little Mermaid's Silent Security Dilemma and the Absence of Gender in the Copenhagen School,' *Millennium,* 29 (2): 285-306.

—— (2000b) 'Past as Preface: Civilizational Politics and the "Third" Balkan War,' *Journal of Peace Research,* 37 (3): 345-362.

—— (2001a) 'Gender, Nation, Rape: Bosnia and the Construction of Security,' *International Feminist Journal of Politics,* 3 (1): 55-75.

—— (2001b) 'Feminism in the Fascist Utopia: Gender, Citizenship and World Order *in Starship Troopers,*' *International Feminist Journal of Politics,* 3 (2): 275-283.

—— (2002a) 'Introduction,' in L. Hansen and O. Wæver (eds) *European*

Integration and National Identity: The Challenge of the Nordic States, London: Routledge.

—— (2002b) 'Sustaining Sovereignty: The Danish Approach to the EU,' in L. Hansen *and O. Wæver (eds) European Integration and National Identity: The Challenge of the Nordic States,* London: Routledge.

——(2005) 'The Politics of Digital Autobiography: Understandingwww. johnkerry.com,' in K. B. Jensen (ed.) *Interface:// Culture: The World Wide Web as Political Resource and Aesthetic Form*, Copenhagen: Samfundslitteratur.

Hansen, L. and Wæver, O. (eds) (2002) *European Integration and National Identity: The Challenge of the Nordic States,* London: Routledge.

Harper, J. L. (1994*) American Visions of Europe: Franklin D. Roosevelt, George F. Kennan, and Dean G. Acheson,* Cambridge: Cambridge University Press.

Hartog, F. (1988) *The Mirror of Herodotus: The Representation of the Other in the Writing of History,* Berkeley: University of California Press.

Hayden, R. M. (1992) 'Balancing Discussion of Jasenovac and the Manipulation of History,'*East European Politics and Societies,* 6 (2): 207-212.

—— (1993) 'On Unbalanced Criticism,' *East European Politics and Societies,* 7 (3) : 577-582.

Herr, M. (1977) *Dispatches,* London: Picador.

Herzfeld, M. (1987) *Anthropology Through the Looking-glass: Critical Ethnography in the Margins of Europe,* Cambridge: Cambridge University Press.

Higate, P. and Henry, M. (2004) 'Engendering (In)security in Peace Support Operations,' *Security Dialogue,* 35 (4): 481-498.

Hjort, K. (ed.) (1997) *Diskurs: Analyser af tekst og kontekst,* Frederiksberg: Samfundslitteratur.

Holbrooke, R. (1998) *To End a War,* New York: Random House.

Holland, P. and Huggan, G. (1998) *Tourists with Typewriters: Critical Reflections on Contemporary Travel Writing,* Ann Arbor: University of Michigan Press.

Holm, U. (1993) *Det franske Europa,* Aarhus: Aarhus University Press.

—— (1997) 'The French Garden is No Longer What it Used To Be,' in K. E. Jørgensen (ed.) *Reflective Approaches to European Governance,* London: Macmillan.

Huntington, S. P. (1993) 'The Clash of Civilizations? ,' *Foreign Affairs,* 72 (3) : 22-49.

——(1996) *The Clash of Civilizations and the Remaking of World Order,* New York: Simon and Schuster.

—— (1997) 'The Clash of Civilizations ? — A Response,' *Millennium,* 26 (1): 141-142.

—— (2004) *Who are We?* New York: Simon and Schuster.

Huysmans, J. (2002) 'Shape-shifting NATO: Humanitarian Action and the Kosovo Refugee Crisis,' *Review of International Studies,* 28 (3): 599-618.

The Independent (1992) 'The key decision on Bosnia,' leading article, August 5, p. 12.

—— (1993a) 'Bosnia May Still be Saved,' leading article, January 6, p. 16.

—— (1993b) 'Bold Thoughts on Bosnia/ leading article, April 15, p. 23.

—— (1993c) 'Fears for Muslims as Bosnia Burns,' leading article, June 19, p.16.

—— (1995) 'Cold Comfort in Bosnia's Peace,' leading article, November 22, p. 22.

Iordanova, D. (2001) *Cinema of Flames: Balkan Film, Culture and the Media,* London: British Film Institute Publishing.

Jachtenfuchs, M., Diez, T., and Jung, S. (1998) 'Which Europe? Conflicting Models of a Legitimate European Political Order,' *European Journal of International Relations,* 4 (4): 409-445.

Jepperson, R. L., Wendt, A., and Katzenstein, P. J. (1996) 'Norms, Identity, and Culture in National Security,' in P. J. Katzenstein (ed.) *The Culture of National Security: Norms and Identity in World Politics,* New York: Columbia University Press.

Joenniemi, P. (1990) 'Europe Changes-The Nordic System Remains,' *Bulletin of Peace Proposals,* 21 (2): 205-217.

Jones, A. (1994) 'Gender and Ethnic Conflict in ex-Yugoslavia,' *Ethnic and*

Racial Studies, 17 (1): 115-134.

Jørgensen, M. W. and Phillips, L. (1999) *Diskursanalyse som teori og metode,* Frederiksberg: Samfundslitteratur and Roskilde Universitetsforlag.

Kaplan, R. D. (1993a) *Balkan Ghosts: A Journey Through History,* New York: Vintage.

—— (1993b) 'Ground Zero: Macedonia: The Real Battle Ground,' *The New Republic,* 209 (5): 15-16.

Katzenstein, P. J. (ed.) (1996) *The Culture of National Security: Norm and Identity in World Politics,* New York: Columbia University Press.

Katzenstein, r. J., Keohane, R. O., and Krasner, S. (1998) '*International Organization* and the Study of World Politics,' *International Organization,* 52 (4): 645-685.

Kaufmann, C. (1996) 'Possible and Impossible Solutions to Ethnic Civil Wars,' *International Security,* 20 (4): 136-175.

Kennan, G. (1947) ('X') 'The Sources of Soviet Conduct,' *Foreign Affairs,* 25 (4): 566-582.

—— (1972) *Memoirs 1950-1963,* Boston: Little, Brown and Company.

—— (1993) 'Introduction——The Balkan Crises: 1913 and 1993,' in Carnegie Endowment for International Peace, *The Other Balkan Wars: A 1913 Carnegie Endowment Inquiry in Retrospect with a New Introduction and Reflections on the Present Conflict by George F. Kennan,* Washington, DC: Carnegie Endowment.

Keohane, R.O. (1988) 'International Institutions: Two Approaches,' *International Studies Quarterly,* 32 (4): 379-396.

—— (1989) 'International-Relations Theory—Contributions of a Feminist Standpoint,' *Millennium,* 18 (2): 245-253.

—— (1998) 'Beyond Dichotomy: Conversations Between International Relations and Feminist Theory,' *International Studies Quarterly,* 42 (1): 193-197.

King, G., Keohane, R. O., and Verba, S. (1994) *Designing Social Inquiry: Scientific Inference in Qualitative Research,* Princeton: Princeton University Press.

Kirkpatrick, D. D. (2004) 'In 12th Book of Best-Selling Series, Jesus Returns,' *The New York Times,* March 29, Al.

Kissinger H.(1957) *A World Restored : Metternicb, Castlernicb and Problems of Peace 1812—1822,* Boston: Houghton Mifflin Company.

Klein, B. S. (1994) *Strategic Studies and World Order: The Global Politics of Deterrence,* Cambridge: Cambridge University Press.

Knezevic, A. (1993) 'Some Questions about a "Balanced" Discussion,' *East European Politics and Societies,* 7 (1): 155-166.

Kofman, D. (1996) 'Israel and the War in Bosnia,' in T. Cushman and S. G. Mestrovic (eds) *This Time We Knew: Western Responses to Genocide in Bosnia,* New York: New York University Press.

Kratochwil, F. (1989) *Rules, Norms and Decisions: On the Conditions of practical and legal reasoning in international relations and domestic affairs,* Cambridge: Cambridge University Press.

Kratochwil, F. and Ruggie, J. (1986) 'International Organization: A State of the Art on an Art of the State,' *International Organization,* 40 (4): 753-775.

Krause, K. and Williams, M. C. (1996) 'Broadening the Agenda of Security Studies? Politics and Method,' *Mersbon International Studies Review,* 40 (2): 229-254.

Kristeva, J. (1980) *Desire in Language: A Semiotic Approach to Literature and Art,* New York: Columbia University Press.

Kupchan, C. A. (1995) 'Reclaiming the Moral High Ground; In Bosnia; What Does the West Stand for If It Does Nothing? ,' *Los Angeles Times,* July 23, Ml.

Kurki, M. (forthcoming) 'Causes of a Divided Discipline: Rethinking the Concept of Cause in International Relations Theory,' *Review of International Studies.*

Laclau, E. and Mouffe, C. (1985) *Hegemony and Socialist Strategy: Towards a Radical Democratic Politics,* London: Verso.

Laffey, M. and Weldes, J. (1997) 'Beyond Belief: Ideas and Symbolic Technologies in the Study of International Relations,' *European Journal of International Relations,* 3 (2): 193-238.

Lapid, Y. and Kratochwil, F. (1996) ' Revisiting the "National" : Toward an Identity Agenda in Neorealism? ,' in Y. Lapid and F. Kratochwil (eds) *The Return of Culture and Identity in IR Theory,* Boulder: Lynne Rienner.

Lapid.Y.and kratochwil.F.(1996) ' Revisiting the "National" : Toward an Identity Agenda in Neorealism,' in Y Lapid and F. Kratochwil(eds) *The Return of Culture and Identity in IR Tbeory,* Boulder:Lynne Rienner.

Larsen, H. (1997) *Foreign Policy and Discourse Analysis: Britain, France and Europe,* London: Routledge.

Lepick, O. (1996) 'French Perspectives,' in A. Danchev and T. Halverson (eds) *International Perspectives on the Yugoslav Conflict,* London: Macmillan.

Letica, S. (1996) 'The *West Side Story* of the Collapse of Yugoslavia and the Wars in Slovenia, Croatia, and Bosnia-Herzegovina,' in T. Cushman and S. G. Mestrovic (eds) *This Time We Knew: Western Responses to Genocide in Bosnia,* New York: New York University Press.

Lewis, A. (1995) 'Abroad at Home; Leadership and Duty,' *New York Times,* Editorial desk, Section A, p. 17.

Lisle, D. (1999) 'Gender at a Distance: Identity, Performance and Contemporary Travel Writing,' *International Feminist Journal of Politics,* 1 (1): 66-88.

Los Angeles Times (1992) 'A Rottenness at Europe's Core; Will No One Act to Save Bosnia's Muslims,' October 10, Editorial Writers Desk, Part B, p. 7.

Lytle, P. F. (1992) 'U.S. Policy Towards the Demise of Yugoslavia: The 'Virus of Nationalism,' *East European Politics and Societies,* 6 (3):303-318.

MacKinnon, C. A. (1994) 'Rape, Genocide, and Women's Human Rights,' in A. Stiglmayer (ed.) *Mass Rape: The War against Women in Bosnia-Herzegovina,* Lincoln and London: University of Nebraska Press.

MacMillan, J. (2003) 'Beyond the Separate Democratic Peace,' *Journal of Peace Research,* 40 (2): 233-243.

Magas, B. (1993) *The Destruction of Yugoslavia: Tracking the Break-up 1980-92,* London: Verso.

Malcolm, N. (1994) *Bosnia: A Short Story,* New York: New York University Press.

Marcussen, M., Risse, T., Eagelmann-Martin, D., Knopf, H. J., and Roscher, K. (1999) 'Constructing Europe? The Evolution of French, British and German Nation State Identities,' *Journal of European Public Policy,* 6 (4): 614-633.

Mattern, J. B. (2001) 'The Power Politics of Identity,' *European Journal of International Relations,* 7 (3): 349-397.

Maull, H. W. (1995-96) 'Germany in the Yugoslav Crisis,' *Survival,* 37 (4): 99-130.

Mearsheimer, J. J. and Pape, R. A. (1993) 'The answer: A partition plan for Bosnia,' *The New Republic,* 208 (24): 22-28.

Mearsheimer, J. J. and Van Evera, S. (1995) 'When Peace Means War: The Partition that Dare Not Speak its Name,' *The New Republic,* 213 (25): 16-21.

Mearsheimer, J. J. and Walt, S. M. (2003) 'An Unnecessary War,' *Foreign Policy,* issue 134: 50-60.

Mestrovic, S. G. (1994) *The Balkanization of the West: The Confluence of Postmodernism and Postcommunism,* London: Routledge.

—— (ed.) (1996) *Genocide After Emotion: The Postemotional Balkan War,* London: Routledge.

Miles, J. (1994) 'Don't Ask Gorazde to Surrender,' *Los Angeles Times,* April 26, B7.

Milliken, J. (2001) *The Social Construction of the Korean War: Conflict and its Possibilities,* Manchester: Manchester University Press.

Moravcsik, A. (1999a) ' "Is Something Rotten in the State of Denmark?" Constructivism and European Integration,' *Journal of European Public Policy,* 6 (4):669-681.

—— (1999b) 'The Future of European Integration Studies: Social Science or Social Theory?' *Millennium,* 28 (2): 371-391.

Morokvasic, M. (1998) 'The Logics of Exclusion: Nationalism, Sexism and the Yugoslav War,' in N. Charles and H. Hintjens (eds) *Gender, Ethnicity and Political Ideologies,* London: Routledge.

Mortimer, t. (1995) 'Painstaking Progress of a Peacemaker,' *Financial Times,* November 9, p. 24.

Mousavizadeh, N. (ed.) (1996a) *The Black Book of Bosnia: The Consequences of Appeasement, by the Writers and Editors of The New Republic*, New York: Basic Books.

—— (1996b) 'Preface,' in N. Mousavizadeh (ed.) *The Black Book of Bosnia: The Consequences of Appeasement, by the Writers and Editors of The New Republic*, New York: Basic Books.

NATO (2002) *AFSOUTH Fact Sheets: Operation Deliberate Force*, updated December 16, 2002, www.afsouth.nato.int/factsheets/DeliberateForceFactSheet.htm.

NATO (2004) *SFOR—History of Bosnia and Herzegovina From the Origins to 1992*, www.nato.inc/sfor/indexinf/bihistory.htm, updated December 3, 2004.

Netherlands Institute for War Documentation (2002) *Srebrenica-A 'Safe' Area*, http://213-222.3.6/srebrenica/.

Neumann, I. B. (1996a) *Russia and the Idea of Europe: A Study in Identity and International Relations*, London: Routledge.

—— (1996b) 'Collective Identity Formation: Self and Other in International Relations,' *European Journal of International Relations*, 2 (2): 139-174.

—— (1999) *Uses of the Other: 'The East' in European Identity Formation*, Minneapolis: University of Minnesota Press.

——(2001) *Mening, materialitet, makt: En innfierng I diskursanalyse*, Bergen: Fagbokforlaget.

Neumann, I. B. and Welsh, J. M. (1991) 'The Other in European Self-Definition: An Addendum to the Literature on International Society,' *Review of International Studies*, 17 (4): 327-346.

The New York Times (1992) 'Peace in Our Time, Bosnia-Style?' August 23, Editorial desk, section 4, p. 14.

—— (1993) 'Lord Owen's Googly,' February 4, Editorial desk, Section A, p. 22.

—— (1994a) 'NATOs Bosnia Sideshow,' January 13, Editorial desk, Seaion A, p. 20.

—— (1994b) 'Lift the Embargo Now,' February 6, Editorial desk, section 4, p. 16.

—— (1994c) 'Bosnia: Keep Diplomacy Honorable,' February 13, section 4, p. 14.

—— (1995) 'Bosnia: Not Americas War,' June 3, Editorial desk, p. 18.

Nikolic-Ristanovic, V. (1996) 'War Against Woman,' in J. Turpin and L. A. Lorentzen (eds) *The Gendered New World Order: Militarism, Development, and the Environment,* London: Routledge.

Oguzlu, H. T. (2003) 'An Analysis of Turkeys Prospective Membership in the European Union from a "Security" Perspective,' *Security Dialogue,* 34 (3): 285-299.

Onuf, N. G. (1989) *World of Our Making: Rules and Rule in Social Theory and International Relations,* Columbia, SC: University of South Carolina Press.

Orel, H. (1986) *The Literary Achievement of Rebecca West,* London: Macmillan.

Oren, I. (1995) 'The Subjectivity of the "Democratic Peace": Changing U.S. Perceptions of Imperial Germany,' *International Security,* 20 (2): 147-184.

OSCE (1996) *Lisbon Document,* available at www.osce.org/documents/mcs/1996/12/ 4049_en.pdf.

O Tuathail, G. (1996a) *Critical Geopolitics: The Politics of Writing Global Space,* Minneapolis: University of Minnesota Press.

—— (1996b) 'An Anti-geopolitical Eye: Maggie O'Kane in Bosnia, 1992-94,' *Gender, Place and Culture,* 3 (2): 171-185.

Owen, D. (1995) *Balkan Odyssey,* New York: Harcourt Brace & Company.

Paris, R. (2000) 'Human Security,' *International Security,* 26 (2): 87-103.

Pateman, C. (1983) 'Feminist Critiques of the Public/Privace Dichotomy,' in S. Benn and G. Gaus (eds) *Public and Private in Social Life,* London: Croom Helm.

Posen, B. (1993a) 'The Security Dilemma and Ethnic Conflict,' *Survival,* 35 (1): 27-47.

—— (1993b) 'Nationalism, the Mass Army, and Military Power,' *International Security,* 18 (2): 80-124.

—— (2001) 'The Struggle Against Terrorism: Grand Strategy, Strategy, and Tactics,' *International Security,* 26 (3): 39-55.

Pratt, M. L. (1992) *Imperial Eyes: Travel Writing and Transculturation,* London: Routledge.

Price, R. and Reus-Smit, C. (1998) 'Dangerous Liaisons?: Critical International Theory and Constructivism,' *European Journal of International Relations,* 4 (3): 259-294.

Ramet, S. P. (1994) The Yugoslav Crisis and the West: Avoiding '"Vietnam" and Blundering into "Abyssinia",' *East European Politics and Societies,* 8 (1): 189-219.

—— (1996) *Balkan Babel: The Disintegration of Yugoslavia from the Death of Tito to Ethnic War,* 2nd edn, Boulder: Westview.

Republic of Turkey, Ministry of Foreign Affairs (2004) 'Turkish Foreign Policy: A Synopsis. Last Updated: 21 July 2004,' at www.mfa.gov.tr/grupg/gb/default.htm, accessed June 21, 2004. [Notice that the day of updating is a month into the future of the day accessed.]

Rieff, D. (1996) *Slaughterhouse: Bosnia and the Failure of the West,* New York: Touchstone. [First Touchstone edition with a new afterword by the author.]

—— (2000) 'Bosnia Beyond Words,' *The New York Times,* December 24, section 7, p.5.

Ringle, K. (2002) 'Oracle of a New World Disorder; Robert Kaplans Global Journeys Took Him Into the Culture of War,' *The Washington Post,* February 21, p.C01.

Risse-Kappen, T. (1996) 'Collective Identity in a Democratic Community: The Case of NATO,' in P. J. Katzenstein (ed.) *The Culture of National Security: Norm and Identity in World Politics,* New York: Columbia University Press.

Roberts, A. (1995) 'Communal Conflict as a Challenge to International Organization: The Case of Former Yugoslavia,' *Review of International Studies,* 21 (4): 389-410.

Rodgers, J. (1998) 'Bosnia, Gender and the Ethics of Intervention in Civil Wars,' *Civil Wars,* 1 (1): 103-116.

Rogel, C. (1994) 'In the Beginning: The Slovenes from the Seventh

Century to 1945,' in J. Benderly and E. Kraft (eds) *Independent Slovenia: Origins, Movements, Prospects,* London: Macmillan.

Rollyson, C. (1996) *Rebecca West: A Life,* New York: Scribner.

Rosenbaum, D. E. (2004) 'In the Fulbright Mold, Without the Power,' *The New York Times,* May 3, A21.

Roucek, J. S. (1948) *Balkan Politics: International Relations in No Man's Land,* Stanford: Stanford University Press.

Ruggie, J. G. (1992) 'Multilateralism: The Anatomy of an Institution,' *International Organization,* 46 (3): 561-598.

Rutenberg, J. (2004) 'TV Shows Take on Bush, and Pull Few Punches,' *The New York Times,* April 2, A1 and A16.

Rutenberg, J. and Kirkpatrick, D. D. (2004) 'Timing of Clinton Memoir Is Everything, for Kerry,' *The New York Times*, April 13, A1 and A23.

Rumelili, B. (2004) 'Constructing Identity and Relating to Difference: Understanding the EUs Mode of Differentiation,' *Review of International Studies,* 30 (1):27-47.

Sadkovich, J. J. (1996) 'The Former Yugoslavia, the End of the Nuremberg Era, and the New Barbarism,' in T. Cushman and S. G. Mestrovic (eds) *This Time We Knew: Western Responses to Genocide in Bosnia,* New York: New York University Press.

Said, E. W. (1978) *Orientalism,* New York: Pantheon Books.

Schweizer, B. (2002) *Rebecca West: Heroism, Rebellion, and the Female Epic,* Westport, Connecticut: Greenwood Press.

Secretary General of the UN (1999) *Report of the Secretary-General pursuant to General Assembly resolution 53/55: The fall of Srebrenica*, www.un.org/peace/srebrenica.pdf.

Shapiro, M. J. (1981) *Language and Political Understanding: The Politics of Discursive Practices*, New Haven: Yale University Press.

—— (1988) *The Politics of Representation: Writing Practices in Biography, Photography, and Policy Analysis,* Madison, Wisconsin: The University of Wisconsin Press.

—— (1990) 'Strategic Discourse/Discursive Strategy: The Representation of "Security Policy" in the Video Age,' *International Studies Quarterly*, 34 (3): 327-339.

—— (1997) *Violent Cartographies: Mapping Cultures of War*, Minneapolis: University of Minnesota Press.

——(1999) *Cinematic Political Thought: Narratives of Race, Nation, and Gender*, New York: New York University Press.

Silber, L. and Little, A. (1997) *Yugoslavia: Death of a Nation*, London: Penguin [revised and updated edition].

Simms, B. (2001) *Unfinest Hour: Britain and the Destruction of Bosnia*, London: Penguin Books.

Sontag, S. (2004) 'Regarding the Torture Of Others,' *The New York Times*, May 23, Section 6, p. 25.

Stanley, P. (1999) 'Reporting of Mass Rape in the Balkans: Plus Ca Change, Plus C'est Même Chose? From Bosnia to Kosovo,' *Civil Wars*, 2 (2): 74-110.

Stauersböll, H. (2000) *Between Byzantium and Hellas: Understanding the Greek Policy Towards Macedonia in the 1990s,* MA thesis, Department of Political Science, University of Copenhagen.

Stec, L. (1997) Female Sacrifice: Gender and Nostalgic Nationalism in Rebecca West's *Black Lamb and Grey Falcon*,' in J. Pickering and S. Kehde (eds) *Narratives of Nostalgia, Gender and Nationalism*, London: Macmillan Press.

Steel, R. (1992) 'Let them sink: The perils of Bosnian intervention,' *The New Republic*, 207 (19) : 15-16.

Stevenson, R. W. and Sanger, D. E. (2004) 'Bush Doesn't See NATO Sending In Troops for Iraq,' *The New York Times*, June 11, A1 and A12.

Stiglmayer, A. (ed.) (1994a) *Mass Rape: The War against Women in Bosrtia-Herzegovina*, Lincoln and London: University of Nebraska Press.

—— (1994b) The Rapes in Bosnia-Herzegovina,' in A. Stiglmayer (ed.) *Mass Rape: The War Against Women in Bosnia-Herzegovina*, Lincoln and London: University of Nebraska Press.

Stoianovich, T. (1967) *A Study in Balkan Civilization*, New York: Alfred A. Knopf.

Swales, J. M. (1990) *Genre Analysis*, Cambridge: Cambridge University Press.

Swofford, A. (2003) *Jarhead: A Marine's Chronicle of the Gulf War and Other Battles*, New York: Scribner.

Tickner, J. A. (1997) ' You Just Don't Understand: Troubled Engagements Between Feminists and IR Theorists,' *International Studies Quarterly*, 41 (4): 611-632.

Tickner, J. A. (1998) 'Continuing the Conversation…,' *International Studies Quarterly*, 42 (1): 205-210.

Tickner, J. A. *Gendering World Politics: Issues and Approaches in the Post-Cold War Era*, New York: Columbia University Press.

The Times (1993) 'Taking Bosnia seriously,' April 15.

—— (1995a) 'Endgame in Bosnia,' July 21.

—— (1995b) 'Bosnia, Ohio,' November 24.

Titscher, S., Meyer, M., Wodak, R. and Vetter, E. (2000) *Methods of Text and Discourse Analysis*, London: Sage.

Todorov, T. (1992) *The Conquest of America: The Question of the Other*, New York: Harper Perennial.

—— (1995) *The Morals of History,* Minneapolis: University of Minnesota Press.

Todorova, M. (1994) ' The Balkans: From Discovery to Invention,' *Slavic Review*, 53 (2) : 453-482.

—— (1997) *Imagining the Balkans*, Oxford: Oxford University Press.

Torfing, J. (1999) *New Theories of Discourse: Laclau, Mouffe and Zizek*, Oxford: Blackwell.

Totilo, S. (2004) 'A Belated Invasion: Vietnam, the Game,' *The New York Times*, April 1, Section G, p. 1.

Turnipseed, J. (2003) *Baghdad Express: A Gulf War Memoir*, New York: Penguin.

United Nations Security Council (1995) *3564th Meeting, August 10, S/PV.3564, Agenda: The situation in the republic of Bosnia and Herzegovina*, http://daccessdds. un.org/doc/UNDOC/PRO/N95/858/26/PDF/N9585826.

pdf?OpenElement.

Van Evera, S. (1994) 'Hypotheses on Nationalism and War,' *International Security*, 18 (4): 5-39.

V äyrynen, R. (1989) 'Common Security and the State System,' in R. Nakarada and J. Øberg (eds) *Surviving Together: The Olof Palme Lectures on Common Security 1988*, Hampshire: Dartmouth Publishing Company.

Wæver, O. (1990) *With Herder and Habermas: Europeanization in the Light of German Concepts of State and Nation*, Working Paper no. 16/1990, Copenhagen: Centre for Peace and Conflict Research.

—— (1995) 'Securitization and Desecuritization,' in Ronnie D. Lipschutz (ed.) *On Security*, New York: Columbia University Press.

—— (1996) 'European security identities,' *Journal of Common Market Studies*, 34 (1): 103-132.

—— (1997) 'The Baltic Sea: A Region after Post-Modernity?' in Pertti Joenniemi (ed.) *Neo-Nationalism or Regionality: The Restructuring of Political Space Around the Baltic Rim*, Stockholm: NordREFO.

—— (1998) 'The Sociology of a Not so International Discipline: American and European Developments in International Relations,' *International Organization*, 52 (4): 687-727

—— (2002) 'Identity, Communities and Foreign Policy: Discourse Analysis as Foreign Policy Theory,' in L. Hansen and O. Wæver (eds) *European Integration and National Identity: The Challenge of the Nordic States*, London: Routledge.

Walker, M. (1997a) 'China Preys on American Minds,' *Guardian Weekly*, April 6.

—— (1997b) 'Arms, Aid and a Recorded Europe,' *Guardian Weekly*, March 30.

—— (1997c) 'Martin Walkers American: Bills Dream Offer Hides a Nuclear Nightmare,' *The Observer*, March 23, p.12.

Walker, R. B. J. (1987) 'Realism, Change and International Political Theory,' *International Studies Ouartarly*, 31(1).65 -86

Walker, R. B. J.(1990) 'Security, Sovereignty, and the Challenge of World

Politics,' *Alternatives,* 15 (1): 3-27.

Walker, R. B. J. (1993) *Inside/Outside: International Relations as Political Theory*, Cambridge: Cambridge University Press.

Wallander, C. (2000) 'Institutional Assets and Adaptability: NATO after the Cold War,' *International Organization*, 54 (4): 705-736.

Walt, S. M. (1991) 'The Renaissance of Security Studies,' *International Studies Quarterly*, 35 (2): 211-239

—— (1997) 'Building Up New Bogeymen,' *Foreign Policy*, issue 106: 177-189.

Waltz, K. N. (1979) *Theory of International Politics*, New York: McGraw-Hill.

The Washington Post (1993) 'What Kind of Peace in Bosnia?' January 17, opinion editorial, p. C6.

—— (1995a) 'A Word About Richard Holbrooke,' October 7, editorial, p. A28.

—— (1995b) 'A Peace of the Weary,' November 22, editorial, p. A16.

Watson, A. (1992) *The Evolution of International Society: A Comparative Historical Analysis*, London: Routledge.

Weber, C. (1994) 'Good Girls, Little Girls and Bad Girls: Male Paranoia in Robert Keohanes Critique of Feminist International Relations,' *Millennium*, 23 (2): 337-349.

—— (1995) *Simulating Sovereignty: Intervention, the State, and Symbolic Exchange*, Cambridge: Cambridge University Press.

—— (1998) 'Performative States,' *Millennium*, 27 (1): 77-95.

—— (2001) *International Relations Theory: A Critical Introduction*, London: Routledge.

Weldes, J. (1999) *Constructing National Interests: The United States and the Cuban Missile Crisis*, Minneapolis: University of Minnesota Press.

—— (2003) (ed.) *To Seek Out New Worlds: Science Fiction and World Politics*, Basingstoke: Palgrave Macmillan.

Wendt, A. (1987) 'The Agent-Structure Problem in International Relations Theory,' *International Organization*, 41 (3) : 335-370.

—— (1992) 'Anarchy is What States Make of It: The Social Construction of Power Politics,' *International Organization*, 46 (2): 383-392.

—— (1999) *Social Theory of International Relations*, Cambridge: Cambridge University Press.

—— (2003) 'Why a World State is Inevitable,' *European Journal of International Relations*, 9 (4): 491-542.

West, R. (1941) *Black Lamb and Grey Falcon: A Journey through Yugoslavia*, New York: Viking Press.

Wetherell, M., Taylor, S., and Yates, S. J. (2001) *Discourses as Data: A Guide for Analysis,* Milton Keynes and London: Open University and Sage.

Wieseltier, L. (1993) 'Curses,' *The New Republic,* 209 (17): 46.

Wight, C. (1999) 'Meta Campbell: the Epistemological Problems of Perspectivism,' *Review of International Studies*, 25 (2): 311-316.

Wilkinson, T. (1995) 'Refugees tell of Serb Atrocities in Fall of "Safe Area",' *Los Angeles Times*, July 14, Al.

Williams, M. C. (1998) 'Identity and the Politics of Security,' *European Journal of International Relations,* 4 (2): 204-225.

—— (2001) 'The Discipline of the Democratic Peace: Kant, Liberalism and the Social Construction of Security Communities,' *European Journal of International Relations*, 7 (4): 525-554.

Williams, M. C. and Neumann, I. B. (2000) 'From Alliance to Security Community: NATO, Russia, and the Power of Identity,' *Millennium*, 29 (2): 357-388.

Wodak, R. and Meyer, M. (eds) (2001) *Methods of Critical Discourse Analysis,* London: Sage.

Wolfe, P. (1971) Rebecca *West: Artist and Thinker,* Carbondale: Southern Illinois University Press.

Wolff, L. (1994) *Inventing Eastern Europe: The Map of Civilization on the Mind of the Enlightenment,* Stanford: Stanford University Press.

Wood, P. C. (1994) 'Trance and the Post Cold War Order: The Case of Yugoslavia,' *European Security*, 3 (1): 129-152.

Woodward, S. L. (1995) *Balkan Tragedy: Chaos and Dissolution After the*

Cold War, Washington, D.C.: The Brookings Institution.

Wörner, M. (1991) 'NATO transformed: the significance of the Rome Summit,' *NATO Review*, 39 (6): 3-8.

Yuval-Davis, N. (1997) *Gender and Nation*, London: Sage.

Zalewski, M. (1995) 'Well, What is the Feminist Perspective on Bosnia?' *International Affairs,* 71 (2): 339-356.

Zalewski, M. and Parpart, J. (eds) (1998) *The 'Man' Question in International Relations*, Boulder: Westview.

Zarkov, D. (1995) 'Gender, Orientalism and the History of Ethnic Hatred in the Former Yugoslavia,' in H. Lutz, A. Phoenix, and N. Yuval-Davis (eds) *Crossfires: Nationalism, Racism and Gender in Europe,* London: Pluto Press.

Zehfuss, M. (2001) 'Constructivism and Identity: A Dangerous Liaison,' *European Journal of International Relations*, 7 (3): 315-348.

Zimmermann, W. (1996) *Origins of a Catastrophe: Yugoslavia and Its Destroyers –America's Last Ambassador Tells What Happened and Why*, New York: Times Books.

UK parliamentary debates

Located from www.publications.parliaxnent.uk/pa/cm/cmhansard.htm

Dates on debates cited in this book:

- September 25, 1992
- April 29, 1993
- May 5, 1995
- May 9, 1995
- July 19, 1995
- November 22, 1995
- December 12, 1995

US Senate debates

Located from http://thomas.loc.gov/

Titles and dates on debates cited in this book:

- 'Authorization of Multilateral Action in Bosnia-Herzegovina,' August 10,

1992
- 'Sarajevo on the Abyss: The Fatal Moment before Bosnia's Tragedy and the West's Shame are Complete,' August 03, 1993.
- 'Foreign Relations Authorization Act,' January 27, 1994.
- 'Lifting the Arms Embargo on Bosnia and Herzegovina,' May 10, 1994.
- 'Lifting the Arms Embargo on Bosnia and Herzegovina,' May 12, 1994.
- 'Deployment of United States Armed Forces in Bosnia and Herzegovina,' December 13, 1995.

索引

（按汉语拼音排序。页码为原书页码，即本书边码）

"9·11"袭击, September 11 attacks, 5n5, 27, 78-79, 220
"公平作战", 'fair fight', 136, 140-142, 185
"解除禁运和空袭"：'lift and strike'：
 鲍威尔的观点, Powell on, 119；
 伽特曼的观点, Gutman on, 180, 183-184, 209-210；
 卡普兰的观点, Kaplan on, 58, 149-150, 155；
 坎贝尔的论述, Campbell on, 180, 193, 196, 218；
 克林顿的观点, Clinton on, 8, 58, 116, 118, 120, 139-140, 146-147, 155, 212-215, 218；
 欧洲人的观点, Europeans on, 119-120, 138-139, 184-186, 192, 209-210；
 现实主义者的观点, realists on, 175, 178
 在美国话语中, in American discourse, 132, 138-142, 146-147, 184-186, 209-210, 212-215, 218；
 在英国话语中, in British discourse, 123, 130, 146-147, 212-215；
"领导者"与"民众"：'leaders' and 'people'：
 "领导者"与"民众"的二元划分, dichotomy, 114, 126-129, 132, 141, 144, 146-147, 170, 179, 184, 186-187, 189, 191, 200, 205, 213, 220；
也见"民众", *see also* 'people'
"泥潭", 'quagmire', 53, 109-110, 134
"平民"："people"：
 "平民"的建构, the construction of, 47, 84, 132-133, 170, 187；
"我"（第一人称）, 'I' (first person), 67-70

索引

《波黑自卫法案》, Bosnia and Herzegovina Self-Defense Act, 133
《现代启示录》, *Apocalypse Now*, 87
LexisNexis数据库，LexisNexis 84, 87
ProQuest数据库，ProQuest, 84, 87
阿布格莱布监狱, Abu Ghraib prison, 45, 61, 217
阿利雅·伊泽特贝戈维奇, Izerbegovic, Alija, 119-120, 198, 201-204, 206-209
埃内斯特·拉克洛和尚塔尔·穆夫, Laclau, Ernesto and Mouffe, Chnatal, 5n4, 19n1, 21, 46n4
艾伦·克莱恩斯顿(美国参议员), Cranston, Alan(US Senator), 112, 112n19, 135
爱德华·萨义德, Said, Edward, 84
安全, security, 33-6;
    "次级-安全"概念, sub-security concepts, 34;
    安全话语, discourses, 6, 22, 33-36, 40-41, 46-47, 50, 67, 78-80, 110, 112, 212, 215;
    安全困境, dilemma, 174;
    安全与北约, and NATO, 25-26, 53;
    安全与他者, and otherness, 38-41;
    安全与责任, and responsibility, 18, 33-36, 46, 50;
    反恐战争与安全, and the War on Terror and, 29;
    妇女的安全, of women, 188;
    共同安全, common, 36;
    霍尔布鲁克的观点, Holbrooke on, 204;
    凯南的观点, Kennan on, 171;
    理性主义者的观点, rationalists on, 33;
    美国的安全利益, American security interests, 29, 135, 144;
    全面安全, comprehensive, 36;
    人类安全, human, 36;
    世界安全, world, 36
    西方安全与干涉, Western security and intervention, 6;
    现实主义者的观点, realists on, 174;
    性别化的安全, gendered, 190-191;
安全化, securitization, 35, 67
安全区, safe areas, 118-120, 122-123
奥古斯特·措伊内, Zeune, August, 97
奥利·维夫, Wæver, Ole, 26n10, 35, 40, 49
奥马尔斯卡, Omarska, 117, 181-182, 183n1;

也见"营地"*see also* camps
奥斯曼帝国, Ottoman Empire, 97-100, 103-105, 107-108, 165；
    凯南的观点, Kennan on, 170-172；
    丽贝卡·韦斯特的观点, Rebecca West on, 158
奥匈帝国, Austrian-Hungarian Empire, 98；
    也见"哈布斯堡帝国"和"丽贝卡·韦斯特"关于奥地利的叙述 *see also* Habsburg Empire *and* West, Rebecca: on Austria
巴尔干化话语, Balkanization discourse, 43, 47, 105-108, 178, 209；
    20世纪90年代辩论中的巴尔干化话语, in 1990s debates, 149-150；
    巴尔干化话语与巴尔干话语, and Balkan discourse, 106-108；
    巴尔干化话语与古老仇恨, and ancient hatred, 166；
    巴尔干化话语与霍尔布鲁克, and Holbrooke, 208；
    巴尔干化话语与凯南, and Kennan, 58, 150, 171, 177
巴尔干化塞尔维亚话语, Balkanizing Serbia discourse, 180, 186-189, 191, 192, 209, 214；
巴尔库, Brcko, 182；也见"营地" *see also* camps
巴里·波森, Posen, Barry, 166, 173-174, 177
芭芭拉·塔奇曼, Tuchman, Barbara, 60
霸权, hegemony, 8, 11, 19, 52, 61, 63, 64, 74, 215-216；
    对霸权的评估, assessment of, 61, 74, 8n6
柏林会议, Congress of Berlin, 98, 98n1
拜占庭帝国, Byzantine Empire, 99-100, 107, 158, 170-173；
    拜占庭帝国和浪漫主义, and Romanticism, 151；
    卡普兰的观点, Kaplan on, 151, 153, 155, 165, 171-173；
    凯南的观点, Kennan on, 169-170, 172-173；
    丽贝卡·韦斯特的观点, Rebecca West on, 151, 153, 157-158, 161, 164-165, 171-173, 178
    作为空间维度表象, as spatial representation, 97；
保罗·米利欧可夫, Milioukov, Paul, 103
保罗·斯科特·莫雷尔, Mowrer, Paul Scott, 104
暴行, atrocities, 101-102, 111, 184, 211；
    暴行与巴尔干领导者, and Balkan leaders, 146, 214；
    暴行与萨达姆·侯赛因的表象, and the representation of Saddam Hussein, 28；
    克罗地亚人和穆斯林, Croatian and Muslim, 109, 129；
    欧洲的责任, European responsibility for, 186；
    塞尔维亚人的暴行, Serbian, 96, 109, 116, 120, 122, 124, 126, 129, 135-136,

139-140；

也见"种族清洗"，*see also* ethnic cleansing

北欧国家, Nordic states, 39

北约：NATO:

    后冷战时期北约的继续存在, post-Cold War survival of, 25-27, 40, 53, 76, 83；

    美国话语中的北约, in American discourse, 143；

    欧文的观点, Owen on, 198；

    现实主义的观点, realists on, 175；

    英国话语中的北约, in British discourse, 131；

    在波斯尼亚发挥的作用, role in Bosnia, 110, 120-123, 215；

    也见"显示力量行动" *see also* Operation Deliberate Force

贝蒂·登尼奇, Denich, Bette, 189-190

贝弗莉·艾伦, Allen, Beverly, 187-188

贝弗莉·克劳福特和罗尼·D·利布休斯, Crawford, Beverly and Lipschutz Ronnie, 173

贝鲁特：作为波斯尼亚的类比, Beirut: as analogy for Bosnia, 109, 134

本杰明·迪斯累里, Disraeli, Benjamin, 101

本体价值：ontopology, 194

比尔·克林顿：Clinton, Bill:

    比尔·克林顿关于地面部队的评论, on ground troops, 119, 141；

    比尔·克林顿关于欧洲的评论, on Europe, 120, 139-140, 186, 218；

    比尔·克林顿和波斯尼亚话语, and discourses on Bosnia, 6, 132-133, 136-139, 144, 146-147, 175, 214-215；

    比尔·克林顿和代顿协议, and the Dayton Accord, 122, 143-144；

    比尔·克林顿和霍尔布鲁克, and Holbrooke, 205-206；

    比尔·克林顿和卡普兰的《巴尔干幽灵》, and Kaplan's *Balkan Ghosts*, 8, 56, 58-59, 149-151, 154-155, 166, 216；

    比尔·克林顿和领导地位, and leadership, 139, 144；

    比尔·克林顿和民主和平论, and democratic peace, 27；

    比尔·克林顿和万斯—欧文和平计划, and the Vance-Owen Peace Plan, 8, 118-119, 203

    回忆录, memoir, 61；

比较话语分析, comparative discourse analysis, 52, 75-79, 81,

波格丹·登尼奇, Denitch, Bogdan, 113, 184

伯纳德·詹维尔, Janvier, Bernard, 121

补充, supplement, 21

不可改变的身份, intransient identities, 127, 142, 176, 193
布莱登·西蒙斯, Simms, Brendan, 130
布雷恩·霍尔, Hall Brain, 57, 149, 156, 160, 163
布鲁斯·拉西特, Russet, Bruce, 27
部落: tribal:
    被视为部落的巴尔干, Balkan as, 42, 49, 96；
    被视为欧洲人的他者, as the European Other, 107；
    部落的时间性, and temporality, 48
    积极符号, as positive signifier, 100；
    卡普兰的观点, Kaplan on, 107, 151, 171, 173；
    凯南的观点, Kennan on,106；
查尔斯·加蒂, Gati, Charles,108
查尔斯·库普乾, Kupchan, Charles A., 113, 184
差异；参见关联与差异, differentiation, see linking and differentiation
沉默点, silent spot,143; 也见"空白点", see also blank spot
茨维坦·托多洛夫, Todorov, Tzvetan, 42
大屠杀, Holocaust, 89, 137, 182, 198
戴维·瑞尔夫, Rieff, David,113n21, 156, 184-185, 186n4, 217n2
代顿协议, Dayton Accord, 33, 88, 122-123；
    霍尔布鲁克的观点, Holbrooke on,197, 206-209；
    坎贝尔的观点, Campbell on, 195；
    欧文的观点, Owen on, 203；
    现实主义的观点, realists on,174
    在美国话语中, in American discourse, 143-144；
    在英国话语中, in British discourse,129, 131-132；
戴安·比约克隆, Bjorklund, Diane, 69-71, 65n5, 70n10, 71n11
戴维·坎贝尔：Campbell, David:
    对现实主义的解读, readings of realists, 173, 192-193；
    关于波斯尼亚战争的论述, on Bosnian War, 192-198, 208-210；
    关于道义的论述, on ethnics, 39n1, 193n9；
    关于他者特征的论述, on degrees of otherness, 37-39, 39n1；
    话语分析的物质方面, on material aspect of discourse analysis, 22-23；
    坎贝尔与后结构主义, and poststructuralism, 4n3, 10n10；
    坎贝尔与霍尔布鲁克, and Holbrooke, 208；
    有关安全的论述, on security, 34；
    有关欧文的论述, on Owen,198, 203；

《书写安全》一书的研究设计, research design of *Writing Security*, 8n7, 75, 79-80, 81;

《作为实践的安全》, and *Security as Practice*, 218-219

戴维·欧文, Owen David, 96, 117, 121, 210;

 《巴尔干历程》, *Balkan Odyssey*, 198-204;

 戴维·欧文对丽贝卡·韦斯特的评述, on Rebecca West, 200

 媒体的评论, media on, 197;

 形成经历, formative experiences of, 206-207;

丹·奎尔, Quayle, Dan, 60

丹尼尔·康维塞, Conversi, Daniele, 157

丹尼斯·迪康西尼（美国参议员）, De Concini, Dennis (US Senator), 112n19, 135

道格拉斯·赫德, Hurd, Douglas, 124-126, 130-131

德康斯坦, de Constant, d'Estournelles, 102-104;

低劣, inferiority, 21, 49, 76, 157;

 巴尔干的表象, representation of Balkan, 89, 102, 104-105;

 低劣和邪恶, and evil, 41;

 低劣和性别, and gender, 19, 21, 190;

 俄罗斯人的表象, representation of Russian, 40

 墨西哥人的表象, representation of Mexican, 62;

 穆斯林的表象, representation of Muslim, 157;

地面部队, ground troops, 33, 89, 119, 132-134, 136-144, 147, 175, 214

地面武装力量, ground forces; 参见"地面部队", *see* ground troops

东方／东方主义, Orient / Orientalism, 47, 84;

 东方和巴尔干身份, and Balkan identity, 43, 98-99, 105, 113, 168, 202

毒品战, War on Drugs, 22-23, 80

多元文化主义, multiculturalism, 96, 113, 119, 126, 184, 209-210, 218;

 多元文化主义和巴尔干化的塞尔维亚话语, and Balkanizing Serbia discourse, 188-189;

 多元文化主义和代顿协议, and the Dayton Accord, 197;

 伽特曼的观点, Gutman on, 180, 182-183;

 亨廷顿的观点, Huntington on, 167, 169;

 霍尔布鲁克的观点, Holbrooke on, 207-209;

 卡普兰的观点, Kaplan on, 155-156;

 坎贝尔的观点, Campbell on, 176, 180, 193-197, 218-219;

 美国的多元文化主义经历, American experience of, 185;

美国话语中的多元文化主义, in American discourse, 136, 139-140, 143；
　　欧文的观点, Owen on, 198, 201-203；
　　瑞尔夫的观点, Rieff on, 185, 187
　　现实主义的观点, realists on, 174, 176；
多种族：参见"多元文化主义", multi-ethnic see multiculturalism
俄罗斯：Russia:
　　俄罗斯与波斯尼亚, and Bosnia, 119, 121；
　　俄罗斯与卡耐基委员会报告, and the Carnegie Endowment's report, 103；
　　俄罗斯与欧洲的概念, and the idea of Europe, 40, 63, 75；
　　凯南的观点, Kennan on, 170；
　　人民与共产主义者, people versus communists, 170
反思, retrospection, 70, 181, 197, 199, 205
反思主义, reflectivism, 3
菲利普·罗思, Roth, Philip, 70
菲利普·莫里隆, Morillon, Philippe, 119
费尔南·布罗代尔, Braudel, Ferdinand, 98, 167
分裂的主体, split subject, 112, 129, 186
风暴行动, Operation Storm, 122
弗兰兹·斐迪南, Ferdinand, Franz, 108, 135
弗里德里希·克劳托奇维尔, Kratochwil, Friedrich, 3
父权制, patriarchy, 189-191
妇女：woman:
　　卡普兰的观点, Kaplan on, 154；
　　丽贝卡·韦斯特的观点, Rebecca West on, 161；
　　男女差异, as different from man, 19；
　　女权主义的观点, feminists on, 190；
　　也见"女性"和"性别", see also female and gender
概念历史, conceptuall history, 53, 79, 84, 97, 149
戈拉日代, Gorazde, 117, 119, 121-123, 131
哥本哈根学派, Copenhagen School, 18, 22n2
个人经历, personal encounters, 56, 66, 68, 71-72, 181；
　　霍尔布鲁克的个人经历, Holbrooke's, 204, 207-208, 210；
　　卡普兰的个人经历, Kaplan's, 151；
　　凯南的个人经历, Kennan's, 170；
　　丽贝卡·韦斯特的个人经历, Rebecca West's, 159-160
　　罗宾·库克的个人经历, Robin Cook's, 131；

索 引 | 275

　　欧文的个人经历, Owen's, 198, 200-201, 204, 210;
古老仇恨, ancient hatred, 41, 212, 220;
　　古老仇恨与卡普兰, and Kaplan, 151-152, 216;
　　古老仇恨与西方不采取行动的政策, and Western policy of inaction, 31
　　古老仇恨与现实主义, and realism, 173-176;
　　亨廷顿的观点, Huntington on, 169;
　　互文性, intertextuality of, 149-150, 164, 166-167, 176-178;
　　霍尔布鲁克的观点, Holbrooke on, 204;
　　坎贝尔的观点, Campbell on, 193;
　　美国辩论中的古老仇恨, in American debates, 137, 140, 143, 179;
　　英国辩论中的古老仇恨, in British debates, 124;
关键事件；key events, 参见"事件"see events
关键文本, key text, 82-85, 87, 209, 219;
　　《巴尔干幽灵》, Balkan Ghosts as, 155, 164, 176-177, 181;
　　《国际政治理论》, Theory of International Politics as, 3;
　　《黑色羔羊与灰色猎鹰》, Black Lamb and Grey Falcon as, 164, 176-177;
　　《文明的冲突？》, The Clash of Civilizations?, 177;
　　《种族灭绝见证者》, A Witness to Genocide as, 180-181
　　《作为实践的安全》一书中的关键文本, in Security as Practice, 88, 92, 148-150;
　　凯南的"序言", Kennan's Introduction as, 177;
　　诺依曼关于关键文本的论述, Neumann on, 84n3;
关联与区分：linking and differentiation:
　　关联与区分过程, process of, 19-21, 19n1, 25, 29, 37-38, 42, 44-46, 51, 53, 126
关于波斯尼亚独立的全民公决, Referendum on Bosnian independence, 117, 119
规范, norms, 3, 22, 27
国际关系（IR）理论, International Relations (IR) theory, 1-5, 9, 17, 27, 34, 48, 56, 63, 72, 76, 91, 165-166, 192, 216
国际红十字会, International Red Cross, 183, 183n1
国家利益：national interests:
　　巴尔干话语中的国家利益, in Balkan discourse, 110;
　　国家利益的建构, the construction of, 26, 29, 34, 50, 214-215;
　　国家利益与"领导者"与"平民"的划分, and split between 'leaders' and 'people', 187
　　国家利益与政治权威的建构, and the construction of political authority, 67;
　　亨廷顿的观点, Huntington on, 168;

美国话语中的国家利益, in American discourse, 134-135, 144；
英国话语中的国家利益, in British discourse,125-126；
种族灭绝话语中的国家利益, in Genocide discourse, 112；
国家身份, national identity, 19, 23, 26, 29, 38, 80
国家主权, state sovereignty, 3, 34, 48, 50, 57, 81, 187, 215
哈布斯堡帝国, Habsburg Empire, 98, 108, 134, 157-158, 161, 165, 172
海湾战争, Gulf war(s), 78, 117
海牙国际刑事法庭, International Criminal Tribunal in The Hague,195n10, 201-202
和平计划, peace plans
    参见"代顿协议"；"万斯—欧文和平计划"；"无敌号和平计划"；"三个共和国联盟和平计划"；"联合行动计划", see Dayton Accord, Vance-Owen Peace Plan, *Invincible* Peace Plan, Union of Three Republics Peace Plan, *and* Joint Action Plan
后现代主义, postmodernism ,xi科林·鲍威尔, Powel, Colin, 119
互文性, intertextuality, 8, 55-56,176-179, 211, 215-219；
    《巴尔干历程》的互文性, of *Balkan Odyssey*, 200；
    《巴尔干幽灵》的互文性, of *Balkan Ghosts*,150, 153, 155-156；
    《黑色羔羊和灰色猎鹰》的互文性, of *Black Lamb and Grey Falcon*, 149, 156, 200；
    概念的互文性, conceptual, 57, 91, 149-150, 164-166, 173, 177；
    互文的形式, forms of, 57；
    互文模式, models, 59-64, 74-75, 77-78, 80-88；
    互文性的定义, definition of, 56；
    互文性和关键文本, and key texts, 74；
    互文性和三步阅读, and three-step reading, 59；
    互文性和体裁, and genre, 65；
    互文性和引言, and quotes, 57；
    互文性影响, influence, 60-61, 66；
    文明的互文性, of civilizations, 164-173；
    政治互文性, political, 56；
    直接互文性, direct, 164, 176-177；
    也见"古老仇恨", *see also* ancient hatred
话语：discursive:
    话语本体论, ontology, 17；
    话语的碰撞, encounter,76-77, 77n1, 88；
    话语的稳定性, stability, 14, 18, 42, 74, 123, 138, 147, 188, 214

话语的因果关系, causality, 12, 26；
话语构成, formation, 4, 19；
话语认识论, epistemology, 12, 17, 23-24, 28, 41；
话语域, field, 7, 30, 58, 145；

话语的稳定性, stability of discourses, 37, 116, 123, 145-147, 214；
 巴尔干化的塞尔维亚话语的稳定性, of Balkanizing Serbia discourse, 189；
 巴尔干话语的稳定性, of Balkan discourse, 111；
 对话语稳定性的评估, assessment of, 74；
 官方话语, official discourses, 32；
 话语的稳定性与关联和差异, and linking and differentiation, 42, 44-45；
 话语的稳定性与亨廷顿, and Huntington, 168；
 话语的稳定性与凯南, and Kennan, 172；
 话语的稳定性与克林顿, and Clinton, 138, 155；
 话语的稳定性与身份和政策, and identity and policy, 18, 29-32；
 话语的稳定性与新现实主义, and neorealism, 176；
 话语的稳定性与重大事件, and significant events, 138
 话语与争论, and contestations, 18；
 人道主义责任话语的稳定性, of humanitarian responsibility, 28, 130；
 双重"波斯尼亚主体"的话语稳定性, of dual 'Bosnian subject', 127；
话语中的空白点：blank spot: in discourses, 136, 145-147, 186, 212；
 也见沉默点，*see also* silent spot
回忆录, memoir, 61, 63, 66-69, 71, 197, 207, 209；
 也见"自传"，*see also* autography
基本话语, basic discourse, 51-54, 65, 79, 84, 136, 213-214；
 基本话语的修正与变体, modification and variations of, 145, 175-176, 179-181, 184, 189, 198, 217；
 西方关于波斯尼亚的辩论中的基本话语, in Western debate over Bosnia, 95-115
基督徒/基督教, Christian/Christianity, 38-39, 43, 47, 50, 72, 99-101, 103, 105, 155, 168-169, 172-173
激情：passion:
 激情与巴尔干身份, and Balkan identity, 100, 108, 151, 159, 170, 192, 212；
 丽贝卡·韦斯特的表象, the representation of Rebecca West, 154
建构主义, constructivism, 1-5, 5n4, 8, 22, 25n6, 26n10, 26-28；
 建构主义关于身份的论述, on identity, 25-28；
 建构主义关于因果关系的论述, on causality, 9-10, 12, 26-28；
 建构主义和表象与政策之间的关联, and link between representations and

policy, 31；

也见"亚历山大·温特" see also Wendt, Alexander

金、基欧汉和维尔巴, King, Keohane and Verba, 2, 5, 9-10

酒：出现在巴尔干身份的表象中, alcohol: in the representation of Balkan identities, 151-152, 152n1, 152 n2；

酒与米洛舍维奇，and Milosovic，207

军事可行性, military feasibility, 110, 112, 115, 212, 215；

坎贝尔的观点, Campbell on, 196；伽特曼的观点, Gutman, 183

美国话语中的军事可行性, in American discourses,,132, 147；

英国话语中的军事可行性, in British discourses, 130；

军事能力, military capabilities, 29-30, 33, 174

卡尔·莱文（美国参议员）, Levin, Carl (US Senator), 133, 135

卡灵顿勋爵, Carrington, Lord, 117, 217

卡耐基委员会, Carnegie Commission:

卡耐基委员会报告的互文性,，intertextuality of, 58, 150, 169-170, 172-173, 177, 216；

卡耐基委员会和亨廷顿，and Huntington, 166；

卡耐基委员会和文明话语，and the civilizational discourse, 101-103；

《作为实践的安全》一书的研究设计，in the research design of *Security as Practice*, 89, 92

卡赞斯坦、克拉斯纳和基欧汉, Katzenstein, Krasner and Keohane, 4

凯琳·菲尔克, Fierke, Karin, 5n4

凯瑟琳·迈克金侬, Mackinnon, Catherine A., 190-191

考夫曼, Kaufmann,Chaim,174

科尔特斯, Cortés, Hernando, 43, 47

科瑞特尔姆, Kereterm, 182；

也见"营地" *see also* camps

科索沃, Kosovo, 25, 26n 9, 27, 61, 79-80, 120, 152-154, 157, 162-163, 187n5, 187n6, 205, 215

克里斯·希尔, Hill, Michael, 208

肯尼斯·华尔兹, Waltz, Kenneth, 3,57,174

空袭, air strikes, 114, 118-122, 130-132, 140, 143, 198, 203；

也见"解除禁运和空袭"，*see also* 'lift and strike'

快速反应部队, Rapid Reaction Force, 121

拉多万·卡拉季奇, Karadzic, Radovan,183, 201, 207

拉斯·卡萨斯, Las Casas, Bartolomé de, 43, 47-49, 50

拉特科·姆拉迪奇, Mladic, Ratko, 201n16, 207
莱斯·阿斯平, Aspin, Les, 110
浪漫主义：Romanticism:
  浪漫主义话语, discourse, 100-101, 104, 151, 153, 177, 211-212, 216；
  浪漫主义与拜伦, and Byron, 40, 43, 47, 99-101, 103-105；
  浪漫主义与霍尔布鲁克, and Holbrooke, 207；
  浪漫主义与卡普兰, and Kaplan, 151, 153-156, 172-173, 177-178；
  浪漫主义与凯南, and Kennan, 170, 173, 177-8；
  浪漫主义与丽贝卡·韦斯特, and Rebecca West, 149, 157, 159-161, 172-173, 177-178
  浪漫主义与女权主义者, and feminists, 191；
劳伦斯·伊格尔伯格, Eagleburger, Lawrence, 183
里昂·威塞蒂尔, Wieseltier, Leon, 185-186
理查德·A.·克拉克, Clarke, Richard A., 61
理查德·阿什利, Ashley, Richard, 3, 4n2
理查德·霍尔布鲁克, Holbrooke, Richard, 61, 70, 92, 122, 143, 204-210；
  理查德·霍尔布鲁克的性格形成经历, formative experiences of, 70, 192；
  理查德·霍尔布鲁克对丽贝卡·韦斯特的评论, on Rebecca West, 157
  媒体对理查德·霍尔布鲁克的评价, the media's evaluation of, 197；
理查德·普利斯和克里斯蒂安·列乌特-斯密特, Price, Richard and Reus-Smit, Christian,
理性主义, rationalism, 2-5, 8-10, 8n8, 22, 25, 27-28, 33, 68, 101
历史类比, historical analogies, 53, 109, 130, 135
丽贝卡·韦斯特, West, Rebecca, 156-164, 216；
  布莱恩·豪尔的观点, Brian Hall on, 57, 149, 156, 160, 163；
  霍尔布鲁克的观点, Holbrooke on, 157；
  丽贝卡·韦斯特的个人经历, personal encounters of, 159-160；
  丽贝卡·韦斯特的亲塞尔维亚观点, as pro-Serbian, 8, 59, 149, 156-157, 160, 163-164, 177, 216；
  丽贝卡·韦斯特对土耳其人的评述, on Turks, 161-162
  丽贝卡·韦斯特关于奥地利的观点, on Austria, 158, 161；
  丽贝卡·韦斯特关于拜占庭帝国／文化的观点, on Byzantine Empire/culture, 151, 153, 157-158, 161, 164-165, 171-173, 178；
  丽贝卡·韦斯特有关斯拉夫人身份／统一的观点, on Slavic identity/unity, 58, 156-164, 166, 177-178；
  丽贝卡·韦斯特有关献祭的观点, on sacrifice, 159, 162-163；

丽贝卡·韦斯特与表象的中世纪逻辑, and medieval logic of representation, 160;
  丽贝卡·韦斯特与反思, and retrospection, 70;
  丽贝卡·韦斯特与互文性, and intertextuality, 149, 164-166, 172, 176, 178;
  丽贝卡·韦斯特与卡普兰, and Kaplan, 8, 57, 149, 151-154, 156;
  丽贝卡·韦斯特与凯南, and Kennan, 170;
连环漫画, comics, 217, 217n2
联合国：UN:
  核查重型武器, monitoring of heavy weapons, 117;
  霍尔布鲁克的观点, Holbrooke on, 205-206;
  坎贝尔的观点, Campbell on, 196, 219;
  联合国—北约双键制, dual UN-NATO key, 120;
  联合国部队, forces, 109;
  联合国人质, hostages, 121, 123;
  联合国与安全区, and safe areas, 119;
  联合国与空袭, and air strikes, 122;
  联合国与强奸, and rape, 191;
  联合国与斯雷布雷尼察, and Srebrenica, 122;
  欧文的观点, Owen on, 198;
  武器禁运, weapons embargo, 117
  英国话语中的联合国, in British discourse, 124, 126;
联合国保护部队, UNPROFOR, 118, 120-123, 125-126, 128, 130, 145, 157, 209, 213, 215
联合行动计划, Joint Action Plan, 119
联络小组, Contact Group, 120-121, 124
流行文化, popular culture, 2, 7, 8n8, 9n9, 12, 44, 60, 62, 62n3, 64, 65-66, 74, 78, 87, 216-217
鲁伯特·斯密斯, Smith, Rupert, 121
路易斯·麦肯齐, MacKenzie, Lewis, 109
伦敦和会, London Conference, 117, 123, 133, 136n8
罗宾·库克, Cook, Robin, 131
罗伯特·B·J·沃克, Walker, Robet B.J., 3, 4n2, 46n5
罗伯特·D·卡普兰, Kaplan, Robert D., 150-156;
  互文性, intertextuality of, 149, 164, 176;
  卡普兰关于文明的论述, on civilization, 165;
  卡普兰和古老仇恨, and ancient hatred, 96, 107, 150-156, 164;

卡普兰和凯南, and Kennan, 172;
卡普兰和克林顿, and Clinton, 8, 58, 150-151, 154-155;
卡普兰和浪漫主义, and Romanticism, 151-156;
与丽贝卡·韦斯特的互文性联系, intertextual link to Rebecca West, 8, 57, 149, 151-154, 156;
《作为实践的安全》的文本材料, as textual material for Security as Practice, 92
罗伯特·弗雷舍尔, Frasure, Robert C., 206
罗伯特·基欧汉, Keohane, Robert, 3-4;
基欧汉有关女权主义的论述, on feminism, 3n1
罗伊·伽特曼, Gutman, Roy, 61, 92, 117, 179-184, 209-210
落后：backwardness:
　巴尔干的落后, Balkan, 42, 49, 96-97, 104-105, 107-108, 114;
　出现在英国话语中, in British discourse, 126;
　卡耐基委员会的观点, Carnegie Endowment on, 102;
　凯南的观点, Kennan on, 171;
　落后与时间维度的表象, and temporal representations 7, 48, 102
吕西安·费弗尔, Febvre, Lucien, 101
马尔科姆·里夫金德, Rifkind, Malcolm, 131-132
马其顿, Macedonia, 111, 117, 120, 157-158, 160-162, 164, 171, 178, 205, 215
玛利亚·V. 托多罗娃, Todorova, Maria, 89, 92, 98n1, 101n6
迈克尔·J·夏皮罗, Shapiro, Michael, 3
迈克尔·波蒂略, Portillo, Michael, 106, 124-125, 129, 132
迈克尔·赫尔, Herr, Michael, 72
迈克尔·罗斯, Rose, Michael, 120-121, 152n2
曼弗莱德·韦尔纳, Wörner, Manfred, 26n9, 120
曼杰采，Manjaca，181;
　也见"营地" see also camps
美国参议院外交委员会, US Senate Foreign Relations Committee, 86
美国的种族灭绝话语，American Genocide discourse, 175, 179-180, 185-186, 196, 204, 206, 208-209, 213-214
米拉·马尔科维奇, Markovic, Mira, 201
米洛凡·吉拉斯, Djilas, Milovan, 152
米歇尔·福柯, Foucault, Michel, 4, 5n4, 19, 53, 212
民主：democracy:
　概念, the concept, 27, 57;
　基辛格有关民主的论述, Kissinger on, 24n4;

丽贝卡·韦斯特关于民主的论述, Rebecca West on, 159, 159n11, 164

民主与北约, and NATO, 26n8, 26n 9；

民主与波斯尼亚, and Bosnia, 96, 126, 142, 144, 188；

民主与对外政策, and foreign policy, 27, 40-41, 113, 144, 188；

民主与无政府状态, and anarchy, 34；

民主与西方国家身份, and the identity of the West, 184, 188；

新闻报道与学术作品的权威模式, and modalities of authority for journalism and academic writing, 67；

伊泽特贝戈维奇的民主表象, the representation of Izetbegovic as, 207；

民主和平论, democratic peace thesis, 27-28

民主化的时间身份, democratization, temporal identity of, 48

明石康, Akashi, Yasushi, 121

墨西哥人, Mexicans, 62

慕尼黑, 关于慕尼黑的教训, Munich, the lesson of, 163, 197

纳粹主义, Nazism, 106-108；

伽特曼的观点, Gutman on, 182；

卡普兰的观点, Kaplan on, 151；

丽贝卡·韦斯特的观点, Rebecca West on, 158-159, 163-164

美国辩论中的纳粹主义, in American debates, 135；

纳粹主义与巴尔干化的塞尔维亚话语, and Balkanizing Serbia discourse, 187；

欧文的观点, Owen on, 198；

奈尔森·德鲁, Drew, Nelson, 206

男人：men:

巴尔干男人, Balkan, 42, 151-154；

波斯尼亚男人, Bosnian, 122；

霍尔布鲁克对巴尔干男人的描述, Holbrooke on Balkan, 205；

丽贝卡·韦斯特对达尔马提亚男人的描述, Rebecca West on Dalmatian, 160；

穆斯林男人, Muslim, 32, 122；

女权主义者的观点, feminists on, 189-192, 209；

与"女人"相对的概念, in opposition to women, 19；

也见"男性"和"男性气质" see also male and masculinity

男同性恋, gay, 62, 62n3；参见"同性恋", see also homosexuality

男性：male:

巴尔干男性, Balkan. 71, 190；

西方男性, Western, 40, 78；

喜欢争斗的男性, as aggressive, 191；

作为拥有特权的政治主体, as privileged political subject, 19, 21;
也见"男性气质"和"男人" see also masculinity and men
男性气质: masculinity:
巴尔干的男性气质, Balkan, 45, 153n3;
丽贝卡·韦斯特的观点, Rebecca West on, 160;
男性气质和《巴尔干幽灵》, and *Balkan Ghosts*, 154;
男性气质和西方维和人员, and Western peacekeepers, 78;
女权主义者的观点, feminists on, 180, 190-192, 213n1;
也见"男性"与"男人", see also male and men
南斯拉夫人民军, Yugoslav People's Army（JNA）, 116-117
尼古拉斯·奥努夫, Onuf, Nicholas, 3
女性气质, femininity, 19, 40, 72, 154, 160, 190-191;
也见"性别"和"妇女", see also gender and woman
女权主义理论, feminist theory, 88, 92, 180, 190-191, 210
欧共体/欧盟, EC/EU, 5, 40, 49, 76-78, 85, 117-118, 121, 123, 198-199, 204
帕特里克·格林, Glynn, Patrick, 197
彭尼·马歇尔, Marshall, Penny, 117, 181
平等各方, 'equal parties', 112, 124, 126, 129, 131, 143, 146, 189
谱系学, genealogy, 13, 53, 79, 82-84, 212
欺骗与话语分析, deception and discourse analysis, 28
乔治·G·拜伦, Byron, George G., 40, 43, 47, 99-103, 106
乔治·H·布什, Bush, George H., 22, 81, 89-90, 107, 116-118, 133, 146, 183, 185-186, 204
乔治·W·布什, Bush, George W., 28-33, 41, 44-45, 53, 56, 61, 72, 72n12
乔治·凯南, Kennan, George F., 14, 58, 91, 108-7, 150, 165, 169-173, 178, 190, 192
切莱斯特·沃兰德, Wallander, Celeste, 25-26, 25n7
权威, authority, 8, 65-66;
安全, and security, 34;
伽特曼的建构, the construction of Gutman's, 181, 210;
官方话语中的权威, in official discourse, 55-56, 130-131;
霍尔布鲁克的建构, the construction of Holbrooke's, 204-205;
媒体话语中的权威, in media discourse, 55-56;
欧文的建构, the construction of Owen's, 200, 203;
体裁的权威 and genre, 55-56, 65-68, 74;
文本与互文性的权威, of texts and intertextuality, 55-56, 211, 215-216

学术话语中的权威, in academic discourse, 66;
  正式文本材料的权威, of formal and textual material, 83, 85-87;
  政治领导人的权威, of political leaders, 60;
  知识的主体性和叙述形式, and subjective and narrative forms of knowledge, 66-68, 72;
  自传、非虚构文学体裁中的权威, in autobiography/literary non-fiction, 55-56, 67-68;
人道主义责任, humanitarian responsibility, 50, 212-213, 218-219;
  坎贝尔关于人道主义责任的论述, Campbell on, 193, 196;
  人道主义责任和欧文, and Owen, 198, 200, 204
  人道主义责任和性别化的种族灭绝话语, and Gendering Genocide discourse, 191;
  人道主义责任话语, discourse, 126-131, 133, 139, 141, 144, 146, 179, 191, 198, 200, 204, 212-213, 218;
  在美国辩论中, in American debates, 132-133, 142, 141, 144, 146;
  在英国辩论中, in British debates, 123-131, 146;
认识论: epistemology:
  反思主义认识论, reflectivist, 3;
  后结构主义认识论, poststructuralist, 17, 23-24, 28, 41;
  社会认识论, as social, 84;
  因果/理性主义认识论, causal/rationalist, 1-5, 8-10, 12, 28;
  作为选择的认识论, as choice, 28;
日本: Japan:
  作为对美国安全的威胁, as threat to American security, 35, 80;
  作为一种文明, as civilization, 167
萨达姆·侯赛因, Hussein, Saddam, 28, 30-31, 33, 41, 44, 78, 174n21;
萨拉热窝: Sarajevo:
  伽特曼的观点, Gutman on, 182;
  霍尔布鲁克的观点, Holbrooke on, 205-206, 208;
  卡普兰的观点, Kaplan on, 151;
  萨拉热窝大屠杀, massacre in, 120, 122-123, 137, 139, 143, 146;
  作为多元文化主义的象征, as symbol of multiculturalism, 113-114, 140, 143, 182
塞勒斯·万斯, Vance, Cyrus, 117, 199
塞缪尔·P·亨廷顿, Huntington, Samuel P., 60, 83, 185;
  亨廷顿和巴尔干话语, and Balkan discourse, 107, 178;

亨廷顿和互文性, and intertextuality, 57, 61, 150, 165-169, 177；

亨廷顿和穆斯林他者, and the Muslim Other, 219；

卡普兰对亨廷顿的评论, Kaplan on,165, 165n17, 168n20；

《作为实践的安全》的文本材料, as textual material for *Security as Practice*, 92

三个共和国联盟和平计划, Union of Three Republics Peace Plan, 120

色情：pornography:

 色情与巴尔干的身份表象, and representations of Balkan identity,152, 190-191

圣·奥古斯丁, Augustine, Saint, 38-39,162

时间表, timeline, 32 ,87-88, 115-116, 123

史蒂芬·沃尔, Wall, Stephen, 199

事件: events:

 波斯尼亚战争中的关键事件, key events in Bosnian war, 120,122, 124, 128-129, 138-139, 145-147；

 单一事件研究, single-event studies, 79

 多事件研究, multiple-events studies,75, 80-81；

 关键事件, key, 32, 115-116, 120；

 回忆录中的事件, in memoir, 69-70, 157, 162；

 事件的定义, definition of, 32, 80；

 事件的话语建构, discursive construction of, 32-33, 45, 52, 60；

 事件与《作为实践的安全》一书的研究设计, and the research design of *Security as Practice*, 88-90,115-116, 214, 217；

 事件与研究设计, and research designs, 9, 75, 77-83；

事实, facts,31-33, 214；

 第一位和第二位的事实, first-and second-order, 22-23；

 对事实的话语回应, discursive responses to,18, 52；

 费弗尔关于事实的论述, Febvre on, 101；

 事实与互文性, and intertextuality, 57；

 事实与回忆录, and memoir, 68-70

 事实与调研式新闻报道, and investigative journalism, 55, 179-182；

 物质性, materiality, 22；

 重要事实, important, 32-33, 55；

受害者, victims, 103, 173；

 波斯尼亚受害者的表象, representation of Bosnian, 96, 112-114, 126, 128, 130, 142-143；

 女性的表象, representation of female, 45, 191-192；

 欧文的观点, Owen on, 197, 200

平民的表象, representation of civilian, 124-130, 132, 146, 212-213;
斯蒂芬·沃尔特, Walt, Stephen, 31
斯雷布雷尼察, Srebrenica, 32-33, 80, 119-120, 122-124, 129, 146, 214;
　　霍尔布鲁克的观点, Holbrooke on, 204, 206;
　　斯雷布雷尼察与显示力量行动, and Operation Deliberate Force,143
　　斯雷布雷尼察与种族灭绝话语, in Genocide discourse,111;
　　英国话语中的斯雷布雷尼察, in British discourse, 123-124, 129;
斯洛博丹·米洛舍维奇, Milosevic,Slobodan, 113n22, 115;
　　伽特曼的观点, Gutman on, 183;
　　霍尔布鲁克的观点, Holbrooke on, 61, 207, 207n18;
　　卡普兰的观点, Kaplan on, 152;
　　米洛舍维奇和丽贝卡·韦斯特, and Rebecca West,164;
　　欧文的观点, Owen on, 198，201-202，201n16;
　　威塞蒂尔的观点, Wieseltier on, 185
　　种族灭绝话语中对米洛舍维奇的表象, the Genocide discourse's representation of, 187;
苏联, Soviet Union, 39;
　　北约与苏联, NATO and, 26, 26n9
　　凯南的观点, Kennan on, 170;
　　苏联与波罗的海地区, and the Baltic Sea area,78;
　　苏联与海湾战争, and the Gulf War, 83, 117;
索瓦尔德·斯托尔滕贝格, Stoltenberg,Thorvald, 121
汤姆·克兰西, Clancy, Tom,60
特尔诺波尔耶, Trnopolje, 117, 181-182;
　　也见"营地", *see also* camps
特拉伊安·斯托亚诺维奇, Stoianovich,Traian, 98, 98n3, 100
体裁, genre，8, 52;
　　体裁的定义, definition of,65-66;
　　体裁和对外政策, and foreign policy, 60, 63, 72, 148-149, 179, 210, 215-217;
　　体裁和基本话语, and basic discourse, 95, 136;
　　体裁和权威建构, and construction of authority, 55-56, 65-69;
　　体裁和研究设计, and research designs, 74, 87, 95;
　　体裁和知识, and knowledge, 55, 66;
　　也见"学术作品"，"自传"，"调研式新闻报道"，"回忆录"和"游记"，*see also* academic writing, autography, investigative journalism, memoir, *and* travel writing

调研式新闻报道, investigative journalism, 55, 179, 181, 210

铁托, Tito, 154, 201

同性恋, homosexuality, 34, 38, 47, 62,
    也见"男同性恋" see also gay

图兹拉, Tuzla, 119, 121-123, 139, 146

土耳其: Turkey:
    格莱斯顿的观点, Gladstone on, 101;
    凯南的观点, Kennan on, 107, 171-172;
    浪漫主义话语中的土耳其, in Romanticism discourse, 103, 161;
    丽贝卡·韦斯特的观点, Rebecca West, 161-162
    土耳其与"巴尔干"这一概念, and the concept of the 'Balkans', 97-98, 108;
    土耳其与拜占庭帝国, and the Byzantine Empire, 100;
    土耳其与欧盟, and the EU, 75, 77;
    土耳其与希腊, and Greece, 106, 215;
    文明话语中的土耳其, in the civilizational discourse, 107, 172;

托马斯·霍布斯, Hobbes, Thomas, 34, 34n12, 56

托马斯·里赛-卡彭, Risse-Kappen, Thomas, 26, 26n8

托尼·布莱尔, Blair, Tony, 79

万斯—欧文和平计划, Vance-Owen Peace Plan（VOPP）, 8, 14, 118-119, 121-124, 129, 137-138, 155, 195, 197-198, 197n13, 203-204, 206

威廉·E·康诺利, Connolly, William E., 12, 38-9, 39n1

威廉·柯恩, Cohen, William, 133

威廉姆·E·格莱斯顿, Gladstone, William E., 101

韦斯娜·戈德斯沃兹, Goldsworthy, Vesna, 89, 92, 99-100

维和人员: peacekeepers:
    德国维和人员, German, 123n2;
    美国维和人员, American, 146;
    男性维和人员, male, 78
    在波斯尼亚的欧洲维和人员, European in Bosnia, 89, 118-119, 121-122, 130;

温伯格, Weinberger, Caspar, 60

文本的"不可定性", undecidability, 21

文本权威，参见"权威" textual authority see authority

文化诠释, cultural hermeneutic, 71-72

文明话语, civilizational discourse, 89, 92, 105, 149, 212;
    文明话语和巴尔干话语, and Balkan discourse, 107;

文明话语和亨廷顿, and Huntington,165, 178, 185；
  文明话语和凯南and Kennan, 169, 178
  文明话语和英国辩论, and British debates, 126；
  文明话语和种族灭绝话语, and Genocide discourse, 114；
沃伦·吉摩曼, Zimmerman, Warren, 107
沃伦·克里斯托弗, Christopher, Warren，6, 119, 137-138, 207-208
无敌号和平计划, *Invincible* Peace Plan, 120
物质因素和观念因素, material versus ideational factors, 17-18, 21-23, 25-27, 30-33
西方干涉, Western intervention, 6, 31, 90, 109, 125, 150, 171-172, 178, 183, 187, 213
希拉里·克林顿, Clinton, Hillary Rodham, 61
显示力量行动, Operation Deliberate Force,122-123, 143, 205
现实主义, realism, 3, 212, 214；
  对身份的理解, understanding of identity, 48, 26n10；
  坎贝尔的观点, Campbell on, 192-193；
  现实主义有关安全的观点, on security, 33-35, 50；
  现实主义与波斯尼亚, and Bosnia,166, 173-178；
  现实主义与亨廷顿, and Huntington,168；
  也见"凯南"和"新现实主义", *see also* Kennan *and* neorealism
邪恶, evil, 28, 38, 41, 44, 53, 56, 71, 124, 162-163
辛西娅·韦伯, Weber, Cynthia, 81-82
新现实主义, neorealism, 3, 14, 213-214, 174n21；
  坎贝尔的观点, Campbell on, 192-194；
  新现实主义与《作为实践的安全》一书的研究设计, and the research design of *Security as Practice*, 88, 92
  新现实主义与波斯尼亚战争, and the Bosnian War, 166, 173-177, 178；
形成经历, formative experiences, 70, 72, 162, 181, 197, 204-206, 210
性别, gender,14, 45, 76, 80, 91, 154, 180, 184, 189-192, 209；
  也见"男性"；"男性气质"；"女性气质"和"妇女" *see also* male, masculinity, femininity *and* woman
性别化的种族灭绝话语, Gendering Genocide discourse, 189-191, 192, 209
学术话语, academic discourse, 40, 83, 88
学术作品：在话语分析中, academic writing: in discourse analysis, 55, 62, 64, 65, 74, 88, 180
雅克·德里达, Derrida, Jacques, 1, 4, 5n4, 19, 21, 39n1, 193n9, 194, 212
雅克·普斯, Poos, Jacques, 117

亚历山大·温特, Wendt, Alexander, 3-4, 4n2, 9, 10n11, 17, 24-25, 25n5
野蛮的, barbaric, 6, 47;
　　迪斯累里的观点, Disraeli on, 101;
　　凯南的观点, Kennan on, 171, 192;
　　野蛮的巴尔干人, Balkan as, 6, 29, 42-43, 49, 192, 212;
　　野蛮与巴尔干化塞尔维亚话语, and Balkanizing Serbia discourse, 187-188;
　　野蛮与巴尔干话语, and Balkan discourse, 104-107;
　　野蛮与时间维度, and temporality, 47
　　野蛮与性别化种族灭绝话语, and Gendering Genocide discourse, 191;
　　野蛮与种族灭绝话语, and Genocide discourse, 113;
　　在美国话语中, in American discourse, 137,146;
　　在英国话语中, in British discourse, 124, 129, 146;
一般性材料, general material, 13, 74, 82-87
伊多·奥伦, Oren, Ido, 27-28
伊拉克：Iraq:
　　"越南"的隐喻, and Vietnam metaphors, 53
　　布什对伊拉克的表象, Bush's representation of, 28-31, 33, 41, 44;
　　米尔斯海默和沃尔特有关伊拉克的论述, Mearsheimer and Walt on, 31;
　　伊拉克和研究设计, and research designs, 78-79;
　　伊拉克与阿布格莱布监狱, and Abu Ghraib, 45, 61, 217;
　　伊拉克与新闻报道, and journalism, 217;
伊曼纽尔·莱维纳斯, Levinas, Emmanuel, 39n1, 193n9
伊斯兰教, Islam, 218-220;
　　亨廷顿有关伊斯兰教的论述, Huntington on, 150, 167-169, 178;
　　坎贝尔有关伊斯兰教的论述, Campbell on, 196-197, 218-219;
　　欧文有关伊斯兰教的评论, Owen on, 202
　　伊斯兰教和奥斯曼, and the Ottomans, 100;
　　伊斯兰教与欧盟, and the EU, 76;
　　伊斯兰教与欧洲边境, and the borders of Europe, 172;
　　伊斯兰教与伊拉克的表象, and the representation of Iraq, 33;
　　伊斯兰教与原教旨主义, and the fundamentalism, 189, 202;
伊韦·B·诺伊曼, Neumann, Iver B., 40, 63, 75, 84n3
因果关系, causality, 1-5, 9-12, 17-18, 25-28, 31, 66, 68, 145, 190;
　　也见"理性主义"和"建构主义"，see also rationalism and constructivism
营地, camps, 14, 117-118, 123, 128, 133, 135, 137, 182-184, 198
优越性：superiority:

拜占庭文明的优越性, of Byzantine civilization, 172;
波斯尼亚优越的身份, Bosnian identity as, 113;
发达国家的优越性, of the developed world, 19;
话语碰撞中的优越性, in discursive encounters, 77;
霍尔布鲁克的优越性, Holbrooke's, 209;
丽贝卡·韦斯特对斯拉夫优越性的建构, Rebecca West's constitution of Slavic, 159-160
美国的优越性, of America, 45;
他者的优越性, the Other as, 40, 76;
西方的优越性, of the West, 103, 184;
性别化的优越性, gendered, 190;
优越的时间性, temporal, 48, 49;
优越性与符号, and signs, 21, 141;
政治领导人的优越性, of political leaders, 67, 131;

游击战, guerrilla warfare, 130, 134

游记, travel writing, 8, 12, 64, 216-217;
　游记的历史, history of, 62;
　游记的权威性, authority, 55, 66-69, 72;
　游记的叙述技巧, narrative techniques of, 216;
　游记的重要性, importance of, 65-66;
　游记体裁, genre of, 151, 157, 176
　游记与官方话语的关系, relation to official discourse, 60;
　游记与卡普兰, Kaplan, 14, 56, 91, 151, 154, 156;
　游记与丽贝卡·韦斯特, and Rebecca West, 8, 149, 157, 160;
　游记与文明话语, and the civilizational discourse, 101;
　正规军人写的游记, by regular soldiers, 63;
　政治游记, political, 154, 216;
　《作为实践的安全》一书的研究设计中的游记, in research design of *Security as Practice*, 88-89;
　也见"回忆录" *see also* memoir

语言：language:
　社会语言, as social, 18, 51;
　语言的模糊性, ambiguous nature of, 20;
　语言的生成性, productive nature of, 17;
　语言和本体论, and ontology, 23;
　语言和后结构主义, and poststructuralism, 17-19, 24, 213;

语言和身份, and identity, 20;
　　语言和维特根斯坦, and Wittgenstein, 4n5
　　语言和物质性, and materiality, 18;
　　语言和研究, and research, 77, 83-84;
　　语言作为不稳定的符号体系, as unstable system of signs, 17, 21;
　　指涉体系, as referential system, 24;
约翰·F·肯尼迪, Kennedy, John F., 60, 175
约翰·G·赫尔德, Herder, Johan G., 102
约翰·霍克斯沃斯, Hawkesworth, John, 67
约翰·坎宁汉姆（工党）, Cunningham, John (the Labour Party), 124
约翰·克里, Kerry, John, 61, 72
约翰·鲁杰, Ruggie, John, 3
约翰·麦凯恩（美国参议员）, McCain, John (US Senator), 107, 110, 133, 134
约翰·麦克曼勒, McManner, John, 104
约翰·梅杰, Major, John, 79, 90, 198-199
约翰·米尔斯海默, Mearsheimer, John J., 14, 31, 166, 173-177
约瑟夫·S·罗塞克, Roucek, Joseph S., 106, 106n13, 106n14
约瑟夫·拜登（美国参议员）, Biden, Joseph (US Senator), 133, 140, 185
约瑟夫·科罗佐, Kruzel, Joseph, 206
约瑟夫·利伯曼（美国参议员）, Lieberman, Joseph (US Senator), 112, 133, 135, 140-142
越南：Vietnam:
　　电影表象, cinematic representation of, 87;
　　迈克尔·赫尔的观点, Michael Herr on, 72;
　　与波斯尼亚战争类比, as analogy for Bosnian War, 109, 134, 138, 142, 175;
　　越南与伊拉克的表象, and the representation of Iraq, 53;
　　越南与约翰·克里, and John Kerry, 72
责任：responsibility:
　　巴尔干话语中的责任, in Balkan discourse, 96, 105, 109-110, 192;
　　拜伦话语中的责任, in Byronic discourse, 100-101;
　　道义责任, the ethicality of, 38-39, 43, 46-47, 50, 211-214, 218-221;
　　伽特曼的观点, Gutman on, 181, 183;
　　国际责任, international, 46-47, 50;
　　国内责任, domestic, 130, 132;
　　亨廷顿的观点, Huntington on, 167-169;
　　卡耐基委员会报告中的责任, Carnegie Endowment's report, 173;

凯南的观点, Kennan on, 171-172;
坎贝尔的观点, Campbell on, 193, 196;
康诺利的观点, Connolly on, 38-39;
丽贝卡·韦斯特的观点, Rebecca West on,163-164;
美国话语中的责任, in American discourse, 132-147;
美国责任的限定, narrowing of American, 141;
男性领导人和责任, masculine leadership and,191;
欧文的观点, Owen on, 198-200, 203-224;
欧洲的责任, European, 32, 91,184-186, 192, 209;
人道主义，参见"人道主义责任"，humanitarian *see* humanitarian responsibility;
塞尔维亚的责任, Serbian, 187;
文明话语中的责任, in the civilizational discourse, 58 ,97, 102-104;
西方责任, Western,106
现实主义者的观点, realists on, 175;
英国话语中的责任, in British discourse,123-132, 145-147;
责任的分割, splitting of, 125, 146;
责任与安全, and security, 34-36, 46, 50;
政治领导人的责任, of political leaders, 18, 50, 65, 67, 110;
种族灭绝话语中的责任, in Genocide discourse, 96, 111-114, 181, 183-184, 188;

詹巴蒂斯塔·维科, Vico, Giambattista, 102
詹姆斯·R·施莱辛格, Schlesinger, James R., 150
詹姆斯·贝克三世, Baker III, James A., 108
詹姆斯·德尔·德里安，Der Detian,, James, 3, 4n3, 8n8, 10n10
詹姆斯·库尔思, Kurth, James,167
真理：truth: 真理与话语分析, and discourse analysis, 7, 10;
理性主义者的观点, rationalists on, 4, 10, 28, 65
真理与回忆录, and memoir, 69;
真理与调研式新闻报道, and investigative journalism, 210;
政策与政治实践, policy and political practice, 21
知识的主观和叙述形式, subjective and narrative forms of knowledge, 9, 56, 66, 68, 71-72, 149, 151, 176, 181, 204, 216-217
中东, Middle East, 47, 50, 77, 155-156, 215, 220
种族灭绝话语中欧洲的责任, European: responsibility for Genocide discourse,184-186, 209, 214

种族清洗, ethnic cleansing, 117, 119, 123, 184, 211, 215；
  伽特曼关于种族清洗的论述, Gutman on, 182；
  坎贝尔关于种族清洗的论述, Campbell on, 193；
  美国话语中, in American discourse, 135, 137, 139；
  欧文关于种族清洗的论述, Owen on, 198, 203；
  种族清洗与巴尔干话语, and Balkan discourse, 109；
  也见"暴行", *see also* atrocities
朱迪斯·巴特勒, Butler, Judith, 21
朱莉娅·克里斯蒂娃, Kristeva, Julia, 4, 55-56, 65
自传, autobiography, 12, 60, 64, 66, 69-70, 207；
  回忆录与自传的区别, difference between memoir and, 65n5；
  历史领域的自传 in the field of history, 70n8；
  自传与欧文 and Owen, 198, 202, 204；
  也见"回忆录" *see also* memoir
作为文本材料的议会辩论, parliamentary debates as textual material, 61, 64, 73, 83, 85, 218